TRINITY

SEAN MESHORER

Das BLISS EXPERIMENT

NUR 28 TAGE, UM FÜR DEN REST DES LEBENS GLÜCKLICH ZU SEIN

Aus dem Englischen von
Juliane Molitor

TRINITY

© 2012 by Sean Meshorer
© der amerikanischen Originalausgabe:
2012 Atria Books, a division of Simon & Schuster, Inc., New York.
Titel der Originalausgabe: *The Bliss Experiment*
© der deutschsprachigen Ausgabe:
2012 Trinity Verlag in der Scorpio Verlag GmbH & Co. KG,
Berlin · München
Erschienen in Zusammenarbeit mit dem Originalverlag.
Umschlaggestaltung: Guter Punkt, München
Satz: BuchHaus Robert Gigler, München
Druck und Bindung: Pustet, Regensburg
ISBN 978-3-941837-44-7

www.trinity-verlag.de

DANKSAGUNG

Brook für ihre Unterstützung und ihr Verständnis,
meiner Mutter, die mich unterstützt, wenn auch nicht
immer verstanden hat, und vor allem Paramahansa
Yogananda, denn er hat mir geholfen,
Bliss in meinem eigenen Innern zu entdecken.

INHALT

VORWORT

AUF BLISS AUSRICHTEN

Die Auffassungen, die in diesem Buch vertreten werden, sind sowohl eine Herausforderung als auch ein Versprechen, das ich auf Sie, meine Leser, ausdehne. Wenn Sie diesen Ideen und Übungen nur 28 Tage konzentrierter und engagierter Aufmerksamkeit schenken, können Sie Ihr Glück bemerkenswert verbessern, das wahre Ziel des Lebens verstehen und spirituelle Fortschritte machen – garantiert.

Wo ist der Haken? Es gibt nur einen: Sie müssen es wirklich tun mit voller Aufmerksamkeit und Energie.

Wie kann ich eine so kühne Behauptung aufstellen? Es ist einfach. Die in diesem Buch vorgestellten Ideen und Übungen wirken erwiesenermaßen, immer wieder, bei Tausenden von Menschen, unabhängig von ihrer Herkunft und ihrem Erfahrungshorizont. Sie haben bei mir funktioniert, sie haben bei all diesen Menschen funktioniert, und sie können auch bei Ihnen funktionieren.

Dieses Buch basiert auf einer Workshop-Reihe, die ich entwickelt habe und im Großraum Los Angeles anbiete. Im Laufe der Jahre hatte ich es als spiritueller Lehrer, Seelsorger, Berater und Freund mit zahllosen Menschen zu tun, die Glück, Lebenssinn, Wahrheit und spirituelle Inspiration finden wollten. Aus dieser Sehnsucht entstand die Idee für den Kurs.

Ich habe das Programm bei Menschen mit jeder nur vorstellbaren Persönlichkeit, in jedem Alter, mit jeder Religion oder

Lebenserfahrung wirken sehen. Anfangs war ich selbst über-rascht zu erleben, wie viele Teilnehmer ihr Glück und ihr spiri-tuelles Bewusstsein in so kurzer Zeit verbesserten. Das schien mir kaum möglich, vor allem weil ich mehrere *Jahre* harter Ar-beit gebraucht habe, um in meinem eigenen Leben spürbare Fortschritte zu machen. In der Rückschau erkenne ich, dass meine Langsamkeit hauptsächlich der Tatsache geschuldet war, dass ich anfangs im Dunkeln herumgestolpert bin und zu viel auf eigene Faust herauszufinden versucht habe, ohne von der klaren Führung durch jemanden zu profitieren, der sich den Weg bereits gebahnt hatte. Hätte ich damals, als ich selbst ganz am Anfang war, ein Buch wie dieses gehabt, hätte ich mir viele Jahre der Verwirrung, der Fehlstarts und des absoluten Leids ersparen können.

Ich unterstütze diese Behauptung mit einer erstaunlichen Tatsache: Der Kurs, den ich gebe – die Basis für dieses Buch – geht mit einem ungewöhnlichen Versprechen einher. Jeder Teil-nehmer, der sich innerhalb eines Monats nicht erkennbar besser fühlt, bekommt die ganze Kursgebühr zurück. Bis heute hat nicht eine einzige Person *jemals* ihr Geld zurückverlangt.

Warum Bliss?
Solange ich mich erinnern kann, fühlte ich mich getrieben, die Paradoxe der modernen Gesellschaft zu verstehen. Wir haben einen höheren Lebensstandard, Zugang zu früher unvorstellba-rem Luxus und mehr Möglichkeiten als jemals zuvor, uns unver-züglich jeden Wunsch zu erfüllen und jedes Vergnügen zu berei-ten. Und doch gehören Antidepressiva zu den am häufigsten verschriebenen Medikamenten der Welt. Die meisten von uns verbringen den größten Teil ihrer wachen Stunden am Arbeits-platz. Und doch gibt die Mehrheit der arbeitenden Bevölkerung an, mit dem eigenen Job nicht zufrieden zu sein. Während unse-re materielle Situation von Generation zu Generation einfacher wird, explodiert die Zahl der stressbedingten Krankheiten. Wut und Angst nehmen zu. Während uns unsere promiversessene

Konsumkultur mit Bildern und Fantasien vom »guten Leben« bombardiert, trägt der Materialismus zu zunehmender sozialer Ungleichheit und zu Umweltkatastrophen bei, indem er zum unablässigen Konsum anspornt. Insgesamt sind wir zwar reicher als jemals zuvor, aber dennoch stecken wir – als Individuen und als Staaten – auch tiefer in den Schulden als jemals zuvor. Obwohl wir verzweifelt nach Lösungen suchen, sinkt unser gemeldetes Wohlstandsniveau, an objektiven Maßstäben gemessen, sogar.

Teilweise haben unsere Schwierigkeiten zugenommen, weil die traditionellen Lösungen ins Wanken gekommen sind. Utopische politische und soziale Ideologien sowohl von links als auch von rechts sind weitgehend in Verruf geraten oder haben sich als wütende Überreste extremer Kulturkrieger herausgestellt. Wir finden weniger wahrscheinlich als jemals zuvor Trost in den offiziellen Religionen. Die neuesten Studien stellen infrage, ob Antidepressiva und andere Pharmazeutika überhaupt eine Wirkung haben. Die moderne Psychologie ist mehr als 100 Jahre alt, doch ihr Versprechen, zu »heilen«, was uns plagt, ist trügerischer als je zuvor.

Es wäre unseriös, vorzugeben, dass ich nur ein unbeteiligter Beobachter der persönlichen und planetaren Probleme bin, die wir haben. Meine eigene Suche nach Lebenssinn, Wahrheit und Glück begann vor mehr als 20 Jahren. Ich wollte den »Sinn des Lebens« verstehen, nicht nur aus intellektueller Neugierde, sondern weil ich verzweifelt versuchte, mich an den Haaren aus dem Sumpf der Angst und Depression zu ziehen, in dem ich zu versinken drohte. Ich wusste nicht, ob es möglich war, dauerhaften Lebenssinn und Wahrheit zu finden und glücklich mit meiner Entdeckung zu sein. Es war ein großes Risiko. Ich wollte sowohl einen Sinn in meinem Leben finden – eine Lebensaufgabe – als auch Glück, war mir aber keineswegs sicher, ob beides zusammen zu haben war. Ich fürchtete, dass ich, wenn ich den Sinn des Lebens jemals ergründen könnte, entdecken würde, dass er ein großer Flop ist.

Mein Problem – *unser* allgemeines Problem – war: Wir alle wollen glücklich sein, wir wollen ein sinnvolles Leben führen, und wir wollen die Wahrheit wissen. Alle drei Eigenschaften – Glück, Lebenssinn und Wahrheit – sind gleichermaßen wichtig. Eine ist ohne die anderen nicht genug. Was nützt uns »Glück«, wenn wir gleichzeitig das Gefühl haben, dass das Leben letztendlich sinnlos ist? Wer von uns wäre damit zufrieden, zwar »glücklich« zu sein, aber auch zu wissen, dass er oder sie zutiefst verblendet oder grundsätzlich unwissend ist? Und was könnte auf der anderen Seite schlimmer sein, als die »Wahrheit«, zu erkennen, dass das Leben sinnlos oder freudlos ist?

Meine persönliche Suche wurde zu einem existenziellen Lotteriespiel, in dem mein Leben der Einsatz war. Dieses Buch enthält das, was ich auf dieser langen, manchmal schmerzlichen Suche entdeckt habe.

Die ewige Wahrheit

Damit etwas sowohl sinngebend als auch wahr sein kann, muss es beides auf Dauer sein. Ein offenkundiges Beispiel: Gott existiert entweder, oder er existiert nicht. Es ist unmöglich, dass Gott für die einen existiert und für die anderen nicht. Jeder von uns kann für sich entscheiden, ob er oder sie glaubt, dass es Gott gibt, aber letztlich ist entweder der Glaubende oder der Nichtglaubende im Unrecht. Mit der Physik ist es genauso. Es spielt keine Rolle, ob wir an die Schwerkraft »glauben« oder nicht, wir unterliegen ihr alle, ob wir uns nun dazu bekennen oder nicht.

Weil die Wahrheit alles überdauert, habe ich mich stets bemüht, offen zu bleiben für die verschiedenen Ansätze und Erfahrungen eines breiten Spektrums von Menschen, Kulturen und Zeitaltern. Es gibt keinen Grund anzunehmen, dass sich nur eine kleine Gruppe von Menschen in einem bestimmten Zeitraum den Markt der Wahrheit gesichert hat. Daher habe ich mein Netz so weit wie möglich ausgeworfen und von den alten Zivilisationen Indiens bis zur französischen Philosophie des 20. Jahrhunderts und den neuesten Erkenntnissen der Wissenschaft alles aufgefischt.

Zu Beginn meiner Suche entdeckte ich die gute Nachricht, die in der Tat in dem enthalten ist, was als »Philosophia perennis« bezeichnet wird: Jede Epoche, jede Religion und jede Kultur hat dieselben Wahrheiten immer und immer wieder entdeckt und zum Ausdruck gebracht. Von Cicero im alten Rom, über Augustinus im frühen Christentum und den mittelalterlichen islamischen Philosophen Abu Nasr al-Farabi bis zu den anonymen Verfassern der indischen Upanishaden gibt es eine enorme Beständigkeit der Gedanken und Erfahrungen.

In letzter Zeit sind viele neue Ausdrucksformen der umfassenden Wahrheit in Gestalt dessen wiederaufgetaucht, was als »Positive Psychologie« bezeichnet wird. Wie die meisten ihrer Befürworter offen zugeben, ist die überwiegende Mehrheit der Ideen und Forschungsprojekte von den universalen, jahrtausendealten Lehren der Philosophia perennis entlehnt.

Das heißt nicht, dass die Positive Psychologie keinen wertvollen Beitrag geleistet hat. Wunderbarerweise haben Wissenschaftler neue Möglichkeiten gefunden, die Gültigkeit bestimmter Bestandteile der Philosophia perennis zu beweisen – oder zumindest zu legitimieren –, wobei sie nur die strengsten und gängigsten wissenschaftlichen Techniken eingesetzt haben. Damit haben sie dazu beigetragen, längst bekannte Wahrheiten wieder in die wissenschaftliche Diskussion zu bringen und ihre Akzeptanz zu erhöhen. Die Kehrseite ist, dass sie nur die am einfachsten verifizierbaren Komponenten der umfassenden Wahrheit herausgegriffen haben und es sich kaum vermeiden ließ, die Aspekte zu ignorieren, die sich nicht so leicht auf eine Laborsituation reduzieren lassen. So wurden weniger wichtige Ideen und Übungen aus dem Zusammenhang gerissen und überbetont, während die wichtigsten Aspekte versehentlich an den Rand gedrängt wurden. Das hat zu einer neuen Art von Fragmentierung und Verwirrung geführt.

Ich habe es mir zur Lebensaufgabe gemacht, *alle* Teile des

Puzzles zu finden, zu verstehen und zusammenzusetzen – für andere und für mich selbst. Meine Hoffnung ist, dass wir hier zu einem Verständnis der für die Selbstverwirklichung notwendigen Übungen und Einstellungen gelangen, wie sie uns von jeder großen Religion, philosophischen Tradition und nun auch von der Wissenschaft präsentiert wurden und werden. Weil das Ziel allen menschlichen Strebens – Bliss – ein Zustand der ungebrochenen Einheit ist, sind dafür die Bestätigung und das Verstehen des vollständigen Bildes erforderlich. Wenn wir das Alte und das Zeitgenössische, das Östliche und das Westliche, das Wissenschaftliche und das Spirituelle, das Praktische und das Mystische zu einem einheitlichen Ganzen zusammenfügen, entsteht ein spannendes Bild des menschlichen Potenzials, das unsere tiefste Sehnsucht nach Glück, Lebenssinn und Wahrheit auf der Stelle befriedigt.

Was ist Bliss?

In jedem von uns gibt es einen reinen Bliss-Zustand, der sich in der Tat als Lösung für alles erweist. Bliss ist der Zustand, in dem Glück, Lebenssinn und Wahrheit zusammenkommen.

Ich behaupte das nicht einfach so. Wie wir sehen werden, läuft alles – und ich meine wirklich *alles* – auf unser (manchmal unbewusstes) Streben nach Bliss hinaus. Wir streben Geld oder Beziehungen an, weil wir glauben, dass sie uns glücklich machen. Wir verfolgen unsere Berufung, unsere Hobbys und die Leidenschaften unseres Lebens, weil wir das Gefühl haben, dass sie eine tiefe Bedeutung für uns haben. Wir beschäftigen uns mit Wissenschaft, Religion und philosophischen Fragen, weil wir die Wahrheit über unsere Existenz erfahren wollen. Bliss ist der Ort, wo sich all das überschneidet, wo alle Fragen beantwortet werden und wo wir Erfüllung finden.

Bliss ist in jeder Religion zu finden, aber man braucht keine spezielle Religion, um diesen Zustand kennenzulernen. Bliss ist der endgültige Bewusstseinszustand, der in jeder Religion als höchstes Ziel und Errungenschaft gilt, obwohl jede eine andere

Terminologie hat, um dies zu erklären. Wir alle streben nach Bliss, ob wir nun Christen oder Hindus, Juden oder Musleme, Buddhisten oder Atheisten, Wiccas oder Animisten, Taoisten oder Indianer sind. Bliss ist ein natürlicher Zustand der inneren Freude, ein dauerhafter Zustand, unberührt von äußerem Gewinn oder Verlust. Wir sind alle dazu fähig, egal, wie alt wird sind und was unser Hintergrund, unsere körperlichen oder geistigen Behinderungen, unsere ethnische Zugehörigkeit, unser Geschlecht oder unsere Religion auch sein mögen. Äußere Umstände, seien sie positiv oder negativ, glücklich oder traurig, haben keinen Einfluss darauf. Es ist ein Zustand der Einheitlichkeit, der Transzendenz, der Vollständigkeit, des Wissens, der Ganzheit und des erhabenen Bewusstseins. Es ist ein Gefühl des Einsseins und der Verbundenheit mit der ganzen Schöpfung. Bliss ist niemals langweilig und fühlt sich immer neu, umfassend und endlos an. Wenn Bliss auftaucht, erkennt man es sofort als die zentralste aller Wahrheiten. Bliss ist die ewige, auf immer unveränderliche Wirklichkeit, die das ganze Universum durchdringt.

Mein spiritueller Lehrer Paramahansa Yogananda erklärte: Wenn wir in Bliss sind, »nimmt unser Bewusstsein alle Bewegungen und Veränderungen des Lebens wahr, vom Kreisen der Sterne bis zum Fallen eines Sperlings und dem Wirbeln des kleinsten Elektrons ... Festes löst sich in Flüssiges auf, Flüssiges in Gasförmiges, Gasförmiges in Energie und Energie in kosmisches Bewusstsein. [Der Mensch im Bliss-Zustand] lüftet die vier Schleier des Festen, des Flüssigen, des Gasförmigen und der Energie und steht dem Geist von Angesicht zu Angesicht gegenüber. Er sieht, wie das objektive Universum und das subjektive Universum im Geist zusammenkommen. Sein erweitertes materielles Selbst vermischt sich mit dem größeren spirituellen Selbst und erkennt ihre Einheit.«

Wir werden in diesem Buch noch mehr über Bliss erfahren. Kapitel 22, »Das Wesen von Bliss«, enthält eine sehr ausführliche Beschreibung und Erklärung.

Das Geheimnis um die Entdeckung von Bliss
Hier stellt sich die Frage: Wie kommt es, dass die meisten von uns nichts über Bliss wissen oder noch nie Bliss erlebt haben?

Zunächst sollte angemerkt werden, dass viele von uns durchaus manchmal flüchtige Einblicke in ein Bliss-Erlebnis *haben*, aber genauso schnell, wie diese Einblicke da sind, sind sie auch wieder weg. Normalerweise verstehen wir nicht ganz, was wir da erlebt haben, oder wissen nicht, wie es reproduziert werden kann – oder ob es überhaupt wiederholbar ist.

Das Grundproblem ist, dass wir an den falschen Stellen suchen. Glück, Lebenssinn und Wahrheit können niemals aus Äußerlichkeiten wie Luxusgütern, Ansehen, sozialer Manipulation, Psychoanalyse, politischen Systemen, ja noch nicht einmal durch das Bekenntnis eines oberflächlichen Glaubens an religiöse Dogmen gewonnen werden. Wir suchen überall danach, außer an dem einzigen Ort, wo sie wirklich wohnen: in unserem eigenen Innern.

Und es wird sogar noch schlimmer. Dadurch, dass wir an den falschen Orten nach Glück, Lebenssinn und Wahrheit suchen, erzeugen wir unbeabsichtigte Konsequenzen, die uns oft noch weiter von unserem Ziel wegführen. Der sensorische Teil unseres Nervensystems, der uns die wunderbaren Fähigkeiten des Sehens, Hörens, Tastens, Schmeckens und Riechens verleiht, kann uns auch nach und nach von unserem Kurs abbringen, besonders wenn diese Fähigkeiten missbraucht und missverstanden werden. Wir lassen uns so sehr von den zahllosen Kombinationen aus Sinnesfreuden und weltlichen Möglichkeiten betören, dass wir sogar die Fähigkeit aus den Augen verlieren, Bliss, die unendliche Glückseligkeit in unserem eigenen Innern, zu erleben.

Das Geheimnis um die Entdeckung von Bliss ist einfach: Es ist ein Prozess der Umkehr. Wir wenden uns nach innen statt nach außen, entfernen etwas und enthüllen etwas anderes. Wir müssen unsere Erwartungen ebenso abstreifen wie die erlernte Überzeugung, dass äußere Bedingungen uns wahrhaft befriedigen können. Stattdessen müssen wir lernen, das Reservoir der übergroßen Befriedigung, das bereits in uns ist und das keine irgendwie geartete äußere Umgebung, Situation oder Lebenslage braucht, zu identifizieren, anzuerkennen und anzuzapfen.

Wir müssen uns von vielem, was wir zu wissen und zu sein glauben, verabschieden, indem wir die Missverständnisse, Irrtümer und falschen Vorstellungen identifizieren, die den Zugang zu wahrem Glück und echtem Verstehen blockieren. Eine Herausforderung ist dies deshalb, weil die Schichten der Falschheit sehr tief gehen. Nicht nur die äußere Welt ist eine Falle, sondern auch unser eigener denkender Geist. Nur indem wir uns den ruhigen, klaren Raum tief in unserem eigenen Innern erschließen, können wir sehen, wie wir uns die Bliss-Erfahrung, die uns alle erwartet, zuverlässig zunutze machen können.

Anders ausgedrückt: Bliss ist der Prozess, in dem wir die Dunkelheit abschälen, damit das wunderschöne Licht darunter zum Vorschein kommen kann.

Den rohen Bliss-Diamanten ausgraben

Eine der besten Arten zu verstehen, was ich meine, ist, sich einen rohen, ungeschliffenen Diamanten vorzustellen. Haben Sie schon einmal einen Rohdiamanten gesehen? Wenn nicht, sein auffälligstes Merkmal ist, dass er überhaupt nicht aussieht wie diese heißbegehrten glitzernden Steine, die wir gefasst als Schmuck tragen. Ungeschliffene Diamanten sind dunkel, schmutzig und oft überkrustet mit anderen Mineralien, die ihre wahre Natur verbergen. Sie sehen oft ganz grob aus und sind entweder farblos oder blass, ohne erkennbare Leuchtkraft oder Üppigkeit. Sie erscheinen auf den ersten Blick sogar so gewöhnlich, dass brasilianische Goldgräber im 18. Jahrhundert traurige Berühmtheit erlangten, als sie unerkannte Diamanten, die ein Vermögen wert waren, wegwarfen, weil sie es auf Gold abgesehen hatten.

In Wirklichkeit sind Rohdiamanten, wie wir wissen, alles andere als gewöhnlich. Sie gehören zu den wertvollsten Substanzen auf der Welt. Das sehen wir allerdings nicht, bevor wir sie aus der Erde geholt, Schmutz und Ablagerungen entfernt, die Mineralienkrusten weggemeißelt, die Facetten präzise und in genau der richtigen Weise geschnitten und die Steine schließlich sorgfältig bis zur Perfektion poliert haben. Erst dann tritt die großartigste und beständigste Substanz auf diesem Planeten wirklich in Erscheinung.

Bliss ist wie dieser Diamant. Die ganze Zeit liegt ein glitzernder Schatz endloser Glückseligkeit – Bliss – ungenutzt in unserem Innern. Nur allzu oft übersehen wir ihn, werfen ihn sogar weg, weil wir irrtümlich nach etwas anderem suchen, das viel weniger wert ist.

Vieles verschwört sich gegen uns, lockt uns in eine falsche Richtung. Unsere sinnlichen Genüsse und weltlichen Sehnsüchte lenken unsere Aufmerksamkeit permanent in die falsche Richtung. Geld, Sex, Ruhm, Schönheit, Macht – alles ausgeklügelte Tricks, die uns nur in die Irre führen. Auch das ständige Wiederkäuen der Vergangenheit und das sorgenvolle Nachgrübeln über die Zukunft erweisen sich als Falle. Negative oder schädliche Umfelder, die wir uns selbst gewählt haben, untergraben unsere besten Absichten. Unser eigener denkender Geist arbeitet oft gegen uns – sei es, dass er uns mit einer endlosen Prozession flüchtiger und letztlich bedeutungsloser Gedanken oder Emotionen ablenkt, oder dadurch, dass er die eigentliche Wirklichkeit bis zur Unkenntlichkeit verzerrt.

Nicht nur halten uns all diese Formen der Ausrichtung nach außen davon ab, den rohen Bliss-Diamanten im eigenen Innern zu bemerken, es ist auch so, dass wir jedes Mal, wenn wir uns von unseren Sinnesfreuden leiten lassen oder im Außen nach Glück suchen, unseren verborgenen Schatz noch weiter verschleiern. Unsere Ausrichtung nach außen erzeugt neue Schichten aus Schmutz und Dreck, die unseren Bliss-Diamanten noch weiter verdunkeln und uns behindern. Mittlerweile haben die meisten von uns herausgefunden, dass sie an den völlig falschen Orten nach Glück, Lebenssinn und Wahrheit gesucht haben. Nun haben wir uns ein monumentales Ausgrabungsprojekt geschaffen – das heißt, *falls* wir herausfinden können, wo wir mit dem Graben anfangen sollen.

Bliss verlangt, dass wir kontinuierlich eine falsche Schicht nach der anderen abtragen, bis am Ende der prächtige Diamant von unschätzbarem Wert in unserem Innern enthüllt ist und wir erkennen, dass Bliss unser ewiges, höchstes und tiefgründigstes Wesen ist. Es ist das, was bleibt, nachdem alles Äußere und Flüchtige verschwunden ist.

Drei Ebenen des Bewusstseins

In diesem Buch beziehen wir uns immer wieder auf drei verschiedene Bewusstseinszustände. Unser jeweiliger Bewusstseinszustand steht in direkter Wechselbeziehung mit unserer Bliss-Erfahrung. Die drei Zustände sind (1) Unterbewusstsein, (2) alltägliches Wachbewusstsein und (3) Überbewusstsein.

Das alltägliche Wachbewusstsein muss am wenigsten erklärt werden. Es ist der Zustand, in dem Sie sich (hoffentlich) genau jetzt befinden, während Sie dieses Buch lesen. Es ist der normale Bewusstseinszustand, in dem wir uns die meiste Zeit befinden, wenn wir nicht schlafen.

Das Unterbewusstsein ist ein Speicher für die Gedanken, Eindrücke und Gefühle, die aus unserem Bewusstsein hierhin übermittelt werden. Es ist wie eine riesige, unterirdische Lagerhalle, in der sich automatisch und willkürlich ein planloses Sortiment an *Zeug* ansammelt – positives und negatives –, ein Leben lang (vielleicht sogar viele Leben lang, wenn Sie an Reinkarnation glauben). Ein gut organisiertes Abrufsystem gibt es hier eher nicht. Vielmehr werden die Dinge da unten mehr oder weniger auf einen Haufen geworfen. Ich stelle mir unser Unterbewusstsein immer als so etwas wie einen mentalen Hamsterer oder Messie vor. Das ist einer dieser Menschen, die zwanghaft alle Besitztümer sammeln, derer sie habhaft werden können, ob sie nun unbezahlbar oder wertlos sind. Doch anders als außer Kontrolle geratene materielle Hamsterer, die relativ selten sind, leiden wir alle unter mentalem Horten.

Das soll nicht heißen, dass unser Unterbewusstsein nutzlos oder hauptsächlich negativ ist. Es enthält beispielsweise unsere unbewussten Gewohnheitsmuster, einschließlich einer langen Liste von Automatismen (wie Schnürsenkelbinden oder Autofahren). Ohne diese Mechanismen wäre unser Wachbewusstsein derart überwältigt von profanen Aufgaben, dass wir keine Zeit für irgendetwas anderes hätten, einschließlich Beschäftigungen höherer Ordnung. Das Leben wäre unerträglich routiniert und öde. Das Problem ist, dass das Unterbewusstsein ziemlich willkürlich ist. Es speichert auch eine Menge Mist: schreckliche Erinnerungen, schlechte Angewohnheiten, tief sitzende Ängste, Befürchtungen und Wahnvorstellungen. All das hat eine enorme Macht über uns und beeinflusst unsere Entscheidungen oft unterschwellig, also ohne dass wir es merken.

Der dritte Bewusstseinszustand – das Überbewusstsein – wird so selten erlebt, dass viele Menschen noch nicht einmal wissen, dass es ihn gibt. Wenn Bewusstsein unsere alltägliche wache Wirklichkeit ist und Unterbewusstsein unser unterirdischer Speicher für Gedanken, Gefühle, Erinnerungen und Gewohnheiten, dann ist Überbewusstsein ein exaltierter Zustand der erhöhten Wahrnehmung, den man sich als »über und jenseits« unseres regulären Wachbewusstseins vorstellen kann. Sein Hauptattribut ist Bliss. Man kann sogar sagen, dass wir im Zustand des Überbewusstseins sein müssen, um Bliss spüren zu können. Daher bedeutet *im Überbewusstsein zu sein, Bliss zu erleben.* Wenn wir nur im Zustand des alltäglichen Wachbewusstseins bleiben, ist das Beste, was wir erleben können, das, was ich als »Alltagsglück« bezeichne. Deshalb existiert Bliss nur auf einer ganz anderen Oktave und gehört in eine völlig andere Kategorie als Glück.

Überbewusstsein ist nichts, was wir in unseren Gehirnen produzieren. Eher ist es etwas, worauf wir uns einstimmen, genau wie ein Radio Schallwellen aus der uns umgebenden Luft empfängt und sie in hörbaren Frequenzen ausstrahlt. Überbewusstsein ist kein veränderter Bewusstseinszustand. Es ist ein reiner Zustand des reinen, ungefilterten Bewusstseins. Wenn überhaupt, wäre es angemessener, sich das Unterbewusstsein und das Wachbewusstsein als die veränderten Zustände vorzustellen. Sie nehmen reines Überbewusstsein und verwandeln es durch die Prismen des Egos, der Begrenzungen, der Ignoranz und der negativen Emotionen in etwas Geringeres.

Der Kurs dieses Buches
Dieses Buch kann in zweierlei Hinsicht als Kurs verstanden werden. Erstens besteht es aus einer Reihe von Lektionen, die in 28 Kapiteln ausgestaltet sind. Jedes Kapitel ist in sich relativ abgeschlossen. Nur jeweils ein Hauptthema wird darin behandelt, fast immer begleitet von einer spezifischen Übung beziehungsweise einem »Bliss-Experiment«.

Dieses Buch ist aber auch ein Kurs im Sinne eines Weges, den wir gemeinsam gehen und der uns zu unserem letztendlichen Ziel führt: Bliss-Bewusstsein. Jedes Kapitel repräsentiert einen Schritt auf unserem Weg. Diese Schritte sind notwendig, damit wir entdecken, wo wir anfangen sollen, nach unserem Bliss-Diamanten zu graben; wie wir die Schichten aus nutzlosem Gestein entfernen, unseren Bliss-Diamanten auf genau die richtige Weise und in Harmonie mit seinen natürlichen Facetten und Bruchlinien befreien und schließlich polieren können, damit er zu jenem glitzernden Leuchtfeuer wird, das nicht nur in unserem Innern funkelt, sondern auch in die Welt hinausstrahlen wird.

Das Wesen des Experiments
Wir haben uns den *Bliss*-Aspekt dieses Buches angeschaut. Aber im Titel steht auch das Wort *Experiment*. Was meine ich damit?

Echte Spiritualität ist wissenschaftlich. Manchmal ist das Wort »Experiment« im ganz spezifischen Sinne gemeint, nämlich als Experiment unter Laborbedingungen, durchgeführt von Fachleuten mit akademischen Titeln, die ihre Forschungsergebnisse in namhaften Zeitschriften veröffentlichen. Das ist zwar wichtig zu wissen und sollte auch, wann immer möglich, erwähnt werden, aber es ist trotzdem die Bedeutung, die für mich an zweiter Stelle steht.

Spiritualität sollte vor allem in dem Sinne wissenschaftlich sein, dass sie keinen dogmatischen Glauben braucht, sondern sich belegen lässt und reproduzierbar ist. Das heißt auch, dass Sie einfach glauben sollten, was ich Ihnen sage. Ich möchte, dass Sie diese Übungen und Wahrheiten persönlich erleben. Unser »Labor« ist in unserem Geist und unserem Körper. Jede Übung in diesem Buch besteht aus einer Reihe von Richtlinien, wie Sie Ihr eigenes Bliss-Experiment durchführen und die Ergebnisse in Ihrem Körper-Geist-Labor beobachten und erfahren können.

Letztendlich gibt es nur eine Möglichkeit, Glück, Lebenssinn und Wahrheit zu entdecken: diese Übungen selbst zu machen und zu schauen, was passiert. So bin ich dahin gekommen, wo ich jetzt bin: indem ich jede Übung, die ich in diesem Buch empfehle, selbst gemacht und ihre Ergebnisse in meinem denkenden Geist und meinem Bewusstsein abgewogen habe. Auf meiner persönlichen Reise habe ich auch viele, viele Praktiken ausprobiert, über die in diesem Buch nichts zu finden ist. Ich habe mit denen aufgehört, die nicht funktioniert oder sich als für mich nicht sinnvoll erwiesen haben. Ich hatte immer das Gefühl, dass man sich selbst Gewalt antut, wenn man Dinge weitermacht, an die man nicht glaubt oder von denen man sogar ganz genau weiß, dass sie nicht funktionieren. In dem Moment, in dem sich eine Übung bei Ihnen als erfolglos erweist (das sind *nicht* die Übungen, die Sie einfach nur nicht machen), sollte sie eingestellt werden.

Wie man mit diesem Buch arbeitet
Ich bin zunächst davon ausgegangen, dass Sie sich jeweils ein Kapitel und die dazugehörige(n) Übung(en) pro Tag vornehmen, aber Sie können natürlich auch schneller oder langsamer vorgehen. Es ist jedoch wichtig, dass Sie sich genug Zeit lassen, damit Sie die Lektionen und Übungen jedes Kapitels wirklich aufnehmen können.

Wenn Sie das Gefühl haben, dass ein Kapitel pro Tag zu

schnell ist, besonders weil Sie tief in manche der Übungen eintauchen wollen, bevor Sie weitermachen, sollten Sie sich vielleicht ein Kapitel pro Woche – oder sogar pro Monat – vornehmen. Sie könnten aber auch der Ansicht sein, dass ein Kapitel pro Tag zu langsam ist. Lernen Sie in dem Tempo, das sich richtig für Sie anfühlt. Doch bis Sie eine klarere Vorstellung davon haben, schlage ich vorerst vor, dass Sie mit der Idee von einem Kapitel pro Tag 28 Tage lang beginnen. Das ist ein Tempo, das sich für ein breites Spektrum an Menschen als effektiv erwiesen hat.

Ich kann gar nicht oft genug betonen, dass dieses Buch nicht als »reine Philosophie« gedacht ist und dass es auch keine Sammlung von abstrakten, zufällig zusammengestellten New-Age-Vorstellungen ist. Dieses Programm ist seriös, bewährt und praktisch. Es ist ein interaktives Hilfsmittel für die persönliche Transformation.

Abgesehen davon, möchte ich hier nicht den falschen Eindruck vermitteln, dass eine Menge harter Arbeit auf Sie zukommt und dass Sie sich »ordentlich ins Zeug legen« oder »in den sauren Apfel beißen« müssen oder etwas in der Art. Das Tolle am Praktizieren von Glück und Bliss ist ja, dass es per Definition freudvoll sein und sogar richtig Spaß machen soll. Die Denkart hinter dem Finden von Glück, Lebenssinn und Bliss hat überhaupt nichts mit der zu tun, die Ihnen vielleicht vom Ausprobieren einer Diät oder eines Trainingsplans bekannt ist: »Ich weiß, es wird hart, aber stell dir vor, wie sehr es sich am Ende gelohnt haben wird.« Das ist nicht der Ansatz, den wir hier verfolgen.

Die wunderbare Sache, die Sie hier entdecken werden, ist genau das Gegenteil. Je weiter Sie gehen und je tiefer Sie in die Praxis eintauchen, desto leichter, glücklicher und freudvoller fühlen Sie sich. Es kommt nur darauf an, dass Sie bei dem, was Sie hier tun, glücklich sind!

Die meisten Kapitel sind formal gleich und bestehen aus vier größeren Abschnitten: der Geschichte, der Wissenschaft, dem Geist und dem Experiment.

DIE GESCHICHTE

Zu Beginn eines jeden Kapitels steht eine wahre Geschichte, die auf echten Menschen, echten Gesprächen und echten Erfahrungen basiert. Allerdings habe ich die Namen der Personen und Details, über die man sie identifizieren könnte, geändert, um ihre Privatsphäre zu schützen. Die Geschichten wurden aus dem ausgewählt, was ich in Jahren des Lehrens und Beratens von und der Zusammenarbeit mit Tausenden von Menschen, deren Bekanntschaft ich glücklicherweise machen durfte, erfahren habe. Ich hoffe, dass Ihnen jede Geschichte sofort helfen wird, das Thema des jeweiligen Kapitels zu verstehen und einen Bezug dazu zu bekommen. Die Geschichten geben Ihnen auch ein breites Spektrum an Erlebnissen und Erfahrungen, von denen viele ganz anders sind als meine eigenen.

DIE WISSENSCHAFT

Mir ist klar, dass manche von Ihnen vielleicht nicht an den wissenschaftlichen Forschungen interessiert sind, welche die Wirksamkeit der Ideen und Übungen, die ich hier vertrete, entweder direkt belegen oder zumindest darauf hinweisen. Ich habe mich zwar bemüht, diese Abschnitte kurz und leicht verständlich zu halten, aber wenn Sie dennoch nicht daran interessiert sind, haben Sie meine Erlaubnis, sie zu überspringen.

Wenn Sie jedoch auch nur annähernd so sind wie ich, werden Sie einen kleinen Ausflug in die wissenschaftliche Forschung zu jedem Thema interessant und wertvoll finden. Es gibt eine enorme Menge von massenkompatibler wissenschaftlicher Forschung, welche die Gültigkeit und Wirksamkeit der auf diesen Seiten vorgestellten Ideen und Übungen unterstützt, ja sogar beweist. Unsere Spiritualität sollte sich so harmonisch und durchgängig wie nur möglich in den ganzen Bereich des menschlichen Wissens und der menschlichen Erfahrung einfügen. Und weil dieses Buch eine Reihe von spirituellen Experimenten enthält, die Sie selbst ausprobieren können, macht es durchaus Sinn, einen Überblick über die wichtigsten Forschungsergebnisse zu geben. In vielen Fällen werden Sie feststellen, dass Sie meine Behauptungen nicht nur in Ihrem eigenen Körper-Geist-Labor nachvollziehen können, sondern dass sie auch unter traditionellen wissenschaftlichen Laborbedingungen bewiesen wurden.

Abgesehen davon, behaupte ich natürlich keinesfalls – und will noch nicht einmal behaupten –, dass die Wissenschaft alles »beweisen« kann, was wir in Bezug auf den Geist diskutieren. Einer der größten Übergriffe der modernen Naturwissenschaften ist die dogmatische Behauptung, ihr Weg sei der einzige zur Wahrheit. Die Wissenschaft ist nur ein Werkzeug von vielen, die uns zur Verfügung stehen. Die letzten Mysterien unserer Existenz kann auch sie nicht durchdringen. Gott, Metaphysik – sogar Liebe – kann nicht im Labor bewiesen werden. Ich habe die Wissenschaft und den Geist in jeweils eigenen Abschnitten behandelt, damit wir uns der Grenzen zwischen ihnen bewusst bleiben.

Ich entschuldige mich schon jetzt, falls Sie meine Darstellung der wissenschaftlichen Forschungsergebnisse zu knapp oder vereinfachend finden. Bitte haben Sie Verständnis dafür, dass dies ein Buch für ein breites Publikum ist. Nicht jeder ist im selben Maße wissenschaftlich interessiert. Wenn Sie sich näher mit den wissenschaftlichen Aspekten dessen beschäftigen möchten, was ich Ihnen hier präsentiere, verweise ich Sie auf die bibliografischen Anmerkungen am Ende dieses Buches beziehungsweise auf meine Website.

DER GEIST

Hier wagen wir uns über das Reich der Wissenschaft hinaus in die tieferen Bereiche der Philosophie, der Religion, des Bewusstseins und des jenseitigen Verstehens vor. Dies ist das Kernstück jedes Themas, in dem wir den jeweiligen Gegenstand eingehend untersuchen, interpretieren, vertiefen, was die wissenschaftliche Forschung dazu sagt, und versuchen, sowohl ein tieferes als auch ein breiteres Verständnis und eine entsprechende Perspektive zu bekommen. Ich hoffe, dass Sie hier neue Möglichkeiten entdecken, sich selbst und die Welt zu sehen. Ich werde sowohl die philosophischen Gründe für unseren Ansatz darstellen als auch, wie Sie ihn auf das tägliche Leben anwenden können.

Es ist wichtig, zu verstehen, was ich mit »Geist« (engl.: *spirit*) und »Spiritualität« meine. Spiritualität ist für mich:

➤ das heilige Gefühl, dass die Welt selbst wunderbar ist und wesentlich verbunden mit unserem wahren Sein, das sich darin zum Ausdruck bringt, und dass sie daher unsere konzentrierte, andächtige Aufmerksamkeit verdient.
➤ neugierig zu sein auf das Mysterium der Existenz, es zu bestaunen und Ehrfurcht zu empfinden angesichts des Unendlichen.
➤ die nach innen gerichtete *Praxis* der Selbsttranszendenz.
➤ die unmittelbare Suche nach Glück, Lebenssinn und Wahrheit und die Bereitschaft, *dorthin zu gehen, wo immer diese Reise auch hinführt.*

Ich werde darauf später noch genauer eingehen. An dieser Stelle möchte ich nur einen Punkt betonen: Spiritualität ist die Verschmelzung des Praktischen mit dem Mystischen. Viele Menschen glauben fälschlicherweise, Spiritualität sei versponnen, vage, ja sogar übergeschnappt und schräg. Zugegeben, sie hat etwas zutiefst Mystisches an sich – oder *sollte* sie zumindest haben, wenn sie wirklich praktiziert und erfahren wird. *Mystisch* heißt ja nicht unklar oder abgehoben, sondern bedeutet lediglich, dass etwas mit der gewöhnlichen Alltagssprache nicht so einfach zu erklären ist. Die Erfahrungen selbst sind sehr wohl im Gefüge der Wirklichkeit verankert. Spiritualität ist aber nicht bloß mystisch, sondern auch konkret und praktisch und umfasst *alle* Aspekte des täglichen Lebens. Es ist nicht etwas, das uns *passiert*, sondern vielmehr ein Prozess, an dem wir aktiv teilnehmen. Spiritualität ist die Praxis, bei der wir mit erhöhtem Bewusstsein mitten im Leben stehen.

DAS EXPERİMENT

Obwohl dies oft der kürzeste der vier Abschnitte ist, ist er in vieler Hinsicht der wichtigste. Glück, Lebenssinn und Bliss kommen hautsächlich durch Aktivität und Praxis zu uns. Sie können nicht einzig und allein durch die intellektuelle Beschäftigung damit entdeckt werden. Aus einem bestimmten Blickwinkel könnte man sogar sagen, dass die anderen drei Abschnitte hier nur präsentiert werden, um Sie davon zu überzeugen, dass es sich lohnt, die Übungen zu machen. Auf der anderen Seite müssen Sie nicht jede Übung machen. Nicht jeder fühlt sich von allen Übungen angesprochen, versteht oder braucht sie alle. Probieren Sie so viele Übungen wie möglich zumindest einmal aus, aber fühlen Sie sich dann frei, sich auf die zu konzentrieren, die Sie am meisten brauchen oder zu denen Sie sich am stärksten hingezogen fühlen.

Hier noch ein Tipp: Vielleicht möchten Sie ein eigenes »Bliss-Tagebuch« führen, während Sie dieses Buch durcharbeiten. Sie brauchen sich nichts Spezielles zu kaufen. Entweder benutzen Sie ein bereits existierendes Tagebuch, falls Sie eines haben, oder Sie kaufen sich ein billiges Notizbuch oder verwenden Ihren Computer beziehungsweise Ihr Smartphone. Dort können Sie Ihre Antworten auf Übungsfragen und Ideen, die Ihnen in den Kopf kommen, notieren und Ihre Fortschritte aufzeichnen und haben auf diese Weise ein zentrales Archiv für Ihr Bliss-Experiment.

Nicht linearer Fortschritt
Die Analogie von Bliss als einem rohen, ungeschliffenen und nicht erkennbaren Diamanten, den wir langsam, aber sicher

ausgraben und von dem wir Schicht für Schicht abtragen müssen, damit er zum Vorschein kommen kann, ist nützlich, hat aber in einem wichtigen Punkt auch ihre Grenzen.

Während die Förderung und Bearbeitung von Diamanten in der realen Welt in einer festgelegten Reihenfolge abläuft, sieht die Bliss-Realität so aus, dass all diese Schritte in irgendeiner Reihenfolge oder sogar gleichzeitig stattfinden können. Bei manchen liegen ganz unterschiedliche Schichten zwischen ihnen und Bliss. Andere haben, schon bevor sie dieses Buch in die Hände bekommen haben, ein paar Schichten abgelegt – oder hatten sie von vornherein nicht. Hinzu kommt, dass unsere Suche nach Bliss nicht unbedingt strukturiert oder linear sein muss. In der realen Welt können Sie einen Diamanten nicht polieren, bevor Sie sämtliche Schritte seit dem Auffinden der Förderstelle durchlaufen haben. Wenn es jedoch um Bliss geht, ist es durchaus möglich, die Experimente aus Kapitel 2 und 24 gleichzeitig zu machen.

Sie finden möglicherweise auch heraus, dass Sie einen der späteren Schritte schon perfekt beherrschen, während einer der früheren durchaus noch verbessert werden könnte. Sie könnten beispielsweise einen nicht unerheblichen Wunsch nach materiellem Wohlstand (wird in Kapitel 2 behandelt) haben, während Sie bereits eine Meditationspraxis (Kapitel 24) aufnehmen oder denen vergeben haben, von denen Sie in der Vergangenheit verletzt wurden (Kapitel 8).

Jeder von uns ist einzigartig. Wir bewegen uns alle auf etwas unterschiedlichen Wegen in Richtung Bliss. Unsere Reisen bestehen zwar aus denselben Grundelementen, aber nie treten sie in exakt derselben Reihenfolge auf oder manifestieren sich auf identische Weise, genau wie wir alle einzigartige Fingerabdrücke und eine einzigartige DNA haben.

Demnach habe ich zwar versucht, die Themen der einzelnen Kapitel in einer logischen Reihenfolge zu präsentieren, beginnend mit dem, was am weitesten von Bliss entfernt ist, um dann allmählich jene Auffassungen ins Spiel zu bringen, die der Sache näher kommen. Aber wenn Sie das Buch einmal ganz gelesen und in sich aufgenommen haben, können Sie in der Reihenfolge mit den einzelnen Kapiteln weiterarbeiten, die für Sie funktioniert.

Ihr Experiment bemessen

Ich kann Ihnen versprechen, dass Sie, wenn Sie Ihr Bliss-Experiment in den nächsten 28 Tagen – oder welchen Zeitraum Sie auch dafür veranschlagen – machen, zu der Erkenntnis gelangen werden, dass dies ein lebenslanger Prozess ist. Es ist unwahrscheinlich, dass es Ihnen gelingen wird, jedes Konzept und jede Übung in diesem Buch an einem einzigen Tag oder selbst in einer Woche oder einem Jahr vollständig zu meistern. Das wird auch weder erwartet noch ist es erforderlich. Gehen Sie sanft mit sich selbst um, sehen Sie es als Prozess und lassen Sie sich vor allem nicht entmutigen, wenn Ihr Leben nicht auf der Stelle und zu 100 Prozent »geklärt und perfekt« ist. Der Maßstab für Erfolg ist Verbesserung, nicht Perfektion. Haben Sie insgesamt das Gefühl, dass es für Sie in die richtige Richtung läuft? Dann machen Sie weiter, selbst wenn Ihnen die Verbesserung zunächst nur relativ gering vorkommt. Je mehr Sie sich mit diesen Konzepten und Übungen beschäftigen und sie in sich aufnehmen, desto besser ist es und desto glücklicher und seliger fühlen Sie sich.

Eine Veränderung kann in so kurzer Zeit schwer festzustellen sein. Genauso, wie es nahezu unmöglich ist, festzustellen, ob Ihr Haar von einem Tag zum anderen gewachsen ist, kann es schwierig sein, Ihr inneres Wachstum zu bemessen. Mit der Zeit werden jedoch deutliche Veränderungen zutage treten.

Wenn Sie sich entscheiden, ein Bliss-Tagebuch zu führen, können Sie nachlesen, was vor einer Woche, einem Monat oder einem Jahr war. Das kann Ihnen helfen, Ihren Fortschritt konkreter zu würdigen. Ob Sie nun ein Tagebuch führen oder nicht, höchstwahrscheinlich werden Sie auch eine beginnende Veränderung in Ihren alltäglichen Stimmungen, Gefühlen und inneren

Dialogen bemerken. Oder vielleicht merken Sie es noch nicht einmal selbst, hören aber von anderen Kommentare wie: »Du wirkst glücklicher oder mehr im Frieden mit dir selbst.« Oder Sie merken, dass Sie weniger heftig oder vollkommen anders auf Dinge reagieren, die Sie früher wütend gemacht oder bedrückt haben. An der Supermarktkasse Schlange stehen, Auto fahren, mit dem Partner, der Familie und den Arbeitskollegen klarkommen – wir erleben täglich Dutzende von Situationen, die uns als Spiegel dienen können.

Ein Schlüsselthema, das sich durch dieses ganze Buch zieht, ist die Steigerung unserer Achtsamkeit, besonders für unsere Motivationen, unsere Reaktionen und uns selbst. Letztendlich ist das Kultivieren dieser inneren Achtsamkeit, dieser Bewusstheit – das später noch ausführlich behandelt wird –, der Schlüssel zum Bemessen unseres Bliss-Experiments. Wenn wir uns die Zeit nehmen, einmal auf uns selbst zu achten, wundern wir uns vielleicht, wie sehr wir uns verändert haben.

EINLEITUNG

MEINE GESCHICHTE, IHRE GESCHICHTE

Die Tiefe unserer Verzweiflung bestimmt unsere Fähigkeit zu
hoffen und das Ausmaß unseres Anspruchs auf Hoffnung.

Thomas Carlyle, schottischer Essayist und Historiker
(1795–1881)

Nur wenige Menschen haben mehr Möglichkeiten, unglücklich
zu sein, gefunden als ich. Vor nicht allzu langer Zeit beschrieb
ich in einem meiner Seminare einige der Herausforderungen,
vor die ich mich selbst gestellt hatte, und merkte bald, dass etwas emphatischere Zuhörer zu weinen anfingen. Eine Frau
machte ein besonders besorgtes Gesicht. Sie fragte sich ganz offensichtlich, ob ich nicht vielleicht in einem Programm zur
Selbstmordprävention sein sollte. Obwohl ich das zu schätzen
wusste, hätte sie nicht so besorgt sein müssen, denn mittlerweile
war ich in der Lage, meine Geschichten ganz ruhig und gelassen,
ja sogar mit Humor zu erzählen. Ich hatte das unmittelbare Leid
schon lange überwunden und war gerade dabei, die Vorteile der
Lösungen zu genießen, die ich gefunden hatte.

Ich habe erkannt, dass Menschen, sobald sie einen auf einem
Podium sehen, wo man einen Vortrag hält oder ein Seminar leitet, dazu tendieren, einen zu idealisieren. Oder sie tun so, als sei
man geradewegs vom Himmel gefallen, bis zum Rand gefüllt

mit zeitloser Weisheit. Oder, noch schlimmer, als sei man so etwas wie ein vollkommenes Wesen. Ich erinnere Menschen gern daran, dass auch ich eine Geschichte habe und auf einem Weg bin – der sich immer noch vor mir entfaltet – und dass wir nicht so verschieden voneinander sind. Wo immer Sie im Moment stehen, was immer Sie durchgemacht haben oder gerade durchmachen, es besteht die Chance, dass auch ich schon an diesem Punkt war. Es ist diese schmerzliche Wahrheit, die es mir erlaubt, dieses Buch mit einem guten Gefühl zu schreiben. Ich habe es mir auf die harte Weise erarbeitet: indem ich aus einem dummen Fehler nach dem anderen gelernt habe.

Von einer fast tödlichen, unabsichtlich eingeworfenen Drogendosis, über ein Herzproblem sowie lähmende Ängste und Depressionen habe ich nicht immer ein leichtes Leben gehabt. Doch während meine Leiden manchen vielleicht erschreckend oder sogar unüberwindbar erscheinen mögen, kann ich heute ohne den leisesten Anflug von Traurigkeit davon erzählen. Es ist, als sei all das einem anderen Menschen passiert, und in gewisser Weise stimmt das sogar. Vor Jahren war ich wirklich ein anderer Mensch. Der Mensch, der ich jetzt bin, hat eine sehr viel tiefere Einsicht in das Wesen des Schmerzes, des Leids, des Glücks und der Seligkeit, als der Mensch, der ich war, bevor ich all das durchgemacht hatte. Ich bin dankbar für meine Leiden, denn jedes von ihnen hat mich eine wertvolle Lektion gelehrt, die mir geholfen hat, größere – und tiefere – Ebenen des wahren Glücks zu erreichen, die ich nie für möglich gehalten hätte.

Es ist vielleicht hilfreich, etwas von meiner Geschichte gleich jetzt zu erzählen, bevor wir uns dem Herzstück des Buches zuwenden, damit Sie wissen, dass die Einstellungen und die Übungen, die ich vorschlage, weder reine Theorie noch Wohlfühlfantasien sind, sondern authentische, erprobte Techniken, die auch für Sie funktionieren werden, und zwar unabhängig von Ihrem Hintergrund oder Ihren Lebensumständen.

Am Anfang

Ich habe mich schon immer für Philosophie interessiert. Schon in der achten Klasse verzehrte ich mich nach Antworten auf die großen Fragen des Lebens: Warum sind wir hier? Was ist der Sinn des Lebens? Was macht ein gutes Leben aus? Gibt es einen Gott? In der Highschool wurde ich zum »Größten Pseudo-Intellektuellen« meiner Abschlussklasse gewählt – eine witzige Spitze gegen mein Faible für gewichtige Konversation. Ich wuchs in einem weitgehend säkularen jüdischen Elternhaus in einem Vorort von Cleveland, Ohio, auf und besuchte eine bekannte Privatschule. Die sechste und siebte Klasse verbrachte ich vor allem mit den üblichen Beschäftigungen junger Pubertierender: sich cool benehmen und alles tun, um bei anderen beliebt zu sein. Ich beteiligte mich an allem, was Jungs machen, um dies zu erreichen: den starken Mann mimen, hinter dem Rücken anderer über sie reden und alles aufsaugen, was die Anführer der angesagten Gruppen von sich geben. Allmählich arbeitete ich mich auf der sozialen Leiter nach oben – bis in der achten Klasse alles katastrophal falsch lief.

Als ich eines Tages in die Schule kam, hatten sich die »coolen Jungs« – meine vermeintlichen Freunde – gegen mich gewandt. Scheinbar über Nacht war ich nicht mehr »in«, sondern »out«. Meine ehemaligen Freunde fingen an, mich zu schikanieren. Sie sprachen nicht mehr mit mir und schleuderten mir nur noch Beleidigungen entgegen. Sie versuchten, mich körperlich zu quälen (meist nicht besonders erfolgreich, weil ich ein ziemlich guter Ringer und kein Schwächling war). Sie legten Drohbriefe in mein Schließfach und stifteten auch andere Kinder an, nicht mehr mit mir zu sprechen. Weil es eine kleine Schule war, gab es keine Möglichkeit, ihren Nachstellungen zu entgehen. Alle wussten Bescheid, sogar die Lehrer. Es war wie eine Vorstadtversion von *Herr der Fliegen*.

Zu der Zeit war ich verzweifelt. Was konnte wohl schlimmer sein für einen dreizehnjährigen Jungen? Ich versuchte, wieder dazuzugehören, kam aber nicht weiter. Je mehr ich drängte, desto schlimmer wurde es. Ich dachte sogar kurz über Selbstmord nach.

Kurz nach Beginn meiner Ächtung wurde bei einem meiner wenigen noch verbliebenen Freunde – der zufällig auch mein Vetter zweiten Grades war – Magenkrebs im Endstadium diagnostiziert. Ian war 14. Ich erinnere mich noch sehr genau, wie ich ihn im *Rainbow Babies & Children's Hospital* in Cleveland besucht habe. Es war der Abend, als ihm seine erste Perücke angepasst wurde. Durch die Chemotherapie war er schwach und abgemagert; fast alle seine Haare waren schon ausgefallen. Ich schaute zu, wie der Perückenspezialist die restlichen Strähnen abrasierte, ihm eine Perücke auf den Kopf setzte und versuchte, sie so zu frisieren, dass sie seinem echten Haar so ähnlich wie möglich war.

Ian war nicht nur ein Freund, sondern auch ein Mitglied meiner Familie. Wir hatten einen ähnlichen Hintergrund, besuchten dieselbe Schule und sahen uns sogar ziemlich ähnlich. Ich konnte nicht umhin, mich zu fragen, warum ihm all das passierte und nicht mir. Vor allem, weil er ein netterer Junge war als ich. Es schien keinen ersichtlichen Grund dafür zu geben. Ian bei seinem Kampf gegen den Krebs zu beobachten und ihn wenig später sterben zu sehen machte mich nachdenklicher und entschlossener als je zuvor, die Bedeutung und den Sinn meines Lebens zu verstehen.

Obwohl ich nach Ians Tod noch lange traurig und nachdenklich war, erkannte ich allmählich auch, dass es durchaus Vorteile hatte, aus der sogenannten »coolen Gruppe« vertrieben worden zu sein. Für die meisten Acht- und Neuntklässler war ich ein sozialer Paria, was bedeutete, dass ich an den Abenden und am Wochenende wenig zu tun hatte. Während die anderen Kinder herumhingen, miteinander telefonierten oder auf Partys gingen, blieb ich meistens allein zu Hause. Ich verschlang Bücher, schaute mir Independentfilme an, dachte nach und erforschte mein inneres Selbst. Mein Vater hatte eine umfangreiche Bibliothek mit vielen großen Werken der Literatur, Philosophie, Kunst und Kultur, und ich las sie alle.

Auch wenn sich mein soziales Leben bis zur zehnten Klasse

weitgehend erholt und ich eine gute Gruppe neuer Freunde hatte – wenn auch im Großen und Ganzen nicht dieselben wie zuvor –, hatte ich eine wahre Liebe für das Lesen entwickelt. Während meiner Zeit in der Highschool arbeitete ich mich durch den westlichen Kanon der großen Bücher und tauchte letztendlich tief in Philosophie, Sozialwissenschaft und Psychologie ein. Ich fing auch an, buddhistische und taoistische Literatur zu lesen, und beschäftigte mich ein wenig mit zenbuddhistischer Meditation. Ich erinnere mich, wie eine Gruppe von uns im Haus einer Lehrers, der selbst Philosoph war, erstaunt feststellte, dass ich mit ihm eine tiefschürfende Diskussion über den *Tractatus Logico-Philosophicus* des österreichischen Philosophen Ludwig Wittgenstein führen konnte.

Bevor ich geächtet wurde, war einer meiner besten Freunde Davey gewesen, ein Junge, der deutlich klüger war als ich. Davey schien dafür bestimmt, an der Harvard-Universität zu studieren. Unglücklicherweise forderten die Jahre seiner Popularität ihren Tribut von seinem Ehrgeiz und seiner intellektuellen Entwicklung. Er hörte auf zu studieren und fing an, Party zu machen. Schließlich landete er in einem College, das weit unter seinen Fähigkeiten lag. Die Geschichten praktisch all meiner früheren Freunde waren ähnlich. Meine scheinbar zufällige Exkommunikation aus dieser oberflächlichen und destruktiven Peergroup erwies sich als nicht weniger als ein Segen. Da erkannte ich zum ersten Mal, dass Leiden ein positives Ergebnis haben kann – aber es war nicht das letzte Mal, dass mir dies klarwurde.

Meine Philosophie der Verzweiflung

Von meinem ersten Tag an der Stanford-Universität an wusste ich, dass ich im Hauptfach Philosophie studieren wollte. Ich hoffte sogar, die Philosophie zu meinem Beruf machen zu können. Die Freiheit und der Lebensstil eines Universitätsprofessors zusammen mit der Gelegenheit, rund um die Uhr über den Sinn des Lebens nachsinnen zu können, schien mir eine unschlagbare

Kombination zu sein. Ich fand schnell heraus, dass viele meiner Philosophieprofessoren auch am Institut für Religionswissenschaft angestellt waren und dort Vorlesungen hielten. Und natürlich war nie formal zwischen vielen der asiatischen »Philosophien« – wie dem Konfuzianismus, dem Taoismus und dem Buddhismus – und »Religion« unterschieden worden. Die beiden Institute boten ein Programm für einen gemeinsamen Studienabschluss an. So kam es, dass sich mein ursprüngliches Interesse an Philosophie schnell verzweigte und auch die Religionswissenschaft einschloss.

Meine Professoren ermutigten mich, zusätzlich zu den üblichen Philosophie- und Religionskursen auch noch Anthropologie, Soziologie und Psychologie zu studieren. Meine ersten beiden Jahre in Stanford waren sehr spannend. Meine Philosophie- und Religionswissenschaftsfreunde und ich waren fest davon überzeugt, dem Sinn und den Mysterien des Lebens wirklich »auf den Grund« zu gehen. Wir hatten das Gefühl, schnell einen einzigartigen Zugang zur »Wahrheit« zu bekommen, und hatten oft regelrecht Mitleid mit den Studenten, die ihre Zeit mit dem Studium so trivialer Fächer wie Medizin, Ingenieurwissenschaften, Englisch, Wirtschaftswissenschaften und Politik verschwendeten.

Obwohl ich mir hinsichtlich der Erweiterung meines intellektuellen Verständnisses sicherer war als jemals zuvor, brach mein persönliches Leben mitten im Semester völlig zusammen. Zunächst sah ich die Verbindung gar nicht. Erst nachdem die Katastrophe eingetreten war, erkannte ich, wie weit ich von meinem Kurs abgekommen war.

Obwohl meine Studien oberflächlich betrachtet sehr abwechslungsreich waren, fühlte ich mich besonders zu einer Gruppe von Professoren hingezogen, die einen höchst ungewöhnlichen und einheitlichen Standpunkt hatten. Brillant wie sie waren, vertraten sie überwiegend trostlose oder zumindest höchst konfliktträchtige Ansichten. Einerseits waren sie unendlich fasziniert von den verschiedenen Philosophien und Glau-

benssystemen, die sich Philosophen und religiöse Führer aller
Jahrhunderte ausgedacht hatten, andererseits kreisen ihre persönlichen Überzeugungen um das Existenzielle. Viele waren
entweder Borderliner oder sogar ausgewachsene Alkoholiker.
Wenige, wenn überhaupt, hatten klare spirituelle Überzeugungen. In der Tat waren sie fast alle Atheisten oder Agnostiker –
und wenn es einer von ihnen nicht war, so hielt er es streng ge-
heim. Es war eine Atmosphäre, in der die großen Philosophen
und Religionen diskutiert und analysiert, häufig aber auch ver-
achtet und diskreditiert oder zumindest in einem sicheren akademischen Abstand gehalten wurden.

Ich driftete tiefer und tiefer in das Lesen und Bewundern existenzialistischer und dekonstruktivistischer Philosophen und Psychologen ab. Als mir einer meiner Professoren *The Denial of
Death* (dt. Titel: *Die Überwindung der Todesfurcht*) vorstellte,
Ernest Beckers Werk über Religion und Psychologie, das mit dem
Pulitzer-Preis ausgezeichnet worden war, hatte ich das Gefühl,
als durchzucke mich ein Stromschlag. Zusätzliche starke Dosen
aus der Feder von Kierkegaard, Heidegger, Sartre, Nietzsche, We-
ber, Dürkheim, Freud, Derrida und anderen gaben mir einerseits
ein Gefühl der Macht, das auf meinem neugewonnenen »Verstehen« beruhte, und sorgten andererseits für zunehmendes seeli-
sches Unwohlsein. Als »Philosophen« gingen viele von uns – auch
ich – stillschweigend davon aus, dass uns unser »tiefes« Verstehen der menschlichen Natur über andere stellte, verlieh uns aber
auch die bedrückende Aura exklusiver Traurigkeit.

Viele meiner Freunde tranken und feierten ständig und waren oft gleichzeitig sehr daran interessiert, viel Geld zu verdienen und erfolgreich zu sein oder gar berühmt zu werden. In meinem Kreis von Professoren und Philosophiestudenten lautete
das Motto »schwer denken, schwer trinken«, was bedeuten
sollte, dass wir uns in einem Punkt einig waren: Je mehr man
über das Leben nachdachte, desto nötiger war es, so oft wie
möglich einen guten, starken Drink zu sich zu nehmen. Also
frönte ich ausgiebig dem Alkohol und den Drogen, denn das

war die einzige Möglichkeit, die ich sah, um mit dem Elend unserer menschlichen Natur klarzukommen.

Ich fühlte mich zunehmend allein und isoliert, vor allem, weil ich sicher war, dass ich über eine spezielle Einsicht in das Menschsein verfügte, die andere einfach nicht hatten. In meiner Arroganz hatte ich nur Verachtung für diejenigen übrig, die nicht wussten, was ich zu wissen glaubte. Damals erkannte ich nicht, was ich viel später lernen würde: Wahre Weisheit isoliert sich nicht, sie verbindet. Weisheit ist harmonisch und glückselig, nicht polarisierend und entfremdend. Doch das hätten Sie mir damals nicht sagen dürfen.

Meine Stimmung und Grundhaltung hatten sich derart verschlechtert, dass mein Zimmergenosse und bester Freund, der das erste Medizinexamen hinter sich hatte (und daher nicht zu meinem philosophischen Freundes- und Professorenkreis gehörte), mitten im Semester aus unserem gemeinsamen Räumen im Studentenwohnheim auszog. Es war schwierig, mit mir zusammenzuleben, zumal sich meine innere Einstellung von Monat zu Monat verschlechterte. Ich hatte einen Freund aus dem College. Er war ein großartiger Typ und ein guter Freund, aber zufällig auch ein Drogendealer und als einer der Wilden auf dem Campus berüchtigt. (Jahre später trafen wir uns in San Francisco auf der Straße kurz wieder; er trug eine elektronische Fußfessel, weil er wegen Körperverletzung verurteilt worden war.) Seit der Highschool hatte ich immer wieder Drogen probiert, hauptsächlich Marihuana und psychedelische Substanzen. Nun steigerte sich mein Drogenkonsum langsam, aber sicher. Am Ende des Semesters rauchte ich regelmäßig Gras, nahm Pilze und Ecstasy und trank mehr als je zuvor.

Ein Trip in die Notaufnahme

Im folgenden Frühjahrssemester brach alles zusammen, und zwar auf dem Exotic-Erotic-Ball, der wildesten Party in Stanford, die von genau dem Studentenwohnheim veranstaltet wurde, in dem ich wohnte. Die Partygänger kleiden sich so spärlich sie sich trauen, werden so high wie möglich und haben ganz allgemein so viel hedonistischen »Spaß«, wie sie verkraften können. Obwohl mein Drogenkonsum eskalierte, hatte ich nie irgendeine negative Reaktion darauf erlebt. Wie viel ich auch trank oder wie viele Drogen ich auch nahm, mir ging es immer gut. Vor Beginn des Exotic-Erotic-Balls bereiteten sich die meisten Bewohner meines Hauses – die Gastgeber – auf die große Partynacht vor, indem sie Ecstasy nahmen. Mein Drogendealer-Freund hatte die Aufgabe, das Ecstasy für 50 von uns zu beschaffen. Wir streuten es in Linien auf einen Spiegel und schnupften es abwechselnd. Nachdem alle anderen ihre Portion intus hatten, merkten mein Zimmergenosse und ich, dass wir etwas übrig hatten. Er musste sich bei unserer Bestellung irgendwie verrechnet haben, weil immer noch ein ganzer Haufen dalag. Wir schauten uns an wie Kinder in einem Süßwarenladen, und dann schnupften wir aus lauer Begeisterung darüber, dass wir die Goldader gefunden hatten, schnell den ganzen Rest. Im Laufe der Nacht warf ich so ziemlich jedes Rauschmittel ein, das ich finden konnte: Alkohol natürlich, aber auch Lachgas, Marihuana und vermutlich jede Menge andere Dinge, an die ich mich nicht einmal mehr erinnern kann.

Ein paar von uns saßen im Kreis in meinem Zimmer – das Teil eines abgesicherten VIP-Bereichs war – und ließen eine Wasserpfeife herumgehen. Ich werde diesen Moment nie vergessen. Als der erste Zug tief in meine Lungen ging, konnte ich fast sehen, wie die Rauchwolke in meinem Körper aufstieg. Als sie auf mein Gehirn traf, verlor ich sie vollkommen aus den Augen. Ecstasy ist eine seltsame Droge: halb Halluzinogen, halb Speed. Das Amphetamin darin beschleunigt den Herzschlag; und ich hatte die doppelte oder dreifache Dosis intus. Auch Marihuana erhöht die Herzfrequenz. Diese Kombination, unterstützt von Schnaps und Lachgas, bewirkte, dass ich die Kontrolle über meinen Körper und meinen Geist verlor. Mein Herz klopfte, als wolle es gleich explodieren. Mein ganzer Körper war aufgewühlt und zuckte. Ich konnte die Bewegung nicht stoppen. Und was noch schlimmer war, mein Geist raste wie nie zuvor. Ohne Ende rauschten die Gedanken, Bilder, Ängste und negativen Emotionen durch meinen Kopf, als sei ein Damm gebrochen. Ich hatte Angst, einen Herzanfall zu erleiden und auf der Stelle zu sterben oder vollkommen verrückt zu werden.

Ich war in einer denkbar schlechten Verfassung und wusste, dass ich so schnell wie möglich in die Notaufnahme musste. Also klammerte ich mich an eine Freundin und flehte sie an, mich ins Stanford Hospital zu fahren.

Nachdem ich ein paar Minuten im Warteraum verbracht hatte, kam eine Krankenschwester und untersuchte mich. Ich erzählte ihr, welche Drogen ich eingenommen hatte, und sie fühlte meinen Puls. Dann wurde ich schnell auf die Notfallstation gebracht. Noch einmal kontrollierte sie meinen Puls, hörte mein Herz ab, machte eine Blutdruckmessung und erzählte mir dann, dass meine Herzfrequenz bei weit über 200 Schlägen pro Minute liege. Sie hängte mich sofort an den Tropf und ordnete verschiedene medikamentöse Behandlungen an, unter anderen eine zur Vermeidung eines Schlaganfalls. Später sagte sie mir, dass ich in der Tat in sehr großer Gefahr geschwebt hatte, jeden Moment einen Schlaganfall zu erleiden. Sie gab mir auch ein Gegenmittel gegen das ganze Speed und die anderen Stimulanzen in meinem Körper. Außerdem musste ich aufgelöste Kohletabletten trinken, die den Restalkohol in meinem Magen neutralisieren sollten.

Die ganze Zeit rasten die Gedanken durch meinen Kopf. Ein unaufhaltsamer Kreislauf der Angst und Furcht war in meinem Gehirn in Gang gesetzt worden. Ich erkannte, wie allein ich war und wie viel Angst ich hatte. Ich hatte Angst zu sterben. Ich blickte auf mein Leben zurück. Oder, besser gesagt, mein Geist zwang mir einen Lebensrückblick auf, denn ich hoffte, ehrlich gesagt, nur darauf, diesen Film anhalten zu können. Es war, als könne ich zuschauen, wie das Kartenhaus, das ich mir da aufgebaut hatte, in sich zusammenfiel. Mein Selbstgefühl war erschüttert. Mir wurde klar, dass mein Ego, das ich mir so sorgfältig aufgebaut hatte, in Wirklichkeit fadenscheinig und unecht war. Ich sah mich nicht nur mit meiner Angst vor dem Tod konfrontiert, sondern auch mit meiner extremen Einsamkeit und Isolation, meiner schleichenden Vermutung, das Leben habe keinen Sinn, und dem allgemeinen Gefühl, mich selbst betrogen zu haben. Ich hatte geglaubt, dass mich mein Philosophiestudium der Wahrheit näher bringen würde; dass ich etwas wisse, das die anderen nicht wussten; dass ich den Sinn des Lebens entschlüsselt hätte – doch dann wurde mir in nur einer Nacht klar, dass ich in Wirklichkeit in einer Sackgasse gelandet war. Wenn das der Sinn des Lebens war, dann war das Leben trostlos, kalt, verzweifelt und wohl kaum lebenswert.

Nachdem ich am nächsten Morgen aus dem Krankhaus entlassen worden war, tat ich zunächst so, als habe sich nichts verändert. Wenn ich gefragt wurde, was passiert sei, sagte ich, es sei nichts Besonderes gewesen. Ich wollte nicht darüber sprechen. Ich versuchte sogar, einfach weiter Party zu machen. Aber etwas Seltsames passierte: Jedes Mal, wenn ich einen Zug aus einer Wasserpfeife nahm oder auch nur ein bisschen Alkohol trank, hatte ich intensive Rückblenden auf diese Nacht in der Notaufnahme. Ich bekam Herzrasen. Ich hatte keine Kontrolle mehr über meine Gedanken. Augenblicklich durchlebte ich die ganze Hölle meiner Überdosis noch einmal, sowohl körperlich als auch mental. Schließlich erkannte ich, dass dies etwas war, womit ich mich auseinandersetzen musste. Ich konnte nicht mehr so tun, als sei nichts passiert und als könne ich einfach wieder zur Tagesordnung übergehen.

Meine Pechsträhne reißt nicht ab

Mein Leiden war alles andere als vorbei; es war sogar erst der Anfang. Als ich in jenem Sommer aus Stanford nach Hause zurückkam, war ich in sehr schlechter Verfassung. Mein Herz fühlte sich an, als rase und stolpere es und verhalte sich generell unberechenbar. Meine Eltern brachten mich zu einem Herzspezialisten an der Cleveland Clinic, dem hochrangigsten Zentrum für Kardiologie in den USA. Der Kardiologe stellte bei mir einen bedenklich unregelmäßigen Herzschlag fest – sicher eine Folge meines Drogenmissbrauchs – und sagte, ich brauche sofort einen Herzschrittmacher, oder ich müsse mit einem Herzinfarkt rechnen.

In meinem ohnehin schon geschwächten Geist explodierte diese Nachricht wie eine Bombe. Ich hatte mehr Angst als je zuvor. Ich war überzeugt, jede Sekunde könne meine letzte sein. Doch nur zur Sicherheit testete mein Arzt mich noch einmal. Ich musste dreimal eine Woche lang ein tragbares EKG-Gerät namens Holter-Monitor mitführen. Der Monitor registrierte 24 Stunden lang jeden meiner Herzschläge. Ich war praktisch jede Minute jeden Tages vollkommen überwältigt vor Angst. Ich wurde immer depressiver. Ich hatte eine solche Angst zu sterben, dass ich sogar anfing, im Schlafzimmer meiner Eltern zu übernachten.

Obwohl ich alles andere als ein religiöser Mensch war – eher ein überzeugter Atheist –, erinnerte ich mich an das Gespräch mit einem guten Freud der Familie, der als Arzt Wellnessprogramme für eine Versicherung betreute. Er gab mir eine unverbindliche zweite Meinung, während ich auf die endgültigen Testergebnisse wartete und auf einen Termin für die Operation, bei der mir mein Herzschrittmacher eingesetzt werden sollte. Ich erinnere mich nicht an seinen medizinischen Rat, wohl aber daran, wie unser Telefongespräch endete. Er schlug mir vor, mich auf das folgende Gebet zu konzentrieren:

Gib mir die Gelassenheit, die Dinge hinzunehmen,
die ich nicht ändern kann,
den Mut, die Dinge zu ändern, die ich ändern kann,
und die Weisheit, beides voneinander zu unterscheiden.

Zu der Zeit erkannte ich es nicht, aber später erfuhr ich, dass es eine Version eines Friedengebets war, das von spirituellen Suchern und in Genesungsprogrammen oft gesprochen wird. Mir

war es neu. Ich studierte zwar Philosophie und Religion, *praktizierte* sie aber nicht. Weil ich verzweifelt war und anscheinend
keine Wahl hatte und weil ein richtiger Mediziner – nicht irgendein Selbsthilfe-Quacksalber – es mir vorgeschlagen hatte,
beschloss ich, es auszuprobieren. Ich wusste nichts darüber, wie
man richtig betet, aber ich sagte mir die Worte immer und immer wieder in meinem Kopf vor, während ich zu Hause herum-
lag oder meinen täglichen Aktivitäten nachging.

Mein erstes Wunder?
Etwas Erstaunliches passierte. In meiner nächsten kardiologi-
schen Sprechstunde, zu der ich ging, nachdem ich den Holter-
Monitor ein zweites Mal getragen hatte, sagte der Arzt, die
Cleveland Clinic habe wohl einen Fehler gemacht. Offenbar sei
die Aufzeichnung des ersten Tests mit der von jemand anderem
vertauscht worden, denn er könne keine Spur eines Herzprob-
lems mehr finden. Der Kardiologe erklärte, es sei unmöglich,
dass mein Herz im ersten Test so lädiert gewesen sei und im
nächsten dann wieder absolut in Ordnung. Obwohl es keinen
Beweis dafür gab, dass die Ergebnisse eines anderen Patienten
fälschlicherweise mir zugeschrieben worden waren, war dies für
ihn die einzig mögliche Erklärung. Ein darauffolgender Holter-
Test bestätigte, dass meine Herzfrequenz tatsächlich normal
war. Dennoch verbrachte ich noch Monate in Angst und Schrecken, bevor ich schließlich darauf vertraute, dass ich nicht länger unmittelbar vom Herzstillstand bedroht war.

Im Nachhinein kann ich mich nur wundern. Immerhin war
ich in der Nacht des Exotic-Erotic-Balls in der Notaufnahme gewesen. Es hatte kein Zweifel daran bestanden, dass mein Herz in
Gefahr gewesen war und dass ein Schlaganfallrisiko bestanden
hatte. Wochen später hatte ich diese Tests an der Cleveland Clinic machen lassen, weil ich spürte, dass in meiner Brust etwas
falschlief. Es schien klar, dass mein Herz wirklich stolperte – ein
ziemlich unmissverständliches Gefühl. Tatsache ist: Das Einzige,
was sich zwischen meinem ersten und dem zweiten Test verän-

dert hat, ist, dass ich das Friedengebet gelernt und immer wieder vor mich hingesagt habe. Damit habe ich mich ein wenig für das Geistige geöffnet, das durch dieses Gebet repräsentiert wird.

Keine Wunder für meinen Vater

Ob das Verschwinden meiner Herzprobleme ein Versehen oder ein Geschenk war, es war auf jeden Fall nicht das Ende meiner Prüfungen. Nur eine Woche nach meinem Martyrium in der Cleveland Clinic wurde bei meinem Vater ein Mesotheliom diagnostiziert, eine tödliche Form von Lungenkrebs. Es wurde im Juli diagnostiziert, und am Weihnachtsabend starb er. Ich hatte geplant, im September am Great Barrier Reef in Australien ein Auslandssemester zu verbringen. Dort wollte ich unter anderem Anthropologie, die Kultur der Ureinwohner und Meeresbiologie studieren, was ich für eine gute Ergänzung meiner philosophischen Ausbildung hielt. Außerdem war es eine perfekte Entschuldigung, um in der Sonne abzuhängen, tauchen zu gehen und australisches Bier zu trinken, alles für die Ehre der Fakultät!

Die fünf Monate von der Diagnose meines Vaters bis zu seinem Tod waren äußerst zermürbend, was nicht nur durch meine persönlichen Probleme zusätzlich intensiviert wurde, sondern auch durch das mentale und spirituelle Leid meines Vaters. Er versuchte, mit seinem bevorstehenden Tod klarzukommen, scheiterte aber weitgehend. Ich will hier nicht weiter auf dieses Thema eingehen, es sei nur gesagt, dass seine Krebsdiagnose ein ganzes Leben voller Wut, Angst, Enttäuschung und Ernüchterung ans Licht brachte, die er teilweise an meiner Mutter, meiner Schwester und mir ausgelassen hatte. Sein Tod und das Drama rund um sein Sterben verstärkten meine eigenen Ängste, mein Unbehagen und meine Depressionen.

Eine Richtungsänderung

Weil ich mein Auslandssemester am Great Barrier Reef abgesagt hatte und Cleveland nicht verlassen konnte, während mein Va-

ter im Sterben lag, hatte ich sehr viel freie Zeit. Meine Lesege-
wohnheiten änderten sich dramatisch. Ich hörte auf, mich mit
Werken existenzialistischer Philosophen zu beschäftigen. Stattdessen fing ich an, Yogaunterricht zu nehmen, und lernte Tran-
szendentale Meditation – eine Praxis, die meine Eltern beide vor
Jahren praktiziert, aber schon lange wieder aufgegeben hatten.
Ich fing an, viele verschiedene Erlebnisberichte von Praktizierenden östlicher Religionen zu lesen, und auch Bücher, in denen
die Überschneidungen von und die Konflikte zwischen wissenschaftlichen und theologischen Themen sowie die möglichen
Lösungen dieser Konflikte untersucht wurden.

Als ich mich eines Tages für eine Yogastunde aufwärmte,
fragte mich meine Lehrerin, ob ich *Autobiographie eines Yogi*
gelesen habe. Ich hatte noch nie davon gehört. Sie legte mir das
Buch ans Herz und sagte nicht viel mehr darüber. Ich kaufte es
mir gleich am nächsten Tag und arbeitete es durch. Die Wirkung
war elektrisierend. Ich glaubte es nicht wirklich, aber dennoch
war einfach etwas an diesem Buch und an seinem Autor Paramahansa Yogananda, das ich beglückend fand. Yogananda – der
erste spirituelle Lehrer aus Indien, der auf Dauer im Westen lebte
und die Yoga- und Meditationspraktiken begründet hat, die heute ein Teil der regulären amerikanischen Kultur sind – war entweder komplett verrückt oder aber jemand, der die spirituelle
Wahrheit auf der höchsten Ebene persönlich erfahren hatte. Er
sprach nicht nur über verschiedene Philosophien und Religionen, analysierte sie oder erging sich in theoretischen Konstruk-
ten. Vielmehr behauptete er, sie zu leben, sie unmittelbar und
direkt zu erfahren. Das war ein völlig anderer Ansatz als irgendetwas, das mir bisher begegnet war. Ich war fest entschlossen
herauszufinden, ob er ein Genie oder ein Verrückter war.

Nach dem Tod meines Vaters fühlte ich mich nicht bereit,
nach Stanford zurückzukehren. Ich beschloss, zertifizierter Yo-
galehrer zu werden – nicht weil ich Yoga unterrichten wollte,
sondern weil das ein guter Grund war, sich längere Zeit an einen
Ort der Besinnung zurückzuziehen – »weit weg von allem« –

und alles zu heilen, was mir in den letzten acht Monaten passiert war. Ich sah es als Ersatz für mein Auslandsjahr. Hauptsächlich jedoch war ich motiviert von einem durch das Lesen von *Autobiographie eines Yogi* geschürten und ständig wachsenden Gefühls, dass die beste Möglichkeit, die östlichen Religionen zu verstehen, darin bestand, sie zu praktizieren und nicht nur zu studieren.

Am Ende nahm ich an einem spirituellen Retreat im Vorgebirge der Sierra Nevada, Nordkalifornien, teil. Die Teilnehmer an diesem Gast-Retreat gehörten zu einer viel größeren Gemeinschaft, die fast 1000 Morgen bewohnte. Es ist eine moderne amerikanisierte Variante der indischen Ashrams und basiert auf den uralten Prinzipien des Yoga und Vedanta, dem praktischen beziehungsweise philosophischen Zweig des Hinduismus. Praktisch jeder, der dort lebt, meditiert und ist Schüler von Paramahansa Yogananda. Ich verbrachte etwa acht Wochen dort, machte zuerst eine Yoagalehrer-Ausbildung und blieb dann noch, um an einem Arbeits- und Studienprogramm teilzunehmen. Sechs Wochen nach meiner Ankunft legte ich ein Gelübde als Schüler von Yogananda ab, der seitdem mein Guru oder spiritueller Lehrer ist. Das war ein zutiefst bewegendes Erlebnis, das mein ganzes Leben verändert hat.

Yogananda wurde 1893 in Indien geboren. Von Kindheit an wurde er darin ausgebildet, die alte indische Wissenschaft der Selbstverwirklichung in den Westen zu bringen. Bevor er nach Amerika kam, wurde er in den 1200 Jahre alten, im achten Jahrhundert gegründeten Swami-Orden ordiniert und erhielt den Namen Paramahansa Yogananda. Die Sanskrit-Worte *param* und *hansa* bedeuten »höchster« und »Schwan«. Der heilige weiße Schwan ist ein Symbol der spirituellen Unterscheidung. Yogananda bedeutet wörtlich »der durch die Yogapraxis unendliche Glückseligkeit *(ananda)* erlangt«. Im Jahr 1920 ließ er sich als erster Yogameister für immer in Amerika nieder. 1946 veröffentlichte er die *Autobiographie eines Yogi*, das Buch, das ein spiritueller Klassiker wurde und eines der beliebtesten

Bücher des 20. Jahrhunderts. Außerdem errichtete Yogananda
Hauptquartiere für die weltweite Arbeit, schrieb eine Reihe von
Büchern und Lehrgängen, hielt Vorträge vor Zehntausenden in
den meisten größeren Städten der USA und bildete zahlreiche
Schüler aus. Er war der erste Hindu, der jemals in das Weiße
Haus eingeladen wurde, und zwar von Calvin Coolidge. Mahatma Gandhi war von Yogananda persönlich in den Kriya-Yoga,
seine am weitesten entwickelte Meditationstechnik, eingeweiht
worden. Yogananda lebte bis zu seinem Tod im Jahre 1952 in
den USA. In seiner wichtigsten Botschaft an den Westen betonte
Yogananda die Einheit aller Religionen, die Bedeutung der persönlichen spirituellen Übung und die wesentliche Harmonie
zwischen Wissenschaft und Religion.

Trotz eines allgemein erhebenden und erhellenden Arbeits-
pensums während des Retreats war ich immer noch besorgt, ver-
unsichert und niedergeschlagen – allerdings mit dem Unterschied, dass ich jetzt einen Silberstreif am Horizont sah. Obwohl
ich erst ein paar zaghafte Schritte auf dem Weg der Entdeckung
gemacht hatte – nicht wirklich genug, um zu wissen, was ich
finden würde –, war ich mir zunehmend sicher, dass es dort etwas zu finden gab. Ich kehrte nach Stanford zurück und machte
meinen Abschluss. Allerdings mied ich jetzt die eher extremen,
existenzialistisch ausgerichteten Seminare, die ich mir zuvor ausgesucht und auch genossen hatte. Innerhalb von sechs Monaten
hatte ich meinen Abschluss und ein Diplom in Philosophie und
Religionswissenschaft in der Tasche und beschloss, in die spirituelle Gemeinschaft zurückzukehren. Zu der Zeit hatte ich keinen
festen Plan. Ich dachte nicht, dass ich hiermit eine endgültige
Entscheidung traf oder dass mein Leben eine Art unwiderrufli-
che Wende genommen hatte. Ich machte einfach nur den nächsten Schritt, den Schritt, der sich in dem Moment richtig anfühlte.

Das ist jetzt fast 20 Jahre her.

In der Zwischenzeit lebte ich die ganze Zeit in der Ashram-
Gemeinschaft, meditierte täglich und lernte, wie man eine ganze
Palette von spirituellen Übungen und Einstellungen in seinen

Alltag integrieren kann. Außerdem arbeitete ich zunächst in einem Bioladen und dann in einem unabhängigen Buchladen als Einkäufer und Organisator von Veranstaltungen. 1998 bat mich ein Schüler von Paramahansa Yogananda, Geschäftsführer und Verleger bei Crystal Clarity Publishers, einem Buch- und Medienverlag, zu werden. Mehr als neun Jahre lang leitete ich die Firma, die spirituelle Bücher verlegt sowie Entspannungs- und Weltmusik produziert. Das Erstaunlichste für mich: Nun war ich der Verleger vieler Bücher von Paramahansa Yogananda, einschließlich der 1946er-Originalausgabe von *Autobiographie eines Yogi*, genau dem Buch, das mein Leben auf diesen Kurs gebracht hatte. An jenem dunklen Tag, als ich zum ersten Mal eine Ausgabe von *Autobiographie eines Yogi* in die Hand nahm, wäre mir nie der Gedanke gekommen, dass ich mein Leben eines Tages dem Verlegen, Verkaufen, Vermarkten und Unterstützen eines der bestverkäuflichen und wichtigsten Werke in der Verlagsgeschichte widmen würde. Das war für mich nicht nur ein heiliges Privileg, sondern auch ein Wunder.

Eine neue Art des Leidens

Leider blieb mein Leben in jenem Moment nicht stehen. Das ewige Paradies war mir nicht beschieden. Vor etwa sieben Jahren sah ich mich mit einer der bisher größten Herausforderungen konfrontiert: heftige, invalidisierende und unheilbare chronische Schmerzen.

Nach einem Montag, an dem ich trainiert und Sport getrieben hatte – Krafttraining, Laufen, Fußball und Volleyball und als krönenden Abschluss auch noch Yoga –, wachte ich am nächsten Morgen mit extremen Schmerzen in der ganzen rechten Seite meines Rückens und in der rechten Hüfte auf. Zunächst dachte ich, es sei einfach nur Muskelkater oder schlimmstenfalls sei die Wirbelsäule kurzfristig aus dem Lot geraten. Ich ging zu meinem Chiropraktiker, weil ich dachte, er könne die Wirbelsäule schnell wieder einrichten. Ein paar Röntgenbilder und einige Besuche bei einem zweiten Chiropraktiker später, eskalierte meine Besorgnis. Kein Einrichten half, und meine Schmerzen wurden immer schlimmer.

Ich suchte die führenden Spezialisten des Landes vom Stanford Hospital, vom UCSF Medical Center, vom Johns Hopkins Hospital und andere auf. In den ersten beiden Jahren wurden mir wiederholt falsche Diagnosen gestellt, unter anderem von einigen der besten Ärzte in den USA. Ich besuchte auch so ziemlich alle Arten von ganzheitlich Praktizierenden, die Sie sich vorstellen können: Akupunkteure, Chiropraktiker, Spezialisten für Körperarbeit, Homöopathen, Energieheiler, intuitive Heiler, Physiotherapeuten sowie Anwender der Alexander-Technik, der ayurvedischen Medizin, der Prolotherapie, des Biofeedback, des geführten Visualisierens und zahllose andere. Nachdem ich eine Reihe von Fehldiagnosen ertragen und fast ein Dutzend invasiver medizinischer Prozeduren hinter mich gebracht hatte – Kortisonspritzen, zahllose Blutuntersuchungen, Kernspin- und CT-Untersuchungen, Radiofrequenz-Neutrotomien und einen Discogram-Test (der offenbar so schrecklich war, dass einer der Assistenzärzte im OP tatsächlich vom Hinschauen umkippte) –, wurde am Ende festgestellt, dass ich ein seltenes und sehr schmerzhaftes Leiden namens Dysfunktion des Kreuzdarmbeingelenks habe.

Das Kreuzdarmbeingelenk verbindet die Basis der Wirbelsäule, das Kreuzbein, mit dem Becken. Praktisch jede Bewegung, einschließlich Sitzen, Gehen und sogar Schlafen, ruft Irritationen und Entzündungen hervor. Stellen Sie sich vor, Sie laufen mit einem dauerhaft beschädigten Kreuzband im Knie oder einer beschädigten Rotatorenmanschette in der Schulter herum; nur dass es in meinem Fall keine bisher bekannte Operation gibt, mit der man das Problem beheben könnte, und wir brauchen unsere Kreuzdarmbeingelenke häufiger als unsere Knie oder unsere Schultern. Es gibt praktisch keine Form der Körperbewegung und keine Körperhaltung, bei denen die Kreuzdarmbeingelenke nicht beansprucht werden oder die sich nicht auf die Kreuzdarmbeingelenke auswirken. Wenn sie erst einmal schwer geschädigt sind, ist es schwierig, sie zu behandeln, und absolut unmöglich, sie wieder ganz zu heilen.

Ich war nun praktisch bettlägerig und hatte nicht nur mit den heftigen Schmerzen selbst zu kämpfen, sondern auch mit den Nebenwirkungen einer Vielzahl von Medikamenten, die manchmal noch schlimmer waren als der Schmerz selbst. Ich konnte nicht mehr lange sitzen, mich nicht mehr richtig konzentrieren und nicht mehr effektiv arbeiten. Ich hatte fast meine gesamte Funktionstüchtigkeit verloren. Schlafen konnte ich nur noch auf der linken Seite. Autofahren, Fliegen und selbst das Sitzen am Schreibtisch waren eine Qual. Zwei Jahre lang verließ ich das Haus nur selten, außer wenn ich zu einem Arzt oder Wellness Practitioner ging.

Als klar wurde, dass keine Heilung in Sicht war, und mein mentaler Stress immer größer wurde, meldete ich mich bei zwei verschiedenen Programmen in interdisziplinären Schmerzkliniken an. Zunächst pendelte ich zu einer Klinik in San Francisco, dann wechselte ich in ein effektiveres Programm in der Nähe meines Wohnorts über. In Schmerzkliniken wird kaum versucht, den Schmerz zu heilen. Sie sind nur für diejenigen gedacht, die schon jede mögliche medizinische Behandlung versucht haben und nun ein ganzes Leben mit chronischen Schmerzen vor sich haben. Hier wird das Augenmerk auf Bewältigungsmechanismen gelegt. Das Verständnis dafür, wie Schmerz funktioniert, soll verbessert werden, und die Patienten bekommen eine Vielzahl von Techniken und Übungen an die Hand, die ihnen helfen sollen, ihre Funktionsfähigkeit vollständig wiederherzustellen, obwohl sie ständige Schmerzen haben. Ich kam in ein Team, bestehend aus einem auf Schmerzmanagement spezialisierten Arzt, einem Schmerzpsychologen, der mir Biofeedback und Schmerzbewältigungsstrategien beibrachte; einem Physiotherapeuten und einem Wellness Practitioner, der für Visualisierungs- und andere komplementäre Übungen zuständig war. Indem ich in einem intensiven monatelangen Programm täglich mit ihnen zusammenarbeitete und außerdem viele der in diesem Buch beschriebenen Übungen machte, gewann ich schließlich den größten Teil meiner Funktionsfähigkeit zurück.

Doch so hilfreich das Programm auch war, lebe ich seit nun schon sieben Jahren 24 Stunden am Tag ununterbrochen mit heftigen Schmerzen. Es tut sogar weh, wenn ich schlafe. Der Schmerz ist ein allgegenwärtiger Teil meines Lebens.

Nur wenige Menschen können sich vorstellen, wie es ist, mit chronischen Schmerzen zu leben. Es ist ganz anders als die alltäglichen Schmerzen, die wir alle kennen, und sogar anders als akuter Schmerz. So schrecklich akuter Schmerz auch sein kann, irgendwann verschwindet er. Mit dem chronischen Schmerz ist es anders. Er ist einfach immer da, ob Sie nun wach sind oder schlafen, ob Sie arbeiten, sich ausruhen, sitzen oder stehen. (Ja, ich spüre ihn sogar, während ich diesen Satz schreibe.) Wenn Sie mit etwas konfrontiert sind, von dem Sie wissen, dass Sie ihm nicht entrinnen können, noch nicht einmal eine Stunde oder sogar eine Minute lang, mit etwas, das Sie Tag für Tag, Woche für Woche, Monat für Monat, Jahr für Jahr begleitet, dann kann es Sie allmählich auffressen, es sei denn, Sie beschließen ganz bewusst, damit zu arbeiten.

In gewisser Weise ist lebenslanger chronischer Schmerz eine Schöpfung der modernen Medizin. In früheren Zeiten starben Menschen mit meinem Schmerzlevel gewöhnlich, meist sogar sehr schnell. Untersuchungen haben gezeigt, dass nicht behandelter chronischer Schmerz häufig zu multiplem Organversagen führt. Wenn nicht interveniert wird, schaltet der Körper einfach ab, denn das ist seine letzte Zuflucht.

Die ersten zwei oder drei Jahre nach meiner Verletzung waren dunkle Zeiten. Trotz meiner jahrelangen spirituellen Praxis und obwohl ich in einem Ashram lebte, hatte ich gewaltig zu kämpfen. Nichts hatte mich auf das hier vorbereitet. Nicht nur waren die Schmerzen häufig unerträglich und die Nebenwirkungen der Medikamente lähmend, sondern auch meine mentale Verfassung ließ lange Zeit viel zu wünschen übrig, wie ich leider zugeben muss. Oft war ich wirklich verzweifelt. Ich war Anfang

30 und hatte das Gefühl, mein Leben und meine Zukunft verloren zu haben. Mein Job war weg. Mein Spaß am Leben war dahin. Meine Beziehungen waren belastet und eingeschränkt, und selbst meine Fähigkeit zu meditieren war gefährdet. Mein mentales und spirituelles Leiden war anders, aber ähnlich groß wie vor Jahren, als ich durch mein Nahtoderlebnis und die darauffolgenden Depressionen gegangen war.

Zahllose Ärzte, Heiler, Freunde, Familienangehörige und vor allem Brook, meine Verlobte, waren mir eine große Hilfe, jeder auf seine oder ihre Weise. Aber den größten Beitrag haben die Erinnerung an, das Zurückkehren zu und das Vertiefen der Geisteshaltungen, Übungen und Techniken geleistet, die in diesem Buch vorgestellt werden. Sie haben nicht zum ersten Mal mein Leben gerettet.

Es dauerte eine Weile, aber letztendlich war ich in der Lage, die entscheidenden Veränderungen in meiner Auffassung von dieser Krankheit vorzunehmen und zu wahrer Einsicht in den Unterschied zwischen Schmerzen und Leiden zu gelangen. Das ist nicht dasselbe, wie wir später noch erfahren werden. Ich lernte zu akzeptieren, was da mit meinem Körper geschah, und konnte es nun als einen positiven Katalysator zur Vertiefung meines Verständnisses sehen, als etwas, das mich auf neue Ebenen des spirituellen Wachstums stieß. Als ich meinen Widerstand aufgab und die Dinge zu akzeptieren begann, erlangte ich meine Funktionsfähigkeit schnell zurück. Anders als bei meinem Erlebnis mit dem unregelmäßigen Herzschlag, erfuhr ich diesmal keine wunderbare körperliche Heilung. Es war vielmehr eher ein mentales und spirituelles Wunder.

Unser Schicksal liegt sehr viel mehr, als den meisten von uns klar ist, in unserer Hand, wie immer die äußeren Umstände auch sein mögen.

Ich bin der lebende Beweis dafür.

IHRE GESCHICHTE

Kürzlich fragte mich eine junge Frau, nachdem sie meine Geschichte gehört hatte: »Glauben Sie, dass Sie durch all dieses Leid gehen mussten, um dahin zu gelangen, wo Sie jetzt sind?« Sie war in den Zwanzigern, und ich spürte ihre Besorgnis: Sie hatte noch nicht viel persönliches Leid erfahren. Ich sah, dass sie sich Gedanken darüber machte, ob das wohl nötig sei und ob »Gott« (oder wie immer Sie es nennen wollen) womöglich von uns verlangt, dass wir erst einmal leiden.

Ich antwortete: »Nein, ich glaube nicht, dass ich unbedingt so viel leiden musste. Es ist vielleicht eher so, dass ich früher nicht sensibel und offen genug war. Wenn ich es gewesen wäre, hätte ich mir vielleicht viel Ärger ersparen können.« Mit anderen Worten: Weder Gott noch unser »Höheres Selbst«, noch irgendjemand anderes will, geschweige denn fordert, dass wir leiden, nur um den Sinn unseres Leben oder die verborgene Quelle von Bliss in uns selbst zu finden. Es ist eher so, dass wir normalerweise nicht auf die Idee kommen, einen Blick in unser Inneres zu werfen, bis sich unsere äußere Welt als ganz und gar nicht erfüllend erweist.

Wir können alle unsere mehr oder weniger tragischen Geschichten von Schmerzen und Leiden erzählen. Als Seelsorger und spiritueller Lehrer arbeite ich Jahr für Jahr mit Tausenden von Menschen, und mir ist absolut klar, dass, so schwer manche Ereignisse für mich auch gewesen sein mögen, sie nicht schlimmer sind als zahllose andere. Ehrlich gesagt, wenn ich über das enorme Leiden nachdenke, das jeden Tag zugefügt wird und ertragen werden muss, kommen mir meine Erlebnisse schlimmstenfalls mittelmäßig vor. Ich erzähle Ihnen meine Geschichte nicht, weil ich behaupten will, dass meine Herausforderungen schlimmer sind als Ihre. Ich habe bis jetzt weder ein leichtes noch ein schreckliches Leben geführt.

Mein Punkt ist: Gerade weil meine Erfahrungen nicht so viel anders sind als Ihre, gibt es allen Grund anzunehmen, dass das, was bei mir funktioniert hat, auch bei Ihnen funktionieren wird. Ich bin in keiner Weise besonders. Und für das, was Sie in diesem Buch lernen werden, brauchen Sie keinen besonderen Hintergrund, keine besonderen Fähigkeiten, kein besonderes Verständnis und keine besondere Lebenserfahrung. Es hat bei mir funktioniert. Es hat bei Tausenden von Menschen funktioniert, die mir persönlich bekannt sind. Es wird auch bei Ihnen funktionieren.

Letztendlich kann keiner dem Schmerz, dem Kummer und dem Tod entrinnen. Aber wir können lernen, zwischen Schmerzen und Leid zu unterscheiden, unsere Prüfungen und Schwierigkeiten zu überwinden und vor allem ein tiefes Bliss-Reservoir in uns selbst zu finden, das durch nichts – nicht einmal die schlimmstmöglichen äußeren Umstände – gestört oder getrübt werden kann.

Wir sind alle auf eine Weise verbunden, die wir normalerweise übersehen oder nicht verstehen. Wir sehen oder erleben es nicht immer bewusst, aber die Verbindung ist da. Wir sind uns also wieder sehr viel ähnlicher, als wir verschieden sind. Letztlich spielen die Details meiner Geschichte keine so große Rolle. Wir erleben alle dieselbe Geschichte in sechs Billionen einzigartigen Variationen. Die Details ändern sich von Leben zu Leben, aber die dem Ganzen zugrunde liegende Erfahrung und das Potenzial sind dasselbe. Letztlich ist meine Geschichte Ihre Geschichte. Und Ihre Geschichte ist meine. Wir sind auf derselben Reise, die uns an denselben Ort führt, obwohl jeder von uns ihn auf seine eigene Weise und in seinem eigenen Tempo entdeckt.

Wie Sie sehen werden, tragen wir alle eine bemerkenswerte, sogar unendliche Fähigkeit, uns dauerhaft zu freuen, tief in uns. Wir müssen nur lernen, Zugang dazu zu finden.

TEIL 1
NICHT DIES, NICHT JENES

Auch wenn wir alle denselben angeborenen Impuls haben, Glück, einen Sinn im Leben und die Wahrheit zu suchen, ist es nicht so einfach, zu wissen, wie und wo wir sie finden können. Wir möchten unseren Bliss-Diamanten finden, aber das Leben scheint nicht mit der Schatzkarte herausrücken zu wollen, auf der ein X den Punkt markiert, an dem er versteckt ist. Ja, es gibt religiöse Schriften und Selbsthilfebücher, doch welche sollen wir lesen? Wessen Deutung? Sie scheinen uns selten klar und direkt zu sein. Unsere Eltern, Lehrer und religiösen Führer bieten uns ihre Weisheit an, und manches davon ist ziemlich gut, aber wir wissen ganz genau, dass die meisten Verkünder dieser Weisheiten mit ihren eigenen Beschränkungen und Unzulänglichkeiten zu kämpfen haben.

Obwohl wir jede nur mögliche Hilfe bekommen, müssen wir unseren Weg größtenteils durch Versuch und Irrtum selbst finden – durch viele, viele Versuche, bei denen sich das meiste als Irrtum herausstellt. Wir graben hier und da nach dem Glück, aber selbst wenn wir uns offenbar vertan haben, können wir nie ganz sicher sein. Haben wir auch tief genug gegraben? Haben wir vielleicht zu früh damit aufgehört? Liegen wir ungefähr richtig, nur eben ein paar Meter oder Zentimeter daneben? Kein Wunder, dass sich das Leben manchmal beängstigend, verwirrend, enttäuschend – ja sogar deprimierend anfühlt.

Weil nur wenige von uns die richtigen Werkzeuge haben, um den Bliss-Diamanten zu bergen, oder sich zumindest sicher sind, wo man wohl am besten danach suchen sollte, ist es nur natür-

lich, dass wir zunächst an den oberflächlichsten und offensicht-
lichsten Orten suchen. Wohlstand und materielle Dinge, Drogen, Sex, Romantik, Promis, Schönheit, zahllose Formen von
Macht und vieles mehr – das ist es, wovon wir ständig umgeben
und womit wir permanent konfrontiert sind. Es ist daher ein-
leuchtend, dass wir diese Zugänge als Erstes ausprobieren.

Viele von uns sind aber schon dahintergekommen, dass sie
sich leider oft nicht als die Lösungen erweisen, nach denen wir
gesucht haben. Die gute Nachricht ist jedoch, dass die Arten,
auf die es diese Dinge nicht schaffen, unsere wahren Bedürfnisse
zu befriedigen, uns gewaltige Einsichten verschaffen. Sie geben
uns die ersten Hinweise auf den *richtigen* Ort, an dem wir graben müssen.

KAPİTEL 1

VON VERGNÜGEN BIS BLISS – DIE GLÜCKSSKALA

Suchen Sie nicht im Vergnügen nach Erholung. Sie wurden nämlich nicht erschaffen, um sich zu vergnügen. Sie wurden erschaffen, um spirituelle Freude zu empfinden. Und solange Sie den
Unterschied zwischen Vergnügen und spiritueller Freude nicht
kennen, leben Sie noch nicht.

Thomas Merton, kontemplativer amerikanischer Mönch
(1915–1968)

Fangen wir damit an, dass wir unsere Landschaft begutachten
und uns darin orientieren. Auf diese Weise verstehen wir den
größeren Rahmen oder das Bezugssystem, innerhalb dessen wir
unsere Reise in Richtung Bliss beginnen.

Glück, Lebenssinn und Wahrheit können für verschiedene
Menschen Unterschiedliches bedeuten. Namentlich das Glück
hat verschiedene Komponenten, nämlich:

➤ Betäubung
➤ Vergnügen/Genuss
➤ Erleichterung (falsches Glück)
➤ Alltagsglück und
➤ Bliss

Für mich ist es hilfreich, mir diese fünf Aspekte des Glücks nicht
als eigenständige Erfahrungen vorzustellen, die jeweils ihre eigene kleine Welt bewohnen, sondern eher als unterschiedliche

Ausprägungen ein und desselben Impulses, verschiedene Bewusstseinszustände desselben Kontinuums. Bliss, die wichtigste Ebene von allen, ist nicht nur die am wenigsten verstandene, sondern auch diejenige, die so selten erfahren wird, dass den meisten von uns nicht einmal klar ist, dass sie überhaupt existiert. Wir können uns unsere gesamte menschliche Reise als ein Abenteuer vorstellen, das uns vom einen Ende der Glücksskala zum anderen führt – von der Betäubung und dem anschließenden Vergnügen zu Bliss.

Je besser wir jede Einzelne dieser Komponenten verstehen und auch begreifen, wie sie miteinander zusammenhängen, desto mehr gewinnen wir an innerer Klarheit und desto mehr sind wir in der Lage, auf unserer Reise zu Bliss erfolgreich zu navigieren.

DIE GESCHICHTE

Jane besuchte meine Kurse, weil sie von der Vorstellung fasziniert war, sie könne jene offenbar zufälligen Bliss-Momente bewusst induzieren lernen, die sie ihr ganzes Leben lang immer wieder erfahren hatte, oft gefolgt von tiefer Verzweiflung, wenn sie sich wieder auflösten. Schon von Kindheit an hatte sie diese umwerfenden, ehrfurchteinflößenden Momente erlebt. Es fühlte sich an, als falle ihre Alltagswelt in sich zusammen und als offenbare sich ein Feld des reinen Gewahrseins, in dem sie nicht nur sich selbst sehen konnte, sondern auch, wie sie mit jedem Atom der Schöpfung verbunden war. Manchmal trat dieser Offenbarungsmoment in Verbindung mit einer intensiven Energiewelle auf, die am unteren Ende ihrer Wirbelsäule begann und dann durch ihren ganzen Körper bis zum Scheitelpunkt ihres Kopfes schwappte. Der Zustand war so intensiv, dass sie das Gefühl hatte, ihr Geist und ihr Körper könnten diese Welle nicht halten und sie würde auseinanderspringen.

So schnell diese Erlebnisse auftauchten, verschwanden sie

auch wieder. Jane versuchte, mit ihrem protestantischen Seelsorger darüber zu sprechen, doch der schien höchst beunruhigt
über dieses Geständnis. Er meinte, sie brauche vielleicht einen
Arzt. Einmal vertraute sie sich einer Freundin an, die gläubige
Katholikin war, nur um zu hören, sie sei vielleicht von etwas
»Satanischem« besessen. Schließlich sprach sie nicht mehr darüber und fing sogar an, diese »Anfälle« als beängstigende und
verwirrende Intrusionen abzulehnen.

Als junge Erwachsene führte Jane ein zunehmend hedonisti-
sches Leben. Sie verbrachte den größten Teil ihrer Freizeit damit,
dass sie sich mit Freunden verabredete, Partys feierte, Konzerte
besuchte und in moderaten Mengen Alkohol und Drogen konsu-
mierte. Sie ging zwar gelegentlich zur Kirche oder las spirituelle
Bücher, hielt aber beides größtenteils für Zeitverschwendung.
Keiner der konventionellen religiösen Lehrer oder Anhänger, die
sie kannte, hatte ihr jemals geholfen oder schien ihr wirklich viel
zu bieten haben, das zu einem tieferen Verständnis beigetragen
hätte.

Nach unserem ersten gemeinsamen Seminar kam Jane ganz
begeistert auf mich zu. Sie erzählte mir, dass sie sich seit Jahren
frage, was da genau mit ihr passierte. Nach meiner Beschreibung war sie jetzt sicher, dass es sich bei dem, was sie immer
wieder erlebte, um eine »Bliss-Woge« handelte. Noch wichtiger
war, sie war begeistert zu hören, dass man tatsächlich lernen
konnte, sich diese Erlebnisse bewusst zunutze zu machen und
damit zu arbeiten.

Ich ließ Jane die Übung zur Glücksskala am Ende dieses Kapitels machen. Anschließend sprachen wir über die Ergebnisse.
Es war klar, dass Jane zwar gelegentlich diese unglaublichen
Empfindungen der Ehrfurcht und Verbundenheit hatte, aber
trotzdem die meiste Zeit ihres Alltagslebens damit verbrachte,
Freunde zu treffen, Partys zu feiern und gelegentlich ein wenig
Freiwilligendienst für eine Umweltorganisation abzuleisten. Sie
gab zu, dass sie die meiste Zeit ihren Vergnügungen nachging
und von Zeit zu Zeit ein wenig Alltagsglück erlebte. Sie hatte

wenig Erfahrung mit irgendeiner Art von spiritueller Praxis oder Disziplin, einschließlich Meditation, obwohl sie ein paar Yogakurse besucht hatte. Sie verbrachte nicht regelmäßig Zeit mit Menschen, die ihr spirituelles Leben aktiv weiterentwickelten.

Zunächst war Jane ein wenig defensiv. Sie sah nicht, welche mögliche Verbindung es zwischen der Art, wie sie ihre Zeit verbrachte, und der Zufälligkeit dieser Bliss-Erlebnisse wohl geben könne. Sie wies darauf hin, dass sie diese Momente der Glückseligkeit seit ihrer Kindheit erlebte, also auch schon lange bevor ihr Leben so hedonistisch geworden war. Sie merkte auch an, dass sich die relative Häufigkeit ihrer Bliss-Erlebnisse nie besonders vermindert hatte, seit sie erwachsen war, und das, obwohl sie so viel feierte.

Wochen gingen ins Land, und trotz ihres anfänglichen Widerstands gab sich Jane Mühe, ihren Vergnügungen weniger und dem bewussten Praktizieren der in diesem Buch erläuterten Techniken mehr Zeit zu widmen. Zwei Monate nachdem sie die Ausbildung bei mir beendet hatte, schrieb mir Jane eine E-Mail mit einer aufregenden Nachricht: Sie hatte wieder ein Bliss-Erlebnis gehabt, doch diesmal war sie in der Lage gewesen, damit zu arbeiten, tiefer hineinzugehen und es vollkommener zu erleben als jemals zuvor. Hinterher war sie nicht verwirrt oder niedergeschlagen gewesen. Zum ersten Mal hatte sie das Gefühl gehabt, zu wissen, was sie tat und wohin sie ging. Sie wusste, dass sie noch einen langen Weg vor sich hatte, aber sie war auch glücklicher als jemals zuvor und sich ihres spirituellen Potenzials sicherer, als sie es je für möglich gehalten hätte.

DER GEIST

Wie bereits erwähnt, gibt es fünf Komponenten beziehungsweise Arten oder Stufen des Glücks, die ich auf einem Strahl (siehe folgende Abbildung) angeordnet habe: Betäubung, Vergnügen, falsches Glück, Alltagsglück und Bliss. Die niedrigste Form des

Glücks ist Betäubung, die höchste Bliss. Für das Entdecken von Bliss ist es unerlässlich, diese Ebenen zu verstehen und zu wissen, wo wir die meiste Zeit und Anstrengung konzentrieren.

Die Glücksskala
Betäubung | Vergnügen | falsches Glück | Alltagsglück | Bliss

Gehen wir diese Skala nun von links nach rechts durch.

Betäubung

Es scheint vielleicht seltsam, dass Betäubung überhaupt auf dieser Skala ist. Was hat Betäubung mit Glück zu tun? Nun, für viele von uns ist es ein positiver Schritt nach vorn, taub oder gefühllos zu sein. Manchmal haben wir solche Schmerzen – physisch, mental oder spirituell –, dass nichts zu fühlen bereits eine Verbesserung ist. Das ist ein Grund, warum wir Alkohol und Drogen missbrauchen oder warum manche Leute ständig fernsehen oder Videospiele spielen. Das sind Möglichkeiten, uns abzulenken, und sei es nur oberflächlich oder zeitweilig.

Nachdem ich etwa ein Jahr lang heftige chronische Schmerzen gehabt hatte, musste ich schließlich meinen Job im Verlag aufgeben. Wenn ich nicht von einem Arzt zum anderen pendelte, lag ich die meiste Zeit zu Hause im Bett und konnte nicht aufstehen. Die Schmerzen waren 24 Stunden am Tag qualvoll und unbarmherzig. Obwohl ich in diesen dunklen Tagen versuchte, so viele spirituelle Übungen zu machen, wie ich konnte, verbrachte ich unweigerlich sehr viel Zeit mit Surfen im Internet, schaute mir eine Menge DVDs an (ich hatte in meinem ganzen Erwachsenenleben keinen Fernseher) und konsultierte meine Ärzte, weil ich Medikamente finden wollte, welche die Agonie, die ich empfand, lindern oder zumindest mindern konnten. Mich selbst auf diese Weise abzulenken war eine Art von Betäubung. Wenn ich nicht vorher schon Bliss erlebt hätte, hätte ich vielleicht geglaubt, ich sei dem Glück im Moment so nah, wie es mir nur eben möglich war.

Man muss nicht unbedingt körperliche Schmerzen haben, um nach dem verhältnismäßigen Glück zu streben, mehr oder weniger narkotisiert zu sein. Zahllose Menschen, die körperlich, sexuell oder emotional missbraucht wurden, nehmen ebenfalls Zuflucht zu allen möglichen Betäubungsstrategien – zu allem, was den Schmerz auslöscht. Praktisch alle Alkoholiker und Drogenabhängigen können bezeugen, dass dies die ursprüngliche Motivation für ihren Substanzenmissbrauch war.

Vergnügen

Wenn wir erst einmal erfolgreiche Betäubungstechniken entdeckt haben, fühlen wir uns oft mutig genug, unserer Betäubung ein wenig Vergnügen hinzuzufügen. So verlockend Betäubung oder Gefühllosigkeit im Vergleich zum Schmerz auch sein mag – eine langfristige Strategie ist sie wohl für keinen von uns. Wir alle möchten etwas fühlen, möchten *lebendig* sein. Daher beschäftigen wir uns, zunächst vielleicht ganz vorsichtig, mit Aktivitäten, die uns helfen, unsere Barrieren zu durchbrechen. Leicht zu erlangende Vergnügungen, wie etwa Sex, Shopping, Essen, Reisen oder das Verwöhnen des Körpers auf andere Art, sind der logische nächste Schritt. Außerdem werden bestimmte Drogen wie GHB (4-Hydroxybutansäure), Kokain und Ecstasy eher zur Steigerung des Vergnügens eingesetzt als zur Betäubung. Zumindest ermöglichen uns diese Aktivitäten, etwas zu fühlen, wie immer primitiv oder rudimentär diese Gefühle auch sein mögen.

Leider ist die Suche nach Vergnügungen keine erfolgreiche und langfristige Glücksstrategie. Darauf werden wir in den nächsten Kapiteln noch näher eingehen. Physiologisch sind unserem Körper ganz klare Grenzen gesetzt, wenn es darum geht, wie viel Vergnügen wir genießen können, bevor das Ganze zunächst wieder in die Gefühllosigkeit zurückfällt und dann vielleicht sogar zur ausgewachsenen Qual wird. Was für die physische Ebene gilt, ist für die spirituelle doppelt wahr. Vergnügen ist nämlich nicht nur vergänglich, im Übermaß hat es auch unweigerlich massive negative Konsequenzen.

Vergnügen bewegt sich über uns hinweg wie eine Welle. Damit eine Welle ihren Höhepunkt erklimmen kann, muss unmittelbar vor und nach diesem Gipfelpunkt ein gleich großer Tiefpunkt beziehungsweise eine Depression liegen. Jede Welle ist in Wirklichkeit ein Satz oder eine Reihe: ein Höhepunkt und ein Tiefpunkt, ein Gipfel und ein Tal von gleichen Ausmaßen. Nicht anders ist es mit den Wellen des Vergnügens. Die Welle kommt, schenkt uns ein zeitweiliges Gipfelerlebnis – Begeisterung oder Erregung – und zieht sich dann wieder zurück, um eine Depression gleichen Ausmaßes nach sich zu ziehen. Je höher der Gipfel, desto tiefer das Tal. Das ist ein Gesetz, das in der Physik genauso gilt wie in der Spiritualität.

Falsches Glück

Ein alter Witz lautet: »Warum haue ich mich mit einem Hammer?« Antwort: »Es fühlt sich so gut an, wenn ich damit aufhöre!«

Falsches Glück ist das Gefühl, das wir haben, wenn unsere Wünsche und Sehnsüchte kurzfristig erfüllt sind. Es hat Ähnlichkeit mit der Erleichterung, die wir empfinden, nachdem wir einen Mückenstich aufgekratzt haben, der uns regelrecht verrückt gemacht hat. Stellen Sie sich vor, dass Sie sich so fest wie möglich in den Arm kneifen. Und dann lassen Sie los. »Aaahhh, das fühlt sich besser an!«, sagen Sie vielleicht. »Gott sei Dank ist es vorbei!« So ähnlich fühlen wir uns oft in dem Moment, in dem ein besonders intensiver Wunsch für uns wahr geworden ist, sei es der Wunsch nach einem glänzenden neuen Auto, nach Sex oder welche Sehnsucht auch immer erfüllt wurde.

Es gibt diesen oft flüchtigen Moment, in dem wir befriedigt sind. Unser aktuellster Wunsch ist erfüllt worden, und unser Geist hat den nächsten, der an seine Stelle treten soll, noch nicht ausgeheckt. Wenn wir uns der Falschheit dieser Art von Glück nicht bewusst sind, verwechseln wir es vielleicht sogar mit Zufriedenheit. In Wirklichkeit jedoch erleben wir lediglich die Ruhe vor dem Sturm, denn unsere nächste Welle des Begehrens sammelt bereits in aller Ruhe Kraft. Normalerweise dauert es nicht lange, bis der nächste Tsunami des Begehrens durch unser Bewusstsein schwappt.

Alltagsglück

Was ich Alltagsglück nenne, ist eine echte Art von Glück, ein legitimer und wichtiger Meilenstein auf dem Weg zu Bliss. Dies ist die Art von Glück, welche die meisten Psychologen – vor allem die Anhänger der Positiven Psychologie – für unser letztendliches Ziel halten. Mit den Übungen, Aktivitäten und Seinszuständen zu arbeiten, die uns dieses alltägliche Glück bringen, ist eine gute Sache. Voraussetzung dafür, dass wir das alltägliche Glück finden, ist eine Vielzahl von positiven Eigenschaften wie Dankbarkeit, Optimismus, Dienst am Nächsten, ein Gefühl der Verbundenheit mit unserer Umwelt und zumindest ein gewisses Gespür für den Sinn oder die Bedeutung des Lebens. Aus physiologischer Sicht können wir sogar sagen, dass für das Glücklichsein im alltäglichen Sinne das Erlangen einer »ausgeglichenen Gehirnchemie« erforderlich ist. Wenn wir bei jemandem, der in diesem Sinne glücklich ist, einen Gehirnscan machen oder Blut abnehmen würden, würden wir höchstwahrscheinlich feststellen, dass die »richtigen« Regionen des Gehirns aufleuchten oder dass das Gleichgewicht der die Stimmung regulierenden Neurotransmitter Serotonin, Noradrenalin, Endorphine und anderer Gehirnchemikalien »genau richtig« ist.

Das Verfolgen von Strategien, die unser alltägliches Glücksniveau heben, ist unerlässlich, um Bliss im eigenen Innern zu finden. Bevor wir diese tiefere Ebene von Bliss ausfindig gemacht haben, ist Alltagsglück oft das Beste, was wir haben können – und es ist auf jeden Fall gut genug, um uns in Schwung zu halten. Aber letztendlich ist diese Art von Glück nicht einmal annähernd genug. Es ist in der Tat so bedauerlich unvollständig, dass jene, die sich selbst austricksen und mit dem Alltagsglück zufriedengeben, eines Tages entdecken, dass sich selbst das hohl anfühlen kann.

An dieser Stelle stellen wir eine radikale Abkehr von dem vor, was die meisten Psychologen und Autoren von Selbsthilfebüchern sagen. Was sie Ihnen nicht sagen – und auch nicht sagen können, weil sie es nicht selbst erlebt oder in einem Labor erforscht haben – ist, dass es etwas gibt, das weit über das alltägliche Glück hinausgeht. Jeder von uns trägt die Fähigkeit in sich, unendlich, immer wieder neu und allumfassend Bliss zu erfahren.

Bliss
Bliss ist die einzig wahre, dauerhafte Form des Glücks. Alltagsglück ist Schwankungen unterworfen. Selbst die Vertreter der Positiven Psychologie warnen uns, dass wir das Alltagsglück nicht *immer* erfahren können.

Wir haben den Begriff Bliss im Vorwort grundsätzlich erläutert. Wir werden unser Verständnis von Bliss kontinuierlich erforschen und erweitern, während wir ein Kapitel und ein Thema nach dem anderen durcharbeiten und eine Übung nach der anderen machen. Bliss ist auch der direkte und exklusive Schwerpunkt der Kapitel 22 bis 26. Eine der wichtigsten Eigenschaften von Bliss ist, dass sie mit den Mitteln der menschlichen Sprache niemals ganz erfasst und zum Ausdruck gebracht werden kann. Von daher gehören formale Definitionen nicht zu den besten Möglichkeiten, sie besser zu verstehen. Dieses Verständnis kommt vielmehr als eine sich entfaltende Offenbarung, die uns immer klarer wird, wenn wir sie zum gesamten Spektrum unserer Herausforderungen und Erfahrungen in Beziehung setzen. Im Moment kann ich dem nur dies hinzufügen:

Bliss ist wie weißes Licht. Genau wie weißes Licht die Gesamtheit aller Farben ist, ist Bliss ein Konglomerat aus allen positiven Eigenschaften. Durch das Prisma der spirituellen Achtsamkeit betrachtet, besteht Bliss aus den Teileelementen Freude, bedingungslose Liebe, innerer Friede, Kraft, Verbundenheit, Ehrfurcht und Weisheit. Bliss kann noch nicht einmal wirklich *erreicht* werden. Die Seele erkennt einfach, dass Bliss *ist.* Es ist das, was bleibt, wenn alles Äußerliche und Vergängliche verschwindet.

Vergleichen und gegenüberstellen
Wir sehen jetzt schon, wie sehr sich Bliss von Vergnügen oder Alltagsglück unterscheidet. Vergnügen basiert auf den Sinnen. Es ist beispielsweise nicht vorstellbar, dass wir ohne die Fähigkeit, zu sehen, zu hören, zu berühren, zu schmecken oder zu riechen, Vergnügen empfinden. Bliss kann man sogar dann spüren, wenn alle fünf Sinne beeinträchtigt sind. Zwar mögen manche Leute bestimmte Gefühle der Erleichterung als »selig« bezeichnen, aber in Wirklichkeit handelt es sich nur um eine emotionale Erleichterung und daher um etwas Oberflächliches. Bliss ist keine Emotion, denn unsere Emotionen schwanken und werden in der Regel von Veränderungen der Umstände ausgelöst. Glück im üblichen Sinne ist ebenfalls von außen gesteuert. Es mag die Erfüllung auf einer höheren Ebene beinhalten, etwa in Form von innigen menschlichen Beziehungen oder dem Dienst am Nächsten, aber es braucht immer äußere Situationen und Beziehungen zu anderen Menschen, um Früchte zu tragen. Bliss braucht keine irgendwie geartete äußere Beziehung zur Welt – nicht einmal eine positive. Sie könnten ohne jeden menschlichen Kontakt in einer Kiste eingesperrt sein und sie dennoch erfahren.

Und noch ein wichtiger Unterschied: Glück kann verfolgt oder gesucht werden. Es gibt konkrete Schritte, die wir tun können, um uns glücklicher zu machen. Bis zu einem gewissen Grad verlangt das Glück von uns, dass wir irgendwie *tätig* werden. Bliss hingegen ist ein *Seinszustand*. Um Zugang zu Bliss in uns zu bekommen, ist Nichthandeln erforderlich. Wir müssen lernen, eher zu sein, als zu *tun*. Es geht darum, alles abzustreifen, was nicht Bliss ist.

Eine wahre Geschichte
Vor 800 Jahren wurde im Thailand der Sukhothai-Periode die drei Meter hohe Statue eines sitzenden Buddhas aus reinem

Gold gegossen. Sie wiegt mehr als fünfeinhalb Tonnen und ist die größte ihrer Art auf der ganzen Welt. Heute befindet sie sich im Wat Traimit (Tempel des goldenen Buddha), Bangkok. Die glänzende, schöne und mächtige Statue fesselt und inspiriert alle, die sich ihr nähern. Sie wurde jedoch erst in den 1950er-Jahren entdeckt. Die wahre Geschichte, wie sie verschwunden und schließlich wiederentdeckt wurde, ist mindestens ebenso faszinierend wie die Statue selbst.

Als die Burmesen im späten 18. Jahrhundert in Thailand einmarschierten, hüllten buddhistischen Mönche den goldenen Buddha ganz in Gips, um ihn vor den Eroberern zu verstecken und so zu schützen. Nur ein paar Menschen wussten, dass er aus reinem Gold war. Als diese Mönche starben, nahmen sie das Geheimnis mit ins Grab. Im Jahr 1957 musste der Tempel, der die Buddhastatue beherbergte, umfassend renoviert werden. Als die offenbar wertlos Gipsstatue in einen neuen Tempel in Bangkok transportiert wurde, rutschte sie von einem Kran und fiel in den Dreck. Ein Tempelmönch, der kurz zuvor geträumt hatte, diese Statue sei göttlich inspiriert, kam sie besuchen. Durch einen Riss im Gips sah er ein klein wenig Gold funkeln, und bald entdeckte er, dass die ganze Statue aus massivem Gold war.

Wir sind aus dem massiven Gold der Seele gemacht. Unsere wahre Natur ist Bliss. Nach Jahren der Irrtümer und der Vernachlässigung haben wir jedoch vergessen, dass unter unserer Oberfläche ein überreiches Bliss-Reservoir verborgen liegt. Und wie bei dieser mit Gips bedeckten Statue ist das Entdecken dieses Reservoirs weniger ein Prozess des Aufbauens und Hinzufügens als ein Abstreifen all dessen, was uns behindert. Wenn wir unsere gebrochene und stumpfe Oberfläche erst einmal abgeschält haben, erleben wir die strahlende Glückseligkeit unseres reinen Seins. Die ganze Glückseligkeit, die wir jemals brauchen könnten, ist bereits in uns und wartet darauf, an die Oberfläche kommen zu dürfen.

Unterwegs in die richtige Richtung
Wenige von uns verbringen ihre ganze Zeit mit der Suche nach oder dem Erleben von nur einer der Hauptarten des Glücks: Betäubung, Vergnügen, Alltagsglück oder Bliss. Das Leben der meisten ist eine Mischung aus allen vieren mit gelegentlichen Momenten des falschen Glücks zwischen Wünschen und Sehnsüchten. Das ist bis zu einem gewissen Grad verständlich und akzeptabel. Wir müssen nicht unsere ganze Zeit damit verbringen, nach Bliss zu streben. Die meisten von uns sind überhaupt nicht bereit für diese Art von zielstrebiger Hingabe.

Das kurzfristige Ziel ist, dafür zu sorgen, dass wir zumindest einen Teil unserer Zeit im Alltagsglücks- und Bliss-Bereich der Glücksskala verbringen. Diese beiden Arten von Glück auch nur etwas mehr als bisher in unser Bewusstsein zu bringen kann enorme positive Veränderungen nach sich ziehen. Und wenn wir erst einmal ein wenig Erfahrung mit Bliss gemacht haben, werden wir ohnehin auf ganz natürliche Weise davon angezogen.

Wenn ich mein eigenes Leben als Beispiel nehme, habe ich ja schon erwähnt, dass ich sehr oft so unerträgliche Schmerzen hatte, dass ich vollkommen zufrieden war, wenn ich eine Möglichkeit fand, nichts fühlen zu müssen, also eine Art Betäubung. Außerdem gibt es so viele kleine Vergnügungen, die ich genieße, beispielsweise ein großartiges Essen in einem Sternerestaurant. Für die meisten von uns ist es schwierig, ausschließlich im Bliss-Bereich dieser Skala zu leben. Also geht es darum, sicherzustellen, dass wir zumindest einen Teil unserer Zeit auf der Suche nach Bliss verbringen. Wenn wir uns ganz bewusst entscheiden, dies zu tun, werden wir uns wie von selbst häufiger und dauerhafter im Bliss-Bereich wiederfinden. Doch dies sollte ein natürlicher, organischer Prozess sein. Es kann nicht erzwungen werden. Wenn wir etwas erzwingen wollen, das zu weit außerhalb dessen liegt, was für uns im Moment real ist oder das unsere aktuellen spirituellen Möglichkeiten übersteigt, laufen wir nicht nur Gefahr, enttäuscht und desillusioniert zu werden, sondern erleben vielleicht auch noch einen schrecklichen Rückschlag und stecken am Ende wohlmöglich noch tiefer im Streben nach Betäubung und Vergnügen fest als jemals zuvor. Seien Sie sanft und geduldig mit sich selbst. Konzentrieren Sie sich nur dann auf die Enthüllung von Bliss in Ihrem Innern, wenn es sich ganz natürlich anfühlt, dies zu tun.

DAS EXPERIMENT – IHRE GLÜCKSSKALA AUSGLEICHEN

Anmerkung: Sie können diese Übung machen, indem Sie Ihre Beobachtungen entweder in ein besonderes Tagebuch schreiben oder malen, oder Sie merken sich die Resultate einfach.

1. Nehmen Sie sich die Glücksskala auf Seite 60 noch einmal vor. Denken Sie darüber nach, womit Sie sich in der jüngsten Vergangenheit beschäftigt haben.
2. Etwa wie viel Prozent Ihrer Zeit, Ihrer Gedanken und Bemühungen haben Sie investiert, um nach Betäubung, Vergnügen, Alltagsglück und Bliss zu streben? Weisen Sie jeder Glücksart eine Prozentzahl zu. (*Anmerkung*: Falsches Glück ist normalerweise nichts, wonach wir direkt streben. Es ist eher eine zufällige Durchgangsstation, ein Ort, an dem wir uns kurzzeitig befinden, wenn ein Verlangen befriedigt wurde und unser Geist noch kein neues erschaffen hat, das dann an seine Stelle treten wird. Es ist kein Zustand, den wir bewusst wählen können. Daher ist falsches Glück kein Teil dieser Übung.)
3. Haben Sie, wenn Sie darüber nachdenken, das Gefühl, dass Sie vielleicht zu viel Zeit in einem Bereich verbringen, besonders am Betäubungs- oder Vergnügungsende der Skala? Fühlt es sich – für Sie – so an, als investierten Sie in jedes Streben nach einem bestimmten Glückstyp genau die richtige Menge an Zeit?
4. Möchten Sie etwas an der Zeitmenge ändern, die Sie aufwenden, um Alltagsglück oder Bliss zu erlangen?

5. Welche prozentuale Zuordnung von Zeit oder Energie ist richtig für Sie? Sie könnten sich beispielsweise entscheiden, jedem der vier Glückstypen 25 Prozent zu geben. Oder wollen Sie 25 Prozent auf Bliss setzen, 50 Prozent auf Alltagsglück und jeweils 12,5 Prozent auf Betäubung und Vergnügen? Nehmen Sie eine Verteilung vor, die sich intuitiv richtig für Sie anfühlt. Sie können sie später noch ändern.

KAPITEL 2

WARUM ES UNS NICHT GELINGT, GLÜCKLICH ZU SEIN

Ich kann mir nichts weniger Vergnügliches vorstellen als ein Leben, das dem Vergnügen gewidmet ist.

John D. Rockefeller, amerikanischer Ölmagnat
und Philanthroph (1839–1937)

Nachdem wir nun einen Überblick über die Arten des Glücks haben und wissen, wo sie auf der Glücksskala angesiedelt sind, ist es Zeit, sich die gängigsten Glücksstrategien etwas genauer anzuschauen. Wenn wir diese Ansätze – die wir alle von Zeit zu Zeit ausprobieren – genauer untersuchen, werden wir besser verstehen, wo auf der Skala sie liegen und warum es uns so oft nicht gelingt, Glück, Wahrheit und einen Sinn im Leben zu finden.

Die meisten falschen, wenn auch gängigen Lösungen haben eines gemeinsam: Sie sind alle am Außen orientiert. Wie sich zeigt, verfügen wir alle über eine Schatzkarte, mit der wir den verborgenen Bliss-Diamanten finden können. Das Problem ist nur, dass er nicht irgendwo außerhalb von uns versteckt ist, sondern an einem Ort, an dem zu suchen uns gar nicht in den Sinn kommt: tief in unserem eigenen Innern.

DIE GESCHICHTE

Ich kenne Betty seit fast 20 Jahren. In dieser Zeit habe ich mitbekommen, wie sie unzählige Rollen, Berufe, Beziehungen,

Hobbys und sogar Religionen ausprobiert hat. Betty ist in einer berühmten Familie aufgewachsen, auch wenn sie selbst nicht berühmt ist. Sie hat nicht nur den Ruhm hautnah erlebt, sondern auch den enormen Reichtum, der damit einhergeht. In Bettys Familie wurde großer Wert auf eine akademische Laufbahn und eine entsprechend erfolgreiche Karriere gelegt. Es wurde ihr nicht erlaubt, auf der Welle des Erfolgs anderer mitzuschwimmen, und obwohl klar war, dass sie irgendwann viel erben und sehr reich sein würde, benahm sie sich überhaupt nicht wie ein reiches Töchterchen.

Betty arbeitete hart, ging auf eine Ivy-League-Schule – ihre Eltern waren dynamische Macher in der akademischen wie in der Geschäftswelt – und sollte ihre eigene Karriere machen. Doch obwohl viel von Betty erwartet wurde, waren ihre Eltern nicht streng. Sie ließen ihr viel Raum, um durch ihre »Punkphase«, ihre »Sportlerphase« und ihre »religiöse Phase« zu gehen, und mischten sich nicht groß ein.

Betty hatte auch eine Reihe von Liebesbeziehungen, sowohl mit Männern als auch mit Frauen, und einige davon waren von fast schon gefährlicher Intensität. Sie bekam genügend Spielraum, auch ihre kreative Seite zu erforschen, und wurde in Malerei, Musik und Dichtkunst ausgebildet. Weil ihre Familie nicht perfekt war – keine Familie ist perfekt –, war sie auch häufig in psychotherapeutischer Behandlung.

Doch bis vor Kurzem war Betty dennoch ruhelos und unglücklich. Lange Zeit verstand sie nicht, warum. Und obwohl wir befreundet sind, sah ich mich nie in der Position, ihr Empfehlungen oder Anleitungen geben zu können. Meistens beobachtete ich sie nur aus respektvollem Abstand und unterstützte sie auf jede noch so unbedeutende Weise.

In den letzten paar Jahren ist Betty ganz ohne meine Hilfe oder meinen Rat über viele der Lösungen gestolpert, die ich in diesem Buch anbiete. Ich habe diese Lösungen weitgehend mithilfe meines spirituellen Lehrers Paramahansa Yogananda gefunden, während Betty ihre mithilfe eines ganz anderen Lehrers

und auf einem ganz anderen Weg entdeckt hat. Aber die Grund-
prinzipien und Übungen sind fast genau die gleichen.

Neulich dachte Betty in meiner Gegenwart laut nach: »Ich
habe immer außerhalb von mir selbst gesucht. Ich hatte Zugang
zu diesen ganzen erstaunlichen Erfahrungen und war davon begeistert. Ich habe regelrecht dafür gebrannt und mir vorgestellt,
dass ich, wenn ich nur genug von diesen Dingen täte, eines Tages das perfekte finden würde. Doch das ist nie passiert.«

DIE WISSENSCHAFT

In den letzten Jahren hat uns die Wissenschaft geholfen, einige
der physiologischen Gründe dafür zu verstehen, dass äußere Ereignisse uns nicht befriedigen können. Jede Art von Vergnügen
wird letztendlich über unser Nervensystem verarbeitet und erlebt. Ein weiches Gewebe, ein angenehmer Geruch, ein schönes
Gemälde – all das entsteht außerhalb von uns selbst, und dann
»nehmen wir es in uns auf«, indem wir es mit unseren sensorischen Nerven und in unserem Gehirn verarbeiten und erleben.

Wenn wir einen Raum betreten, stellen wir vielleicht als Erstes fest, wie es dort riecht, ob wunderbar nach einer Aromathe-
rapie-Kerze oder furchtbar nach Schimmel. Mit der Zeit, in der
Regel sogar ziemlich schnell, gewöhnen wir uns an den Geruch
und nehmen ihn überhaupt nicht mehr wahr. Vielleicht kommt
an diesem Punkt, wenn sich der Geruch gerade aus unserem Bewusstsein verflüchtigt hat, noch jemand von außen in den Raum
und erinnert uns (»Was ist das für ein wunderbarer Geruch?«
oder »Was riecht denn hier so schrecklich?«), bis auch diese Person sich an den Geruch gewöhnt und er wieder in den Hintergrund tritt.

Wissenschaftler bezeichnen diese Art der sensorischen Anpassung als hedonistische Adaptation. Sie ist nicht nur in Zusammenhang mit direkten sensorischen Vergnügen wie Bildern,
Klängen oder Gerüchen zu beobachten, sondern auch in prak-

tisch allen äußeren Umständen, einschließlich denen, die das ganze Leben verändern. Eine neue Beziehung (oder das Aussteigen aus einer alten), ein neuer Job, eine neue Wohnung, ein neues Auto – all das erzeugt eine zeitweilige Glückswelle, die schnell wieder abflaut, wenn sich unser Nervensystem an das neue Objekt oder den neuen Eindruck gewöhnt hat. Ziemlich wörtlich heißt das: Es dauert nicht lange, bis der Reiz des Neuen dahin ist.

Eine bahnbrechende Studie, die unter dem Titel »Lottery Winners and Accident Victims: Is Happiness Relative?« (»Lottogewinner und Unfallopfer: Ist Glück relativ?«) im *Journal of Personality and Social Psychology* veröffentlicht wurde, liefert beeindruckende Beweise dafür, dass hedonistische Adaptation nicht nur auf dem Niveau des direkten sensorischen Inputs funktioniert, sondern auch auf sehr viel breiteren und tieferen Ebenen. Die Forscher untersuchten drei Gruppen von Menschen: Lottogewinner, Unfallopfer, die auf tragische Weise querschnittsgelähmt wurden, und eine Kontrollgruppe von Menschen, die weder im Lotto gewonnen hatten noch schwer traumatisiert waren. Wie vorauszusehen war, ergab die Studie, dass die Lottogewinner in den ersten paar Monaten nachdem sie gewonnen hatten, einen starken Anstieg ihres Glücksniveaus erlebten, während das Glücksniveau der gelähmten Zielpersonen dramatisch sank. Das ist nicht verwunderlich, wie jeder, der schon einmal eine schockierend gute oder schlechte Nachricht bekommen hat, bezeugen kann. Erstaunlich ist jedoch, was die Forscher, beginnend mit dem sechsten Monat und unmissverständlich deutlich am Zwölf-Monatsmarker, entdeckten: Innerhalb eines Jahres sank das Glücksniveau derer, die im Lotto gewonnen hatten, dorthin zurück, wo es vor dem Geldregen gewesen war, und in manchen Fällen sogar noch tiefer. Auf der anderen Seite hatten sich die gelähmten Zielpersonen nach etwa einem Jahr mit ihren neuen Lebensumständen abgefunden, und ihr Glücksniveau hatte sich vollständig erholt. *Sie waren in der Tat generell viel glücklicher als die Lottogewinner!*

Das ist eine sehr deutliche Darstellung der hedonistischen Adaptation. Das »Glück«, über Nacht sagenhaft reich zu werden, schwindet schnell dahin. Wir gewöhnen uns an das Leben als wohlhabende Menschen, und sowohl der Kick als auch das Gefühl der Sicherheit, die wir aus unseren neuen materiellen Besitztümern beziehen, lösen sich in Luft auf. Auf der anderen Seite waren die Unfallopfer in der Lage, sich mit ihrem radikal veränderten Leben abzufinden, vielleicht sogar Kraft und Weisheit daraus zu ziehen. Und obwohl ihr Erlebnis so schrecklich gewesen war, konnten sie sich relativ schnell erholen und ihr früheres Glücksniveau sogar noch steigern.

Eine weitere im *Journal of Experimental Psychology* veröffentlichte Studie betonte einen anderen Aspekt der hedonistischen Adaptation: unsere psychologische Unfähigkeit, unsere Antwort auf Situationen, die unser Leben verändern, richtig abzuschätzen. Für die Studie wurde das Glücksniveau von Dialyse-Patienten untersucht. Menschen, die auf Dialyse angewiesen sind, müssen – nur um am Leben zu bleiben – an mehreren Tagen in der Woche stundenlang behandelt werden, und zwar für den Rest ihres Lebens. Es sei denn, ihnen wird eine neue Niere implantiert. Sie müssen extreme Ernährungsänderungen vornehmen, und die meisten müssen ihren Tagesablauf und oft auch den ihrer Lieben und ihrer Betreuer radikal ändern. Das klingt schrecklich, nicht wahr?

Nur dass der Studie zufolge die Menschen mit Nierenversagen im Endstadium nicht weniger glücklich waren als die gesunden Probanden. Als jedoch die Angehörigen der zuletzt genannten Gruppe gefragt wurden, ob sie unglücklicher wären, wenn sie Nierenversagen hätten, waren sich die meisten absolut sicher, dass ihr Leben dann schlechter wäre. Glücklicherweise lagen sie falsch. Den meisten von uns würde es einigermaßen gut gehen. Und wenn es uns nicht gut geht, dann hat das nichts mit der Krankheit zu tun, sondern damit, welche Art von Mensch wir sind, ganz unabhängig davon, woran wir physisch kranken.

DER GEIST

Betty lernte, dass für Glück und Bliss nicht viel gebraucht wird, zumindest nicht von außen. Wir brauchen keinen bestimmten Job, keinen bestimmten Partner, kein dickes Bankkonto, keinen besonderen sozialen Status und müssen auch nicht unbedingt der Star unserer eigenen Reality-Fernsehshow oder etwas dergleichen sein. Es ist so einfach. Aber wenn es so einfach ist, warum schaffen wir es dann nicht, glücklich zu sein?

Von Kindheit an schauen wir nach außen. Einer unserer ersten Impulse ist, unsere Sinne – Sehen, Schmecken, Riechen, Hören und Berühren – einzusetzen, um unsere äußere Welt zu erforschen. Das ist natürlich und wird erwartet. Wir brauchen unsere Sinne, um zu überleben, weil sie uns vor Gefahren warnen, weil sie uns absichern und weil sie positive Gelegenheiten für uns ausfindig machen. Das Problem ist, dass wir uns so sehr daran gewöhnen, unsere Sinne – und nur unsere Sinne – zu nutzen, dass wir, selbst wenn wir älter werden, nie den falschen Glauben aufgeben, dass das Stimulieren unserer Sinne der Grund für unsere Existenz ist. Wir verwechseln unseren Überlebensinstinkt mit dem wichtigsten Ort, an dem wir dauerhafte Erfüllung finden. Unsere Sinne, die lediglich als untergeordnete Werkzeuge für den Gebrauch in bestimmten Situationen entworfen und gedacht waren, werden zu den einzigen Mitteln, die wir zur Erforschung unserer Welt einsetzen. Wir vergessen oder finden einfach nie heraus, dass wir auch noch andere Fähigkeiten haben und dass es auch noch andere Orte gibt, auf die wir unseren Blick richten können. Wie das Sprichwort sagt: Für einen Zimmermann mit einem Hammer sehen die Probleme der ganzen Welt wie Nägel aus. Das sind wir. Wir denken, dass sensorische Stimulation die Lösung für alles ist.

Als Säuglinge lernen wir unterbewusst, dass das Ansammeln von »Zeug« die Quelle des Glücks sein könnte. Es beginnt mit einer Decke, einem Schnuller oder einem Stofftier. Diese Dinge geben uns ein falsches Gefühl von psychologischer Sicherheit oder Unterhaltung, können aber keine echten, dauerhaften Lösungen bieten. Denken Sie nur daran, was ein Schnuller wirklich ist: ein künstlicher Ersatz für die Mutterbrust, der uns glauben machen soll, dass wir gefüttert werden, oder uns an die beruhigende Sicherheit bei unseren Eltern erinnert. In Wirklichkeit bietet er weder Nahrung noch echte Sicherheit. Babys *denken* nur, das sei so.

Was seitens unserer Eltern als gut gemeinter Versuch, ein wenig Ruhe und Frieden zu bekommen, beginnt, wird zufällig zum im Unbewussten gespeicherten Entwurf des Glücks. Wir nehmen fälschlicherweise an, dass uns das Ansammeln der richtigen Dinge glücklich machen wird. Mit den Jahren weitet sich unsere Sehnsucht nach materiellen Annehmlichkeiten allmählich auf Kleider, Autos, Häuser, Urlaube und Luxusgüter aus.

Es geht aber noch tiefer. Wir suchen außerhalb von uns selbst nicht nur nach Stimulation, sondern wollen auch die Rätsel unserer Existenz enthüllen. Doch die Welt außerhalb von uns ist ständig im Fluss und gibt uns nur wenig von dauerhafter Bedeutung. Der altgriechische Philosoph Heraklit bemerkte, dass der Wandel die einzig Konstante ist und Unbeständigkeit das wahre Wesen unserer Welt. Das wissen wir heute mehr als je zuvor. Ob wir wissenschaftlich orientierte Rationalisten oder fundamentalistische Gläubige sind, in einem Punkt stimmen wir alle überein: Die Welt hat einen Anfang (sei es der Urknall oder die Erschaffung durch Gott in sechs Tagen), und es ist sicher, dass sie auch ein Ende haben wird (in ferner Zukunft durch einen Big Bang oder den Hitzetod oder noch vorher beim Weltuntergang und am Tag des Jüngsten Gerichts). Lange bevor sich das Universum selbst auflöst, sind wir mit unserer persönlichen Auflösung konfrontiert, wenn wir sterben.

Zwischen Geburt und Tod liegen Millionen kleinerer Veränderungen, sowohl triviale als auch sehr wichtige. Unser Körper verändert sich ebenso wie unser Wissen und unsere Erfahrungen, die Menschen um uns ändern sich, und unser Schicksal verändert sich ebenfalls. Die Welt außerhalb von uns ist ständig im

Fluss – und oft gilt dies auch für die innere Welt unseres Körpers und unseres Geistes.

Wir suchen Sicherheit in der Welt um uns herum, in Beziehungen, in einem dicken Bankkonto, in einer speziellen Diät und guter Gesundheit. Doch all das ist vergänglich. Selbst wenn wir »die beste« Beziehung haben, werden wir oder unser Partner irgendwann sterben. Selbst Beziehungen, die im Moment gut funktionieren, können platzen. Wir hören von einem Paar, das sich getrennt hat, und sagen: »Aber sie haben einen so glücklichen Eindruck gemacht!« Wir wissen, dass so etwas auch uns passieren könnte. Unser Partner könnte unglücklich sein, und wir würden es vielleicht noch nicht einmal mitbekommen. Geld kommt und geht. Unsere vermeintlich gute Gesundheit könnte bei einem Arztbesuch plötzlich dahin sein. Und selbst wenn wir sämtliche Anweisungen für ein gesundes Leben befolgen, kann das alles bei einem einzigen Autounfall, an dem wir nicht einmal schuld waren, umsonst gewesen sein. Es gibt keine dauerhafte Sicherheit in der äußeren Welt der Dinge oder Menschen.

Wir müssen das annehmen und dürfen uns nicht davor verstecken. Die Welt der Dinge und sinnlichen Vergnügungen ist flüchtig. In dieser zeitlich begrenzten Welt, in der alles ständig im Fluss ist, kann es keine Sicherheit und kein dauerhaftes Glück geben. Wir können nicht sämtliche Krankheiten besiegen, nicht jeden Krieg verhindern oder jede Umweltkatastrophe abwenden. Wir können andere Menschen nicht kontrollieren, vor allem nicht ihre Emotionen und Bedürfnisse. Alles und jedes, das davon abhängig ist, unveränderliches Glück in der äußeren Welt zu finden, muss am Ende scheitern. Das ist so sicher wie der Tod.

Wenn wir etwas genauer hinschauen, machen wir die erstaunliche Entdeckung, dass es für jedes Vergnügen einen passenden Schmerz gibt. Beispielsweise bringt uns eine vergnüglich durchzechte Nacht am nächsten Morgen einen Kater ein. Wir könnten dies sogar als die philosophische Erweiterung des wis-

senschaftlichen Prinzips betrachten, das Newton in seinem dritten Gesetz skizziert hat: »Jede Aktion (Kraft) erzeugt eine gleich
große, ihr aber entgegengerichtete Reaktion.«

Stellen Sie sich vor, Sie bekommen eine Massage, was die
meisten von uns erfreulich und entspannend finden. Die ersten
60 bis 90 Minuten Massage sind oft vergnüglich oder zumindest
angenehm. Doch stellen Sie sich vor, dass die Massage zwei oder
drei Stunden dauert. Wir würden uns höchstwahrscheinlich
langweilen und sie irgendwann gar nicht mehr wahrnehmen,
weil wir entweder einschlafen oder geistig abdriften. Stellen Sie
sich nun vor, dass dieselbe Massage nicht Stunden, sondern
Tage dauert. Zunächst würde unsere Haut rot werden, dann
würde sie sich pellen und Risse bekommen, und schließlich würde es sehr schmerzhaft werden, weil uns der Masseur oder die
Masseurin bis auf die Knochen bearbeiten würde. Wenn wir am
Tisch festgeschnallt wären und lange genug – einen Tag, eine
Woche oder einen Monat – an derselben Stelle kontinuierlich
massiert würden, würden wir im wahrsten Sinne des Wortes daran sterben, weil die Haut aufbrechen und Blut fließen würde.
Was als Vergnügen begann, würde zur Qual werden. Eine regel-
rechte Folter.

Dieses Beispiel ist zwar extrem, aber es illustriert, was bis zu
einem gewissen Grad mit all unseren Vergnügen passiert. Irgendwann langweilen sie uns nicht nur, sondern verletzen uns
auch. Natürlich hören wir in der Regel auf, bevor die Dinge absolut grauenhaft werden – aber nicht immer. Schauen Sie sich
die vielen Millionen an, die sich durch Alkohol- oder Drogen-
missbrauch umgebracht haben. Betrunken oder Highwerden beginnt in jedem Fall als Spaß, aber nicht immer endet es auch so.

Die meisten von uns verfolgen ein bestimmtes Vergnügen
nicht bis zum bitteren Ende. Wenn wir merken, dass ein bestimmtes äußeres Vergnügen langweilig oder schmerzlich wird,
sagen wir uns, dass dieses spezielle Objekt oder diese Aktivität
vermutlich nichts für uns war, wenden uns einem neuen Zeitver-
treib zu, und das Rad dreht sich wieder. So geht es immer weiter.

Wie Hamster im Laufrad rennen wir einer Sehnsucht nach der anderen hinterher.

So machen wir Jahre, vielleicht sogar mehrere Leben lang weiter, bis wir am Ende erkennen, dass uns jeder Versuch in Richtung Vergnügen – jeder Versuch, die äußere Welt nach unseren Wünschen zu manipulieren – nichts weiter gebracht hat, als uns auf Kollisionskurs mit dem Leid zu bringen. Wir haben an Dinge geglaubt, die uns nicht befriedigen können und niemals befriedigen werden. Das war die große Einsicht Buddhas und zahlloser Weiser und Heiliger vor und nach ihm.

Auf einer bestimmten Ebene wissen wir das. Was passiert nach einem aufregenden Tag? Wir brechen zusammen, brauchen Ruhe. Wenn wir zu viel Nachtisch essen, wird uns schlecht oder wir werden dick. Wenn wir zu viel Sex haben, sind wir am Ende ausgelaugt oder haben eine Krankheit oder finden uns in einem Beziehungsdurcheinander wieder. Wenn wir auf Shoppingtour gehen, ist irgendwann die Rechnung fällig. Schauen Sie sich irgendein Kind an: voller Energie im einen Moment, ein Häuflein Elend, das kaum die Augen aufhalten kann, im nächsten.

Vergnügen ist nicht grenzenlos, und die äußere Welt verliert irgendwann ihren Reiz und ist dann einfach nur noch erschöpfend. Aber wir können viel zu weit gehen, bevor wir das herausfinden. Warum? Wegen der endlosen Vielfalt, die der äußeren Welt eigen ist. Es gibt buchstäblich Billionen von Kombinationen und Permutationen sinnlicher Vergnügen, die in jeweils einzigartiger Weise aufeinanderfolgen. Wenn sich ein Vergnügen totläuft, suchen wir ohne zu zögern nach einem Ersatz. Normalerweise versuchen wir, das Vergnügen, das sich als Fehlschlag erwiesen hat, so schnell wie möglich durch etwas Neues zu ersetzen, damit wir auch nicht einen Moment der sensorischen Deprivation erleben müssen.

Vielleicht sehen Sie jetzt schon, warum viele unserer gängigen Strategien zum Erreichen dauerhaften Glücks zum Scheitern verurteilt sind – warum wir am völlig falschen Ort danach suchen. Angesichts dessen, wie breit gefächert unsere üblichsten

Glücksfehler sind, ist es geboten, dass wir uns Zeit nehmen, um jeden Einzelnen ganz genau unter die Lupe zu nehmen. Unsere Wünsche sind vielleicht so stark, machen uns regelrecht blind und überschatten alles andere, sodass wir uns nur sehr schwer selbst davon überzeugen können, dass uns ihre Erfüllung keine Befriedigung bringen kann. Bis wir entsprechend überzeugt sind, halten sie uns davon ab, die verborgene Glückseligkeit in unserem eigenen Innern zu finden.

DAS EXPERIMENT: DIE FLÜCHTIGE NATUR DER SINNLICHEN VERGNÜGEN

Anmerkung: Wenn Sie ein Tagebuch führen, können Sie diese Übung und Ihre Reaktionen darauf darin notieren.

Denken Sie an ein Lied, das Sie wirklich gern hören. Nehmen Sie sich die CD, Ihren MP3-Player oder das Medium, von dem Sie normalerweise Musik hören.

1. Hören Sie dieses Lied am nächsten Tag so oft wie möglich. Das können Sie auf zwei Arten tun. Entweder halten Sie sich schon jetzt eine oder zwei Stunden dafür frei, oder, wenn das nicht möglich ist, führen Sie in den nächsten 24 Stunden einen portablen CD-Player oder MP3-Player mit sich.
2. Hören Sie das Lied in den nächsten zwei Stunden pausenlos von Anfang bis Ende in einer Endlosschleife. Hören Sie es in jedem freien Moment, wann immer nur irgend möglich – wenn Sie unterwegs sind, in jeder Arbeitspause, beim Training, bevor Sie zu Bett gehen und so weiter.
3. Wenn Sie merken, dass Sie keine Lust mehr auf dieses Lied haben, die festgesetzte Zeit aber noch nicht abgelaufen ist, hören Sie weiter. Hören Sie auf keinen Fall auf.
4. Nachdem Sie so viel wie möglich gehört haben, denken Sie darüber nach, was Sie gerade gelernt, bemerkt und erlebt

haben. Ist Ihnen der Spaß, den Sie ursprünglich an dem Lied hatten, allmählich vergangen? Sind Sie seiner überdrüssig geworden, oder haben Sie manchmal gar nicht mehr zugehört? Waren Sie irgendwann an einem Punkt, wo Sie das Lied nicht nur nicht mehr hören konnten, sondern richtige Ohrenschmerzen davon bekommen haben?

5. Erinnern Sie sich, dass dies eines Ihrer Lieblingslieder war. Was bedeutet es für Sie, dass Sie etwas, was Sie geliebt haben, so schnell überdrüssig geworden sind?

6. Wie sehr sind Sie davon überzeugt, dass die endlose Aneinanderreihung sinnlicher Erlebnisse der Schlüssel zum dauerhaften Glück ist?

Online

Weitere Videos und Quellen für dieses Kapitel stehen auf der Internetseite www.theblissexperiment.com zur Verfügung.

KAPİTEL 3

GELD UND LUXUS

Viele reiche Leute sind nicht viel mehr als Hauswarte ihrer Besitztümer.

Frank Lloyd Wright, amerikanischer Architekt (1867–1959)

In den nächsten drei Kapiteln werden wir unsere gängigsten Missverständnisse und erfolglosen Strategien auf der Suche nach dauerhaftem Glück etwas genauer unter die Lupe nehmen.

Dass materieller Wohlstand uns glücklich macht oder unserem Leben einen Sinn gibt, ist ein weitverbreiteter Mythos. Menschen jeden Alters und Geschlechts, jeder Rasse und Nationalität, mit jedem religiösen Hintergrund und aus jeder Epoche unterliegen diesem Irrtum. In meiner Familie, unter meinen Freunden, an der Highschool, in Stanford und später als spiritueller Lehrer bin ich zahllosen Menschen begegnet, die fest entschlossen waren, reich zu werden, und oft war ihnen dafür jedes Mittel recht. Selbst diejenigen, die nicht daran interessiert sind, unverschämt reich zu werden, sagen mir oft, dass sie schon gern zumindest ein bisschen reicher wären, als sie im Moment sind. Wenn sie nur zehn oder 20 Prozent mehr Geld hätten, wäre ihr Leben besser.

Ich habe mehr Menschen wichtige Lebens- und Berufsentscheidungen des Geldes und des Wohlstands wegen machen sehen als aus irgendeinem anderen Grund. Ich kenne Rechtsanwälte, Geschäftsführer und Ärzte, die ihr Leben hassen, aber keine andere Berufung finden können und werden, weil es zu verführerisch ist, für Geld alles andere aufzugeben. Gelegentlich malen wir uns alle aus, wie viel besser unser Leben sein könnte, wenn wir reicher wären oder zumindest finanziell ein bisschen bessergestellt, als es im Moment der Fall ist. Zu unserem Glück stellt sich heraus, dass an dieser sehr üblichen Wahnvorstellung fast nichts Wahres dran ist, wenn auch aus Gründen, die Sie überraschen werden.

DIE GESCHICHTE

Lyle ist der reichste Mensch, den ich kenne. Zwar habe ich im Laufe der Jahre viele wohlhabende Menschen getroffen, aber Lyle ist jemand, den ich wirklich kenne. Wir hatten zahllose persönliche Diskussionen, haben viele Stunden zusammen verbracht, ich habe mit seiner Familie und seinen Freunden verkehrt. Lyle hat 100 Millionen Dollar, erworben durch eine große Zahl von Geschäften und Investitionen. Er ist ein großzügiger Philanthrop, sitzt im Aufsichtsrat vieler gemeinnütziger Organisationen und ist außerdem ein engagierter Familienmensch mit vier Kindern.

Lyle besitzt ein Riesenhaus in Connecticut, eine Skihütte am Lake Tahoe und eine Villa mit Meerblick auf einer karibischen Insel. Er fliegt mit Privatjets, beschäftigt eine Armee von Nannys, Assistenten und persönlichen Köchen, wohnt in den Penthäusern von Fünfsternehotels, fährt exotische Luxusautos (wenn er nicht gerade in Limousinen durch die Gegend chauffiert wird) und ist mit zahllosen Politikern, Schauspielern und Rockstars befreundet.

Er ist der Mittelpunkt jeder Party und zieht, wo immer er auch auftaucht, die gesamte Aufmerksamkeit auf sich. Er hält Hof wie ein König, und seine Freunde und Sympathisanten hängen an seinen Lippen. Er erwartet, dass er umschwänzelt wird, denn er gibt lustige Geschichten zum Besten, ist witzig, intelligent, gebildet, großzügig zu seiner Familie und seinen Freunden, und jeder, der ihn aus der Ferne beobachtet, hält ihn für einen Teufelskerl.

Trotz all seines Reichtums ist Lyle zutiefst unglücklich, denn er hat ein schreckliches Geheimnis. Er ist Alkoholiker und möglicherweise auch drogenabhängig. Seit Jahrzehnten trinkt er exzessiv und nimmt Drogen. Ich habe mitbekommen, wie er eine ganze Flasche Wodka getrunken, sich bekifft, Kokain geschnupft und sich obendrein noch Lachgas, Pilze oder Ecstasy genommen hat, und zwar alles in einer einzigen Nacht. Mindestens zehn Jahre in Folge war Lyle jedes Mal, wenn ich ihn sah, betrunken oder high. Die darauffolgende verordnete Ruhepause in einer Rehabilitationseinrichtung zeigte keine hundertprozentige Wirkung, entschleunigte ihn jedoch zumindest.

Gelegentlich hatte ich ein vertrauliches Gespräch mit Lyle. Nach außen hin war sein Leben relativ stabil. Seine Familie war wohlhabend (obwohl er seinen Wohlstand in beträchtlichem Ausmaß mithilfe seiner eigenen Intelligenz und durch seine eigenen Fähigkeiten mehrte), seine Eltern liebten sich und ließen sich nicht scheiden, und er ging auf gute Schulen, von der Grundschule bis zu seinem Abschlussexamen. Er heiratete seine Freundin aus dem College, eine wunderbare Frau: klug, hübsch, geerdet und freundlich. Seine Kinder sind auch großartig, vermutlich hauptsächlich, weil sie so eine wunderbare Mutter haben.

Lyle vertraute mir an, warum er Alkohol und Drogen nahm. Obwohl er jede Art von materiellem Besitz und alle Annehmlichkeiten hatte, fühlte sich sein Leben sinnlos an. Er hatte kein Vertrauen in die meisten seiner »Freunde«, weil er nicht sicher sein konnte, dass sie ihn um seiner selbst willen mochten und nicht wegen seines Reichtums. Er ließ sich von seiner liebenden Frau scheiden (und von einer zweiten und einer dritten), weil er sich so isoliert und fern von ihr (und ihnen) fühlte, dass er überhaupt nicht mehr fähig war, echte Liebe zu empfangen und zu geben. Er wusste zwar, dass er Leute hatte, die nach seiner Pfeife tanzten und ständig vor ihm katzbuckelten, aber nur deshalb, weil er ihnen ihr Gehalt bezahlte, ihnen Sachen kaufte, ihr Geschäft finanzieren konnte oder ein gut zahlender Kunde war.

Und was noch schlimmer war, er war seines Lebens im Luxus müde geworden. Nachdem er jahrelang Dinge angesammelt hatte, wusste er, dass nichts davon ihn auch nur das kleinste bisschen glücklich machte. Wir merkten beide, dass sein Reinvermögen zwar ständig zunahm, seine Geduld aber immer mehr dahinschwand und seine Laune immer schlechter wurde. Wenn ein Kellner im Restaurant ihn auch nur zwei Minuten lang ignorierte, geriet er in Rage. Wenn etwas, das er gekauft hatte, nicht in jeder Hinsicht absolut perfekt war, schickte er es zurück. Je mehr Luxusgüter er hatte, desto mehr Ansprüche stellte er an jedes neue Ding, das stets viel besser und noch perfekter sein musste als das letzte. Der große Wohlstand hatte es nicht nur nicht vermocht, ihn vor den Herausforderungen des Lebens zu schützen, er verstärkte sie sogar noch. Selbst die kleinsten Mangelhaftigkeiten oder Niederlagen brachten ihn völlig aus der Fassung. Er konnte sich nicht mehr an den kleinen Dingen des Lebens freuen – und überhaupt nicht mehr an vielem. Lyle hatte das Gefühl, in der Falle zu sitzen. Für ihn war der amerikanische Traum wahr geworden, aber er ließ ihn kalt und leer zurück. Er hatte niemanden, mit dem er sprechen konnte. Die meisten seiner »Freunde« waren in Wirklichkeit nur Schleimer, die ihn nicht verstanden und nur darauf aus waren, von seinem Wohlstand zu profitieren. Kein Psychologe und keiner der anderen Patienten im Rehabilitationsprogramm hatte Erfahrung mit seiner Ebene des Reichtums. Niemand verstand ihn, nicht einmal seine Exfrauen und seine Familie. Mir sagte er einmal: »Ich schaue mich im ganzen Raum um und fühle mich wie der Arsch, wenn ich mich über mein Leben beklage, wo doch jeder andere so reale und wirklich schreckliche Probleme zu haben scheint. Ich kann das einfach nicht. Ich weiß einfach nicht, was ich machen soll.«

DIE WISSENSCHAFT

Es gibt enorm viele Forschungsergebnisse, die beweisen, dass Geld und Luxus kein Glück hervorbringen. Diese Forschungen werden aus vielen verschiedenen Blickwinkeln gemacht: indem man das Wohlbefinden von Menschen aus unterschiedlichen wirtschaftlichen Verhältnissen vergleicht, indem man arme und reiche Einzelpersonen unter die Lupe nimmt und indem man sich die Gesundheit und das Wohlbefinden spezifischer Gruppen über einen längeren Zeitraum hinweg anschaut.

Aus der Makroperspektive:
Was haben Ghana, Mexiko, Schweden, Großbritannien und die Vereinigten Staaten von Amerika gemeinsam? Befragungen zur Zufriedenheit mit dem eigenen Leben erbrachten in all diesen Ländern ähnliche Ergebnisse, obwohl sich das Pro-Kopf-Einkommen zwischen den reichsten und den ärmsten Ländern zehnfach unterscheidet. Will sagen: Trotz ihres unglaublichen Reichtums sind Amerikaner nicht glücklicher als die Menschen in der westafrikanischen Republik Ghana!

Unabhängig voneinander veröffentlichte Forschungsergebnisse besagen, dass zwar der amerikanische Lebensstandard seit den frühen 1970er-Jahren stark gestiegen ist, nicht aber das Glücksniveau. Daran hat sich überhaupt nichts verändert.

Und wenn doch, ist es eher gesunken, wenn man bedenkt, dass Antidepressiva die in Amerika am meisten verschriebenen Medikamente sind. Das ist übrigens nicht nur in den USA so. Von 1981 bis 2007, in der Zeit des größten wirtschaftlichen Aufschwungs in der Geschichte Chinas, sank auch dort das nationale Glücksniveau.

Auf der individuellen Ebene:

➤ Bei einer Befragung der 49 reichsten Menschen der Welt, die aus der Liste der reichsten Amerikaner des Magazins *Forbes* ausgewählt worden waren, gaben viele der Superreichen zu, unglücklich zu sein. Im Durchschnitt wurde bei den Superreichen nur ein ganz leicht höheres Glücksniveau festgestellt als bei einer aus der allgemeinen Bevölkerung zufällig ausgewählten Kontrollgruppe. Ganz wichtig ist, dass *nicht ein Einziger von diesen 49 reichsten Amerikanern glaubte, Geld sei die wichtigste Quelle seines oder ihres Glücks.* Sie hielten Geld für einen der am wenigsten wichtigen Aspekte für das Erlangen von Wohlbefinden.

➤ Eine Studie begleitete 12 000 Menschen von ihrem ersten Studienjahr auf dem College an, bis sie etwa Ende 30 waren. Die Forscher fanden heraus, dass diejenigen, die im College »reich werden« als wichtigstes Lebensziel formuliert hatten, 15 Jahre später im Durchschnitt *weniger glücklich* waren als diejenigen mit erbaulicheren Zielen.

➤ In einer Studie mit 374 Angestellten der Cornell Universität kamen Forscher zu dem Schluss, dass »ein höheres Einkommen mit intensiveren negativen Emotionen verbunden war ... aber *nicht* mit größeren Glücksgefühlen«.

Angesichts der Tatsache, dass das Streben nach Geld und Luxus etwas ist, wovon die ganze Menschheit geradezu besessen ist, stellt sich die Frage: Warum sind wir so entschlossen, etwas zu bekommen, von dem ganz klar ist, dass es nicht hält, was es verspricht?

Der mit dem Wirtschafts-Nobelpreis ausgezeichnete Psychologe Daniel Kahneman hat mindestens eine Antwort darauf. Er hat eine Reihe von Studien entwickelt, die deutlich machen, dass Menschen hochgradig anfällig für die Bildung von »Fokussierungsillusionen« sind. Eine solche Illusion tritt auf, wenn wir die Bedeutung eines einzigen Faktors unberechtigterweise hochspielen, um ein erwünschtes Resultat zu erzielen. In einer verwirrenden Welt mit beinahe unendlich vielen Variablen und Wahlmöglichkeiten ist unser Geist oft verwirrt, unsicher und überwältigt. Es gibt so vieles, was wir einfach nicht wissen (statistische Mög-

lichkeiten oder echte Fakten), dass wir uns in bestimmten Lebensumständen oft gezwungen sehen, Entscheidungen auf der Basis
unvollständiger oder nicht ganz verstandener Informationen zu
treffen. Um das Chaos im Zaum halten und eine Vorgehensweise
definieren zu können, neigen wir dazu, uns nur auf ein oder zwei
hervorstechende Fakten zu konzentrieren und diese überproporti-
onal aufzubauschen, indem wir ihnen eine Bedeutung geben, die
sie in Wirklichkeit einfach nicht haben. Kahnemans Forschungen
zeigen schlüssig, dass das Anhäufen von Reichtümern eine der
gängigsten Fokussierungsillusionen ist.

Ich möchte an dieser Stelle auf eine Ausnahme hinweisen;
die Einzige, die Forscher jemals gefunden haben. Menschen, die
so arm sind, dass sie sich noch nicht einmal die einfachsten
Dinge zum Überleben – Essen, Kleidung und ein Dach über
dem Kopf – leisten können, berichten von einem leichten Anstieg ihres Glücksniveaus, wenn sie in der Lage sind, diese untersten Ebenen des »Reichtums« zu erklimmen. Jenseits dessen
machen weder schrittweise noch beachtliche Steigerungen des
Einkommens einen großen Unterschied.

DER GEIST

Es ist kein Wunder, dass Geld und materielle Dinge zu unseren
vorrangigen Fokussierungsillusionen gehören. Wie bereits angesprochen, wurden wir von Kindheit an darauf trainiert, in der
materiellen Welt Trost zu suchen. Materielle Objekte umgeben
uns. Sie sind überall, leicht zu sehen, zu fühlen, zu hören, zu
berühren und zu schmecken. Und weil wir unsere Welt hauptsächlich über die Sinne wahrnehmen und materielle Objekte in
Wirklichkeit nichts als eine Ansammlung von sinnlichen Erfahrungen sind, fühlen wir uns auf natürliche Weise von ihnen angezogen. Mehr noch, wir werden regelrecht damit bombardiert.
Praktisch jeder, den wir kennen oder treffen, stellt ständig seine
materiellen Dinge zur Schau und spricht darüber. Firmen geben

Trillionen von Dollar aus, um Waren zu produzieren und zu vermarkten. Uns stehen so viele Dinge und Erlebnisangebote zur Verfügung. Da spielt es überhaupt keine Rolle, welche Sorte Mensch wir sind und welche Interessen oder Hobbys wir haben. Es gibt nämlich immer irgendein Objekt, das genau dafür gemacht ist, uns einen einzelnen Wunsch zu erfüllen.

Letztendlich lässt sich unsere Faszination für Reichtum und Luxus nicht nur mit Fokussierungsillusion oder Gehirnchemie erklären. Die tiefsten Gründe liegen jenseits der Grenzen der Physik und haben etwas mit dem Wesen der Wirklichkeit, des Bewusstseins und der menschlichen Existenz zu tun.

Geld und materielle Dinge sind ganz und gar außerhalb von uns. Selbst wenn wir Lebensmittel oder Drogen zu uns nehmen, behalten diese eine gewisse »Andersartigkeit« bei. Objekte können weder zum Kern unseres Wesens vordringen noch dauerhafte Veränderungen unseres Bewusstseins bewirken. Reichtum kann uns kein friedliches, freudvolles, zufriedenes oder liebevolles Gefühl geben. Es hilft uns nicht, andere zu verstehen oder eine Verbindung zu ihnen herzustellen. Mutter Teresa und ein Mafia-Killer könnten beide auf demselben Luxus-Kreuzfahrtschiff unterwegs sein, doch in keinem Fall wäre es realistisch, anzunehmen, dass diese Reise einen von beiden grundlegend verändert.

Wie könnte sie? Glauben wir wirklich, allein das Schlafen zwischen Satinbettlaken mit der Fadenzahl 1000 könne uns Frieden, Weisheit oder Liebe bringen – oder sich erhebend auf unser Bewusstsein auswirken? Wenn wir uns das einmal klarmachen, sehen wir, was für eine absurde Vorstellung das ist. Eine solche Reise bewirkt nichts dergleichen und kann auch nichts dergleichen bewirken. Auf einer gewissen Ebene wissen wir das alle.

Bewirkt werden kann so etwas durch alles andere, was wir mit unserem Leben anfangen – durch alles, was uns definiert: unsere Gedanken, unsere Taten, unser Streben und unser Bewusstsein. Wenn bloße *Dinge* so etwas wie einen vereinheitlichenden oder normierenden Einfluss auf Menschen hätten, würden wir entdecken, dass Leute, die denselben Dingen ausgesetzt sind, anfangen würden, auf dieselbe Weise zu denken, zu fühlen und sich zu benehmen. Das ist aber offensichtlich nicht der Fall.

Die Schattenseite des Reichtums

Indem wir unser Glück von Reichtum und Luxus abhängig machen, bringen wir tendenziell das Gegenteil von Glück hervor und fühlen uns noch unsicherer.

Die Welt der Dinge ist flüchtig und vergänglich. Unser Reichtum kann durch einen Fehler, den wir selbst machen, vernichtet werden oder durch etwas, das überhaupt nichts mit uns zu tun hat: eine globale Konjunkturschwäche, einen Börsensturz oder einen Finanzbetrug. Die Verantwortung für ein Vermögen geht oft mit dem ängstlichen Bedürfnis einher, es zu wahren und zu schützen.

Reichtum löst weder das Rätsel unserer Existenz noch schützt er uns vor dem Tod. Wir können ihn nicht mitnehmen, müssen trotzdem sterben, und er kann uns auch nicht helfen, den Sinn des Lebens zu verstehen. Nun, das ist ein Riesenhinweis darauf, dass er nicht die endgültige Antwort auf *irgendetwas* sein kann. Bestenfalls sind Geld und Luxus wie Schmerzmittel, die man einem sterbenden Patienten verabreicht. Sie machen die Reise angenehmer, aber sie behandeln weder die zugrunde liegende Krankheit noch verhindern sie das Unvermeidliche.

Weit davon entfernt, das Leben auch nur ein kleines bisschen erträglicher zu machen, machen sie es sogar noch schlimmer. Wie mein Freund Lyle erfahren hat, kann Geld uns gereizt und ungeduldig machen, schwer zufriedenstellen und isolieren. Wir werden abhängig von Geld, von Objekten und davon, dass Situationen genau richtig sind. Wenn sie es nicht sind, sind wir unglücklich. Manchmal funktionieren wir noch nicht einmal mehr. Je reicher wir sind, desto mehr fürchten wir, dass unsere Freunde und unsere Familienmitglieder uns mehr wegen unseres Geldes lieben als um unserer selbst willen. Es ist kein Wunder, dass die Selbstmordrate bei reichen und erfolgreichen Menschen höher ist als bei armen.

Unser Glück an Bedingungen knüpfen

Indem wir glauben, dass wir äußere Besitztümer brauchen, knüpfen wir unser Glück an Bedingungen. Das macht uns zu Gefangenen einer sehr kleinen Reihe von möglichen Ergebnissen. Nicht jeder kann wohlhabend sein. Es ist, als spielten Sie russisches Roulette mit Ihrer Seele. Was passiert, wenn Sie nicht genug Reichtum ansammeln? Oder wenn Sie kurzfristig reich sind und dann alles wieder verlieren? Haben Sie Ihre Chance auf das Glück dann verspielt?

Unser Glück von der Lust und Laune anderer abhängig zu machen, von komplizierten Wirtschaftsformen und Finanzsystemen, von denen wir die meisten nicht unter Kontrolle haben, ist wie die Entscheidung, in einem psychologischen Gefängnis zu leben. Sagen Sie sich genau jetzt, wo Sie dies lesen, den folgenden Satz mehrmals selbst vor: »Ich bin nicht glücklich, bevor ich eine Million Euro habe oder eine Billion oder ein großes Haus oder bevor ich mich mit einem dicken Bankkonto zur Ruhe setzen kann.« Und dann fragen Sie sich, wie Sie sich fühlen, wenn Sie das immer und immer wieder vor sich hinsagen. Ich wette, nicht so besonders gut.

Was wir wirklich wollen

Hier ist eine erstaunliche Nachricht: Geld und Dinge sind nicht das, was wir *wirklich* wollen. Wir denken nur, dass dem so ist. Was wir wirklich wollen, ist der zugrunde liegende Nutzen, den diese Objekte repräsentieren. Ein Ding ist nicht mehr als ein Lieferwagen für eine Eigenschaft oder Erfahrung, die wir suchen.

Kürzlich habe ich davon geträumt, einen privaten Swimmingpool zu besitzen. Brook und ich leben in einem Apartmenthaus in einem Stadtteil von Los Angeles. Das Wetter ist das ganze Jahr über gut. Nachdem ich meinen Geist eine Zeit lang Fantasien von einem netten privaten Pool hatte spinnen lassen, merkte ich, was ich da tat, und stellte mir eine einfache Frage: Warum möchte ich *wirklich* einen Pool?

Ich wollte in der warmen Sonne sitzen und im kühlen Wasser

schwimmen. Ein privater Pool würde ein Gefühl der Abgeschiedenheit und Beschaulichkeit vermitteln. Ich stellte mir vor, dass
der Pool, die Landschaft und das glitzernde Wasser auch eine
ästhetisch schöne Umgebung bilden würden. Der Pool wäre
auch schnell und bequem zu erreichen, weil er genau da wäre,
wo ich lebe.

Das sind die oberflächlichen Gründe, aus denen ich den Pool
haben wollte. Doch als ich genauer darüber nachdachte, erkannte ich, dass jeder dieser Gründe *Eigenschaften* repräsentierte, zu
denen ich Zugang haben und die ich erfahren wollte. Die Sonne
steht für Energie, Vitalität und Heilung. Das kühle Wasser repräsentiert Entspannung und Gelassenheit. Die Ungestörtheit steht
für Abgeschiedenheit und Beschaulichkeit, die Umgebung für
Schönheit. Die günstige Lage repräsentiert die Möglichkeit, jeden Moment in die Erfahrung eintauchen zu können.

Mit anderen Worten: Als ich darüber nachdachte, repräsentierte ein Privatpool für mich Vitalität, Heilung, Ruhe, Abgeschiedenheit, Beschaulichkeit und Schönheit – und zu all dem
wollte ich ohne Verzögerungen oder Schwierigkeiten Zugang
haben. Ich wollte den Pool nicht wirklich als solchen. Vielmehr
wollte ich mehr von diesen Qualitäten in meinem Leben. Ich
hatte mich auf den Pool als Mittel zur Erlangung dieser Qualitäten fixiert.

Objekte sind neutrale Gefäße

Der Einsatz von äußeren Objekten als Mittel zur Erlangung der
angestrebten Eigenschaften ist eine indirekte, ineffiziente und
äußerst unsichere Methode. Was ist, wenn ich nie einen privaten
Pool haben werde? Heißt das, dass ich dann nie in den Genuss
dieser Eigenschaften komme? Außerdem ist der reine Besitz dieser Objekte keine Garantie dafür, dass wir die ihnen zugrunde
liegenden Qualitäten, nach denen wir suchen, auch bekommen,
wovon die Wohlhabenden ein Lied singen können. Wir müssen
das Verständnis und die Fähigkeiten, die notwendig sind, damit
wir einen Nutzen aus den Lieferfahrzeugen ziehen können, ak-

tiv entwickeln. Wenn wir nicht wissen, wie dies zu tun ist, ist es etwa so, als wäre uns ein verschlossenes Paket geliefert worden, das wir nicht zu öffnen wissen. Rein technisch gesehen, gehört es uns, aber in Wirklichkeit kommen wir nicht an das heran, was darin verborgen ist.

Der kosmische Witz ist, dass das Paket ohnehin leer ist. Vergnügen und Freuden sind nicht wirklich in dem jeweiligen Objekt, sondern in uns. Denken Sie mal darüber nach: Ein armer Mensch freut sich vielleicht über ein billiges Bonbon aus dem Supermarkt. Ein reicher Mensch kann sich vielleicht nur über importierte belgische Schokolade so richtig freuen. Doch beide haben genau gleich viel Freude und Genuss. Die Freude ist kein fester Bestandteil des Objekts. Es sind unsere Gedanken, unsere Gefühle und unsere Zuwendung – es ist unser Bewusstsein, das unsere Reaktion auf das Objekt bestimmt.

Statt uns nach Objekten zu verzehren, können wir lernen, wie wir direkten Zugang zu diesen Bewusstseinszuständen bekommen. Wir brauchen überhaupt keine Millionen, damit wir uns diese ganzen Lieferwagen kaufen können. Wir können das, was sie uns liefern, jetzt sofort haben – 24 Stunden jeden Tag von heute an. Das ist nicht nur direkter und effizienter, es ist auch sicherer. Es ist sogar garantiert.

Eine wichtige Warnung

Abgesehen davon, sind Geld und Luxus nicht an sich böse. Es ist nicht schlecht oder falsch, schöne Dinge zu besitzen oder reich zu sein. Eine gewisse Menge Geld kann sehr positiv sein, wenn man im Umgang damit die richtige Einstellung hat. Die Herausforderung besteht darin, keine unrealistischen Erwartungen an den Reichtum zu haben und ihm nicht blind nachzulaufen, während man wichtigere Dinge vernachlässigt.

Wie wir später noch herausfinden werden, gibt es sogar Situationen, in denen Objekte, die typischerweise mit Wohlstand oder Luxus in Verbindung gebracht werden, sehr förderlich sein können. Wir müssen sicher nicht unser Geld verschenken oder unsere gut bezahlten Jobs kündigen. Wir müssen nur unser grundlegendes Verständnis und unsere Motivation neu bewerten.

Wie immer es um unseren Kontostand auch bestellt sein mag, die Erkenntnis, dass wir dem Ansammeln von Geld und Besitztümern (oft auch Schulden) keine oberste Priorität geben müssen, nimmt ein enormes Gewicht von unseren Schultern und macht uns leichter, glücklicher und freier. Je seltener wir Vermittler zwischen das Glück und uns stellen, desto schneller haben wir Zugang zu Bliss.

DAS EXPERIMENT (1):
EINEN ÜBERBLICK BEKOMMEN

1. Stellen Sie sich etwas Schönes vor, das Sie im zurückliegenden Jahr gekauft haben (oder schreiben Sie es auf). Es sollte möglichst etwas sein, das Sie sich sehr gewünscht haben. Wählen Sie etwas, das keine lebenswichtige Funktion hat. Einfach etwas, das Sie unbedingt haben wollten.
2. Wie haben Sie sich gefühlt, als Sie es erworben oder zum ersten Mal ausprobiert haben? Rufen Sie sich Gefühle wie Begeisterung, Glück, Bedeutung oder Genuss in Erinnerung.
3. Wie lange hat diese Begeisterung angehalten? Einen Tag? Eine Woche? Einen Monat? Ein Jahr? Ist sie heute immer noch so lebendig wie damals, als Sie das lang Ersehnte gekauft haben? Ist diese Begeisterung jemals verschwunden oder hat sie an Intensität verloren?
4. Falls ja, was haben Sie getan, als die positiven Gefühle allmählich abklangen? Haben Sie überlegt, sich etwas anderes zu kaufen? Haben Sie seitdem bereits etwas von ähnlicher Bedeutung gekauft?
5. Wie viele Besitztümer, von denen Sie »ganz begeistert« waren, haben Sie im Laufe Ihres Lebens schätzungsweise gekauft? Dinge, von denen Sie glaubten, dass ihr Besitz Sie ein kleines bisschen glücklicher machen würde?

6. Hat irgendeine Erwerbung Ihnen jemals dauerhafte Freude geschenkt? Gehen Sie davon aus, dass dies bei Ihrer/Ihren nächsten Erwerbung(en) der Fall sein wird? Und wenn, ist das wahrscheinlich?

DAS EXPERIMENT (2): DIE ILLUSION DES LUXUS ENTTARNEN

1. Stellen Sie sich ein Objekt oder ein Erlebnis vor (oder schreiben Sie es auf), das Sie noch nicht gekauft haben, aber gern haben möchten.
2. Warum möchten Sie es haben? Machen Sie eine Liste sämtlicher Vorteile, die Ihnen diese Sache Ihrer Ansicht nach bringt.
3. Machen Sie auf Basis der ersten eine zweite Liste: Was sind die zugrunde liegenden Eigenschaften oder Vorteile, die Sie mithilfe dieser Sache zu gewinnen hoffen (beispielsweise Gelassenheit, Lebendigkeit, Heilung, Schönheit, Liebe und so weiter)?
4. Gibt es eine Möglichkeit, wie Sie diese Eigenschaften und Vorteile direkt erfahren können, also ohne das vermittelnde Objekt? Was könnten Sie jetzt tun, um diese Eigenschaft/diesen Vorteil in sich selbst zu verstärken, unabhängig davon, ob Sie dieses Objekt/Erlebnis nun haben oder nicht?

Anmerkung: Es ist in Ordnung, wenn Sie noch keine klare Vorstellung haben, wie Sie diese Vorteile unmittelbar erfahren können. Wenn Sie dieses Buch ganz durchgearbeitet haben, können Sie mit einer ganzen Palette von Lösungsmöglichkeiten auf diese Übung zurückkommen.

Online
Weitere Videos und Quellen für dieses Kapitel stehen auf der Internetseite www.theblissexperiment.com zur Verfügung.

KAPİTEL 4

SEX UND ROMANTIK

Sex baut keine Straßen, schreibt keine Romane und gibt gewiss nichts im Leben außer sich selbst eine Bedeutung.

Gore Vidal, amerikanischer Schriftsteller
und Drehbuchautor (geb. 1925)

Sex und Romantik sind die für gewöhnlich am meisten ange-strebten menschlichen Erfahrungen, sogar noch mehr als Reich-tum und Luxus, denn selbst diejenigen, die nicht auf den großen Reichtum hoffen können oder kein Interesse daran haben, hei-raten, bekommen Kinder, haben Affären und verbringen viel Zeit damit, an all das zu denken. Während eine große Hürde zu überwinden ist, um Eingang in die Welt der Luxushotels, der stattlichen Anwesen, der Yachten und exotischen Autos zu be-kommen, stehen Sex und Romantik allen offen, wo auch immer sie im Leben gerade stehen.

Ein großer Teil der westlichen Popkultur beschäftigt sich mit ihren Vorteilen, und fast jeder Popsong, der jemals geschrieben wurde, handelt davon. Selbst in hauptsächlich für Männer ge-machten Actionfilmen gibt es mindestens eine weibliche Haupt-figur und eine romantische Nebenhandlung. An dem Vorurteil, Männer seien vor allem an Sex interessiert, während sich Frau-en nach Romantik sehnen, ist zwar etwas Wahres dran, aber in Wirklichkeit streben beide Geschlechter nach beidem.

Es erstaunt vermutlich nicht, dass infrage gestellt wird, ob Sex etwas ist, das uns Glück und einen tieferen Sinn im Leben bescheren kann. Aber vielleicht wundern Sie sich darüber, dass ich romantische »Liebe« und Beziehungen hier in einem Atemzug mit Sex nenne. Es wird bald klar werden, warum.

DIE GESCHICHTE

Max ist ein berühmter Rockstar. Ein sehr berühmter. Millionen Menschen im Westen und praktisch überall, wo sich westliche Rockmusik durchgesetzt hat, kennen seine Band von Hörensagen, selbst wenn sie keine Fans seiner Musik sind. Ich habe ihn vor Jahren kennengelernt, als ich noch in Stanford war. Ich hatte zufällig Backstage-Pässe für sein Konzert in der Bay Area. Einer meiner Freunde war eng mit Max befreundet und stellte uns einander vor. Durch diesen gemeinsamen Freund sind Max und ich uns im Laufe der Jahre immer wieder über den Weg gelaufen – oft wenn er auf Tour war.

Obwohl diejenigen von uns, die landesweit mit ihm zu tun hatten, nicht offen darüber sprachen, war klar, dass Max verschiedene »Freundinnen« (eher Groupies) in fast jeder Stadt hatte. Vor und während der Shows schickte er Roadies oder Mitglieder seiner Entourage in die Menge und ließ Backstage-Pässe an jede Frau aushändigen, die sein Typ zu sein schien. Nach der Show kamen die Frauen hinter die Bühne, wo es immer eine Aftershowparty gab. Max hatte Gelegenheit, sie besser kennenzulernen. Diejenigen, die ihm gefielen, wurden zur »After-After-Party« eingeladen. Die fand in einer Suite des Hotels statt, in dem die Band untergebracht war.

Ich sah ihn dann spätnachts in jenen Hotelsuiten, immer mit einer jungen, schönen Frau – auch mal zwei oder drei – im Arm. Manchmal beobachtete ich, wie er und die anderen Berge von Kokain untereinander aufteilten und abwechselnd eine Line nach der anderen schnupften. Wenn sich die Party ihrem Ende zuneigte, verschwand er schließlich mit den Frauen im Schlafzimmer. Die gleiche Szene wiederholte sich in einer Stadt nach der anderen – Jahr für Jahr. Eine endlose Parade von Frauen, und alle behandelten den reichen, berühmten und talentierten Max wie einen Gott.

Jahre später lief ich Max wieder über den Weg, als ich meinen Freund besuchte. Beim Abendessen in einem vornehmen italienischen Restaurant schwelgten wir in Erinnerungen an die »guten alten Tage«. Max gab zu, dass diese Jahre in Wirklichkeit die einsamsten seines Lebens gewesen waren. Er war normalerweise betrunken oder bekifft gewesen, wenn er mit seinen Freundinnen-Groupies geschlafen hatte. Es hatte nicht nur keinerlei Bedeutung für ihn, er verachtete sich irgendwann sogar dafür. Jahrzehnte des Herumschlafens mit den schönsten Frauen der Welt hatten ihn verwirrt und einsam gemacht, und schließlich war er wegen Drogenmissbrauchs und Sexsucht in der Entzugsklinik gelandet. Sex hatte ihm *nie* auch nur einen flüchtigen Moment echten Glücks beschert. Irgendwann, sagte er, machte er noch nicht einmal mehr Spaß. Er war völlig gefühllos dafür geworden. Der Sex war nur noch ein leeres Ritual, das er teilweise aus Imagegründen fortführte, aber hauptsächlich, weil er nicht wusste, was er sonst tun und wie er sich anders verhalten sollte. Es war ein Suchtverhalten, keine Quelle der Freude.

Letztendlich befreite sich Max von diesem Suchtverhalten. Er wurde solide, heiratete und bekam sogar Kinder. An die anderen Frauen dachte er selten, und er erinnerte sich auch nicht gern an jene wilden Jahre. Leider sah er sich nun mit neuen Herausforderungen konfrontiert. Er hatte nie gelernt, einer Frau auf Augenhöhe zu begegnen, sie als gleichwertigen Partner zu sehen. Seine Ehe war zwar besser als die endlose Parade gesichtsloser weiblicher Fans, aber dennoch unbeständig und dauernd spannungsgeladen. Er und seine Frau trennten sich mehrmals und versöhnten sich wieder. In letzter Zeit hatte Max' Alkoholkonsum einen radikalen Aufschwung erlebt. Er war enttäuscht und verwirrt, weil seine Ehe und sein etablierter Lebensstil nicht so transformierend waren, wie er es sich erhofft hatte. Und dabei war er überzeugt, sich die »richtige«

Frau ausgesucht zu haben. Nachdem er jahrelang so viele ausprobiert hatte, war er sicher zu wissen, wann die Chemie wirklich stimmte. Er hatte unter Tausenden wählen können, und
dies war die Frau, die am besten geeignet schien. Bei ihr hatte
er keine Kompromisse gemacht und nicht das Gefühl gehabt,
sich mit weniger zufriedenzugeben. Sie war ihm in jeder Hinsicht perfekt vorgekommen. Warum also stritten sie sich die
ganze Zeit? Max hatte keine Antworten auf diese Frage, und
ich fühlte mich nicht in der Position, ihm entsprechende Vorschläge zu machen.

Als wir uns das letzte Mal gesprochen haben, war er noch
mit seiner Frau zusammen, aber ich hatte das deutliche Gefühl,
dass am Horizont dunkle Wolken aufzogen.

DIE WISSENSCHAFT

Weil Sex, Romantik und Beziehungen so wichtig für uns sind,
gibt es keinen Mangel an Forschungen zu diesem Thema. Seit
den 1950er-Jahren ist Amerika auf sexuellem Gebiet sehr viel
offener und abenteuerlustiger geworden. Wir sprechen nicht
nur mehr über Sex und stellen ihn auch sehr viel ehrlicher
(manchmal auch grafisch) dar, sondern der Durchschnittsbürger
erlebt ihn auch sehr viel öfter. Es ist nicht unüblich, dass Menschen fünf- oder zehnmal mehr Sexpartner haben, als die Generation unserer Großeltern hatte. Zwangloser Sex wird mittlerweile von der Mehrheitsgesellschaft akzeptiert. Auch die Anzahl
der außerehelichen Affären steigt explosionsartig an.

An dieser sexuellen Revolution beteiligen sich keineswegs
nur junge Menschen. Die Kombination aus Frauen, die mittlerweile die Hälfte der Erwerbsbevölkerung stellen (und damit die
Chancen für beide Geschlechter, potenzielle Sexualpartner zu
finden, erhöhen), und hohen Scheidungsraten hat dazu geführt,
dass eine ganze Menge älterer Erwachsener »zurück auf den
Markt« drängt. Dadurch ergeben sich mehr Gelegenheiten für

zwanglose sexuelle Begegnungen in allen Altersgruppen. Dennoch machen Forschungen Folgendes deutlich:

➤ Genau wie wir es bereits in Zusammenhang mit einer Steigerung des Wohlstands und des Lebensstandards gesehen haben, geht auch der radikale Anstieg der sexuellen Aktivität mit einer *Verminderung* der allgemeinen Lebenszufriedenheit und des Glücks einher.

➤ Besonders Frauen berichten seit den 1970er-Jahren, trotz einer enormen Steigerung ihrer sexuellen Aktivität mit entsprechend vielen Partnern, von einem sich permanent vermindernden Wohlbefinden.

Eines ist klar, wenn sexuelle Freizügigkeit und Zugang zu mehreren Partnern entscheidende Faktoren für das Glück wären, würde unser Wohlbefinden zunehmen. Sexuelle Aktivität kann also nicht so wichtig oder einflussreich sein, wie wir glauben. Dies wird von stringenten Daten gestützt:

➤ Einer neueren Studie, die im *Journal of Sex Research* veröffentlicht wurde, zufolge berichteten Frauen, die sehr beiläufigen Sex hatten, am meisten über Symptome einer Depression.

➤ Laut einer Studie von 2004, veröffentlicht im *Scandinavian Journal of Economics*, sind Menschen mit nur einem Sexualpartner, die regelmäßig, aber nicht allzu häufig Sex haben, glücklicher als Menschen, die häufig Sex mit vielen Partnern haben.

➤ Männer, die ihre Frauen betrügen oder die Dienste von Prostituierten in Anspruch nehmen, sind weniger glücklich als diejenigen, die das nicht tun.

Während viele Menschen bereit sind zuzugeben, dass Sex allein kein Weg zu dauerhaftem Glück ist, würden sie der Behauptung, dass romantische Liebe, was das angeht, nicht viel besser ist, nicht ohne Weiteres zustimmen. Leider macht eine überwäl-

tigende Mehrheit von Studien deutlich, dass an genau dieser Beobachtung etwas Wahres dran ist.

Seit 1999 veröffentlicht das National Marriage Project (NMP),
eine Forschungsinitiative, jetzt an der Universität von Virginia,
einen jährlichen Bericht über den Zustand von Ehen in den USA
mit dem Titel *The State of Our Unions.* Der Ausgabe von 2010
zufolge hatten Menschen, die geheiratet hatten, weil sie glaubten,
ihren romantischen Seelenpartner gefunden zu haben, generell
weit instabilere, sprunghaftere und kürzere Beziehungen hatten
als diejenigen, die eine Ehe aus sehr viel profaneren Gründen ein-
gegangen waren.

Außerdem haben viele Forscher und Psychologen auf der
ganzen Welt herausgefunden, dass die »leidenschaftliche/ro-
mantische« Phase einer Beziehung im Allgemeinen nicht länger
als 18 bis 36 Monate anhält. Eine neuere britische Erhebung
unter 10 000 Befragten, gefördert von der Tageszeitung *Daily
Mail,* ergab, dass die romantische Phase im Durchschnitt nach
etwa zweieinhalb Jahren abklingt.

Und im Rahmen einer in Deutschland durchgeführten Studie
wurden fast 25 000 Männer und Frauen 15 Jahre lang beobachtet. 1 700 von ihnen heirateten in dieser Zeit. Alle 25 000 Probanden nahmen an einer jährlichen Befragung teil. Die Forscher
kamen zu dem Ergebnis, dass diejenigen, die sich verliebt, eine
Phase des Umwerbens durchgemacht und dann geheiratet hatten, *langfristiger nicht glücklicher waren als diejenigen, die
nicht geheiratet hatten.*

DER GEIST

Der entscheidende Grund dafür, dass Sex und Romantik kein
Glück hervorbringen können, ist, ähnlich wie beim Reichtum,
dass sie von außen kommen. Wenn wir glauben, dass wir Sex und
Romantik *brauchen,* um glücklich zu sein, machen wir uns von
anderen abhängig. Wir sagen uns selbst, dass wir an sich unvoll-

ständig sind. Also verlagern wir unseren Schwerpunkt nach außen in die Welt der sinnlichen Vergnügungen und konzentrieren uns auf die Vorstellung, dass das Glück »da draußen« ist, nämlich in einer anderen Person. Damit machen wir unser Glück einerseits abhängig von Umständen, die wir nicht unter Kontrolle haben. Andererseits ist dies – wie jede Jagd nach Äußerlichkeiten – eine an sich unsichere und angstbesetzte Art zu leben.

Zu glauben, dass Sex oder Romantik notwendig ist, bedeutet wieder einmal, dass man sich dem dauerhaften Glück auf indirekte Weise annähert. Die Ekstase, die wir beim Sex erleben, ist in Wirklichkeit Ausdruck unserer Sehnsucht nach Bliss, und unsere Sehnsucht nach romantischer Liebe ist der Versuch, bedingungslose Liebe zu erfahren. Doch letztendlich sind Sex und Romantik gleichermaßen umständliche, ineffiziente und kurzfristige Strategien. Es gibt schnellere, direktere und überzeugendere Wege zu Bliss.

Sex

Sex ist ein Thema, das mit widersprüchlichen Gefühlen belastet ist. In meinen Kursen hat immer mindestens ein Teilnehmer die Befürchtung, ich sei vielleicht prüde, konservativ, traumatisiert oder ein dogmatischer Sexmuffel. Ich kann Ihnen versichern, dass nichts davon der Fall ist. Wie viele von uns habe auch ich vor Jahren versucht, mich zum Glück durchzuvögeln. Wenn es funktioniert hätte, würde ich es Ihnen gern sagen. Es funktioniert aber nicht.

Kürzlich fragte mich ein Student allen Ernstes: »Ist ein Orgasmus nicht auch eine Art von Bliss? Wenn wir eine Möglichkeit fänden, häufig einen Orgasmus zu haben, wäre das nicht gut?«

Das ist keine lächerliche Frage. Jene Momente, in denen man einen Orgasmus hat, werden häufig mit Worten beschrieben, die nach Bliss klingen, etwa *ekstatisch, begeisternd* und *überwältigend*. Leider liegen Welten zwischen einem Orgasmus und Bliss. Ein Orgasmus ist – wie alle Vergnügen – eine Bliss-Fälschung.

Sex ist ein sinnliches Vergnügen. Wie wir herausgefunden haben, laufen *alle* sinnlichen Vergnügungen Gefahr, Opfer hedonistischer Adaption zu werden. Je mehr wir uns mit Sex beschäftigen, desto schneller werden wir gefühllos oder gar immun dagegen. Das ist einer der Gründe dafür, dass Sexsüchtige – Menschen, die mehr Sex haben als die meisten anderen – berichten, dass sie den Sex gar nicht besonders genießen. Sex zu haben ist für sie eher ein Zwang als ein Vergnügen. Was als Spaß begonnen hat, ist dunkel und freudlos geworden.

So ergötzlich eine gute sexuelle Erfahrung auch sein mag, sie ist immer flüchtig und unvollständig. Wenn ein Orgasmus an sich vollständig wäre, gäbe es ja keine Notwendigkeit, ihn gemeinsam mit einem Partner zu erleben. Wir könnten uns doch alle *nur* selbst befriedigen und damit ganz zufrieden sein. Sicher, viele Menschen *ergänzen* ihre sexuelle Aktivität mit einem Partner auf diese Weise, aber ich habe bis jetzt noch keinen kennengelernt, der sich Masturbation als sexuelle Hauptaktivität gewünscht hat. Daraus lernen wir, dass der sexuelle Akt allein in Wirklichkeit nicht ganz so erfreulich sein kann, wie wir behaupten.

Wie alle Sehnsüchte steht auch Sex unter dem Einfluss des spirituellen Äquivalents von Newtons drittem Gesetz: »Jede Aktion (Kraft) erzeugt eine gleich große, ihr aber entgegengerichtete Reaktion.« So erfreulich ein Orgasmus auch sein mag, letztlich fehlt ihm am Ende nicht nur etwas, und etwas Schales bleibt zurück, sondern er bringt im Allgemeinen auch etwas Negatives hervor, das jedes gewonnene Vergnügen aufwiegt. Auf der körperlichen Ebene ist Sex immer bis zu einem gewissen Grad erschöpfend (für den Mann zumindest) oder mündet in unangenehme Krankheiten beziehungsweise eine ungewollte Schwangerschaft. Auf der seelischen Ebene kann er Gefühle der Scham und Unzulänglichkeit auslösen oder zu emotional verstörenden Situationen der einen oder anderen Art führen. Selbst wenn sich eine bestimmte Interaktion (oder auch zwei) als »perfekt« herausstellt und keine negativen Konsequenzen hat, je mehr wir uns damit beschäftigen, desto mehr ist gewiss, dass das Unangenehme irgendwann zum Vorschein kommen wird. Wir können eine einzelne Erfahrung (oder zwei) nicht isoliert sehen. Wenn wir Sex als vorrangige Glücksstrategie wählen, wird im Laufe der Zeit jede ursprünglich positive Erfahrung verblassen, während negative Situationen und Emotionen zum Vorschein kommen.

Die Erfüllung unserer Wünsche führt *nie* dazu, dass wir keine mehr haben. Vielmehr werden sie dadurch immer stärker. Indem wir also nach Sex schreien – und ihn bekommen –, erzeugen wir den immer stärkeren Wunsch nach noch mehr davon. Erfüllung oder Befriedigung erreichen wir nie. Wie bei jeder Sucht wird das Vergnügen an diesem Punkt weniger oder geht ganz verloren. Wir werden von dem ständigen Schmerz, den wir uns selbst zufügen, regelrecht aufgefressen.

Im Gegensatz dazu hat Bliss keine dunkle Seite und keine negativen Eigenschaften. Sie ist reines, ungetrübtes Licht. Sie wird nie langweilig und wendet sich auch nicht gegen uns. Sie ist energetisierend und erfrischend. Sie ist die Quelle aller Energie und ihr Schöpfer, nicht etwas, das Energie frisst oder erschöpft. Bliss kommt nicht nur aus unserem eigenen Innern, sie ist auch vollständig und befriedigend in sich und aus sich selbst heraus. Sie macht nicht süchtig, sondern befreit.

Natürlich hat auch Sex viele positive Eigenschaften. Er kann beispielsweise eine Möglichkeit sein, eine tiefere Verbindung zu einem geliebten Menschen herzustellen. Nicht zu vergessen, dass er notwendig ist, um Kinder zu bekommen und für den Fortbestand der Menschheit zu sorgen. Ich behaupte keinesfalls, das Zölibat sei eine Voraussetzung für das Erreichen von Bliss – solange wir verstehen, dass Sex auch nicht ihre Quelle ist.

Romantik

Menschen sind oft erstaunt – sogar bestürzt –, wenn ich romantische Beziehungen auf die Liste der Fehlschläge bei der Suche nach Bliss setze. Ich werde oft gefragt: »Glauben Sie nicht an die Liebe?«

Natürlich glaube ich an die Liebe. Die wahre Liebe. Die bedingungslose Liebe. Die göttliche Liebe. Wie wir noch sehen werden, ist es für das dauerhafte Glück *unerlässlich*, dass wir die Fähigkeit entwickeln, bedingungslos zu lieben. Romantische Beziehungen haben oft nur wenig mit echter Liebe zu tun. Ja, es ist möglich, dass sie etwas damit zu tun haben *könnten*. Das Problem ist nur, dass sie auch *absolut nichts* damit zu tun haben könnten. Romantische und bedingungslose Liebe sind *nicht* synonym. Es ist möglich, sich leidenschaftlich in jemanden zu verlieben, ohne bedingungslose Liebe zu empfinden, zum Ausdruck zu bringen oder auch nur zu verstehen. Auf der anderen Seite ist es möglich, bedingungslose Liebe zu empfinden und zum Ausdruck zu bringen, ohne in einer romantischen Beziehung zu sein.

Was die meisten von uns unter einer »Romanze« verstehen, ist eine Mischung aus leidenschaftlichem Begehren und unklaren Emotionen, die uns zu perfekter Glückseligkeit transportiert. Da ist es einem egal, dass die meisten objektiven Beweise für die ausgesprochene Mangelhaftigkeit dieses Ansatzes sprechen. Trotz des ganzen Wahnsinns um Romantik und Seelenpartner grassieren Scheidungen und Untreue – die meisten Paare, die sich scheiden lassen und gegenseitig betrügen, waren irgendwann unsterblich und leidenschaftlich ineinander verliebt – und es gibt jede Menge Beweise für die Fruchtlosigkeit dieses Ansatzes.

Zunächst einmal gibt es die romantische Liebe keineswegs in allen Kulturen und Zeitaltern, wie von zahlreichen Anthropologen und Historikern betont wird. Sie ist offenbar ein relativ neues Konzept und beschränkt sich hauptsächlich auf einige westliche Kulturen und Orte, an denen sich die westliche Kultur durchgesetzt hat. Allein dieser Mangel an Allgemeingültigkeit sollte uns stutzig machen.

Das größere Problem mit dem »romantischen Modell« ist, dass es nicht nur einräumt, dass wir unvollständige Wesen sind, sondern geradezu darin schwelgt. Es spielt keine Rolle, ob wir uns dem Ideal eines Seelenpartners verschreiben – also glauben, dass es den einen perfekten Menschen gibt, der unser Leben (und uns) ganz macht – oder einer anpassungsfähigeren Version davon, nach der es eine begrenzte Anzahl von Menschen gibt, die »richtig«, »kompatibel« oder »perfekt« für uns sind. Die Botschaft ist in jedem Fall, dass es uns an etwas fehlt, das *nur* von jemand anderem ausgefüllt werden kann. Das ist nicht nur trügerisch, sondern *untergräbt* unser Streben nach Bliss ganz aktiv, weil es uns blind macht für den echten, nach innen führenden Pfad der Entdeckung.

Wenn wir außerhalb von uns selbst nach Liebe suchen, reduzieren wir unsere(n) »Geliebte(n)« auf ein Objekt, das es zu erwerben gilt – nicht viel anders als ein schönes Haus oder ein schickes Auto – und das uns wiederum etwas gibt, das wir allein nicht erleben können. Diese Täuschung beruht auf der Auffassung, dass wir uns Liebe eher *beschaffen* als unsere Fähigkeit dafür *entdecken* oder *entwickeln* müssen. Wenn wir darüber nachdenken, ist dies ein materialistisches und gewinnsüchtiges Verständnis von Liebe und nicht annähernd so »romantisch«, wie es scheint.

Romantische Liebe konzentriert sich genauso viel oder mehr auf das, was wir *erhalten*, statt auf das, was wir *geben*. Natürlich haben alle Romantiker das Gefühl, etwas zu geben, vielleicht sogar zu opfern, aber immer liegt eine gleiche oder größere Betonung darauf, etwas dafür zu bekommen. Romantiker müssen überwachsam bleiben, ob sie bekommen, was ihnen zusteht, weil das romantische Modell davon ausgeht, dass wir in und für uns selbst unvollständig sind. Liebe auf diese Art von Gegenleistungsgleichung zu reduzieren ist eine Garantie dafür, dass die ganze Litanei der Negativität irgendwann zum Vorschein kommt. Wenn Liebe eine Transaktion ist, muss sie ausgeglichen und gleichwertig bleiben. Wenn ein Partner (oder beide) das Gefühl bekommt, dass er für die Liebe, die er gibt, nicht genug zurückbekommt, springt auch schon die ganze Abfolge schädlicher Emotionen aus dem Kasten: Eifersucht, Groll,

Wut, Enttäuschung, Niedergeschlagenheit oder Angst (oder alle genannten).

Wahre Liebe ist nichts, was wir außerhalb von uns selbst erwerben, sondern eine Eigenschaft und Fähigkeit, die wir in unserem eigenen Innern beherbergen. Es ist ein innerer Prozess des Ausdehnens unserer Fähigkeit, Liebe unabhängig von äußeren Umständen zu fühlen und zum Ausdruck zu bringen.

Wahre Liebe – bedingungslose Liebe – braucht keine Wechselseitigkeit. Sie ist vollkommen selbstlos. Ich öffne mein Herz für jemand anderen ganz unabhängig davon, ob sie oder er dasselbe für mich empfindet. Das ist eine grenzenlose Form der Liebe, die weder der Umgebung noch der Wahrnehmung eines anderen Menschen anheimfällt. Es ist ein innerliches Gefühl, das keinen Empfänger und keine Zustimmung braucht und auch nicht erwidert werden muss. Man kann bedingungslose Liebe für jemanden empfinden, dem man gleichgültig ist oder der einem sogar geradezu feindlich gegenübersteht. Wir können diese Liebe auch angesichts des reinen Bösen kultivieren und empfinden. In gewisser Weise ist dies der große Test für die bedingungslose Liebe: Können wir sie auch noch fühlen, wenn ihr Objekt uns nichts zurückgibt und vielleicht sogar übelwill?

Bliss ist ein Zustand der mystischen Einheit mit Gott, dem Universum, dem Göttlichen, reines Bewusstsein – wie immer wir es nennen wollen. Romantische Liebe untergräbt diese Art der mystischen Einheit. Ironischerweise sorgt sie sogar für Trennung. Ich habe vielleicht das Gefühl, dass »mein Partner und ich« zusammengefügt sind, vereint in unserer »Wir-heit«, doch genau das schneidet uns vom Rest der Welt ab. Wenn mein Seelenpartner und ich eins sind, dann wird jeder und alles andere sofort »das andere«. Zwischen der Welt und uns tut sich ein Abgrund auf. Die Getrenntheit, die dieser Denkweise eigen ist, schließt die Fähigkeit aus, wahre mystische Einheit zu erlangen.

Wie ich nichts gegen Reichtum und Sex habe, habe ich auch nichts gegen Beziehungen (ich bin selbst in einer), die Ehe oder

Liebe. Aber ich favorisiere die *bestmöglichen* Versionen davon. Aus Beziehungen aller Art, einschließlich der mit einem Intimpartner, können wir eine Menge lernen. Im besten Fall sind engagierte Beziehungen hervorragende Spielfelder, auf denen man Bekanntschaft mit Selbstlosigkeit, Mitgefühl und wahrer, bedingungsloser Liebe machen kann.

Dieses verbesserte Verständnis von wahrer Liebe *verbessert* unsere intimen Beziehungen und nimmt ihnen sowohl ihre merkantilen Eigenschaften als auch viel von dem unnötigen Druck und der Last der Erwartungen. Wir erwarten nicht mehr oder sind nicht mehr darauf angewiesen, dass die andere Person uns vervollständigt oder in Ordnung bringt, denn wir übernehmen Verantwortung für uns selbst. Das macht unsere Beziehungen zu Fahrzeugen für die persönliche Transformation.

DAS EXPERIMENT: DIE AUSDEHNUNG DER LIEBE VISUALISIEREN

Anmerkung: Sie können diese Übung immer dann machen, wenn Sie sich daran erinnern wollen, dass Liebe etwas ist, wofür Sie sich in Ihrem eigenen Innern entscheiden, nichts, das im Außen zu finden ist. Oder als Mahnung, wenn Sie jemandem begegnen, mit dem Sie Probleme haben. Schauen Sie, ob sie Ihnen hilft, die Art und Weise zu verändern, wie Sie sich selbst und Ihr jeweiliges Gegenüber sehen.

1. Schließen Sie die Augen und visualisieren Sie Liebe als ein Licht, das in Ihrem Innern scheint, zentriert in Ihrem Herzen. Nehmen Sie sich einen Moment Zeit, um es dort ganz klar, lebendig, pulsierend und vibrierend zu sehen. Visualisieren Sie seine Form, seine Größe und seine Farbe.

2. Sobald Sie ein klares Bild vor Ihrem inneren Auge haben, visualisieren Sie, wie sich das Licht von Ihrem Herzen ausbreitet und schließlich Ihren ganzen Körper umgibt. Stellen

Sie sich vor, dass es den ganzen Raum ausfüllt, in dem Sie
sich befinden: Ihr Heim, Ihre Arbeitsumgebung und die jeweiligen Außenbereiche. Stellen Sie sich vor, dass dieses Licht
sich allmählich immer weiter ausbreitet und alle Ihre Freunde, Familienmitglieder und Lieben einschließt, als stünden
sie direkt vor Ihnen. Fahren Sie fort, sich vorzustellen, wie
sich dieses Licht ausbreitet, bis es Ihre ganze Stadt, das Bun-
desland, das Land und die ganze Welt umfasst, einschließlich
sämtlicher fremden Menschen aller Rassen und Nationen
und alle Kreaturen dieser Erde, groß und klein. Spüren Sie,
wie dieses Licht der Liebe allen, die von seinen schützenden
Strahlen berührt werden, Heilung und Freude bringt.

3. Visualisieren Sie nun jemanden, den Sie vielleicht nicht mögen oder der Sie vielleicht nicht mag, in dieser Blase aus liebendem Licht. Sehen Sie auch diese Person gleichermaßen
umgeben, geheilt und erfüllt von Glück und Freude – und all
das geht von dem Licht aus, das aus Ihrem Herzzentrum
strahlt. Spüren Sie, dass die Entscheidung, bedingungslos zu
lieben, tief aus Ihrem eigenen Innern kommt. Spüren Sie, wie
Sie das mit der ganzen Schöpfung verbindet. Spüren Sie, dass
Liebe die Welt verändert und allen, die unter ihrem Schutz
stehen, Heilung, Frieden und Freude bringt. Spüren Sie, wie
die ganze Schöpfung in den strahlenden Wellen der Liebe, die
von Ihrem Innern ausgehen, tanzt und lacht.

Online
Weitere Videos und Quellen für dieses Kapitel stehen auf der
Internetseite www.theblissexperiment.com zur Verfügung.

KAPITEL 5

RUHM, SCHÖNHEIT UND MACHT

Ruhm hat auch den großen Nachteil, dass wir, wenn wir ihn anstreben, unser Leben so einrichten müssen, dass es der Fantasie der Menschen schmeichelt.

Baruch Spinoza, niederländischer Philosoph (1632–1677)

Es ist erstaunlich, dass der Mensch so ganz der Täuschung verfallen kann, dass das Schöne auch das Gute ist.

Leo Tolstoi, russischer Dichter (1828–1910)

Letztlich ist die einzige Macht, nach welcher der Mensch streben sollte, die Macht, die er über sich selbst ausübt.

Elie Wiesel, rumänischstämmiger Schriftsteller und Überlebender des Holocaust (geb. 1928)

Ruhm, Schönheit und Macht sind die letzten drei spezifischen Triebfedern, die wir untersuchen wollen. Wir fassen sie zusammen, weil sie einander so ähnlich sind, sich aber deutlich von Luxus, Sex oder Romantik unterscheiden. Sie sind nicht in der gleichen Weise anfällig für hedonistische Adaptation, weil sie nicht unmittelbar über die Sinne erfahren werden. Sie sind abstrakter, haben etwas mit dem Beobachten der Außenwelt und mit dem *Reagieren* darauf zu tun und wohnen weniger uns selbst inne als anderen. Wir beobachten, wie andere auf uns reagieren, und reagieren wiederum begeistert und stimuliert auf diese Reaktion.

Mit *Ruhm* meine ich nicht nur den Drang nach Berühmtheit oder internationalem Ansehen. Selbst wenn ausgesprochener Ruhm unmöglich ist oder noch nicht einmal angestrebt wird, kämpfen wir oft um einen bestimmten Platz in der sozialen Hierarchie, wie klein der Kreis, in dem wir uns befinden, auch sein mag. Dies gilt auch für *Macht*. Sie muss nicht unbedingt »Weltherrschaft« bedeuten. Macht kann auch in der Familie ausgeübt werden, am Arbeitsplatz, in einer Glaubensgemeinschaft oder allgemein über vergleichsweise wenige Menschen. Mit *Schönheit* meine ich den Wunsch nach körperlicher Schönheit bei Menschen, nicht die Schönheit von Bildern, Sonnenuntergängen und Dingen.

Hier geht es vor allem um das bewusste Streben nach Ruhm, Schönheit und Macht um ihrer selbst willen. Wenn sie nur *unbeabsichtigte* oder indirekte Nebenprodukte unseres Hauptinteresses sind, haben sie höchstwahrscheinlich keine negativen Konsequenzen. In allen drei Bereichen werden wir jedoch feststellen, dass das bewusste und unmittelbare Streben nach Ruhm, Schönheit und Macht zu den vielleicht katastrophalsten Fehlern gehört, die wir auf dem Weg zum Glück überhaupt machen können.

DIE GESCHICHTE

Chiara war Schönheitskönigin. Zwischen 17 und Anfang 20 gewann sie einige lokale und regionale Schönheitswettbewerbe in ihrem Heimatstaat Texas und zog dann nach Los Angeles. Sie hatte den klassischen amerikanischen Look: blonde Haare, blaue Augen und eine üppige Figur. Ihre Ausbildung am College hatte sie abgebrochen, weil sie Geld aus ihrer Schönheit schlagen und als Model oder Schauspielerin Karriere machen wollte. Chiara hatte zwar ein paar Auftritte als Model auf der untersten Ebene, aber ein richtig großer Job war nie dabei. Als sie 30 wurde, war klar, dass es mit ihrer Karriere nichts werden würde.

Sie beschloss, sich einen reichen Mann zu angeln, bevor sie zu alt und ihre Schönheit dahin sein würde. Es fiel Chiara nicht schwer, diesen Entschluss in die Tat umzusetzen, und bald heiratete sie einen Multimillionär. Sie bekamen drei Kinder. Leider entwickelte er eine Drogensucht, die ihn zunehmend launisch und unberechenbar machte. Nachdem er unter Drogen rasend und gewalttätig gegen sie geworden war, reichte sie die Scheidung ein.

Anfang 40 war Chiara eine alleinerziehende Mutter. Sie entdeckte, dass es schwierig war, Männer ihres Alters anzuziehen. Sie hatte keinen Beruf. Obwohl sie auch freiwillig für gemeinnützige Organisationen tätig gewesen war, hatte sie sich hauptsächlich darauf konzentriert, ihre Kinder zu erziehen, mit ihren Freundinnen einkaufen und essen zu gehen, Kurorte und Countryclubs zu besuchen und zu reisen.

Ihr erster Plan nach der Scheidung war, körperlich perfekt in Form zu bleiben und ihre sozialen Kontakte zu nutzen, um einen neuen Ehemann zu finden. Auf ihrer Suche nach körperlicher Perfektion verschärfte Chiara ihre Diät erneut extrem – sie war seit etwa 30 Jahren permanent auf Diät. Sie hatte das Gefühl, dass ihr Aussehen und ihr Körper ihre einzigen Aktivposten waren.

Es war ihr Job (sogar ihr Lebenswerk), sie so gut wie möglich instand zu halten. Nach einer Reihe von enttäuschenden Verabredungen und kurzen Beziehungen wurde sie einem *sehr* wohlhabenden Witwer vorgestellt, der unverhohlen an ihr interessiert war. Das Problem: Er war schon Anfang 70. Chiara hatte das Gefühl, dies sei ihre beste Gelegenheit. Angesichts ihrer wenigen vermarktbaren Fähigkeiten (und ihrer geringen Lust zu arbeiten) plus ihrer drei Kinder nahm sie seinen Antrag an.

Chiara und Harley führten eine Ehe, wie es zu erwarten gewesen war. Ihre finanziellen Bedürfnisse wurden zwar befriedigt, aber es war eine distanzierte, lieblose Beziehung. Sie war nicht nur jung genug, seine Tochter zu sein – er hatte auch tatsächlich vier eigene Kinder, von denen eines älter war als Chiara – sie hatten auch sonst nicht viel gemeinsam. Sie war de facto eher seine Krankenschwester und Gesellschafterin als eine gleichwertige Partnerin. Sex hatten sie nur, wenn ihm danach war. Es wäre ihr nie in den Sinn gekommen, die Initiative zu ergreifen, teils weil sie kein Interesse hatte, und teils weil die Dynamik zwischen ihnen so war, dass sie ihn bediente, selten umgekehrt. Sie machten wenig gemeinsam, außer bei gesellschaftlichen Ereignissen oder wenn sie auf Reisen waren. Chiara verbrachte ihre Tage mit Trainieren und Einkaufen. Ihr Mann kritisierte sie ständig und war manchmal sogar richtig gemein. Obwohl er ihr materiell nie etwas abschlug, erinnerte er sie ständig daran, dass sie und ihre Kinder in jeder Beziehung von ihm abhängig waren. Sie fühlte sich gedemütigt, obwohl sie wusste, dass er recht hatte.

Sie fing ein Verhältnis mit ihrem verheirateten Fitnesstrainer an – einem etwas jüngeren Mann, mit dem sie mehr Zeit verbrachte als mit ihrem Mann. Als sich das Verhältnis auflöste, verfiel Chiara in eine tiefe Depression. Sie hörte auf zu trainieren, kümmerte sich nicht mehr um ihr Äußeres und verließ das Bett nur noch selten. Ihre Kämpfe mit Harley eskalierten.

Als ihr ältester Sohn intervenierte, suchte sie schließlich einen Psychiater auf und fing an, Antidepressiva und andere Medikamente zu nehmen. Das gab ihr einen Energieschub, der gerade groß genug war, dass sie anfing, ihr spirituelles Selbst zu erforschen, und so lernten wir uns kennen. Sie besuchte einen meiner Kurse.

Heute geht es Chiara wieder besser. Ihr Mann verhält sich immer noch sehr distanziert, oft sogar ablehnend, aber sie hat angefangen, Yoga zu machen, meditiert täglich, liest inspirierende Bücher und kümmert sich so viel wie möglich um ihr spirituelles Wachstum. Das letzte Mal, als ich sie sah, sagte sie: »Ich fühle mich wertlos. Alles, was ich zu bieten hatte, war mein schönes Gesicht. Aber jetzt bin ich älter, und die Männer bemerken mich nicht einmal mehr. Ich war 30 Jahre meines Lebens regelrecht besessen von etwas, das mich jeden Tag unglücklich gemacht hat.«

DIE WISSENSCHAFT

Der Einfluss von Ruhm und Macht auf diejenigen, die beides bereits besitzen, ist schwer zu untersuchen, weil es nur einen kleinen Pool von Zielpersonen gibt, die überhaupt dafür infrage kommen. Und die meisten dieser Zielpersonen sind vermutlich nicht bereit, an einer psychologischen Studie teilzunehmen, besonders nicht an einer, die ihnen vielleicht peinlich ist. Speziell Ruhm kann nur weniger direkt untersucht werden – hauptsächlich indem man den Einfluss des Strebens danach auf Menschen misst, die ihn noch nicht haben, für die er aber ein wichtiges Ziel darstellt.

Für eine neuere Studie befragten Forscher Studenten nach ihren Lebenszielen und blieben dann deren selbst eingeschätztem Glücksniveau auf der Spur, bis sie sich nach dem Examen an die Umsetzung dieser Ziele machten. Gegenübergestellt und gemessen wurden ausdrücklich extrinsische und intrinsische Ziele, wobei extrinsisch »äußerlich oder außerhalb von uns selbst« bedeutet und intrinsisch »inwendig oder nach innen gerichtet«. Sie fanden Folgendes heraus:

➤ Studenten, die in erster Linie nach gutem Aussehen, materiellem Wohlstand oder Ruhm strebten – extrinsische Ziele –, waren generell deutlich weniger glücklich als diejenigen, die nach innen gerichtete und erhabenere Ambitionen hatten.

➤ Diejenigen, die auf Schönheit oder Berühmtheit aus waren, waren nicht nur vergleichsweise weniger glücklich, sondern diese extrinsischen Ziele konnten auch als Quelle ihres Unwohlseins identifiziert werden.

➤ Sie brauchten nur ein Jahr nach Schönheit und Ruhm zu streben, um einen wesentlichen Verfall ihres Glücks zu bewirken.

➤ Eine separate Befragung von 400 Schulkindern zwischen neun und zwölf Jahren ergab, dass diejenigen, die glaubten, Ruhm und Schönheit seien die Schlüssel zur Selbsterfüllung, sehr viel wahrscheinlicher Depressionen bekamen als diejenigen, die das nicht glaubten.

Der Soziologe Orville Brim, PhD, Direktor der MacArthur Foundation, führte eine Reihe von Untersuchungen durch und kam dabei zu dem Schluss, dass das lebenslange Streben nach Ruhm eines der verderblichsten Ziele ist, das wir haben können. Nicht nur, weil die meisten dieses Ziel niemals erreichen, sondern auch, weil selbst diejenigen, die irgendwann berühmt sind, sich selten honoriert oder befriedigt fühlen. So wird das Streben nach Ruhm zu einer gierigen, bodenlosen Fallgrube der Unzufriedenheit. Es zerstört unsere Beziehungen, erzeugt ein negatives Selbstbild und bringt oft andere schädliche und negative Emotionen wie Schuldzuweisungen, Wut und Groll hervor.

Schönheit ist leichter zu untersuchen. Die Psychologin Nancy Etcoff ist Fakultätsmitglied an der Harvard Medical School. In ihren Forschungen identifizierte Etcoff eine Reihe von Vergünstigungen, die schöne Menschen bekommen, vor allem bevorzugte Behandlung. Dennoch *berichteten schöne Menschen, dass all diese Vorteile absolut keinen Einfluss auf ihr Glück hatten* – es vielleicht sogar verminderten.

Dies wird gestützt von einer faszinierenden Studie über Laufsteg-Models, deren Tätigkeit als der Gipfel einer Model-Karriere gilt. Diese Jobs sind für die schönsten und attraktivsten Frauen der Welt reserviert. Die Forscher verglichen das Wohlbefinden dieser Eliteschönheiten mit einer Gruppe durchschnittlich aussehender Nicht-Models. Sie fanden heraus, dass die Models eigenen Aussagen zufolge weniger glücklich und mit ihrem Leben weniger zufrieden waren als die durchschnittlich aussehenden Frauen und dass sie darüber hinaus eine signifikant höhere Inzidenz höchst negativer Persönlichkeitsstörungen aufwiesen.

Wie bereits bemerkt, ist die Auswirkung von Macht auf das Wohlbefinden schwierig zu erforschen, weil es unwahrscheinlich ist, dass mächtige Menschen an solchen Studien teilnehmen.

Das gilt besonders für die mächtigsten Politiker. Wir können uns jedoch Führungspersönlichkeiten in der Wirtschaft anschauen und jene, die ihre Macht auf weniger öffentliche und umfassende Weise ausüben.

Forscher haben übereinstimmend festgestellt, dass zu viel Macht in einem Unternehmen gravierende negative Folgen für diejenigen haben kann, die diese Macht ausüben. Eine Studie der Ohio State Universität von 2008 ergab, dass mächtige Menschen dazu neigen, die Ansichten anderer zu ignorieren, selbst wenn die anderen recht haben und es gut für sie selbst wäre, auf sie zu hören. Macht zu haben macht Menschen eitel, egoistisch und auf ungute Weise selbstbewusst. Sie fangen an zu glauben, dass sie allein kraft ihrer Position klüger und besser seien als alle anderen um sie herum. Das führt oft dazu, dass sie schwere Fehler machen und schlechte Leistungen erbringen. Auf der persönlichen Ebene beginnen sich mächtige Menschen zu isolieren. Sie haben weniger Freunde als andere und legen oft wenig Respekt – ja sogar Verachtung – ihren Mitmenschen gegenüber an den Tag. Dies hat im Laufe der Zeit eine verheerende Wirkung auf ihr Wohlbefinden.

Und es kommt noch schlimmer. Dache Keltner, Professor an der Universität von Kalifornien in Berkeley und Leiter des *Berkeley Social Interaction Laboratory,* hat herausgefunden, dass Macht, wenn man sie erst einmal hat, *selbst gute Menschen dazu bringt, sich wie Soziopathen zu benehmen.* Die Auswirkungen der Macht können so schwerwiegend sein, dass Keltner das Verhalten derer, die sie ausüben, mit dem von Menschen vergleicht, die schwere Gehirnverletzungen an den Stirnlappen erlitten haben! Zu den schrecklichen Folgen der Machtausübung gehören unter anderen:

➤ allzu impulsives und unsensibles Verhalten anderen gegenüber; die Tendenz, andere zu unterbrechen; zu sprechen, wenn man gar nicht an der Reihe ist, und diejenigen, die gerade sprechen, nicht anzuschauen;

➤ die Tendenz, Menschen auf geradezu feindliche und demütigende Weise zu ärgern;

➤ eine breite Palette unhöflicher, ja sogar unsozialer Verhaltensweisen: schreien, fluchen, harte Kritik üben, mit Gegenständen werfen und so weiter; sowie

➤ die Unfähigkeit, Empathie und Mitgefühl für andere zu empfinden.

Ähnliche Untersuchungen, die von Adam Galinsky an der *Northwestern University Kellogg School of Management* durchgeführt wurden, haben ergeben, dass das Ausüben von Macht Menschen egoistisch, kurzsichtig und unachtsam für die Gefühle und Erfahrungen anderer macht. Das führt auf der anderen Seite dazu, dass Untergebene die Machtausübenden nicht mögen, was wiederum das Glücksniveau der Mächtigen senkt.

DER GEIST

Quizfrage: Wer sind Edwin Booth, Edmund Kean und William Charles Macready? Antwort: Die berühmtesten Schauspieler des 19. Jahrhunderts. Noch nie von einem von ihnen gehört? Das waren die Brad Pitts, Tom Hanks' und Tom Cruises ihrer Zeit – vielleicht sogar noch mehr. Versuchen wir es mal mit diesen Namen: Paul Muni, Charles Laughton und Luise Rainer. Auch von denen noch nie was gehört? Das könnte für den nach Ruhm Suchenden besonders beunruhigend sein, weil jeder von ihnen *im 20. Jahrhundert* mindestens einen Oscar bekommen hat. Rainer hatte den Oscar für die beste weibliche Rolle nicht nur *zweimal* gewonnen, sondern war 2011 auch *noch am Leben*!

Kürzlich habe ich einen Artikel über Zsa Zsa Gabor gelesen, die gerade ins Krankenhaus eingeliefert worden war. Nach ihrer Krönung zur Miss Ungarn im Jahr 1936 war sie nach Amerika übergesiedelt, Schauspielerin und Salonlöwin geworden und fortan bekannt für ihren Glamour und ihre Schönheit. Was als Erstes ins Auge fiel, waren die beiden Fotos, mit denen der Artikel illustriert war. Das erste, aufgenommen im Jahr 1954, zeigte eine strahlend schöne Frau, die eine gewisse Ähnlichkeit mit der Schauspielerin Grace Kelly hatte, der späteren Fürstin von Monaco. Das zweite aus dem Jahr 2011 zeigte Zsa Zsa Gabor mit 94, eine reizlose, gebrechliche Frau, die aussah wie jede beliebige Urgroßmutter. Daran gibt es nichts auszusetzen; es ist, wie es sein sollte. Aber es erinnert uns daran, dass Schönheit vergeht und dass dies für alle gilt, selbst für die schönsten Frauen.

Und noch eine Quizfrage: Wer sind Gratian, Ioannes, Justinian, Galba, Otho, Geta und Balbinus? Antwort: Das waren alles römische Kaiser. Nun, wer römischer Kaiser war, hatte den Gipfel der Autorität erklommen. Er hatte nicht nur mehr Macht als praktisch jeder Mensch in der Geschichte, er galt auch als von Gott eingesetzt, ja sogar als göttlich – ein Gott auf Erden. Und doch sind diese mächtigen Männer in Vergessenheit geraten. Mindestens 50 der etwa 85 römischen Kaiser wurden ermordet, zum Selbstmord gezwungen oder auf dem Schlachtfeld getötet. Wenn sie das »Glück« hatten, Kaiser des Römischen Reiches zu werden, standen die Chancen, des Thrones wegen ermordet zu werden, bei fast 60 Prozent. Diese Zahl beinhaltet diejenigen noch nicht, die verrückt oder abgesetzt wurden, aber am Leben bleiben und den Rest ihrer Tage im Exil verbringen durften. Wenige blieben an der Macht, bis sie eines natürlichen Todes starben.

Es gibt viele Gründe, warum wir uns zu Ruhm, Schönheit und Macht hingezogen fühlen. Abgesehen davon, dass sie uns mehr Chancen auf Reichtum, Sex und Romantik eröffnen, glauben wir, dass sie uns eine Kombination aus Folgendem bieten können:

➤ gesellschaftliche Anerkennung, Freunde und Zugehörigkeit;
➤ Liebe;
➤ Selbstachtung;

➤ Respekt und Anerkennung;

➤ Einfluss auf andere oder sogar auf die Geschichte der Menschheit und

➤ existenzieller Trost (Glaube an die Fähigkeit, dem Tod ein Schnippchen schlagen zu können und in dem Sinne unsterblich zu werden, dass man uns auch nachdem wir gestorben sind, nicht vergisst).

Warum es nicht funktioniert
Das Problem ist, dass Ruhm, Schönheit und Macht uns nicht eines dieser Dinge wirklich bieten. Nicht ein einziges.

Zunächst einmal wissen wir alle, was die Beispiele von Zsa Zsa Gabor, Gratian, Ioannes und den anderen nahelegen, nämlich, dass Ruhm, Macht und Schönheit vergänglich sind. Sie sind nicht von Dauer. Schönheit schwindet garantiert, Macht und Ruhm verblassen höchstwahrscheinlich auch. Es kommt höchst selten vor – die Chancen stehen etwa eins zu 100 Millionen – dass jemand ein Leben lang gleichbleibend berühmt und mächtig ist (es sei denn, diese Person stirbt jung oder gelangt erst spät im Leben zu Macht und Ehren). Von ihrem Wesen her können diese Dinge gar keine dauerhafte Lösung bieten. Sie sind bestenfalls Bandagen, die unsere tiefer liegenden Probleme überdecken und uns davon ablenken. Schlimmer noch, je länger wir jeden ernsthaften Versuch, uns wirklich kennenzulernen, hinauszögern, desto tiefer wird das Loch, in das wir steigen müssen, und desto weniger Zeit haben wir, um die notwendigen Reparaturen vorzunehmen.

Selbst wenn wir es irgendwie schaffen würden, Ruhm, Macht und/oder Schönheit ein Leben lang zu halten, wären wir nicht glücklich. Indem wir darauf vertrauen, dass uns andere Menschen unser Glück gewähren (indem sie uns als schön, berühmt und mächtig erkennen), untergraben wir jede echte Autorität, die solche Menschen jemals für uns haben könnten. Das Problem ist nämlich: Wir wissen, dass wir innerlich leer sind. Wir würden nicht so nach Anerkennung durch andere lechzen, wenn es nicht so wäre. Wenn sich andere nach uns umdrehen und uns Bewunderung und Anerkennung zollen, haben wir sofort den Verdacht, dass es dafür oberflächliche Gründe geben muss. Sie wissen ja gar nicht, wer wir *wirklich* sind, und können es auch nicht wissen. Sie haben uns gar nicht richtig erkannt und nur auf die Leere in uns reagiert. Und trotzdem überhäufen sie uns mit ihrer Aufmerksamkeit. Was nur bedeuten kann, dass alles, was sie uns geben, ähnlich schal und unwirklich sein muss. Also klingt ihre Bestätigung in unseren Ohren hohl und unbefriedigend. Wir respektieren sie nicht wirklich. Wie kann die Bestätigung von jemandem, der mich – meine Gedanken, mein Herz und meinen Geist – nicht wirklich kennt, eine bleibende Bedeutung oder einen Sinn für mich haben? Der ganze Austausch von Aufmerksamkeit ist ein gigantisches Ponzi-Spiel, bei dem jeder sich selbst reflektierende Spieler weiß, dass alle – er selbst eingeschlossen – leere Energiesauger sind und davon abhängig, dass dieser Betrug funktioniert, damit eine nie endende Reihe neuer Narren am Spiel teilnehmen kann.

Fazit dessen ist, dass das meiste, was wir zu hoffen gewinnen – soziale Akzeptanz, Freunde, Liebe, Selbstachtung und Respekt – sofort disqualifiziert wird. Wir können diese hohlen Menschen nicht als Freunde akzeptieren oder ihre Liebe wertschätzen. Weil wir wissen, dass sie sich töricht verhalten, trägt ihr Verhalten nicht dazu bei, unser Selbstwertgefühl zu steigern. (Später werden wir untersuchen, ob ein positives Selbstwertgefühl überhaupt ein Ziel an sich ist.) Selbstrespekt kann nicht von Menschen erzeugt werden, die wir nicht respektieren. Die angebliche Fähigkeit von Ruhm, Schönheit und Macht, unser Selbstwertgefühl und unsere Selbstachtung zu steigern, ist besonders lächerlich. Per Definition sind Selbstwertgefühl und Selbstachtung »selbst« und nicht »andere«. Was wir bekommen, ist »Andere-Wertgefühl/Andere-Achtung« und eben nicht »Selbstwertgefühl/Selbstachtung«. Es gibt keine Verbindung zwischen den beiden.

Und was das Schlimmste ist, Ruhm, Schönheit und Macht

sind nicht nur ungeeignet, uns Glück zu bescheren, sie *zerstören* sie sogar ganz aktiv.

Sich auf andere zu verlassen, wenn es um Wertschätzung und Anerkennung geht, steigert die eigene Unsicherheit. Wir machen uns von etwas Äußerlichem abhängig, über das wir bestenfalls teilweise – oft überhaupt keine – Kontrolle haben. Das macht uns nicht nur unsicher, sondern ruft oft sogar Furcht, Hilflosigkeit und Angst hervor.

Das eigene Glück von Massen von Menschen abhängig zu machen macht uns auch selbstbezogen und egozentrisch. Im Zentrum der Aufmerksamkeit und der Diskussion zu stehen führt früher oder später zu einer extremen Wachsamkeit in Bezug auf die eigenen Aktionen und das eigene Image. Sich ständig mit sich selbst zu beschäftigen ist der sicherste Weg, um neurotisch und selbstbesessen zu werden. Anfälle von lähmendem Grübeln und Selbstverurteilung werden oft dadurch ausgelöst, dass wir uns ständig an den Idealen und Regeln derer messen, deren Aufmerksamkeit wir so verzweifelt gewinnen wollen. Wir beginnen, vollständig außerhalb von uns selbst zu leben und unser innerstes Selbst zu vernachlässigen, weil wir es als unsere wichtigste Aufgabe ansehen, diejenigen zu beeinflussen, die uns unseren Ruhm, unsere Schönheit oder unsere Macht geben. Ein Fehltritt – und alles kann weg sein.

Dies bedeutet eine furchtbare seelische Belastung, die oft zu Groll gegenüber der ganzen Welt führt und unser Gefühl der Isolation eher noch steigert, als es zu mindern. Wir schätzen diejenigen, die uns »lieben«, »respektieren« oder sogar fürchten, nicht nur gering, sondern entwickeln ihnen gegenüber eine aktive Feindschaft und Abneigung. Wir wissen, dass sie falsch, verlogen, schwach und oberflächlich sind. Negative Emotionen versetzen uns in Aufruhr und führen zu Bitterkeit oder Depressionen.

Ruhm, Schönheit und Macht sind von Natur aus Nullsummenspiele. Das heißt, damit wir sie haben können, kann jemand anderer sie nicht haben. Sie machen nur Sinn, wenn sie relativ selten und limitiert sind. Wenn alle berühmt, schön und mächtig sind, dann heißt das, dass keiner berühmt, schön oder mächtig ist. Weil es immer mehr Menschen gibt, die diese Eigenschaften haben wollen, als es »offene Nischen« gibt, sind sie an sich etwas, das auf Wettbewerb beruht. Die überwiegende Mehrheit der Menschen, die dieses Spiel mitspielen, wird es garantiert verlieren. Es ist eine Strategie, die mit geringer Wahrscheinlichkeit zum Erfolg führt.

Und wie bei jedem Wettbewerb führen selbst erfolgreiche Bemühungen zu Stress, Unsicherheit, extremer Wachsamkeit (ständig nach Bedrohungen Ausschau halten), Angst (zu unterliegen oder davor, dass uns jemand schaden will, um zu bekommen, was wir haben, oder zu verhindern, dass wir es überhaupt bekommen) und vor allem zu einer enormen Zahl von »Verlierern«. Wettbewerb beruht darauf, dass die meisten Menschen nicht gewinnen – zumindest nicht langfristig – und sich ihrer Niederlage intensiv bewusst werden, verbunden mit allen negativen Emotionen, die das Scheitern mit sich bringt. Wahrscheinlich ist auch, dass Konkurrenz ein Nährboden für betrügerisches und rücksichtsloses Verhalten ist. Immerhin verbringen wir letztlich viel Zeit im Einflussbereich sehr negativer und unangenehmer Menschen. Wir werden vielleicht sogar misstrauisch oder gar paranoid, manchmal durchaus zu Recht. Ein großer Teil der Welt tobt, weil er unsere Spitzenposition haben will.

Und als sei das nicht schon schlimm genug, bekommen die »Sieger« eines Wettbewerbs *garantiert* auch ein gewisses Maß an Kritik und Missgunst ab, nicht nur von Gegnern oder »Verlierern«, sondern auch vom allgemeinen Publikum, den Medien und/oder Kritikern – und nichts davon wird Gefühle der Selbstachtung, des Respekts, der Freundschaft, der Liebe oder der echten Bewunderung stärken

Im Fall von Ruhm und Macht kommt – besonders auf den höchsten Ebenen – auch noch der Verlust der Privatsphäre hinzu, was den Betroffenen das Gefühl geben kann, Gefangene zu sein. Bekannt zu sein und in der Öffentlichkeit zu stehen stärkt das Gefühl, immer »auf Sendung« zu sein, sich nie entspannen zu können und immer wachsam sein zu müssen. Es zwingt uns auch zu Interaktionen, die wir nicht wollen und die uns keinen Spaß machen, weil Menschen um unsere Aufmerksamkeit buhlen.

Und schließlich machen uns, wie anhand der Beispiele zu Beginn und im Verlauf dieses Kapitels bereits deutlich wurde, weder Ruhm noch Macht noch Schönheit unsterblich. Wir müssen nicht nur trotzdem sterben, sondern in fast allen Fällen geraten wir – sehr schnell – in Vergessenheit. In den seltenen Fällen, in denen ein Name oder ein Beitrag zur Geschichte Generationen überdauert, ist es eher wegen der Schande, die man mit dem entsprechenden Menschen in Verbindung bringt (Cäsar, Napoleon, Hitler), als wegen der guten Taten. Bestenfalls erinnert sich nur ein winzig kleiner Teil der Bevölkerung an eine bestimmte Berühmtheit, meistens nur die Spezialisten auf dem Gebiet, auf dem der- oder diejenige berühmt geworden ist. Doch selbst wenn sich Millionen (aus guten Gründen) an uns erinnern werden, was bedeutet das für uns? Es ändert nichts an dem, was wir auf einer tieferen Ebene sind. Noch bewahrt es uns vor dem Tod. Außerdem ist die wirkliche Wahrheit, dass es niemanden wirklich interessiert. Die Menschen sind zu sehr mit ihrem eigenen Leben beschäftigt, um sich darum zu kümmern, ob Ihr Name »in die Geschichte eingeht«.

Das Besondere an der Macht

So schädlich das Streben nach Ruhm und Schönheit auch sein mag, Macht ist noch schlimmer. Sie hat nämlich eine besonders negative Wirkung auf denjenigen, der sie ausübt. Ruhm und Schönheit erlauben uns, andere zu *beeinflussen*; Macht erlaubt uns, sie zu *beherrschen*. Je mehr Möglichkeiten wir haben, einem anderen Menschen zu befehlen, ihn zu zwingen oder zu nötigen, uns zu Willen zu sein, desto mehr gefährden wir unsere Seele. Wissenschaftliche Untersuchungen haben ergeben, was eigentlich nicht verwundert, nämlich dass Macht einer Gehirnschädigung gleichkommt und fast zwangsweise zu soziopathischem Verhalten führt.

Manchmal liegt es in unserer legitimierten Verantwortung, Macht auszuüben. Sicher braucht die Welt Führerschaft auf allen gesellschaftlichen Ebenen. Der Fehler ist anzunehmen, dass das Ausüben von Macht irgendetwas anderes ist als eine Bürde, eine Verantwortung und eine Herausforderung. Wie Lord Acton, der britische Historiker des 19. Jahrhunderts, schrieb: »Absolute Macht macht absolut korrupt.« Wenn wir erst einmal anfangen zu glauben, dass Macht zu haben und auszuüben uns glücklich machen kann oder per se auch nur *irgendetwas* Positives an sich hat, stecken wir in großen Schwierigkeiten.

Eine der Fantasien, die unser Verlangen nach Macht oft animieren, ist der Traum, die äußere Welt auf die eine oder andere Weise nach unserem Geschmack zu verändern und zu formen. Sei es auf globaler Ebene oder auf der Ebene einer Firma oder Familie, wir glauben, dass Macht uns helfen wird, unsere Welt – wie groß oder klein sie auch sein mag – zum Besseren zu verändern. Jeder Versuch einer Person, die äußere Welt dauerhaft zu beeinflussen, ist zum Scheitern verurteilt. Die äußere Welt ist einfach zu widerstandsfähig. Kein Kaiser, kein Diktator, kein Präsident und kein Geschäftsführer kann genügend Dinge großartig und dauerhaft genug ändern, um irgendeine Art von innerer Zufriedenheit hervorzubringen.

Trotz unserer grandiosen Fantasien stößt jede Form der Macht irgendwann an ihre natürlichen Grenzen – in der Regel in Form von anderen Menschen und ihren konkurrierenden Interessen, einschließlich ihres starken Wunsches, unsere Macht zu beschneiden, rückgängig zu machen und sie uns wegzunehmen. Was nicht heißt, dass Menschen nicht versuchen, sich selbst und andere vom Gegenteil zu überzeugen. Natürlich versuchen sie das. Doch je grandioser unsere Ansprüche sind, desto weiter entfernen wir uns von der Realität, was zu Egozentrik, Unehrlichkeit, Uneigentlichkeit und Unverbundenheit führt.

Damit gehen emotionaler Schmerz, tiefe Angst und lähmende Unsicherheit einher.

DAS EXPERIMENT: FRAGEN, WARUM

1. Wenn Sie an Ruhm, Schönheit oder Macht interessiert sind oder waren, machen Sie eine Liste von den Dingen, die Sie dadurch zu gewinnen hofften. Seien Sie ehrlich mit sich selbst.
2. Stufen Sie jeden dieser Gründe in der Reihenfolge seiner Wichtigkeit ein.
3. Überprüfen Sie Ihr Ranking und fragen Sie sich: »Ist Ruhm, Schönheit oder Macht *der beste, wirksamste und realistischste Weg* zum Erreichen dieses Ziels? Gibt es bessere Wege, dorthin zu gelangen?«
4. Wenn etwas auf Ihrer Liste bleibt, von dem Sie sicher sind, dass es am besten durch Schönheit, Ruhm oder Macht zu erreichen ist, sollten Sie nicht zögern, es aus diesem Grund/diesen Gründen und nur deswegen anzustreben.
5. Für den Rest erstellen Sie eine Liste der Prioritäten und Aktionen. Nehmen Sie sich vor und geloben Sie, dass Sie die beste und nachhaltigste Lösung finden werden. Dieses Buch wird Ihnen dabei helfen.

Online
Weitere Videos und Quellen für dieses Kapitel stehen auf der Internetseite www.theblissexperiment.com zur Verfügung.

KAPITEL 6

DIE ERSTAUNLICHE MACHT DER GEWOHNHEIT

Der Menschen Wesen ist gleich; es sind ihre Gewohnheiten, die sie voneinander unterscheiden.

Konfuzius, chinesischer Philosoph (551–479 vor Christus)

Wir haben bisher erkundet, wo wir nicht nach Glück, Lebenssinn und Wahrheit zu suchen brauchen. In Kürze richten wir unsere Aufmerksamkeit auf fruchtbarere Ziele für unsere Suche. Doch zunächst müssen wir ein Schlüsselwerkzeug für unsere Suche nach Bliss untersuchen, eines, das uns allerdings unbewusst in die falsche Richtung führt, wenn wir es unsachgemäß einsetzen. Richtig genutzt, ist es jedoch ein wichtiger Verbündeter auf unserem Weg zum Erfolg.

Voraussetzung für das Ausgraben von Bliss – das Abtragen sämtlicher Schichten aus nutzlosem Dreck und Geröll, die darüberliegen – ist ein Verständnis dafür, wie Gewohnheiten entstehen und wie sie sich verändern. Das mag Ihnen seltsam vorkommen. Was hat eine derart profane Sache mit Glück oder gar Bliss zu tun?

Ganz einfach ausgedrückt, bestimmen Gewohnheiten über die Aktionen, die wir tätigen, und die Aktionen, die wir vermeiden. Sie steuern, was wir tun und wie effektiv wir es tun. Schlechte Gewohnheiten können uns von unserem Kurs abbringen und verhindern, dass wir zu unseren tiefsten Ebenen vordringen.

Gewohnheiten sind Gedanken, Emotionen oder Taten, die wir so oft wiederholt haben, dass sie zu reflexartigen Verhaltensweisen geworden sind, die wir einsetzen, ohne bewusst darüber nachzudenken. Sie können gut, schlecht oder neutral sein. Es handelt sich hier um die effizienten Bürokraten unseres Körpers, unseres Geistes und unserer Seele. Sie *beschließen* die inneren Gesetze, die uns beherrschen, nicht, sondern *verwalten* unsere Entscheidungen so effektiv wie möglich. Gewohnheiten verdrängen das Bedürfnis, bewusst über etwas nachzudenken und die eigene Energie ganz auf wichtige Aufgaben zu lenken. Gute Gewohnheiten machen unser Leben leichter. Schlechte Gewohnheiten jedoch halten unseren Verstand und unser Benehmen im Würgegriff der Negativität und fungieren als Hindernisse für unser Glück.

Damit unser Bliss-Experiment effektiv sein kann, müssen wir uns ein wenig Zeit nehmen, um zu verstehen, wie Gewohnheiten funktionieren und wir wenig hilfreiche Gewohnheiten verändern können. Andernfalls werden wir große Schwierigkeiten haben, die Schlüsselideen und -übungen anzuwenden, die für das Erlangen von Bliss notwendig sind.

DIE GESCHICHTE

Alban, Anfang 30, stammt aus einer katholisch-mexikanischen Einwandererfamilie und lebt jetzt in Südkalifornien. Sein Vater ist Lastwagenfahrer, seine Mutter Haushälterin. Er hat drei Schwestern. Albans Mutter hat ihre Kinder in einer Kombination aus katholischem Glauben und abergläubischer Volksweisheit erzogen. Beispielsweise wurde ihnen von klein auf beigebracht, die Finger zu kreuzen, wenn sie niesen mussten, damit sie nicht versehentlich ihre Seele ausatmeten.

Alban machte sich zwanghaft Sorgen. Er führte dies auf die in seiner Familie vorherrschende Mischung aus katholischen Schuldvorstellungen und Volksglauben zurück – oder vielleicht war er auch einfach von Geburt an so gewesen. Er machte sich jedenfalls ständig Sorgen über etwas. Wenn er zwei Tage nichts von seinen Eltern oder Schwestern hörte, befürchtete er, sie könnten vielleicht krank oder gar tot sein. Er arbeitete als Grafikdesigner für eine kleine Werbeagentur und hatte ständig Angst, seinen Job zu verlieren, obwohl er eine wichtige Position innehatte und seine Leistungen erstklassig waren. Und selbst während er sich unnötige Sorgen um seinen Arbeitsplatz machte, ärgerte er sich gleichzeitig darüber, dass er nicht genug Geld verdiente. Alban hatte eine nette Freundin und lebte in einer guten Beziehung, glaubte aber nicht, dass er es sich leisten konnte, zu heiraten und eine Familie zu gründen – und dies trotz der Tatsache, dass sie beide über ein normales Mittelschichteinkommen verfügten und gute Aussichten hatten, in der Zukunft mehr zu verdienen.

Alban hasste es, fliegen zu müssen. Er war jedes Mal sicher, dass sein Flugzeug abstürzen oder von Terroristen entführt werden würde. Er fürchtete, die Regierungsbeamten würden ihn, den Latino, aufgrund seiner Hautfarbe für einen Araber halten und nach Guantánamo schicken, woraufhin niemand jemals wieder etwas von ihm hören würde. Er fürchtete, die Regierung würde ihm die Staatsbürgerschaft aberkennen, obwohl er in diesem Land geboren wurde und genauso ein US-Bürger ist wie jeder andere auch. (Albans Eltern sind zwar keine US-Bürger, aber sie haben beide eine Arbeitserlaubnis.) Er fürchtete auch, dass Südkalifornien von einem Erdbeben erschüttert würde und alle sterben würden, die er kannte.

Er machte sich auch Sorgen um weniger weit hergeholte Dinge. Während einer Massage bemerkte Albans Physiotherapeut einen Knoten auf seinem Rücken. Sein Arzt sagte ihm, es handle sich dabei um eine harmlose Ansammlung von Fettgewebe, ein Lipom, das noch nicht einmal entfernt werden müsse. Aber Alban konnte nicht anders, als ständig mit den Fingern darüberzustreichen. Er war sich sicher, dass der Arzt unrecht hatte und es sich um einen Krebsknoten handelte. Obwohl er sich nicht krank fühlte, war er so besessen von diesem Knoten, dass er ihn sich schließlich von einem Chirurgen entfernen ließ – nur um definitiv zu erfahren, dass die Wucherung tatsächlich harmlos gewesen war. Er fuhr auch nicht gern auf der Autobahn, weil er ständig fürchtete, große Lastwagen könnten auf ihn auffahren. Er war aber ein noch schlimmerer Beifahrer. Wann immer seine Freundin bei Gegenverkehr links abbog oder eine gelbe Ampel überfuhr, zuckte er zusammen.

Kurzum, Alban machte sich ständig Sorgen über *irgendetwas*. Sobald sich eine Sorge verflüchtigt hatte, traten neue an ihre Stelle. Er machte sich selbst verrückt, konnte aber nicht damit aufhören. In seinem Kopf entstanden ständig neue Ängste, egal, wie oft sie widerlegt wurden. Er versuchte es mit Rationalisierungen, mit Atemübungen und sogar mit Psychotherapie. Nichts funktionierte. Spirituelle Übungen wie Meditation helfen bei Sorgen normalerweise zwar gut, aber Albans Sorgen waren so schwerwiegend, dass er es noch nicht einmal über sich bringen konnte, es zu versuchen. Zunächst waren seine gewohnheitsmäßigen Sorgen stärker als die Meditationstechnik, die er gelernt hatte.

Gemeinsam erkannten wir, dass wir zuerst daran arbeiten mussten, seine mentalen Gewohnheiten direkt zu verändern. Wie ich ihm erklärte, war seine Angewohnheit, sich Sorgen zu machen, so mächtig, dass er große Schwierigkeiten haben würde, Frieden und Freude zu empfinden, solange er nicht gelernt hatte, sie bewusst zu verändern. Wir entwarfen einen speziellen Prozess und ein Programm, das ihm helfen sollte, seine Sorgen dadurch unter Kontrolle zu halten, dass er sie als Gewohnheiten des Geistes bekämpfte. Einen Monat später berichtete er von einem beachtlichen Rückgang seiner Sorgen, der ihn glücklicher und friedvoller gemacht hatte. Alban war auch in der Lage, einige der anderen Übungen mit mehr Erfolg zu machen. Er war nicht »geheilt«, hatte sich aber besser unter Kontrolle als je zuvor und das Gefühl, endlich in die richtige Richtung zu gehen.

DIE WISSENSCHAFT

Gewohnheiten sind erlernte Verhaltensweisen. Sie sind nicht genetisch bedingt. Indem sie Menschen in einem Kernspintomografiegerät beobachten, können Wissenschaftler tatsächlich sehen, wie neue Gewohnheiten im Gehirn geformt werden. Sie haben beobachtet, dass, während wir ein neues Verhalten erlernen, der präfrontale Cortex im Gehirn aufleuchtet. Der präfrontale Cortex ist der am weitesten entwickelte Teil unseres Gehirns, in dem Prozesse wie Denken, Entscheidungsfindung, Zielsetzung und andere kognitive Funktionen ablaufen. Sobald wir durch Wiederholung mit der betreffenden Aufgabe vertraut geworden sind, geht die Aktivität im präfrontalen Cortex zurück, erhöht sich aber in einem anderen Teil des Gehirns, den Basalganglien. Dort sind unsere motorischen Fähigkeiten ebenso angesiedelt wie andere Prozesse, die kein bewusstes Nachdenken erfordern.

Die aus den einzelnen Studien gewonnenen Erkenntnisse unterscheiden sich zwar, doch praktisch alle Untersuchungen sind sich darin einig, dass schlechte Gewohnheiten relativ schnell wieder rückgängig gemacht werden können. Der optimistischste Bericht, den ich gelesen habe, sprach von 21 Tagen. Im schlimmsten Fall waren acht Monate erforderlich, aber nur bei den schwierigsten Verhaltensweisen in den schlimmsten Situationen. Eine mit Astronauten von der NASA durchgeführte Studie ergab eine Dauer von etwa 30 Tagen. Anderen Qualitätsstudien zufolge liegt die Zahl bei etwa 66 Tagen.

Weil Gewohnheiten sich wiederholende Verhaltensweisen sind, könnte eine bessere Methode, die Bildung einer neuen Angewohnheit zu messen, das Zählen der entsprechenden Wiederholungen sein. Eine in der Zeitschrift *Neuroscience* veröffentlichte Studie deutete an, dass sich eine neue Angewohnheit in weniger als 50 Wiederholungen bildet. Dies könnte eine Erklärung für die oben genannten Zeitunterschiede sein. Je schneller wir auf 50 Wiederholungen kommen, desto schneller ist eine neue Gewohnheit entstanden.

Das oben angeführte Forschungsergebnis impliziert, dass Gewohnheiten relativ leicht zu erschaffen oder zu verändern sind. Und warum haben wir dann *das Gefühl*, dass es so schwer ist? Warum neigen wir dann so sehr dazu, rückfällig zu werden?

Diese Rückfälle treten hauptsächlich auf, weil eine neue Angewohnheit keine Gelegenheit bekommt, sich richtig zu »setzen«, entweder weil sie nicht genug Zeit dazu hat oder weil sie nicht oft genug wiederholt wird.

Eine sekundäre Schwierigkeit hat etwas damit zu tun, wie unser Gehirn auf Vergnügen reagiert. Dopamin ist ein Neurotransmitter, der unsere für Belohnung und Freude zuständigen Gehirnzentren kontrollieren hilft. Es ermöglicht uns, Belohnungen als solche zu erkennen und Maßnahmen zu ergreifen, um sie zu bekommen. Äußerst angenehme Erfahrungen – Alkohol, Drogen, Sex, bestimmte Nahrungsmittel, sogar Shopping – lösen seine Freisetzung aus und setzen einen Belohnungskreislauf im Gehirn in Gang. Dieser Mechanismus registriert intensive Erfahrungen als »wichtig« und erschafft bleibende Erinnerungen daran, wie angenehm sie waren. Das wiederum veranlasst uns auf subtile Weise, es wieder zu tun. Je öfter wir es tun, desto stärker wird der Drang.

Errungenschaften höherer Ordnung haben nichts mit dem Dopamin-Belohnungskreislauf zu tun. Dopamin ist hauptsächlich die Domäne der sinnlichen Vergnügen und kurzfristigen Gewinne. Positive Ergebnisse, die langfristiges Engagement erfordern, bevor sie sich zeigen, wie das Essen von Brokkoli, lösen nicht die gleiche Dopamin-Antwort aus. Ein dritter Grund ist das, was als gezügelte Voreingenommenheit bezeichnet wird. Eine Studie, die 2010 in der Zeitschrift *Scientific American* veröffentlicht wurde, offenbarte, dass wir oft einen überhöhten Sinn für Impulskontrolle haben. Wenn wir uns frühzeitig als von einer schlechten Gewohnheit »geheilt« erklären, schützen wir uns nicht richtig dagegen, dass wir in eine Situation geraten, in der sich die schlechte Gewohnheit wieder behaupten kann.

Eine andere Studie zeigte, dass sich das Gehirn zumindest eine Zeit lang an besiegte schlechte Gewohnheiten »erinnert«. In bestimmten Situationen ist die ursprüngliche »Gehirnspur«, die diese schlechte Gewohnheit hinterlassen hat, noch nicht vollständig gelöscht. Sie ist noch da, wenn auch inaktiv. Doch wenn wir in Situationen geraten, in denen jene Gewohnheit zu bald nach ihrer Befriedung wieder ausgelöst wird, kann sie reaktiviert werden.

Eine starke Absicht zu äußern, bevor man mit der Ausbildung einer neuen Gewohnheit beginnt, verbessert die Erfolgsaussichten. Eine Untersuchung, die 2002 mit Menschen gemacht wurde, die ein Fitnessprogramm zum Abnehmen begonnen hatten, ergab, dass diejenigen, die ein formales Gelöbnis abgelegt hatten, das Programm zu beenden, länger bei der Stange blieben und eine größere Wirkung erzielten, als diejenigen, die das nicht taten:

➤ Diejenigen, die ihr Gelöbnis öffentlich machten – indem sie es vor einer Gruppe von Bekannten laut verkündeten, im Internet auf Blogs posteten oder vor Gott erklärten –, hatten die höchste Erfolgsrate.

➤ Mitglieder einer zweiten Gruppe legten das Gelöbnis im Stillen vor sich selbst ab – ohne jemandem davon zu erzählen oder es einer »höheren Macht« anzuvertrauen. Sie hatten mehr Erfolg als die dritte Gruppe, die nichts dergleichen tat, aber weniger als die Gruppe mit dem stärksten Gelöbnis.

➤ Bei denen, die kein Gelöbnis ablegten, weder öffentlich noch privat, war die Wahrscheinlichkeit, dass sie das Übungsprogramm nicht zu Ende führten, am höchsten.

➤ Eine separate Studie mit Rauchern in einem Raucherentwöhnungsprogramm kam zu ähnlichen Ergebnissen. Die Erfolgsquoten derjenigen, die sich intensiv verpflichtet hatten, waren höher als die derjenigen, bei denen das nicht der Fall gewesen war.

DER GEIST

Mein spiritueller Lehrer, Paramahansa Yogananda, schrieb: »Die Aussicht auf Gesundheit, Erfolg und Weisheit in deinem Leben hängt einzig und allein vom Ausgang des Streits zwischen deinen guten und deinen schlechten Gewohnheiten ab.« Er erklärte, dass dem so sei, weil »wir normalerweise nicht tun, was wir tun wollen, sondern nur, was wir zu tun gewohnt sind«. Ohne ein Verständnis dafür, wie Gewohnheiten funktionieren und wir sie ändern können, ist es sehr schwer, auf unserer Reise zu Bliss schnelle Fortschritte zu machen.

Viele unserer Unzulänglichkeiten und Misserfolge gehen in erster Linie auf schlechte Gewohnheiten zurück und weniger auf böse Absichten. Rufen Sie sich die Geschichte von Max, dem Rockstar, ins Gedächtnis zurück. Er hatte schon lange das Interesse daran verloren, mit so vielen Frauen zu schlafen; der Sex macht ihm nicht einmal mehr Spaß. Es war einfach nur seine Routine nach jedem Konzert; er war auf Autopilot. Jede Sucht ist eine tief verwurzelte Gewohnheit. Ab einem bestimmten Punkt bringen uns schlechte Gewohnheiten zwar keinen Spaß mehr und sorgen sogar dafür, dass wir uns schlechter fühlen, aber dennoch sind wir machtlos, wenn es darum geht, damit aufzuhören.

Viele unserer schädlichen Emotionen sind das Produkt schlechter Angewohnheiten und nicht etwa sorgfältig überlegte oder auch nur angemessene Reaktionen auf schwierige Situationen. Alban konnte einfach nicht aufhören, sich über die lächerlichsten Dinge Sorgen zu machen.

Gewohnheiten haben nichts mit dem Menschen zu tun, der wir auf einer tiefen Ebene wirklich sind. Sie sind weder genetisch bedingt noch spiegeln sie unser höchstes Selbst. Nur allzu oft geben wir uns unseren schlechten Gewohnheiten widerspruchslos hin, indem wir uns selbst sagen: »So bin ich eben«, »Ich habe keine andere Wahl« oder »Das liegt in der Familie«. Selbst wenn wir merken, dass sich Mitglieder unserer Familie

ähnlich verhalten, heißt das nur, dass wir diese Verhaltensweisen von ihnen gelernt haben. Sie sind nicht unvermeidlich oder
unumstößlich.

Spirituelle Übungen, vor allem wenn sie über einen längeren
Zeitraum praktiziert werden, schaffen eine innere Umgebung,
in der schlechte Gewohnheiten keine Wurzeln schlagen können.
Beruhigende Aktivitäten wie Meditation, Yoga und bestimmte
andere Übungen sorgen für geistige Gelassenheit. Diese Praktiken verändern die Biochemie im Gehirn, sorgen im Wesentlichen dafür, dass sich die Dopamin-Belohnung weniger angenehm anfühlt, und mindern damit deren Destruktivität.

Aus einer mehr spirituellen Perspektive geben uns diese
Übungen Meisterschaft über alle Aspekte unseres Seins. Ein spirituell erleuchtetes Wesen hat keine negativen Gewohnheiten irgendwelcher Art. Selbst seine positiven Gewohnheiten sind das
Ergebnis bewusster Entscheidungen. Spirituelle Meister haben
so viel Kontrolle über ihren Geist, dass sie verhindern können,
dass negative Gewohnheiten überhaupt Fuß fassen. Falls eine es
irgendwie schafft, sich in ihr Gehirn einzuschleichen, kann sie,
sobald sie wahrgenommen wird, sofort eliminiert werden.

Eigenschaften, die wir brauchen, um unsere Gewohnheiten zu verändern

Um Kontrolle über unsere Gewohnheiten zu bekommen, müssen wir vier spirituelle Eigenschaften entwickeln: Bewusstheit,
Konzentration, Willenskraft und Energie.

Wir können unsere negativen Gewohnheiten nicht ausgraben oder positive Gewohnheiten annehmen, solange es uns an
Bewusstheit dafür mangelt. Wir müssen lernen, unsere schlechten Gewohnheiten zu identifizieren und uns einen positiven Ersatz dafür vorzustellen. Selbstbeobachtung ist unerlässlich. Wir
müssen bereit sein, uns selbst so klar und objektiv wie möglich
zu betrachten. Tagebuch führen, beten und meditieren sind
Möglichkeiten, dies zu tun. Wir können auch mit Menschen
sprechen, auf deren Beobachtungsgabe wir vertrauen. Es spielt

keine Rolle, wie wir diese Bewusstheit erlangen, wichtig ist, dass wir die bewusste Entscheidung treffen, uns mit uns selbst zu konfrontieren.

Das ist nur ein Teil dessen, was Bewusstheit bedeutet. Der zweite Aspekt ist: Sobald wir eine Gewohnheit identifiziert haben, die wir verändern wollen, müssen wir darüber nachdenken und sie verstehen. Warum hat sie angefangen? Was war unsere ursprüngliche Absicht oder unser ursprüngliches Ziel? Normalerweise beginnen Gewohnheiten damit, dass wir denken, diese Aktivität könne uns helfen, uns einen bestimmten Wunsch zu erfüllen. Zu verstehen, was wir uns von dieser schlechten Gewohnheit ursprünglich erhofft haben, hilft uns, sie durch etwas Positives zu ersetzen. Wenn wir beispielsweise mit dem Rauchen angefangen haben, weil wir die Wirkung von Nikotin beruhigend fanden, können wir diese Einsicht nutzen, um eine Idee für einen positiven Ersatz zu finden. Wir können nach einer konstruktiveren Alternative Ausschau halten, die sich zur Erzeugung von Gleichmut besser eignet, etwa Meditation oder progressive Muskelentspannung.

Die zweite Eigenschaft ist Konzentration. Erinnern Sie sich, wie das Gehirn arbeitet, wenn es Gewohnheiten bildet. Zunächst ist der präfrontale Cortex – das Zentrum für das Denken, das Entscheiden, die Zielsetzung und andere kognitive Prozesse – sehr aktiv. Es braucht geistige Anstrengung, um neue Gewohnheiten zu etablieren. Wenn wir etwas Neues lernen wollen, müssen wir uns selbst damit beschäftigen und es anwenden. Oft schalten wir alle Ablenkungen aus, nehmen uns dieses eine Thema immer und immer wieder vor und verbringen viel Zeit damit, ganz bewusst darüber nachzudenken. Wir konzentrieren uns ganz darauf, und zwar so oft wie möglich. Wir können nicht einfach einen Zauberstab schwingen oder es herbeiwünschen und dann ignorieren, vergessen oder als zweitrangig behandeln. Wir müssen es zur Chefsache machen.

Als Nächstes müssen wir lernen, unsere Energie zu nutzen und aufzubauen. Es braucht viel Energie, um eine Gewohnheit zu verändern. Gewohnheiten sind wie Furchen oder Rillen, die sich durch Wiederholung immer tiefer in unseren Geist eingraben. Sobald sich eine solche Furche eingegraben hat, fließen wir sozusagen in ihr oder haben sogar das Gefühl, darin festzustecken. Um aus dieser Furche auszubrechen oder ihre Richtung ändern zu können, müssen wir entsprechend viel zusätzliche Kraft aufwenden.

Zusätzliche Tipps

Diese zusätzlichen Tipps können Ihre Erfolgschancen erhöhen. Nicht alle eignen sich jedoch für jede Gewohnheit oder Situation. Bilden Sie sich Ihr eigenes Urteil darüber, welche davon unter gegebenen Umständen am besten funktionieren.

1. Fangen Sie klein an. Wenn man nicht viel Übung mit dem bewussten Arbeiten an Gewohnheiten hat, kann es hilfreich sein, sich zunächst erreichbare, realistische Ziele zu setzen und das Ganze von dort aus allmählich aufzubauen. Es ist auch möglich, ein großes Ziel in mehreren kleinen Schritte oder Phasen zu erreichen.

2. Ersetzen Sie schlechte Gewohnheiten durch gute. Wie Spinoza sagte: »Die Natur verabscheut das Vakuum.« Wenn wir etwas Negatives entfernen, ohne gleichzeitig etwas Positives hinzuzufügen, ist es viel schwieriger.

3. Hüten Sie sich vor entsprechenden Auslösern. In der Regel überschätzen wir unsere Selbstkontrolle und begeben uns leichtfertig in Situationen, die vermutlich einen Rückfall auslösen. Paramahansa Yogananda sagte: »Das Umfeld ist stärker als die Willenskraft.«

4. Verknüpfen Sie zwei Aktivitäten. Verknüpfung bedeutet, dass eine erste Aktivität wie ein Stichwort für eine zweite wirkt. Das funktioniert am besten, wenn man mit der ersten Aktivität bereits wohl vertraut ist und sie regelmäßig ausübt. Ein Beispiel: Als ich mit dem Meditieren anfing, begann ich meine morgendliche Meditationsübung sofort nach dem

Zähneputzen. Nach einer Weile bereitete mich das Zähneputzen automatisch auf das Meditieren vor.

5. Unterbrechen Sie schlechte Angewohnheiten. Eine kürzlich durchgeführte Studie hat ergeben, dass Menschen, die im Kino gewohnheitsmäßig Popcorn essen, so daran gewöhnt sind, dass sie nicht einmal merkten, dass ihnen die Forscher absichtlich weiches, abgestandenes Popcorn gegeben hatten. Sie aßen genauso viel davon wie sonst auch! Als die Probanden jedoch angewiesen wurden, das weiche Popcorn mit der anderen Hand als üblich zu essen, aßen sie deutlich weniger. Das Wechseln der Hand, mit der sie es aßen, machte sie empfänglicher für seine schlechte Qualität. Kleine Störungen unserer gewohnten Routine können unsere unbewussten Gewohnheiten ebenfalls in Wanken bringen.

6. Suchen Sie sich einen Partner oder eine kleine Gruppe. Das Einüben eines guten Verhaltens mit jemand anderem zusammen sorgt dafür, dass wir motiviert und verantwortungsbewusst bleiben – eine positive Form von Gruppenzwang. Zwei Menschen können auch vereinbaren, gemeinsam an verschiedenen Themen zu arbeiten. Beispielsweise könnte ein Paar die Abmachung treffen, dass ein Partner daran arbeitet, in Stresssituationen nicht in Panik zu geraten, während der andere sich bemüht, darauf nicht verärgert zu reagieren.

7. Schaffen Sie sich ein Ersatzbelohnungssystem. Wie wir erfahren haben, lösen manche Arten von intensiven Genüssen eine Dopamin-Antwort aus, die oft mächtig genug ist, unsere Vernunft zu überwältigen. Wir können uns jedoch ein alternatives Belohnungssystem schaffen. Wenn wir es beispielsweise schaffen, soundsolange nicht zu rauchen, gönnen wir uns etwas anderes, das wir uns schon lange gewünscht haben. Bei Diäten gibt es oft einen »Schummeltag«. Wenn wir die Diät sechs Tage lang perfekt durchhalten, belohnen wir uns mit einem Tag, an dem wir alles essen dürfen. Das kann unser Erfolgserlebnis dramatisch steigern. Vergnügungen erzeugen in der Regel einen *sofortigen* Dopamin-Rausch. Da-

her darf ein Ersatzbelohnungssystem nicht mit zu viel Verspätung zum Einsatz kommen. Wir können die Belohnung nicht erst in einem Jahr bekommen, denn das würde sich in solchen Momenten der Versuchung zu weit weg anfühlen. Wir müssen uns also höchstwahrscheinlich auf eine kurzfristige Belohnung einlassen.

Niemals aufhören

Das Wichtigste ist, dass wir nicht aufhören, auch wenn wir zwischendurch scheitern. Von Yogananda stammt der Spruch: »Ein Heiliger ist ein Sünder, der niemals aufgegeben hat.« Der Prozess der Schaffung von Gewohnheiten braucht die ständige Wiederholung. Manchmal müssen wir sogar den Versuch selbst immer und immer wiederholen. Jedes Mal, wenn wir etwas versuchen, bauen wir neue Kraft auf. Unsere früheren Bemühungen, selbst die Fehlschläge, waren nicht umsonst. Sie bauen unsere Bewusstheit, unsere Konzentration, unsere Willenskraft und unsere Energie ganz allmählich auf. Und irgendwann ist uns der Erfolg sicher.

DAS EXPERIMENT: SCHLECHTE GEWOHNHEITEN AUSGRABEN

1. Denken Sie an, identifizieren Sie und notieren Sie alle Gewohnheiten, die Sie *daran hindern*, Glück oder Bliss zu erlangen.
2. Identifizieren Sie die Gewohnheiten, die Ihnen dabei *helfen*.
3. Wählen Sie *eine* Gewohnheit, die Sie bereit und fähig sind, jetzt sofort zu ändern.
4. Denken Sie an den/die positiven Grund/Gründe, aus dem/denen Sie diese Gewohnheit ursprünglich angenommen haben, oder an irgendetwas Gutes, das Sie ursprünglich dadurch zu gewinnen hofften.

5. Denken Sie an neue, positive Möglichkeiten, dieses Ziel zu erreichen. Denken Sie an irgendeine positive Aktivität, die an die Stelle dieser negativen Gewohnheit treten kann.

6. Identifizieren Sie spezifische Gedanken, Gefühle, Umstände oder Ereignisse, die Ihre negative Gewohnheit auslösen. Listen Sie so viele Hinweise wie möglich auf: Umgebungen, Menschen oder Emotionen. Vielleicht ist es etwas, das Sie vermeiden. Oder eine Tageszeit oder ein visueller, auditiver oder olfaktorischer Hinweis. Welche davon können Sie ändern oder vermeiden?

7. Machen Sie eine Liste oder einen Plan, der alles enthält, wovon Sie das Gefühl haben, dass es für die Implementierung der positiven Gewohnheit notwendig ist.

8. Treffen Sie eine formelle Übereinkunft mit sich selbst, dass Sie diesen Plan einhalten werden. Wählen Sie einen bestimmten Zeitpunkt, zu dem Sie damit anfangen werden. Es kann heute, morgen oder ein exaktes Datum sein, an dem Sie so weit sind und anfangen können. Legen Sie ein Gelöbnis sich selbst, Gott, Ihrem höheren Selbst oder was immer sich gut für Sie anfühlt, gegenüber ab, dass Sie dies tun werden.

Tipp: Später werden wir uns näher mit dem Einsatz von Affirmationen beschäftigen. Vielleicht möchten Sie für diese neue Gewohnheit ein Affirmation finden oder kreieren und sie regelmäßig einsetzen.

Online
Weitere Videos und Quellen für dieses Kapitel stehen auf der Internetseite www.theblissexperiment.com zur Verfügung.

TEIL 2
AM RICHTIGEN ORT SUCHEN

Wir verstehen jetzt besser, dass es ein Fehler ist, in der äußeren Welt nach dem Glück zu suchen. Wenn wir mit dem Prozess des Nach-innen-Gehens beginnen, sehen wir uns sofort mit ein paar schwierigen Fragen konfrontiert. Was bedeutet es, nach innen zu schauen? Wer bin ich tief innen? Gibt es bessere und schlechtere Wege nach innen?

Einfach nur »in sich« zu gehen ist nicht präzise genug. Bei uns allen ist im Geist und im innersten Selbst eine Menge los. Und vermutlich ist nicht alles davon nützlich.

In gewisser Weise hat jeder von uns mehrere »Ichs«. Da ist unser höheres Selbst, das man sich als unsere Seele, unser höchstes Potenzial oder unser wahres Wesen denken kann. Dann haben wir unser niedrigstes Selbst, jenen ichbezogenen, manchmal unzivilisierten Teil von uns, der ganz mit unseren egoistischen Bedürfnissen und Sehnsüchten schwingt und immer nur sofortigen Genuss oder schnelle Befriedigung will, komme, was wolle. Und unser vergangenes Ich: wer wir waren, was wir erlebt haben und was wir aus unserer persönlichen Geschichte erinnern. Dann haben wir noch unser zukünftiges Ich: wer wir werden wollen, unsere Hoffnungen, Träume und Ziele. Und schließlich unser gegenwärtiges Ich, das Wesen, das hier und jetzt, in genau diesem Moment bei uns ist. Welches dieser »Ichs«, welches Selbst sind wir wirklich? Mit welchem von all diesen »Ichs« finden wir Bliss?

Unter all unseren Ichs gibt es nur ein wahres Selbst. Es ist dieses Selbst, mit dem wir zu Bliss gelangen. Doch um unser wahres Selbst finden zu können, müssen wir zunächst alle falschen Ichs loslassen, die uns schaden oder von unserer Suche ablenken könnten.

Bliss spielt sich nur in der ewigen Gegenwart ab – im Jetzt. Das ist der erste und einzige Wohnort unseres wahren Selbst. In der Vergangenheit oder in der Zukunft zu leben blockiert unsere innere Reise zu Bliss. Es ist unmöglich, sich traumatisiert oder als Opfer zu fühlen, verletzt, beschäftigt und abgelenkt zu sein oder wie besessen ein bestimmtes Ziel zu verfolgen und sich gleichzeitig im Zustand von Bliss zu befinden. Das sind sich gegenseitig ausschließende Bewusstseinszustände.

In der Vergangenheit oder in der Zukunft zu leben bedeutet, nicht in der Realität zu leben. Nur dieser Moment ist real. Ob wir uns an Dinge aus unserer Vergangenheit erinnern oder uns eine vage Vorstellung davon machen, was in der Zukunft passieren könnte, letztlich handelt es sich in beiden Fällen um eine Illusion. Was immer wir erleben, geschieht nur in der Gegenwart. Jede Erinnerung und jeder Tagtraum – und sämtliche Empfindungen und Gefühle, die sie heraufbeschwören – spielen sich tatsächlich genau jetzt ab, in diesem Moment – weder »damals« noch »irgendwann«.

Wenn wir das wirklich entdecken und in seiner ganzen Intensität spüren, haben wir endlich den richtigen Ort gefunden, an dem wir beginnen können, nach der verborgenen Glückseligkeit in unserem Innern zu suchen.

KAPITEL 7

DIE VERGANGENHEIT LOSLASSEN

Wenn Sie glauben, dass Sie dadurch, dass Sie sich schlecht füh-len oder lange genug Sorgen machen, ein vergangenes oder zu-künftiges Ereignis ändern können, leben Sie auf einem anderen Planeten mit einer Wirklichkeit, die sich von der unseren unter-scheidet.

William James, amerikanischer Psychologe und Philosoph
(1842–1910)

Wir wissen jetzt, dass es ein Fehler ist, außerhalb von uns selbst nach Glück, Lebenssinn und Wahrheit zu suchen. Wenn wir mit unserer Innenschau beginnen, müssen wir zunächst eine be-stimmte Art von innerem Erleben untersuchen, die gleicherma-ßen fruchtlos ist: die Beschäftigung mit unserer Vergangenheit.

Wir halten das Glück unabsichtlich von uns fern, indem wir Ereignissen und Gefühlen aus der Vergangenheit erlauben, in unsere Gegenwart einzudringen. Traumatische Erinnerungen oder negative Emotionen halten uns davon ab, jetzt wirklich glücklich zu sein. Wir brauchen noch nicht einmal ein großarti-ges Trauma erlebt zu haben. Die alltäglichen Minitraumata, die wir einander zufügen – in der Familie, unter Freunden, in Bezie-hungen, unter Kollegen, Geschäftspartnern und anderen – gie-ßen reichlich Wasser auf unsere Mühlen.

Auf der anderen Seite sehen wir uns manchmal, wenn wir über unsere Vergangenheit nachdenken, eher als Täter denn als Opfer. Dann halten wir es für nötig, uns selbst zu bestrafen, sozusagen als Sühne für die Sünden der Vergangenheit, als hätten wir es nicht verdient, glücklich zu sein. Scham, Schuld, Wut, Angst und eine Vielzahl von negativen Emotionen halten uns davon ab, Bliss im eigenen Innern zu finden. Unsere Vergangenheit wird zu unserem ärgsten Feind.

DIE GESCHICHTE

In diesem und im nächsten Kapitel lesen wir die Geschichte von Shanice und DeShawn, einem außergewöhnlichen Paar. Sie sind intelligent, energisch, sozial engagiert, an Kunst interessiert und lieben einander. Gemeinsam scheinen sie für Höheres bestimmt. Shanice ist eine begabte Malerin, obwohl sie den größten Teil ihres Einkommens freiberuflich als Artdirector und Grafikdesignerin verdient. DeShawn ist Rechtsanwalt und arbeitet für eine gemeinnützige Organisation, die sich um soziale Gerechtigkeit kümmert. Er bietet Rechtsberatungen für Menschen mit niedrigem Einkommen an, vor allem für Afroamerikaner, die rechtliche Probleme mit den Behörden und der Regierung des Bundesstaats Kalifornien oder mit Firmen haben. In den letzten Jahren hat er viel Zeit damit verbracht, Familien mit niedrigem Einkommen vor der Zwangsvollstreckung zu bewahren.

Zu den vielen Dingen, die Shanice und DeShawn gemeinsam haben, gehört, wie sie aufgewachsen sind. Beide verbrachten ihre Kindheit in South Central Los Angeles, wo die Kriminalitätsraten hoch und die Zahl der Schulabschlüsse niedrig sind, aber beide hatten hoch motivierte Eltern, die ihnen halfen, das Schlimmste abzuwenden. Weil es in der näheren Umgebung leider keine guten Schulen gab, wurde Shanice mit einem Stipendium auf eine private katholische Mädchenschule geschickt (obwohl ihre Familie nicht katholisch ist), und DeShawn wurde in das Hochbegabtenprogramm des Los Angeles Unified School District aufgenommen.

Mehr konnten ihre Familien nicht tun, um sie von dem kri-

minellen Umfeld zu isolieren. Und doch kannten die beiden viele
Kinder, die sich irgendwelchen Banden anschlossen, mit Drogenabhängigkeit zu kämpfen hatten, die Schule nicht beendeten,
als Teenager schwanger wurden und sogar ins Gefängnis wanderten. Einige davon stammten aus ihrer eigenen Großfamilie.

Im nächsten Kapitel werden wir noch mehr über Shanice erfahren. Hier werden wir zunächst etwas tiefer in DeShawns Geschichte eintauchen. Er war voller Wut über viele Dinge, die er
in seiner eigenen Kindheit miterlebt hatte – so sehr, dass es seine
Arbeit zu beeinflussen begann und ihn an einem bestimmten
Punkt fast seinen Job, seine Karriere und seinen guten Ruf ge-
kostet hätte.

Er spürte, dass das Schulsystem und die Regierung korrupt
waren und dass dies den meisten völlig egal war. Auch der Poli-
zei und den Sozialämtern. Doch seine Wut blieb nicht auf die
Regierung beschränkt. DeShawns glühende Angriffe richteten
sich auch gegen die Eltern, die ihren Kindern erlaubten, mit
Drogen zu handeln, Bandenmitglieder zu werden, als Prostitu-
ierte zu arbeiten und ihre eigene Gemeinschaft auf die eine oder
andere Weise zu sabotierten.

DeShawn kämpfte, um mit seinen eigenen Kindheitserleb-
nissen klarzukommen, obwohl er ihnen längst entronnen war.
Einer seiner engen Freunde aus der Mittelschule hatte sich
später einer Bande angeschlossen und auf der Straße mit Drogen
gehandelt. DeShawn wusste, dass sein Freund ein guter Kerl mit
einem großen Herzen war. Aber er hatte nicht die gleichen Bil-
dungschancen gehabt wie DeShawn. Er hatte die normale staatliche Schule besucht und war ein weiteres Opfer eines kaputten,
dysfunktionalen Systems geworden, das dafür bekannt war,
dass es bei der Ausbildung seiner Schüler versagte. DeShawn
gestand sich seine Gefühle ein, sowohl die Wut als auch die
Schuldgefühle. Ihm war die Flucht aus diesem Umfeld gelungen,
seinem Freund nicht. Es sah nach reiner Willkür aus. In seinem
Kopf schmolzen ihre unterschiedlichen Schicksale auf zwei
Schlüsselmomente zusammen.

Da war zunächst der Test, den sie in der achten Klasse gemacht hatten. Und der ihr Schicksal für immer besiegelt hatte. DeShawn wurde in das Programm für Begabte und Talentierte an einer funktionierenden Schule aufgenommen. Sein Freund wurde, obwohl auch er Fähigkeiten, Fertigkeiten und Träume hatte, endgültig abgeschrieben. Das zweite Ereignis war der Diebstahl in einer örtlichen Apotheke. Es war DeShawns Idee gewesen, dort etwas mitgehen zu lassen, doch nur sein Freund war erwischt worden. Sein Freund hatte ihn nicht verpfiffen. DeShawns Akte blieb sauber, und er blieb in dem Programm für Begabte und Talentierte, während sein Freund zum ersten Mal im Jugendarrest landete. DeShawn fühlte sich schuldig, dass er nicht eingegriffen und entweder eine Teilschuld oder die ganze Schuld auf sich genommen hatte.

Er war auch überwältigt von der Fülle von Geschichten über eine nicht enden wollenden Reihe von guten Menschen, die in die Sackgasse geraten sind oder ihr ganzes Leben mit nur wenigen impulsiven Entscheidungen zerstört haben. Er hatte das Gefühl, dass seine Wut nicht verrauchen würde, bis niemand mehr etwas dergleichen würde durchmachen müssen. Sein Zorn und sein Schuldgefühl stachelten seinen Kreuzzug für den Wandel an.

Das ist zwar in mancher Hinsicht bewundernswert, doch das Problem war, dass DeShawn nicht objektiv sein und auch nicht klar denken konnte. Manchmal sah er Unrecht, wo es keines gab. In seinem ersten Job als Anwalt schäumte er vor Wut, griff den Staatsanwalt körperlich an und beschuldigte ihn des Rassismus, als dieser Staatsanwalt – ein Latino – für einen Afroamerikaner, der wegen Körperverletzung vor Gericht stand, eine Strafe forderte, die DeShawn für zu streng hielt. Was DeShawn nicht klar war: Der Beschuldigte war bereits zuvor für genau das gleiche Vergehen verurteilt worden. Der Staatsanwalt war nachsichtig. DeShawn verlor fast seinen Job, aber nachdem er sich überschwänglich entschuldigt hatte, beließ man es bei einer offiziellen Rüge.

Nachdem er mehrmals wegen unangemessener Wutausbrüche und emotionaler Ausrutscher verwarnt worden war, erfuhr DeShawn, dass der nächste Ausbruch ihm seinen Job kosten würde. Das war ein wichtiger Weckruf. DeShawn sah, wie seine Erfahrungen aus der Vergangenheit sein Urteil in der Gegenwart oft getrübt hatten. Er begann auch zu erkennen, dass seine Kindheitserinnerungen, sosehr sie ihn auch motivierten, ihm auch wehtaten. Er fragte sich, ob es wohl eine wirksamere Art gab, für den Wandel einzutreten.

DIE WISSENSCHAFT

Das Gedächtnis arbeitet nicht in dem Sinne wie ein Fotokopierer, dass es das, was passiert ist, bis ins Detail unvoreingenommen speichert. Es ist eher impressionistisch: Wir speichern Fragmente, Gefühle, Gesprächsfetzen und dergleichen, die in der Gegenwart nach Bedarf rekonstruiert werden. Diese Erinnerungen sind fast immer fehlerhaft. Und noch wichtiger ist, dass unsere Erinnerungsfehler kein Zufall sind. Wir sind konsequent voreingenommen für das Erinnern des Negativen.

Als Forscher beispielsweise im Rahmen einer Studie Freiwilligen eine Reihe von Bildern zeigten – positive, negative und neutrale – und sie später fragten, woran sie sich erinnerten, war schnell klar, dass sich die Probanden *mit überwiegender Mehrheit am besten an die negativen Bilder erinnerten.* Sie waren weniger gut in der Lage, sich an die positiven und neutralen Bilder zu erinnern, obwohl ihnen aus jeder Kategorie dieselbe Anzahl von Bildern gleich lange gezeigt worden war. Eine andere Studie machte deutlich, dass Menschen bei der Nacherzählung ihrer Lebensgeschichte negativen Ereignissen, Dingen und Persönlichkeitszügen mehr Gewicht gaben. Nicht nur erinnern wir uns besser an negative Ereignisse als an positive, wir merken uns auch negative *Charakterzüge* anderer Menschen eher als positive.

Einer bahnbrechenden, im *Psychonomic Bulletin & Review* veröffentlichten Studie zufolge ist entscheidend, dass Erinnerungen auch in unsere Gegenwart eindringen und sie verunreinigen können, was zu einer verzerrten Wahrnehmung unserer Umwelt führt. Man hat beispielsweise herausgefunden, dass sich das Nachgrübeln über etwas Vergangenes beim Autofahren negativ auf die Wahrnehmung dessen auswirkt, was wir direkt vor uns auf der Straße sehen. (Nachgrübeln bedeutet, dass wir immer und immer wieder an etwas denken und dabei die ganze Kaskade der ursprünglichen, negativen Emotionen aufs Neue erleben.) Wir »sehen« dann buchstäblich Dinge, die gar nicht da sind, oder sich anders zu verhalten vorgeben, als es wirklich der Fall ist.

Unter anderem wegen der ins Negative verzerrten Erinnerung ist das Schwelgen in unserer Vergangenheit ein sicheres Rezept für eine emotionale Katastrophe. Forschern der Stanford Universität zufolge litten Menschen, die viel über ihre Vergangenheit nachgrübelten, viel häufiger unter Depressionen als Menschen, die das nicht taten. Dies gilt auch für die seltenen Fälle, in denen die immer und immer wieder hervorgeholten Erinnerungen weitgehend den Tatsachen entsprachen. Die zwanghafte Beschäftigung mit der eigenen Vergangenheit schafft emotionale und funktionale Defizite. Selbst das Nachgrübeln über *unbestrittene Tatsachen* bringt keinen positiven Nutzen. Ähnliche Studien haben ergeben, dass das Nachgrübeln über unsere Vergangenheit unsere Scham oder unsere Schuldgefühle verstärkt, was wiederum vermehrt zu Depressionen, Angstzuständen, affektiven Störungen und Selbstmordversuchen führen und außerdem schwerwiegende gesundheitliche Folgen haben kann, weil das Immunsystem unterdrückt wird.

Auf der anderen Seite zeigen Studien, dass sich unsere Glücksbilanz auf bemerkenswerte Weise verbessert, wenn wir *aufhören*, über die Vergangenheit nachzugrübeln. Entsprechende, in England durchgeführte Studien haben einen signifikanten Rückgang von Depressionen, Angstzuständen, Selbstkritik, Scham,

Minderwertigkeitsgefühlen und unterwürfigem Verhalten ergeben. Bei der Fähigkeit der Versuchspersonen, sich selbst zu beruhigen, wurde eine erhebliche Steigerung registriert.

Und das Beste? *Männer und Frauen mit chronischen Problemen, vor allem diejenigen, die mit schweren emotionalen Traumata belastet waren, profitierten am meisten.*
Richtig verstanden, im richtigen Zusammenhang gesehen
und richtig behandelt, können vergangene Traumata und negative Erinnerungen positive Katalysatoren für das persönliche und
spirituelle Wachstum sein. Eine im Jahr 2008 mit 1 739 Erwachsenen, die an posttraumatischen Belastungsstörungen (PTBS) litten, durchgeführte Studie ergab, dass diejenigen, die sich von
den traumatischen Erlebnissen erholten, mit deutlich erhöhter
Charakterfestigkeit aus ihren Leiden hervorgingen.

Eine der erfolgreichsten Möglichkeiten, ein akutes Trauma
zu überwinden, besteht darin, sich direkt damit zu konfrontieren, statt dagegen anzukämpfen oder davor wegzulaufen. In einer australischen Studie mit Freiwilligen, die an schweren PTBS,
hervorgerufen durch Körperverletzung oder Krieg, litten, hatten diejenigen, die unter Anleitung von Therapeuten – und mithilfe verschiedener Techniken, darunter auch Visualisieren und
kognitives Training – Schritt für Schritt durch das Trauma geführt wurden, bis sie nicht mehr emotional reagierten, weit
bessere Ergebnisse als diejenigen, die eine traditionelle Ge-
sprächstherapie oder überhaupt keine Behandlung erhielten.
Indem sie das Trauma möglichst detailliert wiedererlebten,
konnten die Opfer verhindern, dass sie davon überwältigt wurden. Sie trainierten sich selbst darin, das, was ihnen passiert
war, von einem neutralen oder positiven Standpunkt aus umzu-
definieren, was es ihnen erlaubte, es für immer loszulassen. Diejenigen, die das Trauma entweder verdrängten oder erbarmungslos durchlebten, ohne objektiv zu versuchen es zu lösen,
blieben traumatisiert, und ihre Symptome verschlechterten sich
mit der Zeit oft sogar noch.

DER GEIST

Bliss findet im Jetzt statt – wenn wir so perfekt im Moment leben, dass unser Bewusstsein ganz von Bliss durchdrungen und aufgebaut wird. Es ist *unmöglich*, Bliss zu empfinden und gleichzeitig über die Vergangenheit nachzugrübeln. Aus diesem Grund ist für jedes Bliss-Experiment die Fähigkeit erforderlich, das Joch der Vergangenheit abzuwerfen.

Das ist nicht so radikal, wie es klingen mag. Es versteht sich von selbst, dass die Heilung unserer Vergangenheit von wesentlicher Bedeutung ist. Das steht wohl außer Frage. Fast jede Richtung der Psychologie – die Psychologie Freuds und Jungs, die kognitive Psychologie, die Gestaltpsychologie, die transpersonale Psychologie und so weiter – proklamiert die Notwendigkeit, die Wunden der Vergangenheit zu überwinden. Eine unserer ersten Antworten auf große traumatische Ereignisse – ein Flugzeugabsturz, ein Amoklauf, Terroranschläge, Naturkatastrophen – besteht darin, Traumatherapeuten für die Überlebenden und die Zeugen zu entsenden. Dies geschieht in Anerkennung der Tatsache, dass die Wunden der Vergangenheit unser gegenwärtiges und künftiges Leben beeinflussen und dass die Möglichkeit eines negativen Ergebnisses ohne jede Intervention sehr groß ist.

Psychologie und Spiritualität

Es gibt jedoch einen entscheidenden Unterschied zwischen Psychologie und Spiritualität. Viele der traditionellen psychologischen Ansätze betonen die Wirksamkeit des Auslotens unserer Vergangenheit, manchmal immer und immer wieder. In gewisser Weise glauben sie, dass wir, je weiter wir zurückschauen – auf die frühen Konflikte aus der Kindheit, unsere prägenden Beziehungen zu unseren Eltern und Familien und die wichtigen Meilensteine unserer kindlichen Entwicklung – umso glücklicher (oder zumindest weniger neurotisch) sein werden.

Aus spiritueller Perspektive stellt sich dies weitgehend anders dar. Um Bliss zu erreichen, ist es nur begrenzt erforderlich, dass wir zurückschauen. Ziel ist es, unsere Vergangenheit loszulassen, nicht mehr darin zu schwelgen – sie praktisch aus unserem Bewusstsein verschwinden zu lassen. Wir müssen unsere Lektionen leidenschaftslos lernen, die Weisheit extrahieren, die wir durch die entsprechenden Erlebnisse gewonnen haben, und diese dann loslassen. Letztlich ist ein solches Erlebnis kein Ort zum Verweilen oder um tiefer zu graben. Dort ist weder Glück noch Lebenssinn noch Wahrheit – geschweige denn Bliss – zu finden.

Zugegeben, die Arbeit mit unseren Wunden und Traumata ist schwierig und heikel. Manche von uns haben echte Schrecken erlebt, die nicht beschönigt werden können und auch nicht mit banalem Gefasel beleidigt werden sollten. Manchmal können wir von der unmittelbaren Zusammenarbeit mit einem qualifizierten Fachmann profitieren. Es gibt einige moderne therapeutische Ansätze, die sich sehr harmonisch mit Bliss-Übungen ergänzen. Therapie oder psychiatrische Behandlung kann zeitweilig sehr hilfreich sein (»zeitweilig« kann auch jahrelang bedeuten), vor allem wenn es darum geht, uns durch ein Trauma oder eine besonders schwierige Zeit zu begleiten. Letztlich müssen wir aber auch verstehen, dass die therapeutischen und pharmazeutischen Modelle weit hinter der glückseligen Selbstverwirklichung zurückbleiben. Bliss beginnt dort, wo therapeutische Übungen enden.

Die nicht existente Vergangenheit

In gewisser Weise ist das Grübeln über die Vergangenheit noch wahnhafter als die Suche nach Reichtum, Sex, Romantik, Ruhm, Schönheit oder Macht, denn die haben zumindest eine konkrete, materielle Realität. Im Gegensatz dazu ist die Vergangenheit wie ein Gespenst. Sie ist wahrlich eine Erfindung unserer Vorstellung.

Es ist nicht nur eine Tatsache, dass eine nicht losgelassene Vergangenheit in unsere Gegenwart eindringt, sondern auch, dass unsere Neigung, die Bedeutung negativer Erinnerungen übermäßig aufzublasen, die entsprechenden Emotionen auf jeden Fall verzerrt, vielleicht sogar völlig verfälscht. Deshalb führt das Schwelgen in der Vergangenheit zu Depressionen und Angstzuständen. Je mehr wir zurückschauen, desto weniger deutlich sehen wir, was im Jetzt wirklich passiert.

Über die Vergangenheit nachzugrübeln bedeutet, die alten Bänder immer und immer wieder abzuspielen, an alten Erwartungen festzuhalten und die Welt durch eine veraltete Brille zu sehen. Wir fallen auf die Luftspiegelung von etwas herein, was gar nicht da ist, und trinken Sand statt Wasser, oder wir kämpfen wie Don Quijote gegen harmlose Windmühlen, die wir für böse Feinde halten. Wir hören nicht, was andere wirklich sagen – jetzt, in der Gegenwart. Wir verarbeiten nicht genau das, was wirklich jetzt geschieht. Wir sind zu beschäftigt und hören nur mit einem Ohr zu, während wir instinktiv auf Situationen reagieren, die gar nicht existieren; auf Emotionen, die gar nicht empfunden werden, und auf Worte, die gar nicht gesagt werden.

Indem wir uns so verhalten, machen wir neue Fehler, die ihrerseits verletzte Gefühle, negative Reaktionen und eine weitere Sammlung von Erinnerungen hervorrufen, mit denen wir Dinge in Zukunft verdrehen und falsch interpretieren können. Solange wir diese Gespenster nicht bewusst vertrieben haben, sind wir in einem Teufelskreis gefangen, in einem sich selbst verstärkenden, nie endenden Kreislauf.

Der Impuls zur Veränderung kommt gemeinsam mit der Erkenntnis: So schwer es auch sein mag, die eigene Vergangenheit loszulassen, es ist noch viel schmerzhafter, daran festzuhalten. Unsere negativen Erinnerungen und Emotionen sind machtlos, wenn es darum geht, ein besseres Jetzt für uns zu erschaffen. Wir müssen so manche bewusste Anstrengung machen, um uns davon zu befreien, damit wir ganz im Moment leben können.

Vergangenheit und Gegenwart integrieren

Es gibt wirksame und weniger wirksame Mittel und Wege, unsere Vergangenheit loszulassen. Eines der üblichsten und am wenigsten wirksamen Mittel ist der Einsatz von Alkohol und

Drogen, um die Vergangenheit zu vergessen. Das funktioniert *nie*, weil Alkohol und Drogen Erinnerungen nur kurzfristig unterdrücken. Später tauchen sie dann wieder auf, und oft auch noch genau dann, wenn wir ohnehin schon jede Menge Stress haben. Oder sie richten derartige Kollateralschäden in unserem Geist und Körper an, dass die »Heilung« schlimmer ist als das ursprüngliche Trauma.

Es gibt zwei gesunde Wege, unsere Vergangenheit loszulassen: Integration und Vergebung. Der Rest dieses Kapitels beschäftigt sich mit Integration. Vergebung wird das Thema des nächsten Kapitels sein, nachdem wir die Geschichte von DeShawns Partnerin Shanice gehört haben.

Schmerzliche Erinnerungen mischen sich störend in unsere Gegenwart ein, weil wir sie nicht richtig verarbeitet und in unsere Erfahrung des Jetzt integriert haben. Wir sind Gefangene unserer Ängste und fürchten uns, die Traumata der Vergangenheit genauer unter die Lupe zu nehmen, weil sie unheimlich und verwirrend sind. Wir sind von Emotionen überwältigt. Oft ist unser erster Impuls, sie zu bekämpfen, beiseitezuschieben und zu wünschen, sie mögen verschwinden. Wir versuchen, unsere Umwelt so zu manipulieren, dass uns diese Erfahrungen erspart bleiben. Das Problem ist nur, dass Vermeiden oder Beiseiteschieben alles nur noch schlimmer macht.

Die Unfähigkeit, unsere Verletzungen und Traumata der Vergangenheit und unsere Erinnerungen – die guten wie die schlechten – an die Vergangenheit loszulassen, führt zu einer Art temporärer Schizophrenie, dazu, dass sich ein Spalt zwischen unseren vergangenen und unseren gegenwärtigen Ichs auftut und eine Art Dualität entsteht. Wenn wir auf der seelisch-geistigen Ebene nicht in die Gegenwart integriert sind, agieren die Gespenster unserer Vergangenheit wie multiple Ichs im Hintergrund, halten uns fest und zwingen uns, ständig zurückzuschauen und uns vor dem bodenlosen Abgrund zu fürchten.

Akzeptieren, Objektivieren, Reimaginieren

Die drei Schritte zur Integration unserer Vergangenheit und unserer Gegenwart sind Akzeptieren, Objektivieren und Reimaginieren.

Akzeptieren bedeutet, dass wir uns das, was uns passiert ist, eingestehen und ihm erlauben, Teil unseres gegenwärtigen Ichs zu werden. Statt gegen das, was passiert ist, anzukämpfen; statt uns zu wünschen, es wäre nicht passiert; statt uns zu weigern, es anzuschauen, zu glauben oder zuzugeben, dass es uns beeinflusst, geben wir unseren Widerstand auf und lassen es zu. Wir akzeptieren, dass, was immer geschehen ist, jetzt ein Teil von uns ist. Wir lernen, uns ohne jede emotionale Reaktion damit zu konfrontieren und ernsthaft daran zu arbeiten, bis die Erinnerung daran keine emotionale Reaktion mehr auslöst.

Dies erreichen wir, indem wir uns dem Trauma *zuwenden*, nicht, indem wir uns davon abwenden. Widerstand gießt nur Öl ins Feuer. Wir müssen lernen, unsere vergangenen Erfahrungen und uns selbst objektiv zu betrachten, wie es ein neutraler Beobachter tun würde. Genauso wenig, wie uns das Trauma von jemandem, den wir nicht kennen und der am anderen Ende der Welt lebt, umhaut, darf uns irgendwann auch unser eigenes Trauma nicht mehr umhauen. Das müssen wir lernen. Wir üben ganz bewusst, das betreffende Ereignis und uns selbst so leidenschaftslos und unvoreingenommen wie möglich zu sehen. Unvoreingenommenheit schafft positive Distanz – eine Art seelischen Freiraum und geistigen Raum zum Atmen, in dem wir die Dinge klarer sehen können. In diesem Raum können wir unsere Reaktionen auf das Ereignis ganz bewusst verändern. Wir sehen, welche Wahlmöglichkeiten wir vielleicht genutzt haben, um es zu verhindern oder seinen Einfluss abzuschwächen, und was wir daraus lernen können.

Schließlich können wir unsere Vergangenheit reimaginieren, indem wir unsere Geschichte neu erzählen und ausdrücklich das Gute betonen, das aus unseren Erfahrungen erwachsen ist – oder das Gute, das daraus erwachsen könnte, wenn wir es nur zulassen würden. Weder unsere kleinen Probleme noch unsere großen Traumata müssen uns bestimmen, geschweige denn kaputtmachen. Wir können sie als Katalysatoren nutzen, um bessere glücklichere und stabilere Menschen zu werden. Aus eigener Erfahrung weiß ich: Die schlimmsten Dinge, die mir im Leben passiert sind, haben mich zu dem Menschen gemacht, der ich heute bin. Ich bin glücklicher, weiser und erlebe mehr Bliss, weil ich all das durchgemacht habe. Je mehr wir uns mit ihren positiven Aspekten beschäftigen, und seien sie noch so klein und unbedeutend, desto leichter wird es, eine negative Erinnerung in unser gegenwärtiges Erleben zu integrieren.

Und wenn wir sie erst einmal integriert haben, haben unsere schlechten Erinnerungen keine Macht mehr über uns. Wir haben sie nicht etwa *vergessen*, wir reagieren einfach nicht mehr darauf. Sie sind einfach. Wenn wir etwas wirklich akzeptieren, hören wir auf, es ständig in unserem Kopf hin und her zu bewegen, und brechen damit automatisch aus dem Teufelskreis der Grübelei und der negativen Emotionen aus. Der Zustand, in dem wir nicht reagieren, ist ein Zeichen dafür, dass wir unsere Vergangenheit in die Gegenwart geholt haben. Sie sind ineinander übergegangen. Es gibt nichts Schreckliches mehr, das »da draußen« auf uns lauert, uns verfolgt und Macht über uns hat. In dem Moment, in dem wir sie akzeptieren und integrieren, hört die Vergangenheit auf, »das andere« zu sein, und ist ein Teil unseres Jetzt.

DAS EXPERIMENT:
UNSERE GESCHICHTE NEU ERZÄHLEN

1. Wählen Sie ein negatives Ereignis, eine negative Interaktion oder eine negative Erinnerung. Rufen Sie sich alles, was damit zu tun hat, so detailliert wie möglich ins Gedächtnis – einschließlich dessen, was daraufhin passiert ist.
2. Listen Sie alles Gute auf, das sich daraus ergeben hat. Das können innere Erkenntnisse ebenso sein wie äußere Vorteile:

Menschen, die Sie dadurch kennengelernt haben; Chancen, die sich daraus ergeben haben; Beziehungen, die enger geworden sind.

3. Üben Sie sich im Akzeptieren. Geben Sie sich die Erlaubnis zu akzeptieren, was Ihnen passiert ist. Hören Sie auf, dagegen anzukämpfen. Laden Sie Ihre Vergangenheit in Ihre jetzige Lebensgeschichte ein. Sagen Sie mehrmals zu sich selbst: »Was in der Vergangenheit passiert ist, ist nicht mehr zu ändern. Ich bin dankbar für jede Chance.« Visualisieren Sie, wie sich Ihr Geist und Ihr Körper ob dieser Tatsache entspannen, wie sie weich, ruhig und friedlich werden. Achten Sie darauf, ob Sie irgendeine physische oder mentale Anspannung spüren, wenn Sie diese Sätze sagen. Wenn Sie irgendwelche Spannungen in Ihrem Körper spüren, sollten Sie sich aktiv bemühen, die betreffenden Körperteile zu entspannen.

4. Nehmen Sie das Ereignis oder die Erinnerung so leidenschaftslos und objektiv wie möglich unter die Lupe. Sehen Sie sich so, wie ein neutraler Beobachter Sie sehen würde. Tun Sie, als seien Sie ein Wissenschaftler, ein Therapeut oder ein Seelsorger, der sich mit einem gewissen inneren Abstand mit Ihrem Fall beschäftigt. Wie würden Sie beschreiben, was passiert ist? Was haben die Beteiligten gedacht und gefühlt? Was hat sie motiviert? Was hätten die Beteiligten anders machen können, um das Ergebnis beziehungsweise die Folgen dieses Ereignisses zu ändern, sie entweder abzuwenden oder zu minimieren, wenn überhaupt? Welche Lehren können Sie daraus ziehen?

5. Erzählen Sie das Ereignis oder die Erinnerung neu, und zwar positiv, als seien Sie der glücklichste, freundlichste und verständnisvollste Mensch auf der ganzen Welt. Falls Sie Schwierigkeiten damit haben, können Sie jemand anderen visualisieren – einen Therapeuten, einen Geistlichen, einen weisen Guru oder einen mitfühlenden Freund –, der das für Sie übernimmt. Was würde diese Person sagen? Was war

das Gute, das aus diesem Ereignis erwachsen ist? Sie können auch positive Ergebnisse einschließen, die sich vielleicht
erst in der Zukunft zeigen.

6. Seien Sie dankbar für das, was Ihnen passiert ist. Und wenn
nicht für das Ereignis selbst, dann dafür, dass es Ihnen
geholfen hat, der Mensch zu werden, der Sie sind; für die
Veränderungen, die Sie deswegen in Ihrem Leben vorgenom-
men haben; für die Menschen, die Sie kennengelernt haben.
All das haben Sie diesem Ereignis zu verdanken. In Kapitel
13 erfahren Sie noch mehr zum Thema Dankbarkeit.

7. Visualisieren Sie, wie die Vergangenheit mit der Gegenwart
verschmilzt. Spüren Sie, wie sie ihre negative Macht über Sie
verliert. Wiederholen Sie diese Übung so oft, wie es nötig ist,
um das Trauma oder die Erinnerung ganz loszulassen.

Online

Weitere Videos und Quellen für dieses Kapitel stehen auf der
Internetseite www.theblissexperiment.com zur Verfügung.

KAPİTEL 8

DIE SEITE UMBLÄTTERN

Vergebung ist der Schlüssel zum Handeln und zur Freiheit.
Hannah Arendt, deutsch-amerikanische Philosophin und
Politiktheoretikerin (1906–1975)

Zum Loslassen der Vergangenheit ist oft Vergebung erforderlich. Das gilt vor allem, wenn wir uns als Opfer anderer fühlen oder Scham, Schuld und Reue wegen schlechter Taten empfinden, die wir an anderen verübt haben. In dem einen Fall müssen wir jemand anderem vergeben, in dem anderen uns selbst.

Vergebung wird oft grandios missverstanden, und das ist nicht verwunderlich. Es ist per Definition ein mit sehr vielen negativen, ja sogar widersprüchlichen Emotionen belastetes Thema. Vergebung wird am besten als eine innere Haltung verstanden. Es ist etwas, das wir für uns selbst tun und nicht für andere.

In Kapitel 7 haben wir den Anfang der Geschichte von DeShawn und Shanice gelesen. Dieser erste Teil handelte vor allem von DeShawns Erlebnissen. Shanice hat eine sehr machtvolle eigene Geschichte.

DIE GESCHİCHTE

Obwohl sie nie mit mir über die Details gesprochen hatte, wusste ich, dass Shanice als Teenager das Opfer eines Übergriffs geworden war. Der Täter war ein Junge aus der Nachbarschaft, den sie beiläufig kannte. Shanice hatte eine Therapie gemacht und sich im College kurzfristig einer Selbsthilfegruppe angeschlossen. Auch wenn sie eine praktisch veranlagte, produktive und motivierte Person ist, hatte sie Probleme mit Intimität und Vertrauen. Sie empfand, was nicht untypisch ist, auch Scham über das, was ihr passiert war, obwohl sie wusste, dass es nicht ihre Schuld war. Ein Teil ihrer Scham hatte etwas mit ihrem Wunsch zu tun, ihren Eltern zu gefallen, die sie sehr liebte und respektierte. Sie hatten sich so sehr bemüht, sie vor den Gefahren zu bewahren, denen sie in ihrer Nachbarschaft ausgesetzt war. Ihre Not wurde noch dadurch verschärft, dass sie das Gefühl hatte, ihre Mutter und ihren Vater im Stich gelassen zu haben – auch wenn ich nie den Eindruck gehabt hatte, dass ihre Eltern das genauso sahen.

Shanice dachte häufig über den damaligen Übergriff nach. Manchmal durchlebte sie ihn auch sehr plastisch immer und immer wieder. Sie hatte schreckliche Flashbacks und lähmende Panikattacken. Sie war wütend auf ihren Angreifer, nicht nur für das, was er ihr angetan hatte, sondern auch, weil er ihre ganze Familie verletzt hatte. Er hatte ihre Hoffnungen und Träume auf ein besseres Leben für Shanice zerstört. Anfangs fand sie ihre Wut nützlich, weil sie ihre Malerei und ihre Kreativität anfeuerte. Doch im Laufe der Zeit manifestierte sich die Kehrseite dieser Wut immer offensichtlicher. Shanice kämpfte auch in ihrer Beziehung mit DeShawn, obwohl er liebevoll, unterstützend und verständnisvoll war. Sie musste sich eingestehen, dass ihre Fähigkeit, wahre Intimität und Vertrauen zu empfinden, durch diese Wut in Mitleidenschaft gezogen war. Sie hatten auch die Tendenz, in die Abwärtsspirale der von Wut befeuerten Kämpfe zu geraten, weil sie beide sehr wütend werden konnten. Kleine Streitereien über triviale Dinge konnten schnell in Kämpfe ausarten, bei denen sie sich gegenseitig anschrien und von denen sie sich erst Tage später wieder erholt hatten.

Das führte dazu, dass sie, was Gefühle anging, bald regelrecht entmutigt und auf der Hut war. Wenn sie sich Gefühle erlaubte, war es oft, als öffne sie die Schleusen für einen Strom von negativen und unkontrollierten Emotionen, die ihr Angst machten und sie deprimierten. Da war es einfacher, überhaupt nichts zu fühlen. Nur wenn Shanice malte, ließ sie ihre Gefühle ungehindert an die Oberfläche kommen. Es war vermutlich kein Zufall, dass sie der einsamen Beschäftigung des Malens sehr zugetan war. Wenn sie malte, brauchte sie sich keine Gedanken über ihre Wut, ihre Angst und ihre Niedergeschlagenheit zu machen, die alle anderen beeinflusste, vor allem natürlich DeShawn.

Irgendwann wurde ihr klar, dass sich etwas ändern musste, denn dies stellte eine schwere Beeinträchtigung ihrer Beziehungen dar – zu DeShawn, ihrer Familie, ihren Freunden, ja sogar ihren Arbeitskollegen. Shanice fand einen Therapeuten, der auf sexuellen Missbrauch spezialisiert war. Wie sie mir erzählte, fand sie es bemerkenswert, dass es nicht lange dauerte, bis sie sich besser fühlte. Dieser weise Berater konzentrierte sich sofort darauf, Shanice vergeben zu helfen: zuerst sich selbst und dann, später, dem Täter. Dass sie ihm vergab, bedeutete nicht, dass sie sich mit ihm versöhnte. In der Tat hat sie ihn seit diesem Vorfall nie mehr gesehen. Sie hat keine Ahnung, wo er wohnt oder ob er im Gefängnis ist. Sie weiß noch nicht einmal, ob er noch lebt.

Seit Shanice vergeben gelernt hat, fühlt sie sich, als sei eine große Last von ihrem Bewusstsein genommen worden. Sie ist viel glücklicher und weniger wütend, ängstlich und niedergeschlagen. Ihre Beziehung mit DeShawn ist enger und besser als je zuvor. Sie war selbst überrascht zu sehen, dass die Ausdruckskraft ihrer Malerei nicht gelitten hatte, denn sie hatte befürchtet, dass dies geschehen könne. Ihre Malerei hat sich allerdings verändert: Sie ist nicht mehr so ungestüm, wabernd und dunkel. Aber sie hat sehr viel Freude an ihrem neuen Stil. Es gibt sogar erste Anzeichen dafür, dass er sich besser verkaufen wird, denn kürzlich ist es ihr gelungen, ihre erste Einzelausstellung zu lancieren. Shanice sagt, der spannendste Teil am Vergebenlernen sei gewesen, wie schnell die Vergebung Wirkung zeigte. Sie und ihr Therapeut hatten ein paar Monate lang zusammen gearbeitet, bevor Shanice ihre Entscheidung traf. Doch nachdem sie sich einmal klipp und klar entschieden hatte, änderten sich ihre Einstellung und ihre Emotionen sehr schnell. Der schwierigste Teil bestand darin, die ursprüngliche Entscheidung zu treffen. Die Vergebung selbst wirkte sofort. Sie beschrieb es mir, wie das Fallenlassen eines schweren Gewichts: »In der einen Minute liegt es auf mir, belastet und strapaziert mich, und in der nächsten ist es einfach nicht mehr da.«

DIE WISSENSCHAFT

Die wissenschaftlichen Nachweise, die für Vergebung sprechen, sind so unwiderlegbar, wie wissenschaftliche Schlussfolgerungen nur sein können. Es gibt eine Vielzahl von Forschungsprojekten, finanziert von Universitäten und gemeinnützigen Organisationen, die sich dem Studium der Vergebung verschrieben haben und deren Ergebnisse bei Individuen und in der Gesellschaft Anwendung finden. Besonders hervorzuheben sind die bahnbrechenden Forschungen, die im Rahmen des *Stanford Forgiveness Project* unter der Leitung von Dr. Frederic Luskin, Stanford Universität, durchgeführt wurden.

Es gibt kein Unterthema im Bereich der Vergebung, das noch nicht untersucht wurde: Vergebung für das Individuum, die Familie, den Staat und die Welt, einschließlich der groß angelegten Vergebungsaktionen für diejenigen, die unter der Gewalt in Nordirland, Südafrika und Sierra Leone und unter den Folgen der Angriffe vom 11. September gelitten haben. Diese Arbeit wurde auch in einer Vielzahl von Unternehmen sowie im medizinischen, im juristischen und im religiösen Bereich eingesetzt und erforscht. Eine Studie, die speziell auf Shanices' Geschichte anwendbar ist, wurde am *Cincinnati Children's Hospital Medical Center* durchgeführt. Sie untersuchte den Einfluss der Vergebung auf die Opfer von sexuellem Missbrauch in der Kindheit:

➤ Bei Opfern, die dem Täter vergeben konnten, war die Gefahr, unter posttraumatischen Belastungsstörungen leiden zu müssen, deutlich geringer, und sie zeigten ein höheres Selbstwertgefühl als diejenigen, die dazu nicht in der Lage waren.

➤ Diejenigen, die vergeben konnten, litten viel seltener unter durch den Angriff ausgelösten Depressionen, Ängsten und Stress.

➤ Vergebung zu praktizieren senkt den Blutdruck, stärkt die allgemeine körperliche Gesundheit, lindert körperliche Schmerzen und hilft Menschen, die sich gerade von einem Substanzenmissbrauch erholen, nicht wieder rückfällig zu werden.

➤ Vergebung transformiert *alle* Beziehungen, einschließlich Ehen und Freundschaften, und hilft uns, mehr in Kontakt mit unserer Umwelt zu sein, was in der erhöhten Bereitschaft, unbezahlte Arbeit zu leisten, im Spenden für einen guten Zweck und anderen altruistischen Taten zum Ausdruck kommt. Auf der anderen Seite haben diejenigen, die niemals vergeben, deutlich weniger Beziehungen und empfinden auch weniger starke Gefühle der Verbundenheit mit der Welt. Sie fühlen sich eher allein und isoliert.

Die erstaunliche Macht der Vergebung geht weit über den Einzelnen hinaus. Studien belegen, dass sie die allgemeine Kriminalitätsrate senkt, weil sie den Teufelskreis aus Vergeltung und Gewalt durchbricht, Kriege verkürzt oder sogar verhindert und weil sie universal wirksam ist, ungeachtet der Kultur, der Nationalität, der Rasse, der wirtschaftlichen Lage und der Religion.

DER GEIST

Vergeben ist ein Akt der spirituellen Verwandlung. Nicht zufällig ist einer der wichtigsten Momente in der Geschichte der Menschheit der, in dem Jesus vom Kreuz herabschaut und sagt: »Vater, vergib ihnen, denn sie wissen nicht, was sie tun.« Vergebung ist von Natur aus göttlich, denn indem wir unseren Anspruch auf Hass, Furcht, Angst, Niedergeschlagenheit, Rache und Negativität loslassen, schaffen wir in unserem Innern Raum für Mitgefühl, Ganzheit, Frieden, Weisheit und Liebe. Das sind die Bausteine von Bliss.

Dass es einen spirituellen Meister wie Jesus brauchte, um zu vergeben, zeigt uns, wie schwer das sein kann. Wie Mahatma Gandhi sagte: »Die Schwachen können nicht vergeben. Vergebenkönnen ist ein Attribut der Starken.« Es ist ein heroischer Akt, der außerordentlichen Mut erfordert. Es mag unmöglich scheinen, sich diesen Akt überhaupt vorzustellen. Wir erinnern uns, was mit uns passiert ist, und das kann so viel Wut, Furcht, Angst und einen derart starken Wunsch nach Vergeltung heraufbeschwören, dass wir es fast als Beleidigung empfinden, wenn jemand Vergebung von uns erwartet. Sich selbst an den Punkt zu bringen, an dem man einem anderen vergeben *will*, ist der schwerste Schritt. Doch sobald wir diesen Entschluss gefasst haben, entfaltet sich der Rest ganz leicht und natürlich.

Unser Problem hat viel damit zutun, worauf wir unsere Aufmerksamkeit richten. Oft denken wir viel über den Täter nach, der unsere Wut, ja sogar unsere Rache normalerweise verdient hat. Das ist umso unerträglicher, wenn die Übergriffe dieser Person unentdeckt oder unbestraft geblieben sind. Wir mögen die Einzigen sein, die wissen, was er oder sie getan hat, und was vielleicht noch schlimmer ist, selbst wenn andere Bescheid wissen, sind wir möglicherweise die Einzigen, denen es etwas auszumachen scheint. Das stachelt unsere Wut nur noch mehr an.

Wenn wir uns weniger auf den Täter und mehr auf uns selbst konzentrieren, macht Vergebung mehr Sinn. Wir haben die unzähligen verderblichen Einflüsse, die das Festhalten an unserer Vergangenheit auf uns hat, bereits kennengelernt: Es gibt uns ein jämmerliches Gefühl, schadet unserer Gesundheit, untergräbt unsere aktuellen Beziehungen und beeinträchtigt unser ganzes Leben. Und was das Wichtigste ist, es blockiert unsere Fähigkeit, Glück und Bliss zu empfinden. Die Weigerung zu vergeben hält uns in einem immerwährenden Opferzustand – zunächst in den Händen des Täters und für immer in unseren eigenen Händen.

Manchmal, wenn ich ganz besonders mit meiner eigenen Bereitschaft zu vergeben kämpfen muss, erinnere ich mich daran, dass gut leben die beste »Rache« ist. Indem ich meine Wunden der Vergangenheit lecke, gebe ich denen, die sie mir zugefügt haben, Macht über mich. Ich erlaube ihnen, mein Leben zu beeinflussen. Doch das Letzte, was ich will, ist, ihnen Satisfaktion zu geben. Positiver ausgedrückt: Indem ich ihnen nicht mehr erlaube, mein Leben fortwährend zu beeinflussen, fordere ich diese Macht zurück. Ich werde der Meister meines eigenen Schicksals, nicht sie. Nur indem ich eine positive Einstellung, Schönheit, Freundlichkeit und Liebe wähle, bekomme ich das Leben, das ich wirklich will.

Es ist hilfreich, sich an das zu erinnern, was wir empfunden haben, als andere uns vergeben haben – die Erleichterung, die Befreiung, die Leichtigkeit –, oder unsere Qual, wenn sie uns nicht vergeben wollten. Keiner von uns ist perfekt. Eine rachsüchtige Einstellung wird unweigerlich auf uns zurückfallen, weil auch wir, als nicht perfekte Wesen Übergriffe begehen werden, die der Vergebung bedürfen.

Wie Hanna Arendt in dem Zitat zu Beginn dieses Kapitels zum Ausdruck gebracht hat, ist Vergebung der einzige Weg in eine Gegenwart und eine Zukunft ohne Knechtschaft. Verurteilung, Hass, Rachegefühle und die dazugehörigen negativen Emotionen halten uns in der Vergangenheit gefangen. Solche Einstellungen zu haben heißt, davon auszugehen, dass Veränderung und Transformation unmöglich sind, dass das Leben statisch, festgelegt und unwiderruflich kaputt ist. Wenn wir unerbittlich zurückschauen, verlieren wir nicht nur die Fähigkeit, den gegenwärtigen Moment zu sehen, sondern geben auch alle Hoffnung auf, den Verlauf unserer Zukunft jemals ändern zu können.

Jeder kleine, individuelle Akt der Vergebung ist ein Schritt in Richtung einer besseren Welt. Schauen Sie sich Südafrika nach der Apartheid an. Anders als so viele afrikanische Länder, die sich nach der Unabhängigkeit regelrecht aufgelöst haben, ist Südafrika – hauptsächlich dank der Weisheit, des Mitgefühls und der Weitsicht von Nelson Mandela und Erzbischof Desmond Tutu – nicht nur nicht zusammengebrochen, sondern hat der Welt auch ein leuchtendes Beispiel gegeben. Das landesweite Vergebungsprojekt, die Wahrheits- und Versöhnungskommission unter Vorsitz von Erzbischof Tutu war für diesen Erfolg ganz wichtig.

Uns selbst vergeben

Vergebung ist nicht immer auf andere gerichtet. Oft müssen wir uns selbst vergeben: für unsere Versäumnisse und unsere Fehler, für schlimme Verbrechen und kleinere Vergehen. Selbst wenn wir etwas wirklich Schlimmes getan haben, besteht unsere einzige Chance auf Wiedergutmachung darin, unser Bewusstsein zu erheben. Wenn wir uns in Elend, Selbstmitleid oder Selbsthass suhlen, werden wir kontinuierliche Kanäle für diese Negativität. Und Negativität bleibt nie auf unser Inneres beschränkt. Sie dringt immer auch nach außen und färbt im kleinen oder im großen Stil auf andere ab. Indem wir uns heilen, helfen wir nicht nur uns selbst, sondern mindern auch die Chancen, in Zukunft andere zu verletzen.

»Sünde« wird durch Liebe gesühnt, nicht durch Hass. Wenn wir das Böse aus dieser Welt entfernen wollen, müssen wir es in uns selbst ausmerzen, denn das Böse ist nicht kontrollierbar. Selbstvergebung ist die einzige dauerhafte Möglichkeit, den Teufelskreis der Gewalt gegen andere und uns selbst zu durchbrechen.

Auch wenn Mitgefühl für sich selbst das Schwierigste von allen sein kann, müssen wir uns an die Worte von Yoganandas spirituellem Lehrer erinnern. Swami Sri Yukteswar sagte: »Vergiss die Vergangenheit. Die entschwundenen Leben aller Menschen sind schwarz vor Scham.« Wir alle machen Fehler, von denen manche einfach nur peinlich sind, andere hingegen zutiefst beunruhigend. Das ist das unvermeidliche Resultat unserer menschlichen Mangelhaftigkeit.

Gott, dem Universum oder der Menschheit vergeben

Wenn offenbar keine individuelle Schuld vorliegt, etwa bei einer Naturkatastrophe oder wenn das Ausmaß des Vergehens unvorstellbar schrecklich ist – wie der Holocaust oder eine ruinöse Wirtschaftskrise –, wir also keinen Einzelnen und auch keine Gruppe verantwortlich machen können, suchen wir uns manchmal einen viel größeren Sündenbock: Gott, das Universum oder die Menschheit im Allgemeinen. Ein gängiges Argument für Atheismus ist, das Universum sei so kaltherzig, ja sogar grausam, dass Gott entweder nicht existiere oder aber er so engherzig sei, dass er unsere Aufmerksamkeit, geschweige denn unsere Verehrung nicht verdiene. Manche empfinden echte Wut auf diesen schrecklichen, zufälligen und chaotischen Fehler von einer Welt; andere halten sie für einen nicht lustigen kosmischen Scherz.

Ich hege gewisse Sympathien für diesen Standpunkt, weil es einmal mein eigener war. Man könnte eine profunde theologische Diskussion darüber führen, doch dies ist nicht der Ort dafür. An dieser Stelle will ich nur so viel sagen: Vergebung ist in diesem Zusammenhang eine willentliche Verlagerung des Fokus vom Äußeren zum Inneren. Was außerhalb von uns passiert, ist letztlich neutral. Wie wir es verstehen und darauf regieren wollen, macht den entscheidenden Unterschied.

Der Glaube, dass jemand oder etwas »da draußen« – sei es ein persönlicher Gott oder die unpersönlichen »Gesetze der Natur« – uns verletzt, ist eine bewusst gewählte Interpretation. Sie ist von Vorwürfen und einer Opferhaltung geprägt. Sie ist eine Annahme und keine Tatsache. Eine entmachtende noch dazu. Vorwürfe, Wut und Schmerz – auch wenn sie gegen Gott oder das Universum gerichtet sind – behindern unsere Fähigkeit, Bliss im eigenen Innern zu erleben.

Häufige Missverständnisse

Über Vergebung gibt es einige gängige Missverständnisse, die wir oft als Grund anführen, warum wir nicht vergeben wollen.

Vergebung und Versöhnung sind nicht dasselbe. Versöhnung

ist etwas, das sich im Außen abspielt. Vergebung findet im Innern statt. Versöhnung erfordert das Wiederherstellen eines positiven Kontakts mit denen, die uns verletzt haben. Sie beinhaltet einen direkten Austausch zwischen den Parteien, vielleicht sogar das Wiederaufnehmen der Beziehung. In manchen Fällen macht eine Versöhnung Sinn, in anderen nicht. Wie mittlerweile klar sein sollte, hat Bliss etwas mit dem Innern des Menschen zu tun, nicht mit seinen äußeren Umständen. Daher braucht Bliss *keine* Versöhnung im Außen. Was zählt, ist der innere Zustand unseres Bewusstseins.

Vergeben ist nicht das Gleiche wie Vergessen. Manchmal *mag* es hilfreich sein, eine schlechte Erinnerung aus unserem Kopf verschwinden zu lassen – versehentlich oder absichtlich –, aber meiner Erfahrung nach sind wir in der Regel am besten bedient, wenn wir nicht vergessen, sondern nur vergeben. Weisheit wird dadurch erworben, dass man aus den Erfahrungen der Vergangenheit lernt – aus den guten wie aus den schlechten. Wenn wir uns leidenschaftslos erinnern können, ohne uns von negativen Emotionen davontragen zu lassen, gibt es viel für uns zu gewinnen. Uns an unsere Vergangenheit zu erinnern kann uns zu neuen Höhenflügen antreiben, sowohl persönlich wie auch als Gesellschaft. Unwissenheit hat nichts mit Bliss zu tun, und in der Unwissenheit gibt es keine Glückseligkeit.

In Fällen, in denen Gesetze gebrochen wurden, bedeutet Vergebung nicht, dass wir auf unser Recht, Rechtsmittel einzusetzen, verzichten. Wenn Abhilfe möglich ist – etwas die Inhaftierung eines Sexualstraftäters oder das Einleiten eines zivilrechtlichen Verfahrens gegen eine betrügerische Firma –, *sollte* sie geschaffen werden. Wie immer in Zusammenhang mit Bliss kümmern wir uns jedoch vorrangig um unsere innere Einstellung. Tun Sie, was immer angemessen ist, aber tun Sie es mit so viel Ruhe, Gelassenheit und innerer Klarheit wie nur möglich. So sehr wir auf der Makroebene auch versuchen sollten, brutalen Diktatoren, Terroristen oder völkermordenden Fanatikern zu vergeben – das bedeutet nicht, dass wir nicht unser Bestes tun sollten, um sie aufzuhalten, selbst wenn das Krieg bedeutet. Soweit es möglich ist, dürfen wir keinen schädlichen, negativen Emotionen erliegen, während wir unsere gerechten Pflichten erfüllen. Wenn das, was wir tun, das Richtige ist, sollte das allein Motivation genug sein. Wir brauchen uns nicht auch noch lähmende und schädliche Emotionen aufzubürden.

DAS EXPERIMENT: DER PROZESS DES VERGEBENS

1. Gehen Sie eine feste Verpflichtung ein, dies *für sich selbst* zu tun – nicht für den Täter und auch nicht für irgendjemanden sonst. Sie allein haben die Macht, sich für Vergebung zu entscheiden. Legen Sie fest, dass Ihr Glück und Ihr Bliss höchste Priorität haben.

2. Suchen Sie sich ein Ereignis, eine Beziehung oder eine Interaktion aus. Es kann etwas sein, was Ihnen passiert ist, oder etwas, das Sie jemandem angetan haben. Erinnern Sie sich, was passiert ist und wie Sie sich dabei gefühlt haben. Versuchen Sie, objektiv zu bleiben, und listen Sie so viele Details auf, wie Sie für nötig halten. Mehr Details können hilfreich sein, wenn Sie sich unsicher sind, was an dieser Situation es genau war, das Sie so verletzt hat. Bei einem offensichtlichen Trauma müssen Sie vermutlich nicht sehr viele Details auflisten. Manchmal kann es hilfreich sein, mit einer vertrauten Person – Familienmitglied, Freund oder Freundin, Therapeut, Seelsorger – zu sprechen, um sich über die eigenen Gedanken und Gefühle klar zu werden. Oder Sie vertrauen sich Ihrem Tagebuch an oder finden andere Wege, sich ganz privat zum Ausdruck zu bringen.

3. Gewinnen Sie einen Eindruck von dem, was Sie fühlen. Sehen Sie das, was Sie fühlen, nicht als etwas, das wirklich mit diesem jetzigen Moment zu tun hat, sondern als Reaktion

auf etwas, das in der Vergangenheit passiert ist. Listen Sie auf, in welcher Weise sich dieser gegenwärtige Moment – genau jetzt – von der Vergangenheit *unterscheidet* und wie die Vergangenheit in die Gegenwart »einsickert« und sie verzerrt.

4. Beschwören Sie, wenn möglich, Empathie für den Täter herauf – oder für sich selbst, wenn es bei dieser Übung darum geht, sich selbst zu vergeben. Empathie bedeutet *nicht*, dass Sie mit dem Täter einer Meinung sind oder billigen, was er getan hat. In diesem Prozess geht es darum, zu verstehen, was die Person (oder Sie) mit dieser Tat erreichen wollte. Versuchen Sie zu spüren, was er (oder sie) gedacht, gebraucht und gefühlt haben könnte. Sie fühlen sich vielleicht sogar schlecht für ihn, und zwar in dem Sinne, dass der Täter etwas gründlich falsch verstanden und einen so schrecklichen Fehler gemacht hat. Stellen Sie sich die Angst, die Verwirrung, die Ignoranz, ja sogar die Dummheit dieser Person vor. Stellen Sie sich den Schmerz vor, den er empfinden muss, und die Probleme, ja sogar die persönliche Hölle, die seine Verwirrung für ihn selbst schafft.

5. Schreiben Sie die Geschichte Ihres Traumas, Ihrer Kränkung oder Ihres Fehlers neu, sodass sie ein positives Ergebnis hat. Suchen Sie nach Möglichkeiten, wie Sie dies nutzen können, um Weisheit zu gewinnen, ein besserer Mensch zu werden, Ihre Lebensziele zu erreichen oder neue Chancen zu bekommen. Erinnern Sie sich an diese positive Erzählung, wann immer es nötig ist.

6. Lassen Sie jede Erwartung auf Bestrafung los. Wenn es eine Möglichkeit gibt, dass der Täter betraft werden kann oder sollte, ist es allerdings völlig in Ordnung und sogar positiv, diese Rechtsmittel einzusetzen. Üben Sie sich darin, die Angelegenheit leidenschaftslos zu sehen, als seien Sie nur das Vehikel, durch das unpersönliche Gerechtigkeit vollzogen wird. Wenn es nichts gibt, was Sie tun können – oder der Verstoß gar nicht auf dieser Ebene stattgefunden hat –, ver-

abschieden Sie sich von Ihrem Wunsch, das persönliche Vehikel für seine Bestrafung zu sein. Vertrauen Sie darauf, dass das Universum schon dafür sorgen wird, dass er bestraft wird. Lassen Sie jemand anderen das Vehikel für Urteil und Bestrafung sein oder sogar entscheiden, ob dies überhaupt notwendig ist. Lassen Sie alle Erwartungen los, dass die Person überhaupt in einem nach außen erkennbaren Sinn bestraft wird. Sehen Sie, in welcher Weise er schon jetzt gestraft ist. Es gibt keine größere Hölle, als in einem negativen Bewusstsein gefangen zu sein. Ob es die Welt erkennt oder nicht, er ist vermutlich schon jetzt in der Hölle.

7. Konzentrieren Sie sich auf diese Visualisierungen: Stellen Sie sich negative Gedanken, Emotionen oder den Wunsch, einen anderen Menschen zu verletzen, als eine schwere Kugel oder ein schweres Gewicht vor. Stellen Sie sich dann vor, dass Sie diese Kugel/dieses Gewicht über den Rand einer Klippe schieben und zuschauen, wie sie/es nach unten fällt, immer weiter von Ihnen weg. Und Sie bleiben mit einem leichten und freien Gefühl zurück. Oder sehen Sie sich selbst als Adler, der kämpft, um an Höhe zu gewinnen, und dann schwingen Sie sich auf den Winden des Lebens immer höher und lassen schließlich das tote Gewicht, das Sie in die ganze Zeit in Ihren Klauen gehalten haben, fallen. Und nachdem Sie Ihre Vergangenheit losgelassen haben, sehen Sie, wie Sie frei durch den ganzen Himmel segeln.

8. Bleiben Sie am Ball und stärken Sie Ihre Bereitschaft zu vergeben dadurch, dass Sie den oben erläuterten Prozess ganz oder teilweise wiederholen, so oft es nötig ist.

KAPITEL 9

DIE ZUKUNFT VERGESSEN

Ich habe Bekanntschaft mit einer ganzen Menge Schwierigkeiten gemacht, aber die meisten davon habe ich gar nicht bekommen.

Mark Twain, amerikanischer Schriftsteller (1835–1910)

Wir haben untersucht, wie das Leben in der Vergangenheit unsere Aufmerksamkeit von der Ganzheit dieses Moments abzieht, oft mit katastrophalen Folgen. Es gibt einen zweiten, gleichermaßen unangebrachten Ort in der Zeit, an dem wir nach Glück und Bliss suchen: die Zukunft. Während die Denkweise, die dem Zurückschauen zugrunde liegt, eher das Wiederkäuen von oder das Schwelgen in Erinnerungen ist, steckt hinter der Beschäftigung mit der Zukunft die ängstliche Sorge. Gemeinsam holen diese beiden zum Doppelschlag aus und verweigern uns Bliss garantiert.

Wir sind furchtbar, wenn es um das Vorhersagen sowohl unserer äußeren als auch unserer inneren Zukunft geht. Die Welt ist einfach zu komplex mit zu vielen Variablen und zu vielen Menschen, die Entscheidungen treffen, über die wir zu wenig wissen, als dass wir gut darin sein könnten.

Wir alle wissen und machen uns lustig darüber, wie schlecht Meteorologen im Vorhersagen des Wetters von morgen sind – gar nicht zu reden von der Vorhersage für die nächste Woche oder den folgenden Monat. In Wirklichkeit ist es sehr viel leichter, das Wetter vorherzusagen, als den Verlauf eines menschlichen Lebens, einer Familie oder einer Zivilisation. Wir alle wissen, dass wir der Wettervorhersage nur begrenzt Glauben schenken dürfen – besonders im Hinblick auf alles, was über die nächsten paar Tage hinausgeht –, und doch verbringen wir Stunden, Tage, Wochen und sogar Monate unseres Lebens mit endlosen Versuchen, viel komplexere zukünftige Ereignisse zu extrapolieren – etwa, wo wir in fünf Jahren sein werden und wie es dann mit unserer Karriere, unseren Beziehungen, unseren Kindern, unserer Gesundheit und unseren Finanzen bestellt sein wird, ganz zu schweigen davon, welchen Verlauf das Schicksal von Firmen, Technologien und sogar Ländern nimmt.

DIE GESCHICHTE

Schon in jungen Jahren hatte Ari in seinem Kopf ein klares Bild, wie sein Leben aussehen sollte. Er stellte sich einen Moment in der Zukunft vor, zu dem er sein Ziel, ein wohlhabender, geachteter Arzt mit einer schönen Frau und zwei Kindern zu sein, erreicht haben würde, und war vollauf zufrieden. Er organisierte sein ganzes Leben rund um diese Vision.

Ari wuchs in einer relativ wohlhabenden Familie in Long Island auf. Er besuchte eine renommierte Privatschule, war Jahrgangsbester an der Highschool und wurde in Harvard angenommen, dem College seiner Träume. Sein Aufnahmeantrag war perfekt. Ari hatte dafür gesorgt, dass er genau die Noten, die außerschulischen Aktivitäten und die gesamte Lebensgeschichte dort stehen hatte, die dem Harvard-Zulassungsausschuss gefallen würden. In Harvard traf sich Ari weiterhin mit seiner Jugendliebe aus der Highschool, die nicht nur schön war, sondern auch seine Lebensziele teilte, und zwar in jeder Hinsicht.

Er war darauf bedacht, seinen Abschluss wieder als Jahrgangsbester zu machen, damit er seine Ausbildung an der Harvard Medical School fortsetzen konnte. Ari sehnte sich auch danach und schaffte es schließlich, in einen der prestigeträchtigsten Clubs – das Harvard-Äquivalent einer Studentenverbindung – aufgenommen zu werden. Das polierte seinen Lebenslauf auf und bescherte ihm eine Flut von Kontakten unter den Reichen und Mächtigen. In der Harvard Medical School stürzte er sich in seine Studien. Sein neues Ziel war, ein prestigeträchtiges Stipendium zu bekommen, das nur einige wenige Medizinstudenten im ganzen Land erhielten. Er wollte unbedingt ein weltberühmter Gehirnchirurg werden.

Nachdem er Arzt geworden war, heiratete Ari seine Jugendliebe. Bald darauf war sie mit ihrem ersten Kind schwanger. Sie zogen nach Florida, wo die Steuergesetze günstiger waren und er eine sehr lukrative Position angeboten bekam. Sie kauften sich ein kleines Haus und wurden Stützen der Gesellschaft.

Kurz vor seinem 40. Geburtstag zog Ari Bilanz seines Lebens. Er hatte alles erreicht, was er sich vorgestellt hatte: die Karriere, das Geld, den Status, die Frau, die Kinder. Und genau in diesem Moment erkannte Ari, dass er unglücklich war, und versank in eine lähmende Depression. Er konnte morgens kaum aufstehen, um ins Büro zu gehen. Seine Kinder ignorierte er größtenteils. Seine Ehe war sehr angespannt und stand kurz vor dem Aus. Selbst seinen Ärztekollegen blieb das nicht verborgen. Was lief schief?

Als Ari sein Leben überdachte, erkannte er eine lebenslange Trennung zwischen dem, was er als Person wirklich war, und der Zukunftsvision, die er für sich selbst geschaffen hatte. Die Wahrheit ist, dass er nie wirklich Gehirnchirurg werden wollte, vielleicht noch nicht einmal Arzt. Wenn überhaupt, hätte er Kinderheilkunde oder eine Familienpraxis bevorzugt. Er hatte sich über seine Gefühle hinweggesetzt, weil die Bezahlung und der Status in diesen Disziplinen – oder in irgendeinem anderen Beruf – nicht so hoch waren wie in der Gehirnchirurgie. Er hatte auch nie wirklich Lust gehabt, dieser Studentenverbindung beizutreten. Er machte sich noch nicht einmal etwas aus den meisten ihrer Mitglieder. Und doch hatte Ari Stunden mit ihnen verbracht – nur für den Fall, dass sich der eine oder andere Kontakt als vorteilhaft erweisen könnte. Er erkannte auch, dass er, obwohl er seine Frau liebte, auf einer tieferen Ebene nicht viel mit ihr gemeinsam hatte. Sie war so, wie er glaubte, dass eine gute Ehefrau sein sollte, aber echtes Verstehen fehlte. Er hatte Kinder, aber eher weil dies der konventionellen Erwartung entsprach, als weil er tief innen den Drang verspürte, Vater zu sein. Selbst das Leben in Florida war, abgesehen von den Steuererleichterungen und den Immobilienpreisen, nicht das, was er wirklich führen wollte.

Fast jede wichtigere Entscheidung, die Ari in seinem Leben getroffen hatte, war darauf ausgerichtet gewesen, sich in der Zukunft auszuzahlen oder eine vage Fantasie wahr werden zu lassen, und doch hatte ihn jede dieser Entscheidungen ängstlich und unglücklich gemacht. Er verbrachte sein Leben damit, das beiseitezuschieben, was er im Moment fühlte und erlebte, und sagte sich immer, dass alles besser werden würde, wenn er »dort« ankäme, als könne er zu einem künftigen Zeitpunkt eine Ziellinie überqueren und als sei von da an alles perfekt.

Als er allmählich auf die 40 zuging, merkte Ari, dass es keine Ziellinie gab, die er hätte überqueren können; keinen Moment, zu dem sich alle Opfer, die er gebracht hatte, auszahlen würden. Er wurde von Ängsten und Unruhe regelrecht aufgezehrt. Er setzte sich selbst auf Antidepressiva und angstlösende Medikamente, doch die zeigten wenig Wirkung, weil er nicht versuchte, irgendeine andere Art von Veränderung herbeizuführen, weder in seinen Lebensumständen noch in seiner Einstellung. Die Abwärtsspirale setzte sich also fort, bis die Menschen in seinem Umfeld fürchteten, er könne Selbstmord begehen.

Ich versuchte, Ari zu helfen, möglichst viele seiner Optionen zu sehen – vor allem, indem ich ihn anleitete, seine endlose Beschäftigung mit der Zukunft einzudämmen, und ihm half, in Kontakt mit dem zu kommen, was er im Hier und Jetzt fühlte und erlebte. Er fand dies äußerst schwierig. Sein Geist driftete immer wieder in die Zukunft und versuchte unerbittlich, zu berechnen, was ihn wohl am Ende des Weges erwarten *könnte*.

Obwohl er Fortschritte machte, verloren Ari und ich uns schließlich aus den Augen. Er gab zu, dass er nicht bereit war, nachhaltige Veränderungen vorzunehmen. Das Letzte, was ich von ihm hörte, war, dass er kurz vor dem Selbstmord gestanden hatte und immer noch am Kämpfen war. Ich bin nicht sicher, ob er jemals in der Lage war, vollständiger als damals in den gegenwärtigen Moment zu kommen. Um seinetwillen hoffe ich es.

DIE WISSENSCHAFT

Menschen passen sich auf erstaunliche Weise an Situationen und Ereignisse an. Selbst wenn uns »schlimme Dinge« passieren, mag dies nicht annähernd so verheerend sein, wie wir befürchten. Sie können sich sogar als das Beste für uns erweisen. Eine neuere Studie hat ergeben, dass wir, obwohl wir viele unserer Entscheidungen aufgrund von »affektiven Vorhersagen« treffen – Voraussagen darüber, wie unsere emotionalen Reaktionen auf künftige Ereignisse sein werden –, in Wirklichkeit ständig falschliegen.

Wir visualisieren die künftige Situation selten in ihrer ganzen Komplexität. Unsere Zukunftsbesorgnis ist zu umfassend. Wir versäumen es, wichtige Details zu berücksichtigen, die letztlich *alle* unsere Gefühle völlig verändern. Eine in *Psychological Science* veröffentlichte Studie beleuchtet dies. Probanden versuchten vorherzusagen, wie sie sich fühlen würden, wenn ein bestimmtes Ereignis einträfe. Nachdem dieses Ereignis tatsächlich eingetroffen war, wurden dieselben Personen gefragt, wie sie sich jetzt fühlten. Entgegen ihrer ursprünglichen Vorhersage machte das Ereignis wenig oder gar keinen Unterschied für das innere Wohlbefinden dieser Menschen. Wenn sie vorher glücklich gewesen waren, blieben sie auch hinterher glücklich, unabhängig davon, ob sie das Ereignis selbst als gut oder schlecht interpretierten. Und umgekehrt, wenn sie vorher unglücklich gewesen waren, hatte das Ereignis keine Wirkung, selbst wenn die Personen vorhergesagt hatten, dass es sie glücklich machen werde.

Die Forscher fanden heraus, dass wir den emotionalen Einfluss künftiger Ereignisse nicht genau vorhersagen können, weil wir uns zu sehr auf das jeweilige Ereignis konzentrieren und nicht genug auf unsere eigenen inneren Fähigkeiten, Ressourcen und Möglichkeiten. Äußere Ereignisse haben wenig mit unserem inneren Glück und Wohlbefinden zu tun, *selbst wenn wir glauben, dass sie eine große Rolle spielen.* Wer wir tief innen sind, ist viel wichtiger, als was um uns herum passiert.

Wir machen noch eine andere Art von Fehler beim Vorausschauen, nämlich anzunehmen, dass unser künftiger Geschmack unserem aktuellen Geschmack ähnlich sein wird. Ökonomen aus *Harvard* und vom *Massachusetts Institute of Technology* haben herausgefunden, dass wir beim Verarbeiten von Ängsten und beim Treffen von Entscheidungen weitgehend auf das zurückgreifen, was wir aktuell mögen, brauchen oder wollen. Wir gehen davon aus, dass das *immer* so sein wird. Im Gegenzug machen wir uns viel Mühe mit der Sicherung einer Zukunft, die noch mehr und Besseres von dem für uns bereithält, was wir jetzt schätzen – nur um zu entdecken, dass sich, wenn die Zukunft da ist, unsere Bedürfnisse, Wünsche, Interessen und Sehnsüchte vollkommen verändert haben.

Sich Sorgen über die Zukunft zu machen hat sehr negative physische und mentale Konsequenzen. Eine von der *American Heart Association* veröffentlichte Studie hat gezeigt, dass Menschen, die sich chronisch Sorgen machen, häufiger koronare Herzprobleme bekommen als diejenigen, die sich keine solchen Sorgen machen. Einer anderen Studie zufolge haben Menschen, die sich übermäßige Sorgen um die Zukunft machen, höhere Angst- und Depressionsraten und niedrigere Glücks- und Wohlergehensraten. Und was vielleicht am schlimmsten ist, unaufhörliches Sorgenmachen erhöht tatsächlich die Empfänglichkeit für aktuelle und künftige Traumata. Das heißt, wenn tatsächlich etwas Schlimmes passiert ist, haben es die Schwarzmaler mit sehr viel mehr Stress erlebt als diejenigen, die sich vorher keine Sorgen gemacht hatten.

DER GEIST

Die Zukunft ist eine Illusion. Sie existiert nicht und kann gar nicht existieren. Ständig Projektionen, Sorgen und Tagträume über die Zukunft zu hegen heißt, in der Irrealität zu leben. In mancher Hinsicht ist das destruktiver, als in der Vergangenheit zu leben, denn zumindest hat die Vergangenheitsbesessenheit einen gewissen realen Hintergrund. Erleben können wir aber nur das Jetzt. Das Leben ist eine Reihe von Jetzt-Momenten. Sobald die Zukunft kommt, ist sie ein Moment in der Gegenwart.

Wenn wir die fundamentale Unwirklichkeit der Zukunft sehen können, öffnen wir uns für eine wichtige Veränderung in unserer Wahrnehmung. Jetzt ist die einzige Realität. Der Rest ist eine Fantasie, eine Illusion, ein Traum oder ein Albtraum. Im Jetzt leben heißt aufwachen.

Drei Möglichkeiten, in der Zukunft zu leben

Es gibt im Prinzip drei Möglichkeiten, in der Zukunft zu leben. Die meisten von uns nutzen alle drei in unterschiedlichem Maße und unterschiedlichen Kombinationen. Die gängigste und destruktivste Form des Lebens in der Zukunft ist, ständig »was wäre, wenn« zu denken. Als ich 20 war und mich durch meine Ängste und Depressionen arbeitete, verbrachte ich viel Zeit im Gespräch mit einem transpersonalen Therapeuten. Eines Tages, nachdem ich meine Angst vor dem einen oder anderen zum Ausdruck gebracht hatte, sagte Michael zu mir: »Weißt du was, Sean, ›Was wäre, wenn ...‹ sind die neurotischsten Worte unserer Sprache.«

Ich werde diese einfache, kraftvolle Bemerkung nie vergessen. Dieses »Was wäre, wenn« hatte nichts mit einem kreativen, forschenden Impuls oder unserer grenzenlosen Fähigkeit zur Innovation zu tun. Vielmehr spielte Michael auf diese persönlichen, emotionalen, auf Angst basierenden Szenarien an, die wir ständig selbst erzeugen: Was, wenn ich krank werde? Was, wenn ich versage? Was, wenn etwas Schreckliches passiert? Was, wenn sie/er mich nicht liebt? Was, wenn ich meinen Job verliere? Was, wenn ich ... nicht tun kann?

Angst kann auch in der Gegenwart stattfinden. Wenn mir beispielsweise jemand eine Pistole an den Kopf hält, kann ich im Jetzt nackte Angst empfinden. Sorge ist etwas anderes. Es ist eine in die Zukunft projizierte Furcht, die Angst hervorruft. Die überwältigende Mehrheit der Was-wäre-wenn-Szenarien ereignet sich nie. Wenn wir unsere Was-wäre-wenn-Gedanken zählen und später prüfen könnten, wie viele davon sich tatsächlich manifestiert haben, kämen wir auf eine verschwindend kleine Prozentzahl. Das heißt: mindestens 99 Prozent verschwendete mentale Energie. Und selbst wenn etwas, das wir befürchtet haben, eintritt, haben wir uns unsere tatsächliche Reaktion darauf vermutlich nicht korrekt vorgestellt oder es versäumt, wichtige Details zu berücksichtigen, die das Ergebnis verändern. Und damit war die ganze Zeit, die wir damit verbracht haben, uns Sorgen zu machen, unproduktiv und hat uns nicht geholfen, irgendwie besser zurechtzukommen.

Wie Sie sich vielleicht erinnern, ist eine illusionäre Fokussierung die Tendenz, eine oder zwei Variablen zu isolieren und ihren Einfluss auf alles andere zu überschätzen. Dies erklärt die ständigen Fehler, die wir machen, wenn wir unsere Zukunft entwerfen. Wir fürchten, unseren Job zu verlieren, übersehen aber die gleichwertige oder gar bessere Chance, die sich daraus ergeben könnte. Wir fürchten das Scheitern unserer Beziehung, bedenken aber nie, dass es den Weg für etwas Gesünderes freimachen könnte. Und selbst, wenn wirklich etwas »Schlechtes« passiert, schaffen wir es nicht, auf unsere inneren Ressourcen und unsere Anpassungsfähigkeit zu vertrauen.

Die zweite Möglichkeit, in der Zukunft zu leben, hat etwas mit übermäßiger Zielorientierung zu tun. Unsere Gesellschaft belohnt Ergebnisse, keine Prozesse. Das hat seine Vorzüge, aber es hat auch eine Kehrseite, denn alles, was wir um einer künftigen Belohnung willen tun, zieht uns aus dem gegenwärtigen Moment. Zielorientiertes Verhalten opfert die Gegenwart für die Zukunft. Wir tun etwas, aber nicht wegen der Befriedigung, der Weisheit oder der Freude, die es bereitet, sondern für eine künftige Belohnung – die vielleicht nie kommt oder sich nicht in der Weise auszahlt, wie wir es gehofft haben.

Eines ist sicher: Niemand belohnt uns dafür, dass wir einfach *sind*. Auch wird bei Belohnungen in der Regel nicht berücksichtigt, *wie* wir zu dem Ergebnis gekommen sind. Unsere Eltern haben uns nicht gefragt, ob wir eine Note durch Abschreiben oder Schummeln bekommen haben. Niemand fragt allzu genau nach, ob ein Geschäftsführer oder Wertpapierhändler irgendwelche Gesetze gebrochen hat. Die Gesellschaft belohnt uns ständig nicht für die Reise selbst, sondern dafür, dass wir sie vollendet haben – wie auch immer.

Übrigens: Oft haben diese Ziele überhaupt keine persönliche Bedeutung für uns. Es sind die Ziele anderer Menschen, die wir verinnerlicht haben, die Ziele unserer Eltern, unserer Freunde, unserer Lehrer, unserer Anführer, unserer Religion und unserer Gesellschaft. Es kann sein, dass wir unser ganzes Leben lang Ziele verfolgen und Belohnungen anstreben, und zwar eher, weil uns von anderen gesagt wurde, dass wir sie verfolgen und anstreben sollten, als weil wir selbst das wirklich wollen.

Was fühlen wir, wenn wir unser Ziel erreicht haben? Vielleicht sagen wir uns, dass das Erreichen von diesem oder jenem uns ein Gefühl der Befriedigung, ja sogar des Glücks gegeben hat. Doch wenn wir näher hinschauen, entdecken wir, dass wir sehr viel häufiger Erleichterung empfinden als echtes Glück. Wir sind dankbar, dass eine Last endlich von unseren Schultern genommen wurde. Unser Seelenfrieden kehrt kurz zurück – bis wir uns begierig das nächste Ziel vornehmen.

Wir neigen auch dazu, uns nur einen oder zwei Momente unserer künftigen Belohnung vorzustellen. Wenn es beispielsweise darum geht, einen Preis zu gewinnen, stellen wir uns den Moment vor, in dem wir den Preis in Empfang nehmen: der Gang über die Bühne, der Händedruck, mit dem wir beglückwünscht werden, und die stehenden Ovationen des Publikums. Was wir vergessen, ist, dass das Leben danach weitergeht, wir uns schnell an den Ruhm gewöhnen und die Begeisterung darüber bald abflauen wird. Viel zu schnell schalten wir wieder auf »normal«. Dann müssen wir uns wieder aufmachen und das nächste Ziel finden, das wir unbedingt erreichen wollen.

Das heißt nicht, dass Menschen, die schwer arbeiten oder ständig Überstunden machen, automatisch unglücklich sind. Noch heißt es, dass es schlecht ist, sich Ziele zu setzen. *Wenn* Sie wirklich lieben, was Sie tun, haben Sie einen Weg gefunden, wie Sie die Aussicht auf künftige Belohnung mit dem unmittelbaren Erleben von Freude in der Gegenwart verschmelzen können. Das ist jedoch zunehmend selten geworden. Zu oft wenden sich unsere Ziele gegen uns, werden zum grausamen Zuchtmeister und berauben uns des gegenwärtigen Moments. Wir werden wie Ari, mehr motiviert von einer künftigen Belohnung als von der umfassenden und sich immer weiter ausbreitenden Glückseligkeit des Jetzt.

Die dritte Möglichkeit, in der Zukunft zu leben, sind Fantasien und Tagträume, in denen es darum geht, reich zu werden, den perfekten Liebhaber zu finden oder den Nobelpreis zu gewinnen. Manche Tagträume können nützlich sein. Sie können uns in einen nicht linearen, nicht rationalen, intuitiven Zustand versetzen, in dem sich kreative Lösungen manifestieren. Zu viel Zeit im Land der Fantasie zu verbringen trennt uns jedoch vom ewigen Jetzt. Wie wird sich das stundenlange, elaborierte Spinnen von Fantasien darüber, in einem goldenen Palast zu leben und vom feinsten Luxus umgeben zu sein, wohl auswirken, wenn der Tagtraum zu Ende ist und wir uns in unserer hässlichen Wohnung umschauen? Vermutlich nehmen unsere Ängste und Depressionen dann zu, und wir sind noch weniger in der Lage, das wertzuschätzen und zu genießen, was wir in diesem Moment erleben.

Viele unserer Zukunftsfantasien helfen uns nicht weiter. Es sind aufwendige Wege, um aus unserer gegenwärtigen Realität zu fliehen und die Auseinandersetzung mit ihr zu vermeiden. Sie sind darauf angelegt, uns aus dem Moment herauszuholen. Wir wollen das, weil wir noch nicht gelernt haben, auf positive Weise ganz in der Gegenwart zu leben. Das Dilemma ist, dass nur das Jetzt real ist. Zu viel Zeit im Fantasieland zu verbringen bedeutet die Preisgabe unserer Fähigkeit, jene bessere Zukunft, von der wir träumen, auch wirklich herbeizuführen und zu realisieren. Wir können nicht lernen, nichts verändern und auch keine spirituellen Fortschritte machen, wenn wir nicht präsent sind.

Planen, ohne sich Sorgen zu machen
Das heißt nicht, dass wir keine Zukunftspläne machen können oder sollten. Planen ist nicht dasselbe wie, sich Sorgen zu machen, Tagträumen nachzuhängen oder übermäßig zielorientiert zu sein. Wir können nicht einfach ohne Termin in der Praxis eines Arztes auftauchen. Das erfordert Planung und Zukunftsprojektierung. Das Gleiche gilt für die Zubereitung des Abendessens, das Kaufen von Konzertkarten oder das Vereinbaren eines Termins für nächsten Freitag. Und wo wir schon dabei sind, wenn wir wirklich Arzt werden wollen, müssen wir darüber nachdenken, wie das zu erreichen ist. Wir müssen bestimmte Kurse belegen (wir müssen herausfinden, welche Universität wir besuchen müssen, weil man nicht überall Medizin studieren kann), wir müssen die richtigen Tests machen und uns bewerben, studieren und ein Spezialgebiet wählen, um Facharzt zu werden. Jedes Unternehmen und jede Organisation muss eine Menge im Voraus planen. Produkte werden nicht auf magische Weise hergestellt, beworben und vertrieben.

Die Lösung ist, zu planen, ohne sich Sorgen zu machen. Wir müssen danach streben, unsere Ängste, persönlichen Bindungen und Wünsche nach allzu spezifischen Ergebnissen loszulassen. Wir müssen uns von dem falschen Glauben verabschieden, dass wir die Welt »da draußen« brauchen, um uns in einer bestimmten Weise zu entfalten, die uns glücklich macht. Auch wenn wir uns selbst keine große Ziele setzen, müssen wir daran denken, sie im gegenwärtigen Moment kontinuierlich zu fühlen und zu bewerten, immer im Abgleich mit unserem authentischen Selbst und um sicherzustellen, dass wir nicht in Sorge, Negativität oder Fantasien abrutschen.

Die Zukunft ist jetzt

Die Zukunft ist ein vages und sich permanent veränderndes Ziel. Unsere Gegenwart und unsere Art und Weise, in der Gegenwart zu sein, beeinflussen kontinuierlich, was geschehen wird. Die Saat der Zukunft liegt im Jetzt. Wir können die Zukunft weder sehen noch kontrollieren oder verstehen. Alles, was wir haben; alles, was wir sind, und alles, was wir steuern können, ist unser gegenwärtiges Sein. Wenn die Zukunft »kommt«, ist sie wirklich nur ein weiterer gegenwärtiger Moment.

Wenn wir in die Gegenwart eingetaucht bleiben, schmelzen alle Sorgen und Ängste weg. Indem wir die Vergangenheit loslassen und auf Gedanken an die Zukunft verzichten, machen wir klar Schiff, sodass wir uns schließlich selbst in aller Deutlichkeit sehen können. Das ist unsere einzige Möglichkeit zu beurteilen, ob das, was wir tun, fühlen, denken und sind, richtig für uns ist, oder ob wir in die Falle getappt sind und uns für ein künftiges Ziel oder einen Tagtraum ins Elend gestürzt haben. Und was am wichtigsten ist, dies gibt uns die Chance auf Bliss, indem es uns erlaubt, uns ganz mit der Gegenwart zu verbinden.

DAS EXPERIMENT:
ZURÜCK IN DIE GEGENWART

Wann immer wir das Gefühl haben, dass wir uns unnötigerweise um die Zukunft sorgen, Pläne machen oder Tagträumen
nachhängen, können wir uns trainieren, dies zu bemerken und
in den gegenwärtigen Moment zurückzukommen. Indem wir
innehalten und Distanz zu unseren Gedanken gewinnen, manifestieren wir Gelassenheit und Klarheit.

1. Achten Sie darauf, was gerade in Ihrem Kopf vor sich geht:
   Gedanken, Gefühle und innere Aktivitäten. Jetzt sagen Sie
   sich: »Das ist mein denkender Geist, der das tut.« Üben Sie
   sich darin, die Aktivitäten Ihres Geistes zu benennen. Wenn
   Ihr Geist beispielsweise übermäßig besorgt ist, ob Sie in Zukunft genügend Geld haben werden, kleben Sie diesem Gedanken das Etikett »besorgt« auf. Wenn er davon träumt, im
   Lotto zu gewinnen oder eines Tages einen Ferrari zu besitzen, steht »fantasieren« auf dem Etikett; wenn er neue Ziele
   erfindet, »planen«; wenn er in der Vergangenheit verweilt,
   »schwelgen« oder »besessen sein«. Sie können so viele Eti-
   ketten aufkleben, wie Gedanken auftauchen. Versuchen Sie
   in den nächsten ein oder zwei Minuten, jeden einzelnen Ihrer
   Gedanken genau zu benennen.
2. Setzen Sie sich bequem auf einen Stuhl, den Boden oder wohin Sie möchten. Achten Sie auf Ihren Atem. Atmen Sie durch
   die Nase. Nehmen Sie wahr, wie sich Ihr Bauch und Ihre
   Lungen rhythmisch nach innen und außen bewegen. Spüren
   Sie beim Einatmen die kühle Luft in Ihren Nasenlöchern und
   beim Ausatmen die warme.
3. Fangen Sie an, Ihre Atemzüge zu zählen. Zählen Sie jeden
   Atemzug mit einem vollen Heben und Senken (Ein- und Ausatmen) als eine Wiederholung. Zählen Sie zehn solcher Wiederholungen, wobei Sie die Zahlen nicht aussprechen, sondern nur im Kopf haben. Wenn Sie bei zehn angekommen

sind, zählen Sie rückwärts bis eins und wiederholen den ganzen Zyklus: »eins, zwei, drei, vier, fünf, sechs, sieben, acht, neun, zehn ... zehn, neun, acht, sieben, sechs, fünf ...« Wenn Sie abgelenkt werden, bringen Sie Ihren Geist ganz sanft wieder zur letzten Zahl zurück und fahren fort. Machen Sie diese Übung fünf Minuten lang mit offenen oder geschlossenen Augen.

4. Nehmen Sie sich nun so viel Zeit, wie Sie brauchen, um sich in Ihrer unmittelbaren Umgebung umzuschauen. Nehmen Sie die Landschaft, die Innenräume, irgendwelche spezifischen Objekte und die Farben in Ihrem Gesichtsfeld wahr. Hören Sie die Geräusche und achten Sie auf Gerüche oder Empfindungen. Versuchen Sie, Ihren Geist ruhig und nicht urteilend zu halten. Nehmen Sie einfach wahr, ohne zu kritisieren, sich Sorgen zu machen oder das eine oder andere über Ihre Erfahrung zu denken.

5. Machen Sie diese Übung im Laufe des Tages immer wieder, sobald Sie merken, dass Sie zu viel über die Zukunft nachdenken. Üben Sie, Ihre Gedanken zunächst zu benennen und dann dadurch zu unterbrechen, dass Sie Ihre Atemzüge zählen. Sie können diese Übung einige Minuten lang machen oder nur zwei- oder dreimal. Stellen Sie dabei immer sicher, dass Sie am Ende so viel wie möglich von Ihrer Umgebung wahrnehmen.

Online
Weitere Videos und Quellen für dieses Kapitel stehen auf der Internetseite www.theblissexperiment.com zur Verfügung.

KAPİTEL 10

BEWUSSTHEIT, EINFACH UND UNVERFÄLSCHT

Ich habe erkannt, dass die Vergangenheit und die Zukunft echte Illusionen sind, dass sie in der Gegenwart existieren, die ist, was da ist, und die alles ist, was es gibt.

Alan Watts, britisch-amerikanischer Philosoph
und Schriftsteller (1915–1973)

Bis hierher haben wir uns größtenteils auf die Orte konzentriert, an denen wir nicht nach Bliss zu suchen brauchen, ob sie nun in der äußeren Welt liegen oder in den inneren Reichen unserer imaginären Vergangenheit oder Zukunft. Nachdem wir uns vom Äußeren abgewandt, unsere Vergangenheit losgelassen und unsere Zukunft vergessen haben, bleibt uns nur dieser Moment, das unendliche Hier und Jetzt. Dies ist endlich der wahre Ort, an dem wir Bliss finden.

Die Ironie des Schicksals ist, dass der gegenwärtige Moment so leicht zu übersehen ist. Es mag uns wie eine kleine, flüchtige, ja sogar triviale Sache vorkommen – und doch ist dies unsere *einzige* Realität. Es ist alles, was *jemals* existieren wird. Wir fühlen uns oft von ihm entfremdet, als sei er ein fernes Bild und nur dazu gedacht, Hintergrund zu sein für unsere endlosen Traumata, Fantasien und Dialoge, die sich auf der Vorderbühne unseres Geistes abspielen. Wir unterhalten uns mit Menschen, während in unserem Kopf ganz andere Gedanken und Gespräche ablaufen. Wir werden in Emotionen verwickelt, die von unseren Erinnerungen an die Vergangenheit oder von unseren Zukunftsträumen hervor-

gerufen werden. Wir gehen oder fahren in halb bewusster Ent-
rücktheit durch unseren Alltag, bekommen kaum mit, was tatsächlich um uns herum vor sich geht – und versäumen es die
ganze Zeit, uns genau hier und jetzt mit diesem Moment zu verbinden oder uns seiner überhaupt bewusst zu sein.

DIE GESCHICHTE

Jonathan wuchs in Highland Park auf, einem Vorort von Chicago. Er wurde in einer reformierten jüdischen Familie aufgezogen
und besuchte eine renommierte Privatschule. Obwohl seine Familie nicht übermäßig religiös war, ging Jonathan an den Wo-
chenenden auch in die Hebräischschule und hatte seine Bar-
Mizwa mit 13 Jahren. Teil seiner jüdischen Erziehung war, dass
er und seine Kameraden aus der Hebräischschule jedes Jahr zusammen mit Kindern aus verschiedenen anderen Gemeinden in
der Gegend um Chicago einen Ausflug machten.

In der siebten und achten Klasse erlaubten Jonathans Eltern
ihm, die Ausflüge zu schwänzen. Im neunten Schuljahr bestanden sie jedoch darauf, dass er daran teilnahm. Dem Jungen
graute davor. Er kannte die meisten anderen Kinder nicht, einschließlich seines zufällig ausgewählten Zimmergenossen, und
war auch nicht sonderlich an seiner Religion oder Tradition
interessiert. Der Ausflug führte sie zu einer jüdischen Jeschiwa,
einer Universität, wo man das jüdische Gesetz und die Schriften studieren kann. Daran angeschlossen war ein Rabbinerse-
minar, wo junge Männer und Frauen zu Rabbinern ausgebildet
werden.

Wie die meisten Teenager war Jonathan auf diesem Ausflug
am meisten daran interessiert, Mädchen kennenzulernen und
fern von seinen Eltern Spaß zu haben. Das war die vorherrschende Einstellung. Viele seiner Mit-Wochenendausflügler hatten Alkohol, Drogen und Partystimmung im Gepäck. Da alle
Kinder in einem Wohnheim untergebracht waren – Jungen und

Mädchen auf unterschiedlichen Stockwerken –, hatten alle nach dem Programm zusammen Spaß, besonders nachdem die erwachsenen Begleitpersonen schlafen gegangen waren. Freitagnacht nach dem Sabbatabendessen und dem Orientierungsprogramm besuchten sie sich gegenseitig auf ihren Zimmern und feierten die eine oder andere Flüsterparty. Jonathans Zimmergenosse, den er an diesem Tag erst kennengelernt hatte, war mit jemandem befreundet, der ein bisschen Gras mitgebracht hatte. Jonathan war zum ersten Mal bekifft.

Da er die meisten der Jungen nicht kannte – keiner war an seiner Schule –, hatte Jonathan keine Hemmungen, sich anders zu verhalten als sonst. An seiner Highschool war er nicht besonders beliebt, doch hier wusste das niemand. Niemand hatte Vorurteile gegen ihn oder erwartete ein bestimmtes Verhalten von ihm. Sein sozialer Status spielte keine Rolle. Er brauchte sich auch nicht darum zu kümmern, die beliebten Kids ausfindig zu machen, um ihnen entweder aus dem Weg zu gehen oder sich an ihre Fersen zu heften. Es war sehr befreiend. Sie konnten alle sie selbst sein, zumindest für dieses Wochenende. Am Samstag nahmen die Jugendlichen die Mahlzeiten gemeinsam ein, besuchten vormittags den Gottesdienst im Tempel und fanden sich am Nachmittag zu Gruppenübungen zusammen. Wenige, wenn überhaupt, schenkten den religiösen Aspekten besondere Aufmerksamkeit, vor allem, weil sie alle aus Reformsynagogen und einem säkularen Umfeld stammten. Sie waren viel mehr daran interessiert, Witze zu reißen, Spaß zu haben sowie Partys und Zusammenkünfte für Samstagnacht zu planen.

Nach dem Abendessen passierte etwas Interessantes. Das Abendprogramm fand im Innern des wichtigsten Tempelheiligtums statt. Es wurde geleitet von zwei jungen Rabbi-Anwärtern – einem Mann und einer Frau –, die nur zehn oder zwölf Jahre älter waren als Jonathan. Die künftigen Rabbis führten die Jugendlichen auf das Podium in die Nähe der Lade, wo die Thorarollen aufbewahrt wurden. (Die Thora, das sind die ersten fünf Bücher des Alten Testaments. Für Juden ist sie die hei-

ligste und wichtigste Schrift.) Die Rabbis schalteten das Licht
aus. Nur Kerzenlicht erhellte den Raum. Alle setzten sich in
einen lockeren Halbkreis und schauten die beiden Rabbis an.
In ruhigem, angenehmem Ton erzählten sie Geschichten, in denen die Bedeutung der Thoralesung vom Morgen erklärt wurde. Der Mann holte eine Gitarre hervor und spielte ein paar
Volkslieder, die Jugendlichen sangen dazu.

Jonathan begann sich friedvoll und leicht zu fühlen, was
überraschend und unerwartet war. Er schaute sich um und bemerkte, dass alle anderen ähnlich reagierten. Die Kinder waren
ruhig und konzentriert. Manche umarmten einander in einer un-
terstützenden und verbindenden Weise. Er schaute in die fla-
ckernden Kerzen, sah die Heilige Lade für die Thora vor sich,
blickte in die ruhigen, lächelten Gesichter – und plötzlich fühlte
er sich zum ersten Mal in seinem Leben voll und ganz präsent.
Ein Gefühl der reinen Bewusstheit stieg in ihm auf. Er machte
sich keine Sorgen mehr über irgendwelche trivialen Probleme
oder Geschichten, die er mit irgendjemandem im Raum hatte. Er
wusste, dass er die meisten dieser Kinder nie wiedersehen würde,
zumindest nicht in absehbarer Zeit. Seine Schule, seine Studien,
das wichtige Biologieprojekt am kommenden Mittwoch, alles –
sein ganzes Leben in Highland Park – schien ganz weit weg, als
sei alles von ihm abgefallen. Sein Geist wurde ruhiger und gelassener, als er es je zuvor erlebt hatte. Er fühlte sich zutiefst mit den
Menschen um ihn verbunden: mit den künftigen Rabbis, den anderen Kindern, der größeren jüdischen Gemeinschaft, die er in
der Regel ignorierte, selbst mit der Synagoge und der Thora
selbst – die plötzlich eine friedvolle, zentrierende Macht in den
Raum auszustrahlen schien. Er machte sich keine Sorgen, ja
noch nicht einmal Gedanken über irgendetwas. Er spürte nur
reine Bewusstheit und Akzeptanz. In diesem Moment schien alles perfekt.

Später in dieser Nacht kamen die Kinder wieder in ihren
Zimmern zusammen. Doch nicht, um Partys zu feiern, sondern
nur, um sich leise miteinander zu unterhalten, sich mitzuteilen

und zusammen zu sein. Niemand trank oder nahm Drogen. Sie erfreuten sich einfach an ihrer Gesellschaft. Jonathan hatte noch nie etwas Derartiges erlebt. Es war keine außerkörperliche Erfahrung, er sah kein strahlendes weißes Licht, Gott erschien nicht und sprach nicht zu ihm – es war ein tiefes, ruhiges Wissen und ein reines, ungefiltertes Erleben des Jetzt.

Am Montag war sein Leben schnell wieder ganz normal, aber Jonathan vergaß diese Nacht nie wieder. Jahre später, als wir uns kennenlernten und er mir davon erzählte, hatte er nur eine einzige Frage: Was war das, und wie kann ich es wieder fühlen?

DIE WISSENSCHAFT

Die Untersuchungen, die in den letzten drei Kapiteln vorgestellt wurden, machen deutlich, dass es ein Fehler ist, in der Vergangenheit oder in der Zukunft zu leben. Ein einfacher Umkehrschluss sagt uns also, dass Glück und Bliss etwas mit der Gegenwart zu tun haben müssen. Dennoch lohnt es sich, einen genaueren Blick auf eine neuere, faszinierende Studie zu werfen, die dies bestätigt.

Ein Vorteil der modernen Technologie ist, dass sie Wissenschaftlern kreative Werkzeuge der Erkundung zur Verfügung stellt, die früher nicht möglich gewesen wären. Im Jahr 2010 veröffentlichte die Zeitschrift *Science* eine von Matthew Killingsworth und Daniel Gilbert von der Harvard Universität durchgeführte Studie. Die beiden entwarfen eine geniale App für das iPhone, die es fast 2 500 Teilnehmern erlaubte, ihre Gedanken, Stimmungen, Aktivitäten und den Grad ihrer Bewusstheit im Alltagsleben aufzuzeichnen. In unregelmäßigen Abständen fragten ihre Telefone, wie sie sich fühlten, was sie taten, ob sie über etwas nachdachten und ob das, worüber sie nachdachten, angenehm, unangenehm oder neutral war.

Die App machte es den Teilnehmern leicht, genau zu protokollieren, was sie taten, und die Information wurde auf elektronischem Wege zur Analyse an die Forscher geschickt. Die Ergebnisse können mit der Überschrift des Artikels »Ein wandernder Geist ist ein unglücklicher Geist« am besten zusammengefasst werden. Diese Untersuchung hat gezeigt: Wenn unser Geist abschweift, von was auch immer wir im gegenwärtigen Moment tun – vor allem weil wir über Vergangenes nachdenken oder die Zukunft planen –, *stürzt* unser Glücksniveau nach eigenen Angaben *in den Keller.*

Killingsworth selbst erklärt es sehr gut: »Menschliche Wesen scheinen über die einzigartige Fähigkeit zu verfügen, sich auf das nicht Vorhandene zu konzentrieren. Sie sind in der Lage, über die Vergangenheit nachzudenken, die Zukunft zu planen und sich Dinge vorzustellen, die nie eintreten werden. Doch gleichzeitig sind Menschen höchst ungeschickte Nutzer dieser Fähigkeit, denn sie scheint unsere Glück eher zu schmälern als zu steigern.«

Eine andere Studie hat ergeben, dass diejenigen, die vollständiger in der Gegenwart leben, weniger wahrscheinlich der Selbsttäuschung anheimfallen oder sich Illusionen über die Realität machen. Wer im Hier und Jetzt lebt, ist nicht nur glücklicher, sondern nimmt auch seine Lebensumstände mit größerer Genauigkeit wahr.

DER GEIST

Im gegenwärtigen Moment zu leben bedeutet, sich dessen, was man gerade tut, ganz bewusst zu sein und vollkommen darin aufzugehen. Es ist ein Zustand der entspannten Aufmerksamkeit, wobei das Schlüsselwort »entspannt« ist. Oft verstehen wir unter Konzentration etwas energetisch Anstrengendes oder emotional Zermürbendes. Wir stellen uns dabei eine gerunzelte Stirn, verspannte Schultern oder eine extrem angespannte Wachsamkeit vor. Doch all das ist überhaupt nicht das, was »im Moment präsent sein« bedeutet oder was dafür erforderlich ist. Es ist nicht zermürbend, es ist belebend. Es baut keine Spannungen auf, sondern entspannt.

Das Leben in der Gegenwart, im Jetzt, erfordert, dass wir unseren Bewusstseinszustand absichtlich wählen, statt uns gedankenlos treiben zu lassen. Das bedeutet, dass wir dem, was wir tun und erleben, unsere ganze Aufmerksamkeit schenken; dass wir offen und bewusst sind für unsere Umwelt und uns selbst. Es stimmt zwar, dass man manchmal den Eindruck hat, Zustände, die durch bestimmte Übungen wie Meditation erreicht werden, seien sehr speziell oder besonders schwer weiterzuentwickeln, doch in Wirklichkeit ist es einfach und natürlich, in der Gegenwart zu leben. Es ist eine bewusste Wahl, die zur positiven Gewohnheit wird.

Wir können in jedem Moment wach und bewusst sein – wenn wir sprechen, wenn wir arbeiten, wenn wir essen, wenn wir einkaufen oder wenn wir Liebe machen. Es ist keine Praxis, es ist ein Bewusstseinszustand, eine Art zu sein – die unser Glück dramatisch steigert und uns das Tor zu Bliss öffnet.

Die Fülle der Gegenwart

Das Eintauchen ins Jetzt ist ein Zustand der Fülle. Das Abdriften in die Vergangenheit oder Zukunft schafft eine verstörende Leere – eine Art zeitliche Dualität, in der es eine Lücke gibt zwischen dem, was jetzt passiert, und dem, was in der Vergangenheit passiert ist oder was wir uns von der Zukunft erträumen. Dies teilt uns effektiv in unser vergangenes, gegenwärtiges und zukünftiges Selbst. Zwischen diesen Teilen liegt eine Kluft der Trennung, ein Raum, in dem Grübelei und Sorge ihr zerstörerisches Werk tun können, während Furcht, Wut, Angst und die ganze Palette der negativen Gefühle in unser Bewusstsein einsickern.

Ganz präsent zu sein näht diese Dualität zusammen, eint uns, macht uns ganz. Es ist ein Zustand der Einheit. Im Einssein ist Vollständigkeit – sie sind synonym. Also strahlen wir Fülle und Zufriedenheit aus, wenn wir ganz präsent sind.

Diese Art von Fülle hat etwas Mystisches an sich. Wenn wir

ganz präsent sind, fühlt sich alles lebendig und wie verwandelt an. Alles ist geschärft: unsere Sinne, die Klarheit unseres Verstandes, unser Gefühl der Verbundenheit. Wir sehen alles, hören alles und fühlen alles. Aber nicht in einer negativen oder überwältigenden Weise. Wir sind ganz ruhig, zentriert und kontrolliert. Eigentlich sind wir völlig *außer* Kontrolle, aber nicht im üblichen Sinne. Ich meine das in dem positiven Sinne, dass unser Ego mit seinen normalen Ängsten, Sehnsüchten, Bedürfnissen und seiner Negativität ganz still in den Hintergrund tritt. Wir haben nicht länger das Gefühl, dass es ein separates Ich außerhalb des Jetzt gibt. Jede Distanz und Dualität ist aufgelöst. Es gibt kein Ich, das sich in Kontrolle oder außer Kontrolle fühlen oder eine negative Erfahrung irgendeiner Art machen kann. Unser ganzes Sein wird genutzt, alle unsere Kräfte werden konzentriert und maximiert. Es gibt keine Verschwendung, keinen Schwund und keinen Verlust – nur Ganzheit.

Das Leben im Jetzt bedeutet eine Verschiebung in unserem Erleben der Welt und von uns selbst. Es verändert grundlegend, wie wir unsere innere und äußere Welt verstehen und mit ihnen in Beziehung treten. Als sich Jonathan voll und ganz im Moment versunken erlebte, konnte er die Menschen um sich herum, selbst die Rabbis und die Insignien des jüdischen Glaubens mit ganz neuen Augen sehen. Noch in der Nacht zuvor waren seine Altersgenossen Menschen gewesen, mit denen er Partys feierte, denen er sich anbiederte und die er zu beeindrucken versuchte. Seine eigene jüdische Religion war ihm bisher ein uninteressantes, ja sogar langweiliges Rätsel gewesen – voll von seltsamen Menschen, die seltsame Dinge taten, die wenig persönliche Bedeutung für ihn hatten. Doch dieses eine Wochenende veränderte sein Leben. Er spürte eine Beschaulichkeit, ein inneres Wissen und eine Verbundenheit, die neu, lebendig und aufregend waren. Äußerlich hatte sich nichts verändert. Er war mit denselben Leuten zusammen, praktizierte dieselbe Religion und machte, was er schon immer gemacht hatte. Und doch war jetzt alles anders. Nicht nur anders, sondern auch *besser*.

Die Vorzüge der Gegenwart

Im gegenwärtigen Moment zu leben heißt, sich allem bewusst zu sein: der eigenen Gedanken, Gefühle und Reaktionen, der Umgebung und der Aktivitäten – was immer genau jetzt geschieht. Wenn wir das tun, geschehen interessante Dinge. Zunächst lernen wir uns selbst besser kennen. Wir werden aufmerksam für unsere Gewohnheiten und unsere Persönlichkeit. Je mehr wir uns selbst sehen und verstehen, umso leichter wird es, positive Veränderungen vorzunehmen – und diese Veränderungen sind sehr effektiv, weil wir wissen, dass sie im Einklang mit unserem innersten Selbst sind.

Das Leben in der Gegenwart ist also eigentlich viel weniger stressig. Wenn wir in der Vergangenheit leben – vor allen in unseren Traumata – oder uns um die Zukunft Sorgen machen, befinden wir uns die meiste Zeit in keinem sehr guten mentalen Raum.

Wir erleben vollständiger und lernen mehr aus diesen Erlebnissen. Wenn wir uns nur durch die Gegenwart treiben lassen, verpassen wir sehr oft das Wunder dessen, was genau jetzt da ist, sei es eine schöne Landschaft, ein inspirierendes Erlebnis oder einfach Zufriedenheit. Jeder Moment wird unendlich reicher und lohnender. Präsent zu sein erlaubt uns nicht nur, alle außergewöhnlichen Momente des Lebens voll auszukosten, es macht auch jeden Moment zu etwas Außergewöhnlichem.

Wenn wir im Jetzt leben, können wir die Wahrheit klarer sehen und besser verstehen. Es ist die einzige Möglichkeit, zwischen der Realität und einer Projektion zu unterscheiden. Statt unseren Traumata aus der Vergangenheit, unseren Emotionen und Erfahrungen zu erlauben, auf die Gegenwart abzufärben und sie zu verzerren, sehen und fühlen wir die Dinge, wie sie wirklich sind. Unsere Reaktionen beziehen sich auf den Moment und nicht auf etwas, das gestern oder letztes Jahr passiert ist. Wir reagieren nicht mehr auf die Gespenster unserer Imagination.

Schließlich hilft uns das Leben in der Gegenwart, anderen und uns selbst mit mehr Offenheit, weniger Urteilen und größerer Akzeptanz zu begegnen. Es schafft eine Art Puffer, eine ruhige Friedfertigkeit, welche die Flut der Urteile, der Kritik und der negativen Emotionen beruhigt, der wir ständig ausgesetzt sind. Wir sehen, auf welche Weise wir uns selbst täuschen und welchen Einfluss wir auf andere haben. Wenn wir bewusst und in unserer Mitte sind, haben wir einen viel größeren Blickwinkel, aus dem wir beobachten und registrieren können, was wirklich vor sich geht: wie das, was wir tun oder sagen (oder nicht tun oder sagen), die Menschen um uns herum positiv oder negativ beeinflusst.

Ganz im Moment zu sein und achtsame Bewusstheit zu praktizieren manifestiert das Tor zu Bliss. Es ist wie eine verzauberte Schatzkarte. Wenn wir ganz in unserer Mitte und im gegenwärtigen Moment sind, erscheint der Ort, an dem der Schatz vergraben ist, ganz von selbst. Zum ersten Mal erkennen wir in aller Deutlichkeit, wo wir nach dauerhaftem Glück und ewiger Wahrheit suchen müssen.

DAS EXPERIMENT:
DEN MOMENT GENIESSEN

1. Kaufen Sie eine Frucht: Apfel, Orange, Trauben, Beeren – was immer Sie mögen.
2. Suchen Sie sich einen ruhigen Ort, an dem Sie ungestört sind. Legen Sie die Frucht vor sich hin. Schließen Sie die Augen und atmen Sie ein- oder zweimal tief ein und aus, um sich zu entspannen.
3. Denken Sie an die Geschichte dieses Lebensmittels. Irgendwann in der Vergangenheit hat jemand die Frucht gepflanzt. Stellen Sie sich die ganze Szene vor: Vielleicht wird ein Baum gepflanzt, der immer größer wird und schließlich Früchte trägt. Sehen Sie die ganze Plantage vor sich mit den Obstbäumen, deren Wurzeln weit in die Erde hineinwachsen. Die Sonne scheint, das Wasser glitzert. Stellen Sie sich vor, wie

die Frucht gewachsen und langsam reif geworden ist, bis sie geerntet werden konnte. Stellen Sie sich die Person vor, die sie gepflückt hat – entweder mit der Hand oder mit einem Gerät. Stellen Sie sich vor, wie die Frucht geprüft, verpackt, auf einen Lkw geladen und zu dem Markt gefahren wurde, wo Sie sie gekauft haben.

4. Stellen Sie sich auch alle Menschen vor, die an diesem Prozess beteiligt waren. Wer immer den Baum gepflanzt, sich darum gekümmert, die Frucht gepflückt, verpackt, transportiert, im Markt ausgelegt hat und so weiter. All diese verschiedenen Gesichter und Orte, Menschen mit ihrem jeweils eigenen Hintergrund, ihren Geschichten, Hoffnungen, Herausforderungen und Träumen. Sie wurden geboren, aufgezogen, gekleidet, ernährt, auf eine bestimmte Weise und in einem gewissen Maße ausgebildet, und natürlich haben sie selbst Mengen von Lebensmitteln gegessen. Denken Sie an all diese Menschen, die ganzen Geräte und den Laden. Wer hat den Markt gebaut? Woher kommen all die Lebensmittel und Gerätschaften?

5. Achten Sie nun darauf, was in Ihnen vor sich geht, während Sie über diese wunderbare Frucht nachdenken. Wie fühlen Sie sich? Hier gibt es keine richtige oder falsche Antwort. Sie können Dankbarkeit, Staunen oder überhaupt nichts empfinden. Sie können sogar verärgert sein, weil so viele Ressourcen gebraucht wurden, um diese einzelne Frucht zu produzieren. Vielleicht spüren Sie ein Gefühl der Verbundenheit mit der großen Kette des Lebens. Vielleicht langweilen Sie sich aber auch einfach, sind müde oder denken allmählich, dass diese ganze Übung blöd ist. Das ist alles in Ordnung. Achten Sie einfach nur darauf, was in genau diesem Moment in Ihnen vor sich geht.

6. Jetzt nehmen Sie die Frucht in die Hand. Betrachten Sie sie, als hätten Sie noch nie zuvor eine solche Frucht gesehen. Spüren Sie ihre Form und Struktur in Ihrer Handfläche. Bemerken Sie die Farbe, die verschiedenen Schattierungen,

vielleicht sogar einzelne grüne oder braune Flecken. Riechen Sie an der Frucht.

7. Öffnen Sie die Frucht. Schneiden Sie sie mit einem Messer in Stücke oder schälen Sie sie mit der Hand. Achten Sie auf irgendwelche Geräusche, die dabei entstehen. Beobachten Sie genau, wie es ist, wenn das Fruchtfleisch zum Vorschein kommt.

8. Gibt es etwas an dieser Frucht, das Ihnen noch nie aufgefallen ist?

9. Nun führen Sie sie zum Mund. Haben Sie Lust, sie zu essen? Vielleicht spüren Sie etwas in sich aufwallen, das Sie zum Hineinbeißen ermuntert. Registrieren Sie das einfach.

10. Nun schließen Sie die Augen, machen den Mund auf und essen ein Stück. Fühlen Sie es in Ihrem Mund und kauen Sie es langsam. Konzentrieren Sie Ihre ganze Aufmerksamkeit und Bewusstheit darauf – auf den Geschmack, die Textur, das Geräusch des Kauens. Bemerken Sie auch Ihren Speichel, Ihre Zunge und Ihre Zähne, die alle mühelos ihre Arbeit tun.

11. Achten Sie auf irgendwelche Gedanken, die Ihnen vielleicht durch den Kopf gehen. Schweift Ihr Geist ab? Vergleichen Sie diese Frucht mit einer anderen, die Sie früher probiert haben, oder mit einem ganz anderen Lebensmittel? Mögen Sie diese Frucht oder finden Sie, dass sie schlecht schmeckt? Finden Sie diese Übung interessant oder idiotisch? Möchten Sie noch einen Bissen?

12. Machen Sie mit dem Essen der Frucht weiter, solange Sie möchten, und achten Sie dabei auf was immer Sie denken, fühlen und wahrnehmen.

13. Wenn Sie damit fertig sind, schauen Sie sich im Raum um und versuchen Sie, eine Verbindung mit Ihrer Umgebung herzustellen. Hören und beobachten Sie.

14. Denken Sie darüber nach, wie Sie sich fühlten, als Sie diese Übung gemacht haben. Konnten Sie ganz eintauchen, oder haben sich ständig Gedanken an die Vergangenheit oder Zu-

kunft eingemischt? Wenn Sie (weitgehend) präsent bleiben konnten, was haben Sie dabei gefühlt? War es anders als Ihre übliche Erfahrung beim Essen einer Frucht?

15. Nehmen Sie sich jeden Tag Zeit, etwas zu genießen, das Sie normalerweise schnell und nebenbei tun oder dem Sie nicht Ihre ganze Aufmerksamkeit schenken. Üben Sie sich darin, alles, was Sie tun, zu bemerken und wirklich darin aufzugehen. Erkennen Sie, dass Sie jeden Moment mit diesem Grad der Bewusstheit leben können.

Online

Weitere Videos und Quellen für dieses Kapitel stehen auf der Internetseite www.theblissexperiment.com zur Verfügung.

TEIL 3
TIEFER GRABEN

Für das Finden der verborgenen Glückseligkeit im eigenen Innern ist es erforderlich, dass wir im Jetzt präsent sind. Wenn wir
den richtigen Ort zum Suchen erst einmal gefunden haben – diesen gegenwärtigen Moment – beginnt die eigentliche Arbeit.

Wir haben gesehen, dass die Vergangenheit und die Zukunft
Fantasien sind, die in unserem Kopf ausgeheckt wurden. Wenn wir
erst einmal vollkommen präsent und bewusst sind, haben wir Gelegenheit, uns selbst zu beobachten und festzustellen, was unser Geist
tut, sagt, fühlt und denkt: all seine Macken und Verhaltensweisen.

Im Zustand der zentrierten Bewusstheit sind wir besser in
der Lage, das zu verstehen, was wir unseren denkenden Geist
nennen. Und wenn wir ihn verstehen, stellen wir häufig fest,
dass nicht alles, was im Jetzt passiert, immer nur angenehm ist.
Selbst ein Geist, der nicht in der Vergangenheit schwelgt oder
sich Sorgen um die Zukunft macht, bringt sich oft in alle möglichen Schwierigkeiten.

Den eigenen Geist verstehen, lenken und kontrollieren zu
lernen ist ein wichtiger Schritt auf unserem Weg. Wir sind nicht
unser denkender Geist. Der denkende Geist ist ein Werkzeug,
das wir für die Verwirklichung unseres höchsten Potenzials nutzen sollen. Bei den meisten von uns hat dieses Werkzeug jedoch
die Führung vollkommen übernommen, wie ein Insasse, der das
Irrenhaus leitet. Sobald wir die Herrschaft über unseren denkenden Geist zurückerhalten haben, erlangen wir auch die Fähigkeit, dahinterzublicken und schließlich in direkten Kontakt
mit Bliss zu kommen.

KAPİTEL 11

DER NIE ENDENDE STROM

Unsere Gedanken formen uns. Wir werden, was wir denken. Wenn der denkende Geist rein ist, folgt uns Freude wie ein Schatten, der uns nie verlässt.

Der Buddha

Wenn wir unser Bewusstsein nach innen wenden, sehen wir, dass eine scheinbar endlose Prozession aus Gedanken, Kommentaren, Unterhaltungen und Bildern durch unseren Geist zieht. Unsere inneren Dialoge sind voll von negativen, urteilenden oder selbstverteidigenden Gedanken, die in eine Achterbahn der schädlichen Gefühle münden.

Diese häufige, manchmal unbarmherzige Negativität repräsentiert die nächste Schicht, die wir untersuchen müssen, um zu prüfen, ob wir sie abschälen können. Und indem wir das tun, beseitigen wir eines der stärksten Hindernisse auf unserem Weg zu Bliss.

DİE GESCHİCHTE

Willow ist Physiotherapeutin und spirituelle Heilerin und lebt in der Nähe von Atlanta. Ursprünglich hatte sie sich auf Hellerwork spezialisiert, eine relativ geradlinige und bodenständige Art von Körpertherapie, die Bindegewebsmassage mit einem chiropraktischen Ansatz für richtige Körperhaltung und -ausrichtung kombiniert.

Eines Tages erwähnte ein Klient, dass er zu Nierensteinen neige und frühe Symptome habe, auf die immer ein ausgewachsener Anfall folge. Willow hörte sofort mit der Körperarbeit auf und bewegte ihre Hände über seine Nieren. Dann legte sie die Hände dort auf, betete still und stellte sich dabei eine schmerzlose Auflösung des Problems vor. Wenige Minuten später setzte sie die Sitzung wie gewohnt fort. In der folgenden Woche kam der Mann wieder und stellte eine bemerkenswert Behauptung auf: Die Nierensteine seien auf schmerzlose Weise verschwunden! Er war überzeugt, dass Willow dafür verantwortlich war, denn früher hatten diese Symptome kurz nach ihrem Auftreten immer zu einem schmerzhaften Abgang der Nierensteine geführt. Er hatte auch keine andere Behandlung bekommen.

Willow begann das spirituelle Heilen in ihre Körperarbeit aufzunehmen. Sie las Bücher darüber und nahm Techniken mit auf, die auch von anderen Praktizierenden eingesetzt wurden. Als sich ihre »Heilkräfte« herumsprachen, meldeten sich Menschen, die nur am spirituellen Heilen interessiert waren und gar keine Hellerwork-Behandlung haben wollten. Ein Klient nach dem anderen sagte ihr, dass sie ihm oder ihr geholfen habe. Eine Frau behauptete sogar, Willow habe sie von Krebs geheilt. Schließlich behaupteten Leute mit so gut wie jeder Krankheit und jedem Problem das Gleiche. Von Rückenschmerzen, über Gürtelrose bis zu Herzproblemen, die betreffenden Patienten glaubten, Willow habe sie geheilt. Der Besitzer eines kleinen Verlags in Virginia hörte von ihr und bat sie, ein Buch zu schreiben. Es schien, als sei sie auf dem besten Wege in ein befriedigendes und erfolgreiches Leben.

Etwa zehn Jahre später traf ich Willow wieder, als sie an einem meiner Kurse teilnahm. Willow war fast pleite und dachte daran, Konkurs anzumelden. Nach nur zwei Jahren Ehe war sie geschieden worden. Sie war kinderlos und mittlerweile auch über das gebärfähige Alter hinaus, was sie sehr traurig machte. Obwohl sie immer noch Klienten behandelte – wenn sie welche bekommen konnte –, war die Begeisterung über ihre Fähigkeiten längst abgekühlt. Die Frau, die ich vor mir hatte, war verbittert, pessimistisch, voller Vorwürfe gegen andere und meinte, das Leben behandele sie offenkundig unfair. Ich wäre nie auf die Idee gekommen, dass sie eine spirituelle Heilerin sein könnte. Sie schien selbst dringend einen Heiler zu brauchen.

Willow erzählte mir, dass sich die Dinge aufzulösen begannen, nachdem sie mit ihrem künftigen Verleger Streit angefangen hatte. Sie war sicher, dass er auf irgendeine Weise versuchte, sie über den Tisch zu ziehen, obwohl er immer nett, gerecht, vernünftig und flexibel war. Dennoch sagte ihr ihre »Intuition«, dass unter der Oberfläche irgendeine Gefahr lauerte. Sie stellte eine Reihe von unvernünftigen Forderungen, einschließlich eines Honorars, das kein Autor, nicht einmal Stephen King, bekommt. Sie hatte auch eine ganze Reihe von Schreckensszenarien darüber im Kopf, was passieren könnte, wenn sie ihren Verleger nicht sorgfältig überwachen und sich selbst schützen würde: Er würde sie betrügen, er würde ihr ein schlechtes Buchcover anhängen, er würde ihr Manuskript in unakzeptabler Weise verändern und so weiter. Sie ließ ihre Abgabetermine platzen, gab aber immer jemand anderem die Schuld daran. Schließlich nahm der Verleger das Buch noch vor der Veröffentlichung aus dem Programm. Er sagte ihr, es sei der Mühe nicht wert.

Dann fing sie einen schrecklichen Streit mit einer sehr wohlhabenden und einflussreichen Klientin an, die Willow von Fibromyalgie geheilt hatte. Im Gegenzug hatte diese Frau sie an etliche Freunde weiterempfohlen und ein Empfehlungsschreiben verfasst, das Willow für ihre Werbung verwenden durfte. Sie hatte diese Klientin um ein großes Darlehen gebeten, weil sie ein Heilzentrum eröffnen wollte, aber die Frau hatte abgelehnt, weil Willow keine Erfahrung in geschäftlichen Dingen hatte und auch keinen Partner, der ihr helfen konnte. Willow hatte das Gefühl, diese Frau »besitze« sie, weil sie reich war und Willow sie geheilt hatte, obwohl konventionelle Ärzte dazu nicht in der Lage gewesen waren. Sie war so aufgebracht, dass sie sich weigerte, diese Frau weiterhin zu behandeln, und riss sogar ihr Empfehlungsschreiben in Stücke.

Außerdem hatte sie das Gefühl, ihr Ehemann habe ihr Leben zerstört, weil er sich von ihr hatte scheiden lassen (weil sie so negativ und schwierig im Umgang gewesen war) und sie allein und kinderlos zurückgelassen hatte.

Doch nicht genug damit, dass sie ihrem Verleger, ihrer Förderin und ihrem Ehemann die Schuld an ihrem Unglück gab, Willow charakterisierte sie auch höchst extrem: als böse Menschen, die sie kontrollieren wollten, und die, wenn ihnen das nicht gelang, mit größtem Vergnügen ihr Leben zerstörten. Wenn diese Leute sie nur nicht so reingelegt hätten, wäre ihr Leben großartig verlaufen. Dann wäre sie eine berühmte, finanziell bestens abgesicherte spirituelle Heilerin mit einer wunderbaren Familie.

Sie war sogar zornig auf Gott, weil er ihr zwar all diese heilenden Fähigkeiten gegeben hatte, aber die rechten Gelegenheiten verweigerte, sie auch einzusetzen! Sie wusste von anderen Heilern, die viele Bücher verkauften und sehr berühmt wurden, obwohl Willow sie für Schwindler hielt. Es war alles so unfair.

DIE WISSENSCHAFT

»Negative Gedanken« können definiert werden als eine von unzähligen Arten unkonstruktiver Geisteszustände oder unangenehmer Emotionen wie Wut, Angst, Depression, Sinnlosigkeit, Pessimismus und so weiter, die uns sozusagen routinemäßig durch den Kopf gehen.

Der *National Science Foundation* zufolge haben menschliche Wesen durchschnittlich 50 000 Gedanken am Tag. Nach manchen Schätzungen sind es nur 12 000, nach anderen 650 000. Die meisten von uns erinnern sich an keinen oder erleben nicht einen einzigen Moment in ihrem bewussten Leben, in dem sie nicht an irgendetwas gedacht haben.

Forscher haben mittlerweile begonnen, die Beziehung zwischen positiven und negativen Gedanken zu untersuchen und das Verhältnis zwischen ihnen zu bestimmen, das wahrscheinlich unglückliche Gefühle, Angst und Depressionen auslöst.

➤ Eine Untersuchung von Kindern zwischen dem vierten und dem achten Schuljahr zeigte, dass Kinder mit einem hohen Anteil an »kognitiven Irrtümern« – sprich, negativen Gedanken, die nicht korrekt, unlogisch oder einfach falsch sind – ein deutlich niedrigeres Selbstbewusstsein und ein höheres Depressions- und Angstniveau haben.

➤ Eine ähnliche Untersuchung älterer Amerikaner machte deutlich, dass diejenigen, die positivere Gedanken haben, glücklicher sind, während jene mit einer Fülle von negativen Gedanken niedergeschlagener sind.

➤ Eine faszinierende, in der Zeitschrift *Cognitive Therapy and Research* veröffentlichte Studie versuchte, das genaue Verhältnis zwischen positiven und negativen Gedanken, das zu guten oder schlechten mentalen Ergebnissen führt, zu bestimmen. Erwachsene, die als »funktionell«, *aber nicht unbedingt glücklich beschrieben* wurden, hatten mindestens 1,7 positive Gedanken für jeden negativen. Eine schwache Dysfunktionalität setzte ein, wenn das Verhältnis zwischen positiven und negativen Gedanken 1:1 betrug. Das heißt, für jeden positiven Gedanken hatten die Teilnehmer einen negativen. Extreme mentale Dysfunktionalität entsteht, wenn wir mehr negative als positive Gedanken haben, während glücklichere Menschen mindestens zwei positive Gedanken für jeden negativen haben.

Unsere Gedanken haben einen gewaltigen Einfluss auf unsere körperliche Gesundheit und allgemeine Leistungsfähigkeit. Dr. Christopher Peterson, Martin Seligman und George Vaillant von den Universitäten Michigan, Pennsylvania und Harvard leiteten eine bahnbrechende Studie, die seit 1937 etwa 500 Zielpersonen begleitete. Ihre Befunde zeigten eindeutig, dass diejenigen mit einem pessimistischen oder negativen Erklärungsstil in ihrem späteren Leben deutlich mehr gesundheitliche Probleme hatten als jene mit einer positiven Einstellung.

Eine andere Studie ergab, dass chronischer Pessimismus so destruktiv war, dass er sogar die Wirksamkeit bewährter, leistungsfähiger und lang erprobter, verordneter Medikamente herabsetzen konnte.

Wie Sie unten sehen können, beeinflussen die blockierenden Auswirkungen der Negativität jeden Aspekt unseres Lebens:

➤ Eine Studie, die Schlüsselfaktoren für erfolgreiche und langfristige romantische Beziehungen untersuchte, fand heraus, dass Individuen, die weitgehend positive Gedanken über ihre Partner aufrechterhalten (selbst bis zu dem Punkt, wo sie den anderen idealisieren), bessere und länger andauernde Beziehungen haben.

➤ Als sich die Forscher Gruppen von Menschen anschauten, die, was ihre Fähigkeiten und ihr Talent betraf, dasselbe messbare Niveau hatten, fanden sie heraus, dass die Verkäufer, die ihre eigenen Fähigkeiten positiv einschätzen, mehr verkaufen und eine bessere Leistung erbringen als diejenigen, bei denen das nicht so ist. Und der Abstand war nicht etwa unbedeutend: Die Optimisten verkauften doppelt so viel wie die Pessimisten.

➤ Positiv denkende Menschen behalten ihre Jobs länger und steigen auf der Karriereleiter höher als Pessimisten.

➤ Zwei verschiedene Studien zeigten, dass positiv denkende Führungspersönlichkeiten leistungsfähigere Organisationen ins Leben riefen und bessere Ergebnisse von ihren Mitarbeitern bekamen als negativ denkende.

➤ In zwei Gruppen von Schwimmern mit gleich viel Talent schnitten diejenigen mit negativeren Gedanken deutlich schlechter ab als die Optimisten.

DER GEIST

Wir sind alle ziemlich wahnsinnig – fast jeder Einzelne von uns, mich eingeschlossen. Das zumindest wäre das Fazit, das jemand angesichts des permanenten Stroms der Gedanken, Gefühle und Bilder ziehen könnte, der durch unseren Geist fließt. Selbst wenn wir es uns nach außen hin nicht anmerken lassen, tendieren wir alle zu nie enden wollenden Urteilen, Dialogen, Reaktionen und Emotionen, die – vor allem, wenn sie aus dem Kontext gerissen werden – jeden von uns komplett verrückt aussehen lassen könnten.

Eine *leicht* dysfunktionale Person hat über 30 000 negative Gedanken am Tag und eine schwer depressive oder pessimistische Person bestimmt 55 000! Selbst eine voll funktionstüchtige und einigermaßen glückliche Person hat mindestens 20 000 negative Gedanken am Tag. Ich betone, dass wir hier von *unnötigerweise* negativen Gedanken sprechen, von Gedanken, die nicht definitiv wahr oder faktisch bewiesen sind. *Verrückt* ist vielleicht zu schwach ausgedrückt ...

Die gute Nachricht ist: Die Forschung hat auch bewiesen, dass wir nicht alle und noch nicht einmal die meisten unserer negativen Gedanken eliminieren müssen, um unserem Glück enormen Auftrieb zu geben. Dies ist ein Grund dafür, dass es möglich ist, in nur 28 Tagen substanzielle Fortschritte in Richtung Bliss zu machen. Selbst bei einer relativ glücklichen Person kann mindestens einer von drei Gedanken negativ sein, und doch wird sie die Schwelle zum Alltagsglück überschreiten. Perfektion ist nicht erforderlich.

Der Fluss des denkenden Geistes

In Seminaren und Workshops benutze ich häufig die Metapher vom denkenden Geist als Fluss. Stellen Sie sich einen Strom aus Gedanken, Gefühlen und Bildern vor, der durch Ihren Kopf rauscht.

Wenn wir am Ufer eines Flusses stehen, ist uns klar, dass wir nur einen Teil des Flusses sehen. Die meisten Flüsse sind viel zu lang, um ihre Quelle, die Mitte und die Mündung gleichzeitig sehen zu können. Wir wissen auch, dass der Teil des Flusses, den wir vor uns sehen, aus Millionen von einzelnen Wassermolekülen besteht, die kombiniert wie ein ungeteiltes Ganzes wirken. Und wir wissen, dass das Wasser an uns vorbeifließt und immer sofort durch neues Wasser aus dem Oberlauf des Flusses ersetzt wird. Wir rechnen nicht damit, einen Schwall Wasser, gefolgt von einer trockenen Lücke und einem weiteren Schwall Wasser zu sehen. Die meisten Flüsse fließen stetig und ohne Unterbrechung.

Ebenso erleben wir den Fluss unseres denkenden Geistes als ununterbrochene Flut. Der ständige Ansturm von Gedanken, Bildern und Gefühlen, der durch unser Bewusstsein rauscht, scheint kein Ende zu haben. Sobald wir mit einem Gedanken durch sind, erwarten wir, dass der nächste an seine Stelle tritt. Wir sind so an diesen Prozess gewöhnt, dass wir selten auf die Idee kommen, es könnte auch anders sein. Angesichts der Tatsache, dass wir nicht weniger als 60 000 Gedanken pro Tag haben, überrascht das nicht. Diese Flut ist so allgegenwärtig, dass sich viele von uns vorstellen, dieser Fluss sei, was wir sind. Und wie könnte es anders sein, wo doch dieser Fluss alles ist, was die meisten von uns jemals als »Ich« erlebt haben?

Ein wichtiger Schritt auf unserem Weg zu Bliss ist die Entdeckung, dass wir mehr sind als dieser Fluss des denkenden Geistes und dass wir lernen können, diesen Fluss zu verändern. Es gibt drei Arten von Veränderung, die wir vornehmen können. Erstens können wir den Inhalt des Flusses ändern. Bei den meisten von uns schwimmen viel Schlamm, Schlick und Müll durch den Fluss der Gedanken. Wenn wir sie ausfiltern, beginnt der Fluss zu glitzern. Wir können den Fluss auch begradigen oder seine Richtung ändern. Vielleicht fließt er in unnötigen Schleifen oder führt uns an einen unangenehmen Ort. Drittens können wir lernen, die Wassermenge zu reduzieren. Wir können die Flut zu einem Rinnsal verlangsamen. Vielleicht gelingt es uns sogar, den Fluss der Gedanken ganz zum Erliegen zu bringen.

Für den Rest dieses Kapitels suchen wir nach Möglichkeiten, den Fluss unserer Gedanken zu reinigen. In späteren Kapiteln werden wir erforschen, wie wir unsere Gedanken umlenken und mengenmäßig reduzieren können.

DEN FLUSS UNSERER GEDANKEN REINIGEN

Im Hinblick auf die Glücksskala ist das Entfernen des Schlamms – unerbittliche Negativität – aus dem Fluss unserer Gedanken für das Erlangen von Alltagsglück unerlässlich.

Die permanente Entwicklung unseres Bewusstseins ist für diesen Prozess von entscheidender Bedeutung. Deswegen ist es so wichtig, ganz in diesem Moment zu sein. Bewusstheit erlaubt uns, unseren Geist, unsere Gedanken und Gefühle zu beobachten. Dieser einfache Vorgang trennt uns von unseren Gedanken und Gefühlen, schafft Distanz und sorgt für Klarheit. Wir müssen das Beobachten unserer Gedanken üben. Wenn wir schlecht gelaunt sind oder kurz davor, etwas Negatives zu tun, kann es hilfreich sein, eine Pause zu machen, innezuhalten – nur lang genug, um zu beobachten, was in unserem Kopf vor sich geht. Ich versuche ganz bewusst, den Fluss meiner Gedanken an mir vorbeiziehen zu sehen, als sei mein höheres Selbst nicht mehr als ein neutraler Beobachter. Wenn etwas besonders Lächerliches vorbeischwimmt, sage ich mir: »Schon wieder.« Oder: »Das ist nur mein Geist, der sein Ding macht« oder »Interessante Gedanken, die ich da habe!«

Obwohl es den Anschein hat, als sei es eine fast endlose Vielfalt von negativen Wahrnehmungen, die da durch unseren Geist fließt, sind die meisten davon nur Variationen von zehn gängigen Typen. Zu wissen, wie man nach ihnen Ausschau hält, macht es uns viel leichter, Bewusstheit zu kultivieren. Die Liste weiter unten gibt uns einen kompletten Überblick. Schauen wir uns zwei Beispiele an:

Verallgemeinern ist wahrscheinlich die häufigste Art des negativen Denkens. Hier ziehen wir aus einer kleinen Menge von Daten eine generelle Schlussfolgerung. Wann immer wir uns dabei ertappen, dass wir so etwas wie »Er macht dies und jenes *immer*« oder »Mein Chef trifft *nie* die richtige Entscheidung« sagen oder wann immer wir überzeugt sind, dass etwas immer wieder geschehen wird, nur weil es *einmal* passiert ist, verallgemeinern wir.

Willow war eine Meisterin der zweithäufigsten Art des negativen Denkens, des Beschuldigens. Wir haben uns alle schon dabei ertappt, dass wir die ganze Verantwortung für den negativen Ausgang einer Sache auf jemand anderen abgeschoben haben, als hätten wir nichts damit zu tun. Das ist meistens nicht wahr oder stimmt nicht ganz. Wir haben zumindest eine gewisse Rolle bei dem gespielt, was passiert ist, auch wenn wir es vielleicht nicht zugeben wollen. Und die wenigen Male, wo wir tatsächlich ganz und gar unschuldig sind, kommen wir spirituell auch nicht weiter, wenn wir unentwegt darüber nachgrübeln. Wie wir in Kapitel 7 »Die Vergangenheit loslassen« gesehen haben, machen wir uns allein dadurch, dass wir dies tun, erneut zum Opfer.

Bewusstheit allein ist nicht genug. Es ist entscheidend, dass wir auch lernen, uns aktiv mit unseren negativen Gedanken auseinanderzusetzen. Wann immer wir negative Gefühle haben, ist es hilfreich, zu analysieren, wie sie begonnen haben und warum sie vielleicht nicht ganz zutreffend sind. Normalerweise hat irgendein Ereignis, ein Gespräch oder eine Aktion den Absturz ausgelöst. Wir müssen uns fragen, ob das, was wir denken, wirklich mit allen bekannten Fakten übereinstimmt. Habe ich irgendwelche Fakten oder Erlebnisse vergessen? Und wenn ja, ändert sich etwas, wenn ich mich daran erinnere? Habe ich mich an einer der üblichen Arten von verzerrtem Denken beteiligt? Gibt es etwas, das ich tun kann, um meine Gedanken und Entscheidungen zu ändern und so ein anderes Ergebnis zu bekommen? Wenn ja, was?

Die meisten unserer negativen Gedanken haben keinen besonderen Wahrheitsgehalt. Sie wurzeln nicht in der Realität oder basieren auf bewiesenen Fakten. Sie sind nachweislich oder potenziell falsch. Was meine ich mit »potenziell« falsch? Der Akt des über sie Nachdenkens und an sie Glaubens macht sie zu sich selbst erfüllenden Prophezeiungen. Weil wir sie glauben, ergreifen wir Maßnahmen, welche die Realität so zurechtrücken, dass sie einen entsprechenden Verlauf nimmt. Wenn wir diesen Gedanken nicht nachgegeben und uns folglich nicht entschieden hätten, sie zu glauben und entsprechend zu handeln, hätten die Dinge anders ausgehen können. Genau wie bei den Liebenden, den Verkäufern und den Schwimmern, von denen in den zuvor zitierten Studien die Rede war, ändern auch unsere grundlos negativen Glaubenssätze unser Leben zum Schlechten. Wenn wir indes unsere inneren Dialoge ändern, ändert sich auch unsere äußere Wirklichkeit.

Wir versuchen nicht, negative Gedanken zu unterdrücken oder mit hübschen Farben zu übermalen, unter denen sie dennoch ständig lauern. Das wäre kontraproduktiv. Das Ziel – Glück und Bliss – wird niemals dadurch erreicht, dass man die Realität leugnet oder vor ihr davonläuft, sondern vielmehr dadurch, dass man sie ganz versteht, annimmt und erlebt.

Abstand von und Meisterschaft über unseren denkenden Geist zu gewinnen ist für das Erreichen von Bliss unerlässlich. Wenn wir nicht erkennen, dass wir den Fluss unserer Gedanken kontrollieren können, sind wir weniger gut in der Lage, diese oberste Schicht abzuschälen und zu entdecken, was darunterliegt. Anders ausgedrückt: Ein ohne Not negativer und aufgebrachter Geist kann unmöglich ein Behältnis für dauerhaftes Glück und überbordende Freude sein.

Zehn Arten des verzerrten Denkens

➤ **Polarisiertes Denken:** Dinge oder Menschen, wir selbst eingeschlossen, sind nur schwarz oder weiß, gut oder schlecht. Es gibt keinen Mittelweg.

➤ **Verallgemeinern:** Wir ziehen generelle Schlüsse auf der Basis eines einzelnen Vorkommnisses oder Beweisstücks. Wenn einmal etwas Schlimmes passiert ist, gehen wir davon aus, dass es immer und immer wieder passiert. Achten Sie auf Bemerkungen, die Worte wie *nie, gar nichts, alles* oder *immer* enthalten.

➤ **Gedankenlesen:** Ohne dass Menschen mit uns kommunizieren, »wissen« wir, was sie fühlen und denken und was ihre Beweggründe sind. Wenn wir das Gefühl haben, dass es so ist, muss es ja so sein. Das Gefühl, das wir von anderen oder uns selbst haben, ist immer intuitiv richtig oder gültig, nur weil wir es tief in uns so empfinden.

➤ **Schwarzmalen:** Katastrophenerwartung, Was-wäre-wenn-Denken. Das Schlimmste ist immer das einzig mögliche oder wahrscheinlichste Ergebnis – und das, womit wir uns vorrangig beschäftigen. Es bedeutet, dass man sich auf das Negative konzentriert oder es verstärkt, während man das Positive ausfiltert.

➤ **Selbstzentriertheit:** Der Glaube, dass alles, was Leute sagen oder tun, eine Reaktion auf uns ist. Sich permanent mit anderen vergleichen und annehmen, dass andere dasselbe tun. Sich fälschlicherweise vorstellen, dass andere überhaupt über uns nachdenken!

➤ **Sich ungerecht behandelt fühlen:** Wir sind aufgebracht, weil wir sicher zu wissen glauben, was fair ist, aber andere Menschen oder das Universum nicht unserer Meinung sind.

➤ **Beschuldigen, Vorwürfe machen:** Andere für unseren Schmerz oder unsere Probleme verantwortlich machen oder umgekehrt, uns selbst die Schuld an jedem Problem oder jeder Schwierigkeit geben. Das Gefühl, dass andere Menschen oder Umstände uns kontrollieren, dass wir hilflose Opfer des Schicksals sind. Oder etwas – Erbanlagen, Süchte oder chronische Krankheiten – sitzt in uns fest und ist dafür verantwortlich, wie wir uns fühlen, was wir tun, wie wir mit anderen in Beziehung treten und was wir werden können.

➤ **Vorstellungen davon, was sein sollte:** Wir haben eine ganze Liste von unumstößlichen Regeln, wie wir und andere Menschen handeln und denken und was wir/sie glauben sollten. Wir verwenden diese Regeln, um andere und/oder uns selbst zu beurteilen. Wenn die Regeln gebrochen werden, sind wir wütend, und wenn wir sie brechen, schämen wir uns und haben Schuldgefühle.

➤ **Rechthaberei:** Wir versuchen ständig, zu beweisen, dass unsere Ansichten und Aktionen richtig sind. Unrecht zu haben ist undenkbar. Wir werden alles Erdenklich tun, um zu zeigen, dass wir recht haben.

➤ **Das Bedürfnis, Rekorde aufzustellen oder Preise zu gewinnen:** Wir erwarten, dass bestimmte Menschen oder Organisationen unsere Opfer und unsere Selbstkasteiung bemerken und anerkennen. Wir sind sauer, wenn die Belohnung nicht genau so ausfällt, wie sie unserer Ansicht nach hätte ausfallen sollen, oder wir sie nicht auf die Weise erhalten, die wir uns vorgestellt haben. Die allgemeine Überzeugung, dass sich die Belohnungen des Lebens im Außen bemerkbar machen oder bemerkbar machen sollten.

DAS EXPERIMENT

Der praktische Teil dieses Kapitels ist ein Prozess in drei Schritten. Sie können alle drei Übungen einzeln oder zusammen machen. Sie können die Übung(en) jeden Tag machen oder immer dann, wenn Sie sich negativ, übellaunig oder von Ihren Gedanken überwältigt fühlen.

Schritt 1: Den Fluss beim Fließen beobachten

Im Experiment des letzten Kapitels haben wir uns darauf konzentriert, ganz bewusst im gegenwärtigen Moment zu sein, sprich, bei einer äußeren Handlung (dem Essen der Frucht). Nun machen wir eine nach innen gerichtete Variante jener Übung.

1. Finden Sie einen Ort, an dem Sie bequem sitzen können. Schließen Sie die Augen.
2. Stellen Sie sich vor, dass Ihr höheres Selbst am Ufer eines Flusses sitzt und ihm beim Fließen zuschaut. Der Fluss besteht nicht aus Wasser. Es ist vielmehr der ständige Strom der Gedanken, Gefühle, Bilder, Urteile, Dialoge und dergleichen, der sich *genau jetzt* durch Ihren Geist ergießt.
3. Nehmen Sie sich zwei bis fünf Minuten Zeit, um diesen Fluss einfach nur zu beobachten. Versuchen Sie, nichts zu beurteilen, nichts zu bezeichnen und sich an nichts anzuhängen. Seien Sie ein leidenschaftsloser Beobachter, als betrachteten Sie den Geist einer anderen Person. Sie können sich sogar sagen: »Schon wieder.« Oder: »Das ist nur mein Geist, der sein Ding macht« oder »Interessante Gedanken, die ich da habe!«

Schritt 2: Verzerrtes Denken aufspüren

In Schritt 1 haben wir unsere Gedanken beobachtet und sind dabei dem, was wir beobachtet haben, gegenüber so neutral wie möglich geblieben – ohne es zu beurteilen oder zu bezeichnen. In dieser Übung ist es unser Ziel, unsere Gedanken einer der zehn Arten des verzerrten Denkens zuzuordnen, die oben beschrieben wurden.

1. Wählen Sie etwas relativ Geringfügiges, das Ihnen kürzlich passiert ist oder das Sie jetzt stört.
2. Machen Sie eine Liste von allem, was Sie an diesem Vorfall ärgert.
3. Prüfen Sie Ihre Liste. Erkennen Sie etwas von den zehn Arten des verzerrten Denkens in diesen Gedanken? Schreiben Sie alle Arten von verzerrtem Denken auf, die auf Ihr Ereignis zutreffen.

Schritt 3: Sich mit negativen Gedanken auseinandersetzen

Wenn Sie Ihre Liste von oben nehmen, fallen Ihnen dann Möglichkeiten ein, wie Sie sich mit irgendeinem der negativen Gedanken, die Sie entdeckt haben, auseinandersetzen können?

Lassen Sie sich für jede Art des verzerrten Denkens, die Sie bemerkt haben, mindestens eine Möglichkeit einfallen, wie Sie ihre Richtigkeit infrage stellen können.

Auch wenn Sie nicht an die Wirkung dieses Infragestellens glauben, spielen Sie den Advocatus Diaboli mit sich selbst. Oder Sie stellen sich vor, dass eine dritte Partei, die Sie respektieren (oder sogar ein unparteiischer Richter) Ihnen Fragen stellt. Wie würde es eine neutrale Person sehen? Würde sie Ihnen in jedem Punkt zustimmen? Und selbst wenn sie es täte, fühlen Sie sich besser oder glücklicher, wenn Sie an Ihrer Denkweise festhalten? Schaden Ihnen diese Gedanken und Gefühle auf irgendeine Weise, selbst wenn sie Ihrer Überzeugung nach gerechtfertigt sind?

KAPİTEL 12

SIE HABEN MEHR GLÜCK, ALS SIE DENKEN

Ein Pessimist ist einer, der aus seinen Chancen Probleme macht, und ein Optimist einer, der aus seinen Problemen Chancen macht.

Harry Truman, 33. Präsident der USA
(1884–1972)

Für den Prozess, in dessen Verlauf wir den Fluss unserer Gedanken reinigen, ist es erforderlich, dass wir unseren Geist mit frischen, sauberen und positiven Gedanken durchtränken, um jede noch nachklingende Negativität zu ersetzen. In Zusammenhang mit Gewohnheiten haben wir diskutiert, dass die Natur ein Vakuum verabscheut und dass es wirkungsvoller ist, negative Gewohnheiten durch positive zu ersetzen als durch Leere. Mit negativen Gedanken ist es nicht anders. Es ist einfacher, sie zu verbannen, indem wir sie aktiv durch positive ersetzen.

Und was noch wichtiger ist, es hat sich herausgestellt, dass positive Gedanken immer genauer und wahrhaftiger sind als negative. Dies kann gar nicht genug betont werden. Oft glauben wir fälschlicherweise genau das Gegenteil: dass das Negative näher an der Realität ist als das Positive. Vielleicht sind wir sogar der Ansicht, dass optimistische Menschen dumm sind oder sogar peinlich blauäugig. Doch wie Forschungsergebnisse beweisen, stimmt das nicht. Optimismus ist nicht nur eine praktische und effektive Lebensstrategie, sondern auch eine, die uns mehr entspricht.

Vor allem bereitet eine optimistische Einstellung, die unserem Willen und unserer Kontrolle untersteht, den Boden für ein bleibendes Gefühl von Bliss.

DIE GESCHICHTE

Judith ist Autorin und Seminarleiterin im Bereich Persönlichkeitsentwicklung, und ich kenne sie seit rund 20 Jahren. Sie hat fast 30 Bücher geschrieben und zahlreiche Audio-Aufnahmen, Videos und Zusatzprodukte produziert. Und doch haben Sie möglicherweise noch nie von ihr gehört. Nicht ein einziges ihrer Bücher stand jemals auf den Bestsellerlisten. Sie war noch nie in einer der größeren nationalen Fernsehshows. Ihre Vorträge und Seminare werden nicht von Hunderten, geschweige denn Tausenden von Leuten besucht. Sie ist nicht reich, kann aber ganz gut von ihrer Arbeit leben. Bis jetzt hat Judith noch nicht aufgehört zu schreiben, zu lehren und schöpferisch tätig zu sein.

Was wirklich faszinierend ist, jedes Mal, wenn sie kurz davor ist, ein neues Buch zu veröffentlichen, sagt sie zu mir: »Sean, ich glaube, davon ließen sich Hunderttausende Exemplare verkaufen.« Das ist bemerkenswert optimistisch, weil bisher nichts dergleichen passiert ist. Früher dachte ich, Judith sei ein bisschen naiv. Einmal, als sie wieder ganz begeistert davon gesprochen hatte, wie erfolgreich ihr nächstes Buch werden könnte, warf ich vorsichtig ein, dass sich ihre früheren Vorhersagen ja nicht wirklich bewahrheitet hätten und es vielleicht nicht hilfreich sei, sich in solchen Fantasien zu ergehen. Sie antwortete ruhig, aber mit Nachdruck: »Sean, ich kann es mir nicht leisten, so zu denken, denn wenn ich es täte, würde ich überhaupt nichts zustande bringen.« Und dann machte sie mich mit ein paar erstaunlichen Fakten bekannt.

Wie Judith sagte, hatten sich zwar von keinem ihrer Bücher in einer Woche genügend Exemplare verkauft, dass es für einen Bestseller gereicht hätte. Dafür hatten sich ihre fast 30 Bücher insgesamt besser verkauft als die überwiegende Mehrheit berühmterer Autoren. Weltweit hatten sich von ihren Büchern mittlerweile mehr als eine Million Exemplare verkauft. Viele Spitzenautoren landen bereits auf den Bestsellerlisten, wenn sich von ihren Büchern nur 50 000 bis 100 000 Exemplare verkauft haben. Und das schaffen sie nur ein- bis zweimal im Leben. Ähnlich sah es mit Judiths Zuhörern und Seminarteilnehmern aus. Sie hatte im Laufe der Zeit zu Zehntausenden von Menschen gesprochen – zu 20 bis 50 auf einmal. Doch viel wichtiger war ihr: Sie war sich sicher, dass sie den Menschen wirklich half und ihnen nicht nur etwas verkaufte. Sie hatten es ihr gesagt – persönlich, in Briefen und in E-Mails. Sie machte genau das, was sie gern machte.

Ich hatte gedacht, sie sei so etwas wie eine Versagerin. Und jeder, der sie nur von außen sah, hätte das vielleicht auch gedacht. Aber Judith weiß es besser. Sie ist ein Erfolg. Ein viel größerer Erfolg als diejenigen, die berühmter sind als sie. Wenn sie am Anfang oder nach den ersten Buchveröffentlichungen so gedacht hätte wie ich – wenn sie sich erlaubt hätte, in Selbstmitleid zu zerfließen, anderen die Schuld zu geben oder der Negativität anheimzufallen –, hätte sie schon vor langer Zeit aufgegeben. Doch sie lebt ihren Traum, ist glücklicher als die meisten und hilft Millionen. Alles, weil sie sich geweigert hat, sich selbst als Versagerin zu sehen. Das letzte Mal, als ich mich mit Judith unterhalten habe, war sie kurz davor, ihr nächstes Buch zu veröffentlichen. Und wissen Sie, was sie gesagt hat? »Sean, dieses Buch wird Millionen von Menschen helfen. Das spüre ich!«

Judith, ich weiß, dass es so sein wird.

DIE WISSENSCHAFT

Hunderte Studien von Wissenschaftlern auf der ganzen Welt beweisen die Vorteile einer optimistischen Einstellung auf überzeugende Weise.

Wie wir im letzten Kapitel erfahren haben, leiden Pessimisten sehr viel häufiger unter Ängsten und Depressionen als Optimisten. Auch ihr körperlicher Gesundheitszustand ist signifikant schlechter, und sie haben ganz allgemein weniger Erfolg im Leben. Wir wollen etwas näher erforschen, warum das so ist.

Es mag erstaunen, zu erfahren, dass *positiv eingestellte Menschen eine sehr viel genauere Wahrnehmung der Realität haben* und sehr viel besser mit Stress umgehen können als Menschen, die eher negativ eingestellt sind. Das war das Ergebnis einer im *Journal of Personality and Social Psychology* veröffentlichten Studie. Während sich Pessimisten mit ihren negativen Gefühlen beschäftigen, suchen Optimisten nach der guten Seite einer Situation – oder glauben zumindest, dass sie irgendwann irgendeine positive Lösung finden werden. Hinzu kommt, dass Optimisten dazu neigen, Lösungen schneller herbeizuführen als Pessimisten und daher deutlich weniger lange in stressigen, negativen Situationen hängenbleiben.

Forscher von der Universität von Maryland fanden ebenfalls heraus, dass Optimisten mehr auf ihre Gesundheit achten und Informationen über gesundheitliche Risiken größere Aufmerksamkeit schenken. Auf der anderen Seite tendieren negative Menschen dazu, diese Informationen zu ignorieren oder gänzlich in Abrede zu stellen. Es ist daher nicht verwunderlich, dass Optimisten länger leben und in ihren späteren Lebensjahren auch weniger wahrscheinlich Demenz entwickeln.

Eine erstaunliche Reihe von Studien mit weitreichenden Auswirkungen, die in der Zeitschrift *Psychological Science* veröffentlicht wurde, hat gezeigt, dass Menschen, die ermutigt wurden, positiv über ihre Sehschärfe (speziell die Fähigkeit, weiter Entferntes scharf zu sehen) zu denken, bei Sehtests besser abschnitten als diejenigen, die eine negative Meinung über ihre Sehfähigkeit hatten. Denken Sie mal darüber nach: Pessimisten und Optimisten hatten *dieselben* körperlichen Fähigkeiten, und auch die Funktionsfähigkeit ihrer Augen war gleich gut, aber diejenigen, die *davon überzeugt* waren, dass sie gut sehen konnten, sahen tatsächlich besser. Optimismus und Pessimismus hatten bei den Probanden im wahrsten Sinne des Wortes die Wahrnehmung der Wirklichkeit verändert. Anders ausgedrückt: Ihre Überzeugungen *veränderten* ihre körperliche Realität. Sehen ist nicht glauben, glauben ist sehen.

Wir haben alle schon einmal gehört, wie jemand gesagt hat, er oder sie sei »trauriger, aber weiser« geworden. Das ist eine übliche Art, wie negative Menschen ihren Pessimismus rechtfertigen: »Es mag deprimierend sein, aber ich bin lieber niedergeschlagen, solange ich weiß, dass es wahr ist.« In Wirklichkeit ist das *Gegenteil* der Fall. Traurige, »realistischere« Menschen sind nicht weiser. Eine an der Cornell Universität durchgeführte Studie hat ergeben, dass negative Menschen weniger genau im Vorhersagen künftiger Ereignisse sind als positive Menschen.

Weitere bewiesene Vorzüge des Optimismus sind:

➤ Optimisten sind erfolgreicher im Beruf und in ihren zwischenmenschlichen Beziehungen. Sie sehen ihre Chancen, und es ist weniger wahrscheinlich, dass sie einen Job kündigen oder eine Beziehung beenden. Optimisten sind beständiger im Streben nach ihren Zielen und erlangen wahrscheinlicher Meisterschaft in wichtigen Lebenskompetenzen als Pessimisten.

➤ Optimisten haben mehr Freunde, weil andere einerseits lieber mit positiven Menschen zusammen sind, und weil optimistische Menschen andererseits ihre Chancen, Freundschaften zu schließen, besser nutzen.

➤ In Zeiten der Not machen positive Menschen, die genauso viele Freunde haben wie negative, besseren Gebrauch von der sozialen Unterstützung, die ihnen zur Verfügung steht, was ihnen wiederum hilft, ihre Schwierigkeiten schneller zu überwinden.

➤ Positive Menschen sind engagiert und nehmen aktiv am Leben teil. Negative Menschen neigen dazu, sich zurückzuziehen, abzukoppeln und die Augen vor der Wahrheit zu verschließen.

DER GEIST

Ich muss zugeben, dass sich nur wenige Menschen so gut mit negativem Denken auskennen wie ich. Wenn man in Stanford einen PhD in Skeptizismus oder Zynismus machen könnte, hätte ich ihn mit summa cum laude gemacht. Vor 20 Jahren war ich überzeugt, dass Pessimismus ein Synonym für Wahrheit und Wirklichkeit ist. Und verglichen mit dem durchschnittlichen spirituellen Lehrer, habe ich mir bis heute eine auffällige Portion Skeptizismus bewahrt.

Ich habe lange und intensiv darüber nachgedacht, warum ich mich wie selbstverständlich zu dieser Betrachtungsweise hingezogen fühle. Auf jeden Fall bin ich überzeugt, dass eine kritische Haltung – nicht einfach glauben, was mir jemand sagt – für den spirituellen Fortschritt nicht nur nützlich, sondern sogar notwendig ist. Wenn wir uns erlauben, alles und jedes zu glauben, vor allem, weil wir der irrigen Ansicht sind, dass Menschen niemals lügen, Fehler machen oder etwas missverstehen, sind wir am Ende ganz durcheinander und verwirrt. Es gibt viele, einander widersprechende Sichtweisen, Theorien und Perspektiven. Sie können nicht *alle* richtig sein. Leichtgläubigkeit und Dummheit sind keine spirituellen Eigenschaften. Das ist ein Grund, warum ich spirituelle Beobachtungen mit wissenschaftlicher Forschung zu koppeln versuche. Echte Wahrheit, spirituelle oder sonstige, sollte niemals unsere Intelligenz beleidigen.

Ich habe auch einmal geglaubt, immer vom Schlimmsten auszugehen sei eine wirksame Bewältigungsstrategie. Viele von uns kommen nicht umhin, sich zu fragen, ob es nicht niederschmetternd ist, optimistisch zu denken und dann zu erleben, dass die eigenen Überzeugungen zunichtegemacht werden; ob es nicht irgendwie emotional »sicherer« sei, die Hoffnungen von vornherein nicht zu hoch anzusetzen. Ich habe verstehen gelernt, dass positives oder optimistisches Denken mehr bedeutet als das. Daher finde ich es hilfreich, zunächst einmal zu klären, was Optimismus *nicht* ist.

Optimismus-Mythen platzen lassen

Ein Optimist zu sein setzt kein überoptimistisches oder blauäugiges Weltbild voraus: die Überzeugung, dass die Welt perfekt ist und dass wir in der besten aller möglichen Welten leben. Selbstbetrug ist nicht erforderlich. Das Böse, Ignoranz, Dummheit und bloßes menschliches Versagen existieren auf jeden Fall. Unsere Welt ist eine Mischung aus Gut und Böse, Freundlichkeit und Gemeinheit, Schönheit und Hässlichkeit, Heiterkeit und Tragik. Dass jemand eine Behauptung über etwas aufstellt, heißt nicht, dass wir sie glauben müssen. Wir können vielmehr davon ausgehen, dass sich vieles von dem, was wir glauben oder was uns gesagt wird, als falsch erweisen wird.

Optimismus setzt auch nicht voraus, dass wir Fantasien über die Zukunft haben. Das Leben funktioniert letztlich nicht immer, zumindest nicht *im Außen*. In der Tat ist es, wie wir bereits diskutiert haben, eine Voraussetzung für Bliss, dass wir alle Zukunftsfantasien möglichst loslassen, unabhängig davon, ob es sich dabei um glückliche Tagträume oder beunruhigende Befürchtungen handelt.

Vor allem aber hat echter Optimismus nichts damit zu tun, dass wir uns illusorische Vorstellungen von unseren Fähigkeiten und uns selbst machen. Der Bliss-Prozess erfordert, dass wir alles abstreifen, was falsch ist, einschließlich unserer egozentrierten Selbstsucht. Weder eigennützige Interpretationen noch das Aufblähen unserer Fähigkeiten, unseres Verstehens oder unserer Intelligenz hat irgendetwas mit wirklichem Optimismus zu tun.

Was Optimismus *wirklich* ist

So prägnant wie möglich ausgedrückt: Optimistisches Denken ist echtes Nachdenken. Sie sind synonym. Es ist das pessimistische Denken, das die Realität leugnet – wie die Studien beweisen. Positives Denken heißt zu versuchen, das ganze Spektrum der Möglichkeiten zu sehen und sich bewusst für die bestmögliche, uns zur Verfügung stehende Alternative zu entscheiden. Es ist wirklich so einfach.

Mir ist klar, dass dies der vorherrschenden Volksweisheit unserer Zeit weitgehend entgegenläuft. In unserer Kultur scheint man der Ansicht zu sein, dass Negativität »realistischer« ist als Positivität. Wie wir gesehen haben, stimmt dies absolut nicht. Es sind die Pessimisten, die Probleme haben, die Realität korrekt wahrzunehmen. Hier ein Beispiel aus meinem eigenen Leben:

Als ich mit meinen chronischen Schmerzen an einem Tiefpunkt angekommen war – die Schmerzen liefen völlig aus dem Ruder –, gab ich meinen Beruf als Verlagsleiter auf, verbrachte die meiste Zeit im Bett, wand mich vor Schmerzen und plagte mich mit den Nebenwirkungen der Medikamente ab. Meine Gedanken wanderten an einige sehr dunkle Orte. Ich begann mir selbst zu sagen, dass mein Leben vorbei sei, dass die Schmerzen nie aufhören würden (ich hatte noch keine korrekte Diagnose), dass Brook mich verlassen würde, dass ich nie wieder etwas erreichen würde und dass es mir bestimmt sei, allein zu sterben, bankrott und im Elend. Hätte ich vor dieser Aussicht kapituliert, hätte ich auf jede Menge »Fakten« verweisen können, um zu »beweisen«, dass dies alles »wahr« war. Ich hatte jahrelang nicht einen einzigen schmerzfreien Moment erlebt, Brook war verzweifelt wegen meiner Krankheit, ich konnte nicht arbeiten, ich hatte keine eindeutige Diagnose, und eine Menge Ärzte und Behandlungen hatten versagt. Ich hätte viele Menschen, mich selbst eingeschlossen, davon überzeugen können, dass diese düsteren Aussichten simple »Tatsachen« waren und dass es reines Wunschdenken war, etwas anderes anzunehmen.

Und doch waren sie vollkommen unwahr. Hier bin ich, lebe in Los Angeles, reise durch die ganze Welt, halte Vorträge und lehre, schreibe Bücher (und bekomme Geld dafür). Brook sitzt glücklich neben mir und liest, während ich dies schreibe, und unsere Beziehung war noch nie besser. Obwohl mein Körper *schmerzt, leide* ich nicht mehr auf der mentalen Ebene. Ich könnte kaum glücklicher sein. Die eigentliche Wahrheit ist, dass dies immer ein mögliches Ergebnis für mich war, obwohl ich es in jenen dunklen Momenten vielleicht geleugnet habe.

In seinem Kern ist Optimismus das Wissen darum, dass wir nicht hilflos sind. Wenn wir die oberflächlichen Rechtfertigungen einmal beiseitelassen, sagen Pessimisten im Grunde, dass sie sich selbst für weitgehend schwach und hilflos halten, für unfähig, ihr Schicksal selbst zu gestalten, geschweige denn zu kontrollieren. Weder Stärke noch Mut oder Energie wird gebraucht, weil die Welt nur eine wahllose Ansammlung von Zeug (das meiste davon schlecht) ist, das uns irgendwie passiert. Ein Optimist hingegen versteht, dass irgendeine Art von Veränderung oder Verbesserung immer möglich ist, selbst wenn sie sich nur im Innern – die wichtigste Art von allen – abspielt.

Was ich tun musste und was wir alle tun müssen, ist, uns selbst einzugestehen, dass wir Wahlmöglichkeiten haben. Auch wenn wir im Außen nur wenige oder gar keine Wahlmöglichkeiten haben, wir haben sie zumindest im Innern, und zwar immer. Wahres positives Denken hat nichts mit dem Glauben zu tun, dass sich irgendeine Art von äußerer Wirklichkeit einstellen wird oder nicht. Beim echten Optimismus geht es um unsere *innere* Einstellung, um Verständnis und Entscheidungen.

Positivität bedeutet, dass wir unsere Optionen begutachten und uns an den höchsten und besten orientieren und nicht an den niedrigsten und schlechtesten. Willentlich weniger für sich in Anspruch zu nehmen, als nötig wäre, ist die zerstörerischste Form von Negativität, die man sich nur vorstellen kann. Sie macht uns auch mitschuldig an dem Bösen, der Ignoranz, der Dummheit und den Unannehmlichkeiten, die um uns herum geschehen. Indem wir uns mit diesen negativen Dingen beschäftigen, weigern wir uns, unsere Energien dafür zu verwenden, sie auszugleichen beziehungsweise unsere Welt und uns selbst zu verbessern. Pessimistisch zu sein heißt, sich selbst – und die Welt – zu verurteilen mit dem denkbar schlechtesten Ergebnis.

Wenn wir nicht glauben, dass etwas möglich ist, streben wir auch nicht danach, zumindest nicht mit Standhaftigkeit und Überzeugung. Wir tendieren dann eher dazu, zu resignieren und aufzugeben. Wer hat mehr Aussicht auf Erfolg: das Mädchen, das überzeugt ist, Astronautin werden zu können, oder der Junge, der sicher ist, dass dies ein unmöglicher Traum bleibt? Das ist die größte Gefahr des negativen Denkens: Es überzeugt uns, es nicht einmal zu versuchen, sondern absichtlich destruktive und wenig hilfreiche Möglichkeiten des Seins zu wählen.

WIE MAN EIN OPTIMIST WIRD

Es gibt vier spezielle Übungen, mit denen man Negativität in Positivität verwandeln kann:

1. Wir müssen uns *erlauben*, optimistisch zu denken. Das war für mich der schwerste Schritt. Bevor ich meine Befürchtung, ich könne mich zum Narren machen oder enttäuscht werden, loslassen konnte, musste ich innere Überzeugungsarbeit leisten.

2. Wir strengen uns ganz bewusst an, um zu ändern, wie wir denken und unsere Gedanken in Worte fassen. Das letzte Kapitel handelte davon, dass wir unsere Negativität hinterfragen müssen. Nun ist es Zeit, einen Schritt weiter zu gehen. Nachdem wir unseren Pessimismus angefochten haben, müssen wir ihn aktiv in etwas Positiveres umformulieren. Wann immer wir uns dabei ertappen, dass wir unfair oder ungenau negativ sind, formulieren wir den entsprechenden Gedanken ganz bewusst positiver. Hier einige Beispiele, die auf meiner eigenen Erfahrung mit chronischem Schmerz basieren:

    a) Statt zu sagen »Alle Ärzte sind ahnungslose Idioten«, gewöhnte ich mir an zu sagen: »Es ist eine Tatsache, dass es bessere und schlechtere Ärzte auf der Welt gibt. Vermutlich kann mir irgendjemand da draußen helfen. Ich habe diese Person nur noch nicht gefunden.«

    b) Achten Sie auch darauf, was Optimismus *nicht* ist. Ich habe mir nicht gesagt: »Alle Ärzte sind Genies. Die Medizin wird mich auf jeden Fall heilen.« Optimismus braucht keine Extreme, kleine Veränderungen machen oft den entscheidenden Unterschied.

c) Statt zu sagen: »Diese lähmenden Schmerzen werden mich auf immer zum Behinderten machen«, habe ich sagen gelernt: »*Im Moment* habe ich Schmerzen. Sie kommen in Schüben. Ich habe schlechte und gute Tage. Es kann sein oder auch nicht, dass ich niemals ›geheilt‹ werde, aber ich kann Mittel und Wege finden, meine Funktionalität zu verbessern.« Worte wie *immer* und *niemals* zeugen von Hilflosigkeit und untergraben unsere Motivation, etwas zu verbessern.

3. Zu bestimmten Zeiten fühlen wir uns allein gelassen, als habe sich das Universum gegen uns verschworen. Dann sagen wir uns Dinge wie »Warum ich?« oder »Gott muss mich hassen« oder »Ich bin ein nutzloser Versager«. Oder noch schlimmer: »Das geschieht mir recht.« In Wirklichkeit gibt es keinen Grund, es so persönlich zu nehmen. Nur weil ich chronische Schmerzen habe, heißt das nicht, dass Gott mich hasst. Das ist eine emotionale Reaktion. Ich bin auch kein Versager, weil ich meinen Job kündigen musste – das war nur die unpersönliche Natur der Situation zu jener Zeit. Selten handelt es sich bei diesen Extremen um Formen von nachgewiesener Personalisierung oder objektive Fakten. Es sind *Reaktionen*. Die Wirklichkeit ist in der Regel sehr viel unpersönlicher, als wir annehmen.

4. Schauen Sie sich die ganze Palette von Möglichkeiten an, und wählen Sie die beste. Ich habe noch nie eine Situation erlebt, in der es *gar keine* Wahlmöglichkeiten gegeben hätte. Vielleicht können uns nicht *alle* möglichen guten Resultate in Aussicht gestellt werden, aber dass einige Dinge »vom Tisch« sind, bedeutet ja nicht, dass wir keine Wahl mehr haben. Solange wir am Leben sind, haben wir zumindest noch einige Wahlmöglichkeiten, und manche davon sind zwangsläufig positiver und besser für uns als andere. Wählen Sie diese.

Optimismus und Bliss

Unseren Geist darauf zu trainieren, optimistisch zu denken, ist ein wichtiger Schritt auf unserem Weg zu Bliss.

Bliss setzt Energie und Standhaftigkeit voraus. Sie kommen nicht immer einfach über Nacht. Bei Pessimisten ist es weniger wahrscheinlich, dass sie sich auf diese Experimente einlassen und die nötige Zeit und Mühe aufwenden, um Meisterschaft in den entsprechenden Fähigkeiten und Übungen zu erlangen. Vielmehr neigen sie wohl eher dazu, zu schnell aufzugeben.

Und was vielleicht das Schlimmste ist, wie die Forschungen zum Thema »Optimismus und Sehfähigkeit« gezeigt haben, könnte man den bekannten Spruch »Ich glaube nur, was ich sehe« genau umkehren. Es ist richtiger, zu sagen: »Ich sehe nur, was ich glaube.« Und wenn es darum geht, Bliss zu entdecken, stimmt es umso mehr. Die Fähigkeit, unseren Geist zu kontrollieren, die dadurch unter Beweis gestellt wird, dass wir Gedanken ganz bewusst wählen und in unseren Geist einschleusen können, ist entscheidend für das Erlangen von Bliss. Wie wir in den späteren Kapiteln noch sehen werden, ist persönliche Gedankenkontrolle das zentrale Werkzeug zur Erschließung von Bliss. Optimismus ist in der Tat nur eine grundlegende, einführende Übung. Wenn wir darin keine Fortschritte machen, fehlt uns die für die späteren Bliss-Experimente notwendige Grundlage.

DAS EXPERIMENT: DAS NEGATIVE NEU FORMULIEREN

Denken Sie an etwas, das Sie aktuell bewegt und Sie veranlasst, sich viele negative Gedanken zu machen.

Teil A

1. Versuchen Sie, so genau wie möglich zu verstehen, warum Sie so negativ über diese Person, diese Situation oder diesen

Vorfall denken. Achten Sie sehr genau auf die Gründe, die Sie dafür angeben, dass Sie so denken und fühlen.

2. Versuchen Sie, so objektiv wie möglich über diese Person, diese Situation oder diesen Vorfall nachzudenken. Glauben Sie beispielsweise wirklich, dass es ein *dauerhaftes* Problem ist, das sich niemals ändern wird? Ist es *umfassend*, auf der ganzen Linie, ohne Ausnahme? Ist es Ihr *persönliches* Problem, oder betrifft es Sie gar nicht wirklich? Und falls Ihnen einige Ihrer negativen Beobachtungen eindeutig richtig, wahr und unabänderlich vorkommen, können Sie trotzdem auch irgendetwas Positives darüber denken? Machen Sie eine Liste aller Silberstreife am Horizont beziehungsweise positiven Chancen.

3. Üben Sie sich im Neuformulieren Ihrer ursprünglichen Gedanken und löschen Sie alle Spuren von verzerrtem Denken. Können Sie, ohne die aktuelle Realität zu leugnen, eine Möglichkeit finden, das Problem neu zu formulieren und genau darzustellen, also ohne Übertreibung oder negative Vorurteile?

Teil B

Gehen Sie dies wie eine Brainstorming-Übung an. Geben Sie sich die Erlaubnis, alle Möglichkeiten zu erforschen, einschließlich der positivsten, selbst wenn Sie nicht glauben, dass sie wahrscheinlich sind. Es gibt im Augenblick keine dummen Gedanken und nichts, was Ihnen peinlich sein müsste. Diese Übung zu machen verpflichtet Sie nicht dazu, auf irgendeine Weise tätig zu werden.

1. Nehmen Sie die ursprüngliche Person, die Situation oder den Vorfall aus Teil A und gehen Sie *die ganze Palette der Wahlmöglichkeiten, Lösungsmöglichkeiten, Optionen oder Richtungen* durch, die Sie sich vorstellen können – einschließlich aller besonders optimistischen und besten Extremszenarien, auch wenn sie nicht sehr wahrscheinlich sind. Stellen Sie si-

cher, dass Sie auch Ihre negativen, deprimierenden oder »am meisten realistischen« Optionen einbeziehen.

2. Prüfen Sie diese Liste und identifizieren Sie nun *die bestmögliche Wahl oder das bestmögliche Ergebnis* oder zumindest das, wovon Sie sich erlauben können zu glauben, dass es eine *Chance* hat, sich zu materialisieren.

3. Wie können Sie Ihre Wahlmöglichkeiten, Ihre Entscheidungen oder Ihr Leben so umorientieren, dass die Chancen, ein positives Ergebnis zu erzielen, steigen? Schreiben Sie jede Aktion, jede Strategie oder jede Idee auf, die Ihnen einfällt und durch die diese positive Möglichkeit Realität werden könnte.

4. Geloben Sie, so viel von Ihrer guten Absicht, Ihrer Willenskraft, Ihrer Energie und Ihrer Intelligenz in die bestmögliche Wahl zu investieren, dass diese auch entsprechende Früchte trägt. Und dass Sie *nicht* damit aufhören werden – es sei denn, es erweist sich als bewiesene, objektive Tatsache, dass dies nicht möglich ist.

Online
Weitere Videos und Quellen für dieses Kapitel stehen auf der Internetseite www.theblissexperiment.com zur Verfügung.

KAPİTEL 13

DANKE FÜR ALLES

Dankbarkeit ist der Schlüssel zu einem glücklichen Leben ...
denn wenn wir nicht dankbar sind, sind wir auch nicht glücklich, egal, wie viel wir haben – weil wir immer noch etwas anderes oder mehr haben wollen.
Bruder David Steindl-Rast, Benediktinermönch (geb. 1926)

Eine der schnellsten Möglichkeiten, eine negative Denkweise
umzukehren, besteht darin, Dankbarkeit zu üben. Ich bin selbst
immer wieder erstaunt, wie einfach und effektiv das ist. Dankbarkeit ist leicht zu erlernen, setzt keine besonderen Fähigkeiten
voraus und kann von allen verwirklicht werden, unabhängig
von ihrer Herkunft und ihren Überzeugungen.

In mancher Hinsicht ist Dankbarkeit der Höhepunkt der
achtsamen Aufmerksamkeit, des Optimismus und des Lebens
im gegenwärtigen Moment. Es hilft uns, das ganze Spektrum
der Wirklichkeit zu sehen, während wir uns einen eindeutigen
Weg zu höheren Stadien des Bliss-Bewusstseins eröffnen.

DIE GESCHICHTE

Jihan stolperte in einen Kurs aus meiner »Glücks«-Reihe in Los
Angeles, ohne zu realisieren, worauf sie sich da eingelassen
hatte. Sie war chinesischstämmige Amerikanerin der zweiten
Generation, und ihre Eltern waren aus Hongkong in die USA

immigriert, als ihre Mutter mit ihr schwanger war. Sie hatte über Facebook von dem Kurs erfahren, aber aus irgendeinem Grund nicht mitbekommen, dass er eine entscheidende spirituelle Komponente hatte. Dies zu entdecken war Jihan ein bisschen peinlich, denn sie war ganz und gar weltlich eingestellt. Ihre Eltern waren beide Atheisten. Ihr Vater war Elektroingenieur und ihre Mutter Vollzeithausfrau, die zu Hause geblieben war, um Jihan und ihre jüngere Schwester Limei zu erziehen.

Nachdem sie den ersten Kurs schweigend und mit versteinertem Gesicht hinter sich gebracht hatte, kam Jihan auf mich zu und teilte mir mit, dass sie einen Fehler gemacht habe und ihr Geld zurückwolle. Sie hatte kein Interesse an irgendwelchen spirituellen Inhalten oder Praktiken, und an Bliss war sie auch nicht interessiert. Sie wollte lediglich ihr alltägliches Glück steigern und es dabei belassen. Nachdem ich ihr in einem Gespräch die ganze Bandbreite dessen, was wir im folgenden Monat machen wollten, erläutert hatte, beschloss Jihan – wenn auch ein wenig widerwillig – dabeizubleiben. Sie hatte sich die Zeit in ihrem Terminkalender schon freigehalten, und es sah ja nun doch so aus, als gäbe es genügend »nicht spirituelle« Inhalte, sodass sie wenigstens irgendetwas für sich würde herausholen können.

Eine Woche später erzählte uns Jihan, dass sie – obwohl erst 25 – schon seit zwei Jahren verheiratet war, aber ziemlich viele Probleme mit ihrem Mann hatte. Er war kein schlechter Mensch, hatte aber viele kleine Angewohnheiten, die ihr auf die Nerven gingen. Allmählich hatte sie auch das Gefühl, vielleicht zu früh und überstürzt geheiratet zu haben. Außerdem studierte sie an einer Graduiertenfakultät, weil sie einen PhD in Molekularbiologie machen wollte. Ihr Studium war zwar innovativ, aber anstrengender und viel weniger aufregend, als Jihan es sich vorgestellt hatte. Hinzu kam, dass die ganze Abteilung in Machtkämpfe verwickelt und sehr angespannt war. Die Professoren kämpften um einflussreiche Posten, und es gab heftige Rivalitäten zwischen den verschiedenen Fachrichtungen. Aktuelle Mit-

telkürzungen, welche die ganze Universität betrafen, verschärf-
ten die Situation nur noch und schufen eine Atmosphäre der
Konkurrenz um Ressourcen und Respekt.

Zwischen ihrer festgefahrenen Ehe und ihrem langwierigen
Studium (das bis zum Abschluss wohl noch einige Jahre dauern
würde) fühlte sich Jihan eingesperrt und unsicher und wusste
nicht, ob sie das eine wie das andere noch viel länger würde ertragen können. Auf der anderen Seite liebte sie ihren Mann noch
immer und wollte sich nicht wirklich scheiden lassen – was auch
ihre Eltern sehr missbilligt hätten. Außerdem hatte sie die Hoffnung, dass sie, wenn sie erst ihren Abschluss hätte, auch sehr
viel mehr Spielraum zur Erkundung ihrer speziellen Forschungs-
interessen bekommen würde.

In unseren Gesprächen war mir völlig klar geworden, dass
Jihan an vielen Vorschlägen zur Erlangung von Glück und Bliss,
die im Kurs gemacht wurden, nicht interessiert war. Manche
waren ihr zu sehr spirituell orientiert, für andere hatte sie keine
Zeit, oder sie sprachen sie einfach nicht an. Nachdem ich eine
Woche lang darüber nachgegrübelt hatte, empfahl ich ihr, sich
für den Anfang ausschließlich auf die einfache Übung der Dankbarkeit zu konzentrieren. Per E-Mail schickte ich ihr auch Informationen über eine ganze Reihe von wissenschaftlichen Studien,
welche die Wirksamkeit dieser Übung bewiesen, denn ich wusste, wie wichtig ihr das war. Ich bat sie, die praktische Übung am
Ende dieses Kapitels die ganze Woche täglich zehn Minuten lang
zu machen – wobei sie sich besonders darauf konzentrieren sollte, ihrem Mann und dem PhD-Programm gegenüber Dankbarkeit zu zeigen – und mir dann Bericht zu erstatten.

In der nächsten Woche nahm Jihan sehr viel engagierter am
Kurs teil als üblich. Sie nickte an mehreren Stellen zustimmend,
beteiligte sich an der Unterhaltung und schien generell fröhli-
cher als in den ersten beiden Wochen. Nach dem Kurs erzählte
sie mir: »Ich habe die Dankbarkeitsübung genau so gemacht,
wie Sie es gesagt haben, und es war erstaunlich! Zum ersten
Mal seit Monaten wusste ich wieder, warum ich ihn geheiratet

habe. Ich habe mich auch erinnert, warum ich Molekularbiologie studieren wollte. Vor ein paar Tagen hatten wir diesen Gastdozenten, der über eine neue Möglichkeit der Sequenzierung von Proteinen sprach. Es war superclever und kreativ. Das ist genau das, was ich machen will. Da hatte ich plötzlich diese Idee für ein Experiment, die ich mit einem meiner Professoren besprechen werde.

Am Ende machte ich die Dankbarkeitsübung unwillkürlich viel länger als zehn Minuten am Tag«, fuhr Jihan fort. »Ich machte sie immer dann, wenn ich mich über etwas ärgerte, und sofort änderte sich meine Stimmung. Es dauerte nicht lange, bis ich eine Art Kurzschrift entwickelt hatte: Ich erinnerte mich einfach an eine einzige positive Sache an meinem Mann oder an meiner Fakultät – und schon wusste ich, dass diese Sache eine ganze Reihe von anderen guten Dingen nach sich zog. Ich musste mir also noch nicht einmal die Zeit nehmen, sie alle durchzugehen, weil ich genau wusste, dass sie da waren und ich ihnen nur freien Lauf lassen musste. Habe ich schon erwähnt, wie erstaunlich das ist?«

DIE WISSENSCHAFT

Das Praktizieren von Dankbarkeit und seine Wirkung ist ein weiteres Gebiet, das viel und beständig wissenschaftlich erforscht wurde. Zwei der führenden Forscher auf diesem Gebiet sind die Psychologen Robert Emmons von der Universität von Kalifornien in Davis und Michael McCullough von der Universität von Miami. Sie haben gemeinsam an mindestens sieben verschiedenen Studien gearbeitet, die vom *American Psychological Association's Journal of Personality and Social Psychology* veröffentlicht wurden. In der Summe zeigen diese Studien, dass das Praktizieren von Dankbarkeit Glück und Wohlbefinden steigert, Beziehungen verbessert, die Spiritualität allgemein erhöht und eine materialistische Einstellung ebenso wie negative Emotionen, beispielsweise Neid, vermindert. Darüber hinaus funktioniert es für eine breite Bevölkerungsgruppe – von Studenten, über Geschäftsleute, bis hin zu den Älteren – und für jeden Persönlichkeitstyp, von den Extrovertierten bis zu den Introvertierten.

Für die vielleicht interessanteste dieser Studien hatten Emmons und McCullough Menschen ausgewählt, die an einer von drei neuromuskulären Krankheiten litten. Alle diese Teilnehmer lebten mit einer schweren, ja sogar traumatischen und unheilbaren chronischen Krankheit. Nachdem sie die Dankbarkeitsübung gemacht hatten, berichteten die Testpersonen über mehr allgemeine Zufriedenheit mit dem Leben, waren optimistischer im Hinblick auf ihre unmittelbare Zukunft und fühlten sich mehr mit anderen verbunden. Als die Partner der Testpersonen und andere Angehörige separat befragt wurden, bestätigten sie die angegebenen Verbesserungen. Diese Studie ist besonders bemerkenswert, weil gerade diese Gruppe triftige Gründe hatte, *nicht* dankbar zu sein: Das Leben dieser Testpersonen war schmerzhaft und schwierig, und ihre langfristigen Aussichten waren allgemein negativ. Doch selbst die Mitglieder dieser höchst gehandicapten Gruppe berichteten von dem enormen Gewinn, den ihnen die Übung beschert hatte.

Im Jahr 2009 führte der Psychologe Richard Wiseman von der Universität Hertfordshire in England eine Studie durch, die sowohl wegen ihrer Größe als auch wegen ihrer spezifischen Schlussfolgerungen bemerkenswert ist. An dieser Studie nahmen 26 000 Menschen teil – eine enorm große Stichprobe, die wenig Raum für Zweifel lässt. Wiseman ließ die Teilnehmer schnelle und einfache Übungen machen. Etwa sollten sie sich in ein paar Sekunden an etwas Gutes erinnern, das ihnen in den letzten 24 Stunden passiert war, oder an etwas, wofür sie dankbar waren, oder an jemanden, dem gegenüber sie Dankbarkeit empfanden. Es musste nicht besonders wichtig sein. Man konnte auch für triviale Dinge dankbar sein: für eine gute Tasse Kaffee oder einen schönen Film. Natürlich konnten Menschen auch wichtigere Dinge wählen, wie eine Beförderung am Arbeitsplatz oder eine wunderbare Beziehung.

Zwei wichtige Punkte kristallisierten sich heraus: (1) Die Teilnehmer erlebten einen schnellen und dramatischen Aufschwung ihres Glücksniveaus. Es dauerte nicht lange, bis sich die positiven Effekte bemerkbar machten. Dankbarkeit wirkt schnell. (2) Die Aufgaben waren schnell und einfach zu erledigen. Sie verlangten weder stundenlange intensive Arbeit noch irgendeine Art von hoch entwickelter Fähigkeit. Die Probanden mussten sich noch nicht einmal auf etwas von entscheidender Bedeutung konzentrieren.

Es ist wichtig, zu verstehen, dass die Wirkung der Dankbarkeit, so schnell und einfach sie auch sein mag, auch überraschend stark ist. Eine Studie, die 2002 an der Universität von Michigan durchgeführt wurde, ergab: Das Ausdrücken von Dankbarkeit half Studenten, sich emotional schneller zu erholen, nachdem sie sich die Terroranschläge vom 11. September 2001 angeschaut hatten. Auch zeigten sie eine größere psychische Belastbarkeit und eine gesteigerte Fähigkeit, nach einer Krise emotional zu wachsen. Wer dankbar sein konnte, entwickelte weniger wahrscheinlich Symptome einer Depression. Es war nicht etwa so, dass diejenigen, die dankbar waren, keine negativen Emotionen in Bezug auf den 11. September hatten. Auch sie erlebten das gesamte Spektrum der Trauer, der Angst, der Wut und so weiter. Die Forscher vermuteten, dass der Unterschied folgender war: Dankbar zu sein bereicherte ihre Sichtweise um echte, *wahrhaftige* Positivität und verhinderte damit, dass sie ganz von ihren ausschließlich negativen Emotionen vereinnahmt wurden. Dankbar zu sein erinnert Menschen an das ganze Spektrum der menschlichen Fähigkeiten und Ideale, einschließlich unserer positiven Eigenschaften. Es wirkt unserer Neigung entgegen, das Negative zu betonen, darüber nachzugrübeln oder uns daran zu erinnern.

Schließlich zeigte ein in der Zeitschrift *Emotion* veröffentlichtes Forschungsergebnis, dass Dankbarkeit uns hilft, uns weniger egoistisch und mehr kooperativ zu verhalten. Menschen, die dankbar sind, sind auch eher bereit, fremden Menschen zu helfen, wenn diese in Not sind, und zwar unabhängig davon, ob sie etwas davon haben oder etwas dafür bekommen.

DER GEIST

Dankbar sein ist etwas, das wir alle tun können, unabhängig von unserer Persönlichkeit; unabhängig davon, was wir gesehen oder überlebt haben; unabhängig von unserer Erfahrung oder davon, wie viel Zeit wir haben. Es ist eine schnelle, einfache und effektive Möglichkeit, frisches, sauberes Wasser in unseren schlammigen Gedankenfluss zu schütten.

Jahre bevor ich sie selbst ausprobierte, hatte ich von Dankbarkeit gehört. So richtig ernst nahm ich sie allerdings erst, nachdem ich zufällig über die folgenden Sätze von Elie Wiesel, Holocaust-Überlebendem und Autor des Buches *Night* (dt. Titel: *Die Nacht*), gestolpert war. An einer Stelle schreibt Wiesel: »Niemand ist besser in der Lage, dankbar zu sein, als jemand, der aus dem Reich der Nacht aufgetaucht ist.« Er sagte auch: »Wenn ein Mensch nicht dankbar sein kann, fehlt etwas an seiner oder ihrer Menschlichkeit ... bis zum heutigen Tag ist *danke* das Wort, das mir am häufigsten über die Lippen kommt.«

Ich erkannte dann, dass praktizierte Dankbarkeit nichts für die Schwachen, die Dummen oder diejenigen ist, die ein faszinierendes Leben geführt haben. Nur wenige noch lebende Menschen haben einen ähnlichen Schrecken durchlebt wie Wiesel – und doch war er sich, als er all das überstanden hatte, sicherer als jemals zuvor, dass Dankbarkeit etwas absolut Wesentliches ist. Dies und die Tatsache, dass sie so schnell und einfach ist, macht Dankbarkeit zu einer Übung, die höchste Priorität haben sollte.

Was ist Dankbarkeit?
Ganz einfach gesagt, ist Dankbarkeit das bewusste Erinnern an etwas Positives, das wir entweder erlebt haben oder gerade jetzt

erleben. Das ist eigentlich alles. Wir denken über unser Leben nach und geben uns Mühe, das zu erinnern, was gut und richtig läuft oder gelaufen ist. Das kann etwas Gutes sein, das passiert ist, eine positive Eigenschaft von uns oder jemandem, den wir kennen, ein erfreuliches Erlebnis, das wir hatten, oder etwas Interessantes, Schönes, Hilfreiches oder Positives, das jetzt in diesem Moment geschieht.

Dankbarkeit verwandelt unsere negative Passivität in positive Aktivität. Sie weckt unser Bewusstsein und baut es auf. Nur allzu oft treiben wir wie im Tagtraum durch unser Leben. Um uns herum geschehen Dinge, aber wir nehmen sie kaum wahr. Wir gewöhnen uns so an unsere Jobs, an materielle Dinge, an Beziehungen und Situationen, dass wir uns gar nicht mehr darauf konzentrieren oder daran freuen. Wir halten unser Leben – und alles und jeden darin – für selbstverständlich.

Dankbarkeit hat also etwas mit der Stärkung unseres Bewusstseins, unserer Sensibilität und unserer Aufmerksamkeit zu tun. In der zuvor geführten Diskussion über Bewusstheit und absolute Präsenz im gegenwärtigen Moment haben wir erforscht, wie Bewusstheit, richtig verstanden und angegangen, zu positiver Fülle statt zu entmutigender Leere führt. Wenn wir auf positive Weise im gegenwärtigen Moment sind, ist Dankbarkeit oft das vorherrschende Gefühl. Wir empfinden Wertschätzung und füllen unser bewusstes Gewahrsein damit. Diese Art der aktiven, positiven Aufmerksamkeit erzeugt eine stark erhöhte Bewusstheit.

Daran ist nichts Künstliches oder Falsches. Dankbar sein bedeutet, die *Wahrheit* zu beobachten und zu erinnern. Es hat nichts mit Leugnen oder Fantasieren zu tun. Wenn Ihr Freund klein ist, heißt dankbar sein nicht, so zu tun, als sei er groß. Es heißt auch nicht, dass Sie leugnen müssen, dass seine mangelnde Größe etwas Negatives ist (wenn es für Sie so ist, dann ist es so). Es geht vielmehr darum, dieses »Negative« mit seinen positiven Eigenschaften ins Gleichgewicht zu bringen. Er mag zwar klein sein, aber er sieht gut aus, hat ein freundliches Wesen und ist klug. Oder was immer es auch sein mag. Dankbarkeit hilft uns auch, negative Gedanken – selbst wenn sie den Tatsachen entsprechen – im richtigen Zusammenhang zu sehen und zu zerstreuen, indem sie sie in einem Meer aus positiven Gedanken ertränkt. Dankbarkeit bringt die ganze Fülle der Wirklichkeit dadurch energisch zur Geltung, dass sie unser Bewusstsein mit positiven Gedanken erfüllt.

Dankbarkeit hat es nicht nötig, unangenehme Dinge zu leugnen. Elie Wiesel praktiziert Dankbarkeit nicht, indem er den Holocaust leugnet. Wohl aber sorgt er in seinem Alltag dafür, dass die Trauer und der Horror im richtigen Zusammenhang gesehen werden. Außerdem vergisst er nie, sich auch an das Gute zu erinnern, das er erfahren hat, und es zu würdigen. Wenn Wiesel Gründe findet, um dankbar zu sein, können wir das auch.

Warum Dankbarkeit wirkt

Dankbarkeit ist offensichtlich eine Form des positiven Denkens. Wir wissen bereits, dass es wichtig ist, um sicherzustellen, dass unsere positiven Gedanken die negativen weit überwiegen.

Am wichtigsten ist jedoch, dass Dankbarkeit die hedonistische Adaptation – die Tendenz, sich schnell an sensorische, physiologische oder Veränderungen der Umstände anzupassen – wirkungsvoll außer Kraft setzt. Hedonistische Adaptation ist ein unbewusst ablaufender Prozess. Beispielsweise blenden wir das Geräusch eines tropfenden Wasserhahns, den zu reparieren wir uns nicht leisten können, irgendwann einfach aus oder gewöhnen uns daran, mit kleineren chronischen Beschwerden zu leben – alles, ohne dass wir den bewussten Versuch machen, dies zu tun. Es geschieht einfach »ganz von allein«. Das Gute an der hedonistischen Adaptation ist, dass sie uns helfen kann, uns an negative Umstände anzupassen. Selbst ein wohlhabender Mensch, der gewohnt ist, sich nur mit den schönsten Dingen zu umgeben, kann sich letztendlich auf ein Leben in Armut einstellen. Leider ist das Gegenteil ebenso wahr. Wir gewöhnen uns nur allzu schnell an all die guten Dinge in unserem Leben und ignorieren sie daher quasi. Wir machen uns auf die Suche nach einem neuen Partner, weil wir die guten Eigenschaften des Partners, den wir schon haben, weitgehend vergessen haben. Wir suchen einen neuen Arbeitsplatz oder machen abenteuerliche Reisen, weil wir uns zu sehr an unseren aktuellen Standort gewöhnt haben. Wir wollen noch mehr glänzende, noch protzigere Spielzeuge, Maschinen, Kleider oder andere Dinge, auch wenn die, die wir haben, immer noch bestens brauchbar und vielleicht sogar sehr schön sind.

Indem wir dankbar sind, erinnern wir uns an das Gute in unserem Leben, an unserem Partner, an unserer Arbeit oder an den Dingen, von denen wir umgeben sind. Hedonistische Adaptation greift, wenn wir durch unser Leben schlafwandeln, indem wir mehr oder weniger bewusstlos von einem Moment zum anderen und von einer Erfahrung zur anderen driften. Manchmal kann das durchaus positiv sein, beispielsweise, wenn ich mich nicht bewusst damit beschäftigen will, wie sehr mein Körper schmerzt, aber nur allzu oft ist es nicht so gut. Es führt nämlich unweigerlich zu einem ernsthaft sauren Geisteszustand. Die Studien lassen ferner vermuten, dass wir, indem wir unseren hedonistischen Autopiloten abschalten, unser nie enden wollendes Bedürfnis, immer mehr Dinge und Erfahrungen anzusammeln, ganz leicht und natürlich zügeln können. Dann schätzen wir das, was wir bereits haben, sehr viel mehr. Das wiederum mindert negative Emotionen wie Neid und Geiz.

Dieser positive Kreislauf hilft uns, im gegenwärtigen Moment mehr präsent zu sein. Dankbar zu sein erlaubt uns, zu schätzen, zu genießen und uns an allem zu freuen, was wir tun oder bereits getan haben. Die Fähigkeit, die Elemente des Lebens zu bemerken, zu schätzen und zu genießen, ist entscheidend für die Steigerung unseres Wohlbefindens. Und was genauso wichtig ist, sie hält uns auch davon ab, immer nach der nächsten, künftigen Stimulation Ausschau zu halten, indem sie unseren unermüdlichen Wunsch danach dämpft. Vor allem hilft es uns, im Hier und Jetzt ein achtsameres Leben zu führen.

Darüber hinaus wirkt Dankbarkeit unserer angeborenen Neigung entgegen, über negative Ereignisse nachzugrübeln. Rufen Sie sich die Studien zum Thema Erinnerung ins Gedächtnis, die wir in Kapitel 7, »Die Vergangenheit loslassen«, behandelt haben. Weil wir dazu neigen, uns besser an widrige und traumatische Ereignisse zu erinnern als an positive oder glückliche, müssen wir bewusste Anstrengungen unternehmen, um dies ins Gleichgewicht zu bringen. Wenn wir das nämlich nicht tun, entscheiden wir uns für eine verzerrte Wahrnehmung der Realität. Mit anderen Worten, nicht dankbar zu sein heißt, die Realität zu leugnen. Voraussetzung für ein authentisches Leben ist das bewusste Erinnern an all das Gute, das wir erlebt haben.

Und schließlich bringt uns Dankbarkeit Bliss bedeutend näher. Wie der englische Schriftsteller G. K. Chesterton in seiner Biografie des heiligen Franziskus von Assisi schreibt: »Dankbarkeit erzeugte [...] die reinsten Glücksmomente, die Menschen jemals erlebt haben.« Das Genießen unserer positiven Erfahrungen hat etwas von Natur aus Fröhliches an sich. Wie wir bald sehen werden, ist das ein Gefühl, das uns ungemein sanft auf den Weg zu noch höheren Bewusstseinszuständen führt.

DAS EXPERIMENT: DANKEN

Es gibt verschiedene Möglichkeiten, Dankbarkeit zu üben. Wählen Sie diejenige(n), die für Sie am besten funktioniert oder funktionieren. Sie können zwischen einer Praxis und der anderen wechseln, alle vier Varianten ausprobieren oder einfach bei einer bleiben.

1. Die schnellste und einfachste Methode besteht in der täglichen informellen Verpflichtung, sich an mindestens eine positive Sache zu erinnern, die in den letzten 24 Stunden passiert ist, oder an eine Person, ein Ereignis, eine Eigenschaft oder eine Erfahrung, für die Sie dankbar sind. Es kann etwas

Kleineres oder Größeres sein, etwas Persönliches oder Unpersönliches (beispielsweise ein wunderschöner Sonnenuntergang), was immer Ihnen einfällt. Diese Übung ist nicht an eine bestimmte Zeit oder Dauer gebunden und muss auch nicht als formaler Prozess durchgeführt werden. Selbst ein paar Sekunden am Tag sind ein guter Anfang. Denken Sie einfach an etwas, wofür Sie dankbar sind, wann immer, wo immer und für wie lange auch immer es auf Sie zukommt. Weil diese Variante so kurz und schnell ist, ist es entscheidend, dass Sie sich verpflichten, sie mindestens einmal am Tag zu machen, um die beste Wirkung zu erzielen.

2. Eine tiefer gehende und formellere Variante besteht darin, sich einen beträchtlichen Zeitraum freizuhalten – mindestens zehn bis 30 Minuten pro Woche –, um Eintragungen in Ihr Übungstagebuch zu machen. Sie können entweder eine Liste aller positiven Dinge machen, die Sie in der letzten Woche erlebt haben – Dinge, für die Sie jetzt, in diesem Moment dankbar sind. Oder Sie schreiben einen persönlichen Brief an jemanden, der einen positiven Einfluss auf Ihr Leben hatte. Dieser Einfluss muss sich nicht unbedingt in der vergangenen Woche bemerkbar gemacht haben; er kann aus irgendeiner Zeit stammen. Sie müssen diesen Brief nicht abschicken. Die Wahrscheinlichkeit, dass Sie sich an diese Übung erinnern, ist sehr viel größer, wenn Sie jede Woche eine gewisse Zeit dafür einplanen, beispielsweise jeden Montag nach dem Abendessen oder jeden Sonntag, wenn Sie Ihre erste Tasse Kaffee trinken.

3. Es kann sehr befriedigend sein, Dankbarkeit jemanden gegenüber unmittelbar zum Ausdruck zu bringen. Sie entscheiden sich vielleicht, den Brief, den Sie geschrieben haben, tatsächlich abzuschicken. Wenn Sie keinen Brief geschrieben haben oder es vorziehen, sich nicht auf diese Weise zu äußern, können Sie den Empfänger entweder persönlich, am Telefon oder auf elektronischem Wege über Ihre positiven Gefühle der Dankbarkeit informieren. Oft sind diese Inter-

aktionen für beide Seiten lohnend, denn Sie können sehen, welch positiven Einfluss Ihre Dankbarkeit auf das Gegenüber hat. Natürlich sollten Sie das nur tun, wenn Sie sich damit wohlfühlen. Dennoch, stellen Sie sich eine Welt vor, in der die Menschen anderen gegenüber routinemäßig ihre Dankbarkeit zum Ausdruck bringen!

4. Üben Sie sich darin, spontane Dankbarkeitsbekundungen in möglichst viele Ihrer Interaktionen einfließen zu lassen. Machen Sie es sich zum Prinzip, Ihre Wertschätzung anderen gegenüber zum Ausdruck zu bringen, wann immer Sie es für angemessen halten.

Sie können sogar versuchen, in schwierigen Momenten kleine Gedanken oder verbale Äußerungen der Dankbarkeit einzuschieben. Beispielsweise können Sie potenziell belastete Situationen dadurch kurzschließen, dass Sie sich einen Moment Zeit nehmen, um entweder im Stillen oder laut Ihre Wertschätzung einer Eigenschaft der Person, mit der Sie in Konflikt sind, zum Ausdruck zu bringen. Achten Sie darauf, wie das helfen kann, die Stimmung, das Gespräch oder die Umstände sanft in eine konstruktivere Richtung zu schubsen.

Online
Weitere Videos und Quellen für dieses Kapitel stehen auf der Internetseite www.theblissexperiment.com zur Verfügung.

KAPİTEL 14
BLISS SÄEN

Ob du glaubst, dass du es schaffst, oder glaubst, dass du es nicht schaffst – du hast in jedem Fall recht.
Henry Ford, amerikanischer Autohersteller (1863–1947)

Affirmationen sind positive Aussagen über die Wahrheit, die wir in unser Leben bringen wollen.

Sie haben manche Ähnlichkeit mit Praktiken wie Achtsamkeit, Optimismus und Dankbarkeit, unterscheiden sich aber auch in mindestens einem entscheidenden Punkt von diesen. Sie gehen viel tiefer und helfen uns, den nächsten Schritt in Richtung Bliss zu machen.

In den vorangegangenen Kapiteln haben wir verschiedene Strategien und Techniken zur Reinigung unseres Gedankenflusses entdeckt, die uns helfen, Meisterschaft über unseren bewussten Geist zu erlangen. Sie alle sind wirksame und wichtige Übungen. Und dennoch sind sie für sich allein genommen nicht genug. Zwar steigern sie das gewöhnliche Glück, manifestieren es sogar, können uns aber nicht in direkten Kontakt mit reinem Bliss bringen. Das liegt daran, dass Alltagsglück, wie wir es auf unserer Glücksskala nennen, hauptsächlich etwas mit dem Kultivieren eines positiven mentalen und emotionalen Zustands zu tun hat.

Bliss existiert auf einer tieferen Ebene. Es ist ein spiritueller Zustand, der weit über unseren denkenden Geist und unsere Emotionen hinausgeht. Letztendlich ist Bliss sehr viel mehr als ein Übermaß an Glück. Es ist eine neue Kategorie des Bewusstseins, eine höhere Oktave der menschlichen Erfahrung. So unentbehrlich Optimismus und Dankbarkeit auch sind – wir hätten es ohne sie nicht so weit gebracht –, um den Durchbruch zur nächsten Ebene zu schaffen, brauchen wir einen vollkommen neuen Satz Werkzeuge.

DIE GESCHICHTE

George ist ein riesiger, massiger Kerl. Er ist etwa einen Meter achtzig groß und wiegt mindestens 120 Kilo. Er ist in Mississippi aufgewachsen und hat fast ein Jahrzehnt in der Armee verbracht. Sein Haar trägt er immer noch raspelkurz. Er ist derb, unverblümt und sachlich. Zuletzt, kurz bevor er die Armee verließ, war er in Fort Irwin bei Barstow, Kalifornien, stationiert. Obwohl George aus dem tiefen Süden stammt, fand er im Laufe der Zeit heraus, dass er Kalifornien sehr liebt – besonders die Wüsten –, und so blieb er, nachdem er seinen Militärdienst quittiert hatte. Ich lernte George kennen, als er an einem meiner Meditationsseminare teilnahm.

Er war der Typ, den man sofort gernhaben musste. Ich schätze vor allem sein direktes und ehrliches Auftreten. Er sagte, was er dachte, kein Süßholzraspeln, kein Um-den-heißen-Brei-Gerede. Wann immer er das Gefühl hatte, dass ich etwas Dummes oder Unverständliches sagte, hatte er keine Hemmungen, sich mit mir anzulegen. Ein Kerl nach meinem Geschmack.

Nach dem Workshop und bevor er zwei Stunden zurück in die Wüste fuhr, lud mich George nach nebenan zum Kaffee ein. Er erklärte mir, dass er meditieren lernen wollte, weil er Probleme hatte, eine gute Beziehung zu finden und aufrechtzuerhalten. Er hatte erkannt, dass zumindest ein Teil des Problems darin bestand, dass er manchmal ein wenig zu aggressiv, ja sogar verletzend war und dass dies die meisten Frauen, mit denen er zusammen gewesen war, abgeschreckt oder befremdet hatte. Er hatte etwas über Meditation gelesen und stellte sich vor, dass sie ihm helfen könnte, sanfter zu werden.

Weil George der Typ ist, der sofort Ergebnisse sehen will, und weil er nach Wegen suchte, um seinen Prozess zu beschleunigen, schlug ich ihm vor, seine Meditationspraxis mit Affirmationen zu kombinieren. Nachdem ich ihm erklärt hatte, wie sie funktionieren, und auch nicht vergessen hatte, ein paar interessante wissenschaftliche Studien zu diesem Thema zu erwähnen, suchten wir eine Affirmation aus, die besonders gut zu seinen Beziehungsproblemen zu passen schien. Ein Thema war in den Rückmeldungen, die er von Frauen bekommen hatte, immer wieder aufgetaucht: Er sei wenig sensibel für ihre Bedürfnisse und Gefühle. Daher beschlossen wir, er solle mit einer Affirmation aus einem Buch arbeiten, das ich zufällig im Auto hatte.

Das ist die Affirmation, die George sich selbst ausgesucht hat:

Indem ich für die Wirklichkeiten der anderen
empfänglich bin, halte ich mich stets bereit,
die Wahrheit zu erkennen, in welchem Gewand
sie auch daherkommen mag.

Zwei Monate später bekam ich eine E-Mail von George. Er berichtete, dass er die Übung mit der Affirmation jeden Tag gemacht hatte. Er hatte sie sogar auf Klebezettel geschrieben und diese an seinen Badezimmerspiegel, die Kühlschranktür und das Armaturenbrett seines Autos geheftet. Zwei Wochen nachdem er mit der Affirmation zu arbeiten angefangen hatte, ging er mit einer Frau aus, mit der er sich schon im Jahr davor getroffen hatte.

Er schrieb: »Während wir zusammen waren, habe ich immer wieder an die Affirmation gedacht, aber ich war ein bisschen nervös. Daher war alles, woran ich mich erinnern konnte, für die Wirklichkeiten der anderen empfänglich zu sein. Das sagte ich mir also den ganzen Abend in meinem Kopf, besonders wenn sie mich mit jenem Blick bedachte, den ich immer dann abkriege, wenn die Damen wegen irgendetwas, das ich gesagt habe, verärgert sind. Wir hatten es sehr nett miteinander und haben uns seitdem schon mehrmals verabredet. Ich mediere immer noch jeden Tag und setze auch die Affirmation täglich ein. Danke vielmals, mein Freund, dein Voodoo-Zauber wirkt!«

DIE WISSENSCHAFT

Affirmationen sind alles andere als esoterisch. Ihre Wirkung basiert auf der Arbeit der neuronalen Netzwerke in unserem Gehirn. Eine der anerkannten Tatsachen in der Neurologie lautet: »Die Verbindung zwischen zwei Neuronen wird immer dann verstärkt, wenn beide Neuronen aktiv sind *(Neurons that fire together wire together)*«, auch als Hebbsche Hypothese bekannt. Stellen Sie sich ein trockenes, flaches Stück Land vor. Wenn es regnet, beginnt sich das Wasser einen Weg durch das Erdreich zu bahnen. Zuerst ist es ein kleines Rinnsal, aber je mehr Wasser hindurchfließt, desto tiefer wird die Rinne. Dies wiederum macht es möglich, dass immer mehr Wasser mit immer weniger Widerstand denselben Weg nimmt.

Wenn Affirmationen richtig eingesetzt werden, »zementieren« sie einen chemischen Weg im Gehirn, stärken die Verbindung zwischen Neuronen und sorgen so dafür, dass dieselbe Botschaft mit größerer Wahrscheinlichkeit immer wieder weitergeleitet wird. Neuronen, die routinemäßig nach einem bestimmten Muster aktiviert werden, stärken ihre Bindung, indem sie sich zu einem komplexen Netzwerk »verdrahten«, das automatisch ausgelöst wird, wenn man es immer in der richtigen Weise ansteuert.

Es gibt einige wissenschaftliche Untersuchungen, welche die Wirksamkeit von Affirmationen belegen. Eine 1998 von der *American Psychological Association* veröffentlichte Studie ergab, dass die Arbeit mit Affirmationen den Prozess des Grübelns aufhält, der oft in die Depression führt. Affirmationen waren für diejenigen, die damit arbeiteten, eine effektive Möglichkeit, ihren denkenden Geist so weit unter Kontrolle zu bringen, dass sie ihre Gedankenenergien in eine positivere Richtung lenken konnten. Die Forscher vermuteten sogar, dass Affirmationen allein kraftvoll genug sein könnten, um eine Depression rückgängig zu machen. (Eine europäische Studie von 2006 bestätigt, dass Affirmationen den Versuchspersonen im Vergleich zu denen, die keine Affirmationen einsetzen, bessere und effizientere »mentale Kontrolle« gaben.)

Affirmationen verbessern auch die akademische Leistung. Eine ermutigende Studie, veröffentlicht in der Zeitschrift *Scientific American*, ergab, dass afroamerikanische Schulkinder, die ihre Integrität und ihr Selbstwertgefühl mit Affirmationen bestätigten, in Klassenarbeiten besser abschnitten und am Ende des Semesters bessere Noten bekamen als die Schüler, die nicht mit Affirmationen gearbeitet hatten. Diese Verbesserung war so substanziell, dass sie einen zuvor gemessenen Leistungs- und Notenunterschied zwischen weißen und afroamerikanischen Schülern an derselben Schule fast eliminierte. In ähnlicher Weise zeigt eine Studie, die in der angesehenen Zeitschrift *Science* veröffentlicht wurde, dass Frauen im College-Alter, die mit Affirmationen arbeiteten, die traditionelle Kluft zwischen Frauen und Männern in den mathematisch-naturwissenschaftlichen Fächern überbrücken konnten.

Und noch eine gute Nachricht für Frauen: Forschungsergebnisse, die im *Journal for the Scientific Study of Religion* veröffentlicht wurden, besagen, dass Affirmationen Frauen helfen, ihr Körperbild zu verbessern, was ihnen wiederum hilft, sich ganz allgemein besser zu fühlen.

Affirmationen haben auch eine ermutigende Wirkung auf unsere körperliche Gesundheit. Eine an der Universität von Kalifornien in Los Angeles (UCLA) durchgeführte Studie zeigte, dass Affirmationen eine positive Wirkung auf Brustkrebspatientinnen haben. Diejenigen, die mit Affirmationen arbeiteten, hatten ein niedrigeres Stressniveau und hatte weniger unangenehme körperliche Symptome der Krankheit und ihrer Behandlung.

UCLA-Forscher führten auch eine andere Studie mit gesunden Menschen durch, die unter gewöhnlichem Alltagsstress standen, und entdeckten, dass Affirmationen das subjektive Stressgefühl der Probanden verminderte *und* die Messwerte des stressproduzierenden Hormons Cortisol in ihrem Körper senkte.

Affirmationen können sogar den geschäftlichen Erfolg steigern. Einer an der *Kellogg School of Management der Northwestern University* durchgeführten Studie zufolge trafen Teilnehmer, die durch Affirmationen ein positives Selbstwertgefühl entwickelt hatten, bessere geschäftliche Entscheidungen. Vor allem waren sie eher geneigt zuzugeben, dass ein Projekt oder Produkt nicht funktionierte, und schneller in der Lage, die entsprechenden Ressourcen produktiver einzusetzen.

Affirmationen helfen uns, unser Potenzial zu aktualisieren und die Wirksamkeit des optimistischen Denkens erheblich zu steigern. Eine Untersuchung von zwei Gruppen von Eliteathleten mit ähnlicher Verletzungshistorie und gleichwertigen Leistungen hat ergeben, dass Athleten mit einem hohen Selbstbewusstsein bezüglich der eigenen Fähigkeiten weniger Verletzungen hatten als diejenigen mit niedrigem Selbstvertrauen. Hinzu kommt, dass diejenigen, die Selbstzweifel zum Ausdruck brachten (»Ich weiß nicht, ob ich das kann« oder »Ich könnte mich dabei verletzen«), deutlich häufiger verletzt wurden als diejenigen, die sich sagten: »Ich kann das.«

DER GEIST

Vor Jahren hatte ich etwas gegen Affirmationen. Alles, was mir dazu einfiel, war der *Saturday Night Live*-Sketch, in dem Al Franken die Selbsthilfeknalltüte Stuart Smalley spielt, Moderator eines Fernsehprogramms namens *Daily Affirmation*, der so oberpeinlich komische Bemerkungen gurrte, wie: »Ich bin gut genug, ich bin klug genug, und verdammt noch mal, die Leute mögen mich!« Das ging mir nicht mehr aus dem Kopf. Jedes Mal, wenn ich mich in der Nähe von jemandem aufhielt, der Affirmationen aufsagte, kam ich mir wie ein kompletter Idiot vor.

Ich glaube zwar immer noch, dass nicht korrekt ausgeführte Affirmationen in der Tat diesen Stuart-Smalley-Touch haben, aber irgendwann habe ich erkannt, dass sie, richtig eingesetzt, kraftvoll und höchst wirksam sind. Es hat sich herausgestellt, dass Affirmationen etwa 4000 Jahre älter sind als die moderne Selbsthilfebewegung. Sie sind seit Langem ein Bestandteil authentischer spiritueller Traditionen und dankenswerterweise nicht die Erfindung irgendwelcher Pseudopsychologen der 1970er-Jahre. Außerdem gibt es, wie wir gesehen haben, seriöse wissenschaftliche Theorien, die, basierend auf unserem Verständnis davon, wie das Gehirn arbeitet, und in Verbindung mit einer wachsenden Anzahl experimenteller Beweise erklären, warum Affirmationen funktionieren. Der entscheidende Faktor, warum ich die Affirmationspraxis für mich akzeptiere, ist allen voran die Tatsache, dass ich, nachdem ich meine Hemmungen überwunden hatte, herausgefunden habe, dass sie bei mir tatsächlich funktioniert.

Was sind Affirmationen?
Affirmationen sind positive Aussagen über die Wahrheit, die wir in unser Leben bringen wollen. Dies wirft sofort eine wichtige Frage auf: Angenommen, es geht bei einer Affirmation darum, uns selbst immer wieder etwas vorzusagen, das *nicht* unsere aktuelle Realität widerspiegelt, was meinen wir dann, wenn wir sagen, es sei *wahr*? Klar ist, dass es für die Person, welche die Affirmation sagt, nicht wahr sein kann; sonst wäre es ja keine Affirmation, sondern eine Aussage über eine Tatsache.

Eine Affirmation ist eine Aussage über eine *allgemeine* Wahrheit, die nicht notwendigerweise einer lokalen Erfahrung entspricht. Liebe, Frieden, Freude und Weisheit stehen den meisten Menschen wirklich zur Verfügung, aber das heißt nicht, dass alle sieben Billionen von uns diese Eigenschaften aktuell alle gleichermaßen verstehen oder manifestieren. Sie sind in dem Sinne wahr und echt, dass sie uns potenziell zugänglich sind. Es mag eine Tatsache sein, dass ich im Moment unglücklich bin, aber es ist ebenso wahr, dass ich das Potenzial für Glück habe, wenn ich nur wüsste, wie ich es mir erschließen könnte.

Wir können uns Affirmationen auch als den Prozess vorstellen, in dessen Verlauf wir uns mentale und spirituelle Ziele setzen. Genau wie sich Jurastudenten, die noch keine Anwälte sind, an irgendeinem Punkt (vermutlich immer wieder) ihr Interesse bestätigen und dann einen konkreten Plan umsetzen müssen, um dieses Ziel zu erreichen. Dennoch sind sie in dem Moment, in dem sie diese Absicht äußern, faktisch noch keine praktizierenden Anwälte. Und das erwartet auch niemand.

Unsere Worte sind extrem mächtig, vielleicht viel mächtiger, als uns klar ist. Was wir zu uns selbst sagen und wie wir es sagen, ist sehr wichtig. Diese Worte beeinflussen alles: unseren weltlichen Erfolg, unsere körperliche Gesundheit, unser mentales Wohlbefinden und vor allem unsere spirituelle Verwirklichung.

Affirmationen sind also das bewusste Bemühen, positive Gedanken und bestmögliche Ergebnisse in unseren Geist einzupflanzen. Je effektiver wir das tun können, desto wahrscheinlicher ist, dass genau das passiert. So haben sich Athleten, die Angst hatten, sich in einem kommenden Wettkampf eine Verletzung zuzuziehen, tatsächlich verletzt, während diejenigen, die sich sagten, dass sie sich schon nicht verletzen würden, tatsächlich unverletzt blieben.

Die Brücke zu Bliss

Affirmationen funktionieren auf vielen Ebenen. Wie Optimismus und Dankbarkeit helfen sie uns, negative Gedanken gegen positive auszutauschen. Doch anders als diese Praktiken helfen sie uns, in direkten Kontakt sowohl mit unserem Unterbewusstsein als auch mit unserem Überbewusstsein zu kommen.

Wie Sie sich vielleicht erinnern, ist das Überbewusstsein der Ursprung von Bliss. Das Unterbewusstsein ist ein Behältnis für die Gedanken, Eindrücke und Gefühle, die durch unseren bewussten Geist ziehen und dann zum späteren Gebrauch gespeichert werden. Damit kommen wir zur ersten Art, wie Affirmationen uns helfen können. Wenn sie richtig eingesetzt werden, graben sie sich in unser Unterbewusstsein, bringen Ordnung in das Chaos und ersetzen negative Gedanken, Gewohnheiten, Gefühle und Eindrücke wirksam durch positive.

Jetzt kommt die überraschende Wende, der Grund, warum uns Affirmationen in direkten Kontakt mit Bliss bringen. Abgesehen davon, dass sie unser bewusstes und unterbewusstes Denken auf Vordermann bringen, machen uns Affirmationen offen für die höchste und seltenste Form des Bewusstseins, das Überbewusstsein. Wenn wir mit Affirmationen arbeiten, machen wir einen bewussten Versuch, unser Überbewusstsein zu bemerken, zu spüren und uns damit zu verbinden. Wie wir im folgenden Experiment sehen werden, schließt die korrekte Prozedur für Affirmationen den direkten Zugang zum Überbewusstsein und das Einsäen der entsprechenden Samen ein.

Für sich allein sind Affirmationen nicht kraftvoll genug, um das Überbewusstsein vollständig und dauerhaft genug für uns zu öffnen. Aber sie stellen unseren ersten Kontakt damit her, wie bei einer Probebohrung. Später setzen wir noch kraftvollere Mittel ein, um unser Überbewusstsein noch weiter zu öffnen und zu erweitern.

Tipps für die Arbeit mit Affirmationen

Wie ich bereits erwähnt habe, ist die Arbeit mit Affirmationen eine alte Praxis, die Jahrtausende zurückreicht. Es gibt einen angesammelten Korpus der spirituellen Weisheit darüber, wie sie angewandt werden sollten. Die Theorie mag sich komplex anhören (und in manchen Fällen gilt das auch für die Praxis), aber für unsere Zwecke kann sie wie folgt sinnvoll vereinfacht werden.

Affirmationen sind am effektivsten, wenn sie in alle drei Ebenen des Bewusstseins eingepflanzt werden: Unterbewusstsein, Wachbewusstsein und Überbewusstsein. Jeder dieser Bewusstseinsebenen ist eine bestimmte Augenposition zugeordnet. Indem wir uns auf verschiedene Orte konzentrieren, während wir die Affirmationen einsetzen, säen wir sie auf allen drei Ebenen aus. Die Augenposition, die mit dem alltäglichen Wachbewusstsein in Verbindung steht, ist ein offen und gerade nach vorn gerichteter Blick (wie Sie im Moment schauen, während Sie dies lesen, oder wie Sie im täglichen Leben mit der Welt interagieren). Die Augenposition, die Zugang zum Unterbewussten verschafft, sind geschlossene Augen und ein nach unten gerichteter Blick, wie wenn wir schlafen, ruhen oder tagträumen. Die Augenposition, mit der man Zugang zum Überbewusstsein bekommt, ist mit geschlossenen Augen und leicht nach oben zum Punkt zwischen den Augenbrauen (manchmal drittes Auge oder in verschiedenen Büchern auch spirituelles Auge genannt) gerichtetem Blick. Dieser Punkt zwischen den Augenbrauen ist der Sitz des Überbewusstseins.

Der erste Schritt besteht darin, die für unser Ziel richtige Affirmation auszuwählen. Wie wir bei der Durchsicht der wissenschaftlichen Literatur gesehen haben, sind Affirmationen bei so gut wie allem hilfreich, nicht nur beim Erlangen von Glück oder Bliss. Es gibt Affirmationen für Erfolg, Liebe, Willenskraft, körperliche Heilung, Vergebung, Geduld, Demut, Mut, Frieden, Erfolg, Kreativität – ja sogar Einkommen oder Arbeit. Für unsere Zwecke konzentrieren wir uns auf Affirmationen, die unserem Glück auf die Sprünge helfen und uns direkt helfen, Bliss zu erfahren. Wenn wir diese Technik erst einmal gelernt haben, können wir sie anwenden, um jeden Aspekt unseres Lebens zu verbessern.

Wiederholung ist wichtig, und zwar im doppelten Sinne. Während der Sitzung selbst wiederholen wir die Affirmation immer und immer wieder. Zweitens ist es wichtig, viele Male und in mehreren Sitzungen mit derselben Affirmation zu arbeiten.

Denken Sie an das, was wir oben im Zusammenhang mit dem Spruch »Neurons that fire together wire together« gesagt haben. Je häufiger wir eine Affirmation wiederholen, desto tiefere Spuren hinterlässt sie in unserem Geist. Der Mangel an ausreichend vielen Wiederholungen ist einer der Hauptgründe dafür, dass eine Affirmation nicht greift. Arbeiten Sie mindestens einen Monat lang mit einer einzigen Affirmation, bevor Sie etwas daran verändern oder sich einer ganz neuen zuwenden. Manche Menschen verwenden jahrelang dieselbe Affirmation.

Große Energie und tiefe Konzentration sind notwendig. Diese Übung kann nicht auf Autopilot gemacht werden oder während man innerlich abdriftet. Unsere gesamte Aufmerksamkeit, Willenskraft und unser ganzes Interesse sind gefragt.

Damit Sie nicht vergessen, die Affirmation auch anzuwenden, kann es hilfreich sein, Karten, Klebezettel und Kalender zu verwenden oder sogar ein akustisches Signal auf Ihrem Handy – welches Erinnerungssystem eben am besten für Sie funktioniert. Schreiben Sie die Affirmation auf und platzieren Sie die Karte oder den Zettel dort, wo Sie ihn/sie oft sehen, etwa auf dem Nachttisch, an der Lampe, auf dem Altar, am Badezimmerspiegel, am Computer, auf dem Schreibtisch, am Armaturenbrett oder an der Kühlschranktür.

Wenn Sie Ihre Affirmation nicht laut aussprechen können, weil Sie ständig unter Menschen sind, können Sie sie sich zumindest mental mit so viel Energie wie möglich vorsagen.

Das können Sie jederzeit machen. Wenn Sie meditieren, ist unmittelbar danach ein sehr effektiver Moment, weil Ihr Geist wach und aufnahmefähig ist. Zu den anderen förderlichen Zeiten gehört die Zeit unmittelbar vor dem Einschafen und vor dem Aufwachen, beim Yoga, beim Wandern, beim Sport, beim Autofahren, beim Staubsaugen, beim Essen, beim Geschirrspülen, beim Zähneputzen und beim Rasieren.

Nutzen Sie Affirmationen als eine Verteidigungswaffe. Wenn ein negativer Gedanke, eine negative Stimmung oder eine negative Situation aufkommt, kann eine positive Affirmation benutzt werden, um dem entgegenzuwirken. Stellen Sie es sich so vor, als spielten Sie ein inneres Videospiel, in dem Sie die positive Affirmation einsetzen, um die Kräfte der Negativität zu besiegen.

Affirmationen finden oder aufschreiben

Im folgenden Praxisteil gebe ich Ihnen zwei Affirmationen, eine für Glück und die andere für Bliss. Es gibt viele Quellen für Affirmationen, geschrieben von erfahrenen und kenntnisreichen Menschen. Weitere Affirmationen und empfohlene Sammlungen finden Sie auf der Begleitwebsite für dieses Buch.

Wir können auch unsere eigenen Affirmationen schreiben. Wenn wir diesen Weg gehen wollen, ist es wichtig, dass wir die Affirmationen richtig konstruieren. Andernfalls könnten sie nicht nur unwirksam sein, sondern sogar die gegenteilige Antwort hervorrufen. Hier einige Richtlinien:

➤ Halten Sie Ihre Affirmation kurz und spezifisch. Dann ist es leichter, sie zu sagen und zu behalten. Sie haben auch eine größere Wirkung, wenn wir nicht relevante Elemente weglassen uns ganz präzise auf den Gedankensamen beschränken, den wir pflanzen wollen.

➤ Sagen Sie es positiv. Vermeiden Sie negative Formulierungen. Bekräftigen Sie, was Sie wollen, und nicht, was Sie nicht wollen. Sagen Sie beispielsweise nicht: »Ich bin nicht mehr niedergeschlagen.« Ihr Geist hört dann nur das Wort »niedergeschlagen«. Sagen Sie stattdessen: »Ich bin fröhlich.« Das bekräftigt Ihr Ziel und verwirrt Ihr Unterbewusstsein nicht.

➤ Formulieren Sie die Affirmation im Präsens, zum Beispiel: »Ich bin in Bliss« statt »Ich werde in Bliss sein«. Denken Sie daran: Eine Affirmation ist keine Tatsache, sondern eine Wahrheit.

DAS EXPERIMENT:
GLÜCK UND BLISS AFFIRMIEREN

Hier sind zwei Beispielaffirmationen. Anweisungen für ihren Gebrauch finden Sie unten. Für Glück: »Ich bin jederzeit gleichmütig und freudvoll. Freude ist mein Geburtsrecht. Ich strahle Glück aus.« Für Bliss: »Hinter meinen Gedanken und Gefühlen wartet unendliche Freude auf mich. Das Meer des ewigen Bliss durchfließt mich jetzt und für immer.« Wählen Sie eine dieser Affirmationen für dieses Experiment aus. Später können Sie andere finden oder Ihre eigenen schreiben. Der Prozess:

1. Setzen Sie sich an einen ruhigen Ort, wo Sie sich konzentrieren können, ohne abgelenkt zu werden.
2. Schließen Sie die Augen. Halten Sie die Wirbelsäule aufrecht und richten Sie das Brustbein nach oben aus. Entspannen Sie sich. Atmen Sie dreimal tief ein und aus. Lassen Sie Ihren Körper so unbeweglich wie möglich. Befreien Sie Ihren Geist von allen unruhigen Gedanken und ziehen Sie ihn von allen Empfindungen des körperlichen Gewichts, der Temperatur und irgendwelcher Geräusche ab.
3. Füllen Sie Ihren Geist mit Mitgefühl, Entschlossenheit und Willenskraft. Verwerfen Sie Angst, Misstrauen und Sorge. Lassen Sie Zweifel oder Ungläubigkeit los. Das sind negative Affirmationen, die Ihre Praxis untergraben.
4. Schauen Sie mit offenen oder geschlossenen Augen geradeaus. (Lassen Sie die Augen offen, wenn es Ihnen schwerfällt, mit geschlossenen Augen geradeaus zu »schauen«.) Sprechen Sie die Affirmation mit klarer, starker Stimme und enthusiastischer Energie laut aus. Wenn die Umstände es erlauben, sollte Ihre Stimme lauter sein als Ihre normale Sprechstimme. Sie müssen nicht unbedingt schreien, sollten aber so laut und energisch sein, wie Sie nur können. Wiederholen Sie dies mindestens dreimal. Sie können es auch so oft machen, wie Sie mögen.

5. Während Sie die Affirmation laut wiederholen, senken Sie Ihre Stimme allmählich und lassen sie mit jeder Wiederholung immer leiser werden. Sagen Sie die Affirmation mindestens einmal in Ihrer normalen Sprechstimme und flüstern Sie sie mindestens einmal. Dieser Prozess der buchstäblichen Beruhigung bringt sie in Ihr Unterbewusstsein.

6. Wiederholen Sie die Affirmation jetzt mit geschlossenen Augen (wenn die Augen nicht bereits geschlossen waren) im Stillen beziehungsweise nur mental. Senken Sie die Augen hinter den geschlossenen Augenlidern nach unten, wie Sie es beim Ruhen oder Schlafen tun würden. Visualisieren Sie, wie die Affirmation tief in Ihr Unterbewusstsein gepflanzt wird. Wiederholen Sie dies mindestens einmal genau so. Sie können es aber auch öfter machen, wenn Sie möchten.

7. Nun richten Sie, immer noch hinter geschlossenen Augenlidern, die Augen nach oben, sodass Sie auf den Punkt zwischen den Augenbrauen schauen. Dies sollte ohne Anspannung oder Anstrengung geschehen, als schauten Sie auf einen Berggipfel in der Ferne. Wiederholen Sie die Affirmation noch einmal im Stillen, während Sie nach oben schauen. Dies pflanzt die Affirmation in das Überbewusstsein ein.

TEIL 4
UNSER WISSENSGEBIET
ERWEITERN

Jetzt, wo wir unseren Geist auf eine neue Weise verstehen, uns
darauf beziehen und damit arbeiten können, müssen wir lernen,
die Welt um uns richtig zu bewohnen.

Obwohl Bliss vor allem ein inneres Erleben ist, entfaltet sich
unser Leben als Teil eines großen Wandteppichs, in den jedes
Atom und jedes Wesen im Universum eingewebt ist. Wir können
die Außenwelt nicht ignorieren und sollten dies auch gar nicht
wollen. Eine negative Beziehung mit der Außenwelt führt entweder zu einer solipsistischen Egozentrik oder einer aufgereg-
ten, ängstlichen Einsamkeit. Beide führen uns von unseren tiefsten Sehnsüchten und unserem höchsten Selbst weg. Wir müssen
lernen, uns im richtigen Geist auf die äußere Welt zu beziehen.

Unsere äußere Welt, unsere Umwelt und die Menschen, mit
denen wir in Kontakt kommen, sind Werkzeuge zur Weiterentwicklung unseres Selbstverständnisses und zum Ausgraben von
verborgenem Bliss in uns. Wir können lernen, unser Selbstgefühl so zu erweitern, dass es jedes Objekt, jedes Ereignis und
jede Person im Universum einschließt, ohne unser Gleichgewicht oder unsere innere Orientierung auf unser höchstes Selbst
zu verlieren. Damit definieren und interpretieren wir die traditionellen Unterscheidungen zwischen innen und außen neu. Indem wir das tun, lösen wir die falsche Barriere zwischen unserer
inneren und der äußeren Welt geschickt auf und lassen Einheit,
Ganzheit und Vollständigkeit als Möglichkeit zu. Jeder Moment
wird zur Gelegenheit für die Entdeckung von Bliss.

KAPİTEL 15

UMFELD, SCHWINGUNG UND INSPIRATION

Das Umfeld ist stärker als die eigene Willenskraft.

Paramahansa Yogananda

Das Offensichtliche wird leicht übersehen: Wir leben in unserer physischen Umwelt und handeln durch sie. Wir haben unsere Gedanken, Gefühle und Erfahrungen nicht in einem Vakuum. Sie geschehen, während wir mit der Welt um uns herum interagieren. Unsere Umwelt schließt alles ein, was sich in unserer physischen Umgebung befindet: Objekte, Bilder, Geräusche, Gerüche, Muster und vor allem Menschen. Sie schließt ein, wo wir leben; den Raum, in dem wir arbeiten; die Musik, die wir hören; die Filme, die wir sehen; die Dinge, die wir besitzen, und sogar die Kleider, die wir tragen. Wir werden stark von unserer Umgebung beeinflusst, ob wir uns dessen nun bewusst sind oder nicht. Es macht also durchaus Sinn, dass die Umgebung, die wir für uns selbst wählen, unser Glück letztendlich weitreichend beeinflusst.

Besser auf unsere physische Umgebung zu achten – und das Negative auszumerzen, bevor es sich auswirkt – zahlt sich schnell aus, und zwar mental und spirituell. Unsere Umgebung als Schwingung des Bewusstseins sehen zu lernen hilft uns, den hypnotischen Bann zu brechen, den uns materielle Objekte auferlegen, und flößt uns die kraftvolle spirituelle Einsicht ein, die für Bliss wesentlich ist.

DİE GESCHİCHTE

Hal, der geschieden und in seinen Sechzigern ist, beschäftigt sich seit zwei Jahren mit Meditation und sanftem Yoga. Er ist mit Enthusiasmus bei der Sache. Er organisiert seinen Alltag rund um diese Praktiken und stellt sicher, dass er sich genügend Zeit freihält, um frühmorgens vor der Arbeit und spätabends vor dem Zubettgehen zu meditieren und mindestens dreimal pro Woche zu einem Yogakurs für Senioren in seiner Nachbarschaft zu gehen. Außerdem nimmt er regelmäßig an spirituellen Gruppen und Veranstaltungen teil. Trotz all seiner Bemühungen hatte Hal das Gefühl, keine ausreichenden Fortschritte zu machen. Er war einsam und deprimiert.

Er und ich verbrachten viele Stunden im Gespräch, gingen die Details seiner Übungspraxis durch, besprachen, was in seinem persönlichen Leben und in seinem Job los war – alles. Wir trafen uns nach Veranstaltungen, die ich leitete, oder nachmittags zum Kaffee. Hal schien meistens gut beisammen. Er hatte ein solides Verständnis der zugrunde liegenden Prinzipien und machte die Übungen korrekt, obwohl er in unseren Unterhaltungen viel hin und her sprang. Ich schrieb das seinem Enthusiasmus in Kombination mit einer gewissen Unklarheit zu. Wenn ihm irgendwelche Ideen durch den Kopf gingen, konnte er nicht umhin, damit herauszuplatzen. Ich hatte nicht den Eindruck, als sei mit ihm irgendetwas »nicht in Ordnung«. Wir haben alle unsere persönlichen Macken.

Ich dachte, dass Hal sich vor allem entspannen musste. Meine Vermutung war, dass sein Gefühl der Stagnation hauptsächlich darauf zurückging, dass er übermäßig gewissenhaft und hart zu sich selbst war. Ich überlegte, ob er nicht dadurch zu seiner eigenen Depression beitrug, dass er sich ständig an anderen oder einem idealisierten Endziel maß. Ich musste jedoch zugeben, dass ich trotz all unserer Diskussionen das Problem nicht wirklich ausmachen konnte – bis er mich zu sich zum Abendessen einlud.

Als ich seine Wohnung betrat, war ich schockiert. Es sah aus, als hätte eine Bombe eingeschlagen. Alles war voll mit Magazinen, Zeitungen, Kleidungsstücken und schmutzigem Geschirr. Die Möbel waren schäbig und abgewohnt. (Hal verdiente ganz gut. Er war nicht reich, aber definitiv auch nicht arm.) Sein Bett war nicht gemacht; Bücher, Handtücher und aller möglicher Müll lagen kreuz und quer darauf und darum herum. Benutzte Töpfe mit halb aufgegessenem Essen stapelten sich in der Spüle. Ein Dutzend leerer CD-Hüllen lag offen neben der Stereoanlage. *Jedes* Bild an der Wand hing schief. Die ganze Szene sah aus wie ein Drehort für eine Ekel-Comedy. Es war so lächerlich, dass ich mich fragte, ob ich hier in eine Versteckte-Kamera-Sendung geraten war oder ob er vergessen hatte, mir zu sagen, dass man ihn letzte Nacht ausgeraubt hatte. Doch Hal verhielt sich, als sei dies alles ganz normal, selbst als er wie beiläufig einen Stapel Krimskrams von seinem Sofa auf den Boden räumte, damit ich Platz zum Sitzen hatte.

Ich sah Hals innere Kämpfe plötzlich mit ganz anderen Augen. Mir fiel ein, dass er immer, wenn ich ihn sah, ein wenig unordentlich wirkte. Und dann war da seine Art, ständig von einem Thema zum anderen zu springen. Jeder, der sich damit zufriedengab, in einem derartigen Durcheinander zu leben, musste auch einen verwirrten Geist haben. Wenn ich in einer solchen Umgebung leben würde, wäre ich auch depressiv! Ganz zu schweigen davon, warum er einsam war. Ich hielt es dort kaum aus, obwohl ich sein Freund war und beschlossen hatte, ihm zu helfen. Ich kann mir nicht vorstellen, dass irgendeine Frau, mit der er sich verabredete und die er hierher mitnahm, die Beziehung fortsetzen wollte. Auch kein Freund würde sich freiwillig hier aufhalten wollen. Mein Hauptanliegen war jedoch nicht die Wirkung, die diese Umgebung auf andere hatte, sondern vielmehr ihre Wirkung auf ihn selbst.

Das Erlebnis in seiner Wohnung machte mich neugierig auf andere Umgebungen, in denen er seine Zeit verbrachte. Hal arbeitete in der örtlichen Filiale eines mittelständischen Versicherungsunternehmens. Obwohl er nur einen Schreibtisch in einem Großraumbüro hatte – der, wie er mir versicherte, öffentlich genug war, um nicht annähernd so auszusehen wie seine Wohnung –, erzählte er mir, dass die Geschäfte in letzter Zeit schlecht liefen. Aufgrund der Wirtschaftslage schlossen die Menschen nur noch in minimalem Umfang Versicherungen ab. Darüber hinaus hatten einige größere Konzerne mit nationalen Werbekampagnen und der Übernahme von Marktanteilen seiner Firma viele Geschäfte verdorben. In den letzten 18 Monaten hatte es viele Entlassungen gegeben, und erst vor Kurzem war ein neuer Chef gekommen. Dieser neue Chef war kalt, getrieben und gefühllos. Es kam zu Spannungen am Arbeitsplatz. Hal hatte keinen Spaß mehr an seiner Arbeit, glaubte aber, es sich nicht leisten zu können, schon jetzt in Rente zu gehen.

Es war klar, dass Hals Umgebung nicht hilfreich für ihn war. Kein Wunder also, dass er sich fühlte, wie er sich fühlte.

DIE WISSENSCHAFT

Aus der Makroperspektive ist die Evolution der ultimative Umwelteinfluss. Jede Lebensform – von denen der Homo sapiens nur die aktuellste ist – wird kontinuierlich von unserer Umwelt beeinflusst und sogar erschaffen. Alles an uns, unser Körper, seine Form, unser Gehirn, die Körperfunktionen – einfach alles –, ist das Ergebnis von Anpassung und natürlicher Selektion. Wir alle sind das unmittelbare Ergebnis einer unfassbar alten, massiven und ausgesprochen tief greifenden Formung durch die Umwelt.

Auf der menschlichen Ebene hat die Wissenschaft unzählige Möglichkeiten aufgezeigt, wie wir von unserer Umgebung zutiefst beeinflusst werden. Ein paar Beispiele von Tausenden:

➤ Ein ganzer (eher übler) Wissenschaftszweig beschäftigt sich damit, herauszufinden, wie man Käufer dazu bringen kann, mehr Geld auszugeben. Bestimmte Arten von Musik bringen uns dazu, uns irgendwo länger aufzuhalten oder den betreffenden Ort schneller wieder zu verlassen. Wie Geschäfte geschnitten und eingerichtet sind und wo Waren ausgestellt werden, hat einen großen Einfluss auf unsere Kaufentscheidung.

➤ Selbst Farben werden eingesetzt, um uns zu manipulieren. Blau erzeugt Gefühle der Gelassenheit und Vertrauenswürdigkeit, während Rot mit Kraft und Wärme assoziiert wird und Gelb stimulierend und energetisierend wirkt.

Klänge aller Art, besonders Musik, haben einen enormen Einfluss auf uns. Wir alle wissen, dass bestimmte Lieder einen Einfluss darauf haben, ob wir eher glücklich oder traurig gestimmt sind, abgeklärt oder aufgedreht. Doch das ist nur die Spitze des Eisbergs.

➤ Es gibt Hinweise darauf, dass eine Art, Depressionen zu bekämpfen, darin bestehen könnte, die Musik, die wir hören, gezielt zu steuern und darauf zu achten, dass sie glücklich und positiv ist.

➤ Eine andere Studie ergab, dass wenn schwangere Frauen beruhigende Musik hörten, dies Stress, Depressionen oder Angstgefühle bei ihnen verminderte.

➤ Amüsanterweise wird in einer Stadt in Nevada jede Nacht im April laute Hardrock-Musik gespielt. Das ist, wie die Bewohner dieser Stadt herausgefunden haben, die wirksamste Möglichkeit – besser noch als Pestizide –, sich gegen die alljährliche Invasion einer besonders unangenehmen Grillenart zu erwehren. Diese Spezies mit dem passenden Namen »Mormonengrille« hasst Rockmusik so sehr, dass sie nicht in die Stadt kommt, solange sie gespielt wird!

Die Dinge, die wir beobachten und visuell aufnehmen, haben ebenfalls einen großen Einfluss auf uns.

➤ Psychologen haben herausgefunden, dass das Anschauen von negativen Bildern, etwa der Angriffe vom 11. September, nicht nur depressiv macht, sondern auch unsere Leistung entscheidend beeinflusst. Versuchspersonen, die sich ein kurzes Video mit Bildern des 11. September anschauten, mussten gleich danach einen Mathetest machen. Sie schnitten signifikant schlechter ab als die Versuchspersonen, die sich vorher Cartoons angeschaut hatten.

➤ Eine andere, vom *Journal of Broadcasting & Electronic Media* veröffentlichte Studie ergab, dass das zu häufige Anschauen von Nachrichtensendungen im Fernsehen Depressionen verschlimmert.

➤ Ein Meta-Überblick über praktisch alle veröffentlichten Untersuchungen der Auswirkungen von Videospielen machte deutlich, dass Menschen, die viel Zeit damit verbringen, gewalttätige Spiele zu spielen, im täglichen Leben mehr Aggressionen und weniger freundliches Benehmen an den Tag legen. Bei ihnen treten auch deutlich mehr aggressive Gedanken und Gefühle auf.

➤ Über lustige Filme zu lachen vermindert Stress, während das Anschauen von spannenden Filmen das Stressniveau erhöht. Diese Wirkung hält stunden-, manchmal sogar tagelang an.

Die gute Nachricht ist: Zahlreiche Studien zeigen, dass das einfache Anschauen oder (noch besser) Eintauchen in eine natürliche Umgebung unsere Stimmung, unsere Leistung und unsere Gesundheit stark verbessert.

➤ Versuchspersonen, die Zeit in der Natur verbrachten, berichteten im Vergleich zu denen, die auf ein städtisches Umfeld beschränkt waren, von höheren Ebenen des Glücks und des Wohlbefindens.

➤ Eine andere Studie ergab, dass gestresste Individuen noch nicht einmal körperlich in die Natur eintauchen müssen, um sich besser zu fühlen. Das einfache *Betrachten* von Naturszenen verstärkte ihre Gefühle der Zuneigung, Freundlichkeit, Munterkeit und Euphorie. Diejenigen, die sich hässliche Stadtszenen anschauen mussten, zeigten ein höheres Stress- und Angstniveau.

➤ Zahlreiche Untersuchungen haben ergeben, dass unser geografischer Standort, einschließlich des Klimas, der Umgebung und des Umfelds (beispielsweise städtisch im Gegensatz zu ländlich), großen Einfluss auf unser Glück hat.

Selbst wenn wir an »unnatürliche« Umgebungen gebunden sind, was bei vielen von uns der Fall ist, haben die Einzelheiten unserer von Menschen gemachten Umgebung einen großen Einfluss auf unser Wohlbefinden.

➤ Die Art der Arbeitsplatzbeleuchtung hat einen enormen Einfluss auf unsere Produktivität und unser Wohlbefinden. Stark flimmernde Leuchtstoffröhren senken die Produktivität, machen müde und führen zu mehr gesundheitlichen Beschwerden bei den Mitarbeitern.

➤ Umgebungen mit wenig oder gar keinem natürlichen Sonnenlicht verändern unser hormonelles Gleichgewicht und unsere Gehirnchemie im Laufe eines Jahres deutlich zum Negativen.

➤ Zahlreiche Studien belegen die Vorteile der Lichttherapie (Bestrahlung mit künstlichem Licht) für die geistige Gesundheit, vor allem bei Depressionen. Es gibt sogar eine medizinisch anerkannte Störung, die durch einen Mangel an Licht ausgelöst wird. Sie heißt saisonal affektive Störung oder Winterdepression.

➤ Forscher in Genf, Schweiz, haben herausgefunden, dass das kurzfristige Bestrahlen der Testpersonen mit verschiedenfarbigem Licht größere Veränderungen in deren emotionaler Reaktion auf Gesangsaufnahmen bewirkte.

Eine besonders wichtige Studie, veröffentlicht in der Zeitschrift *Gerontologist*, brachte viele verschiedene Aspekte zusammen.

Die Forscher fanden heraus, dass wir das Glück von Alten- und Pflegeheimbewohnern – vor allem von denen, die unruhig und unzufrieden sind – dadurch steigern können, dass wir ihre Umgebung visuell, klanglich und olfaktorisch verbessern und ihnen die Möglichkeit geben, sich auch außerhalb geschlossener Räume aufzuhalten. Diese kleinen, preisgünstigen Veränderungen steigerten das Wohlbefinden der Senioren schnell und dramatisch.

DER GEIST

Es gibt kein unabhängig existierendes Ich. Die Grenzen zwischen »uns« und »der Welt« sind nicht so fest und klar umrissen, wie wir denken. Unser Leben macht es erforderlich, dass wir ständig – jede Sekunde – Luft von außen einatmen, durch unseren Körper zirkulieren lassen und wieder ausatmen. Wir brauchen Nahrung, Wasser und Sonnenlicht zum Überleben, und Licht ist vielleicht das grundlegendste von allen. Das gesamte Ökosystem und die ganze Nahrungskette basieren auf der Fotosynthese, dem Prozess, in dem Licht in Energie umgewandelt wird. Ohne Licht könnte es die Erde gar nicht geben. Außerdem braucht unser Körper es auch ganz unmittelbar, um Vitamin D zu produzieren, ohne das er verfallen würde. Sehen spielt in unserer Kultur eine große Rolle. Sehvermögen setzt Licht voraus. So wird Sehen *definiert*. Es ist zwar richtig, dass einzelne Individuen auch ohne Sehvermögen überleben können, aber nur, weil die Mehrheit diesen Personen hilft, den Mangel zu kompensieren. Wenn *keiner* von uns Licht zum Sehen – Augenlicht – hätte, würde sich unsere Zivilisation auflösen, und wir wären sehr schnell ausgelöscht. Geräusche und Gerüche – auch sie sind gleichermaßen notwendig um zu überleben, vom Gedeihen gar nicht zu reden. Wir sind, wie Biologen sagen würden, ein offenes System. Die Atome, welche die Welt um uns ausmachen, fließen ständig in uns hinein, durch uns hindurch und wieder aus uns hinaus, und zwar Millionen Mal pro Sekunde. Wir sind unsere Umwelt und unsere Umwelt, das sind wir. Es ist ein gigantisches, miteinander verschmolzenes System.

Es ist also eine unausweichliche Tatsache, dass unsere Umgebung unser Bewusstsein massiv beeinflusst. Wir alle waren schon an Orten, in Situationen und mit Menschen zusammen, die uns traurige oder glückliche, ängstliche oder sichere, ruhige oder aufgeregte Gefühle beschert haben. Was wir vielleicht nicht merken, ist, wie leicht wir uns im Alltag von scheinbar harmlosen Dingen beeinflussen lassen. Es ist aber wichtig, dass wir darauf achten, genau wie wir auf unsere Gedanken und Gefühle achten sollten.

Gute Schwingungen

Weil unsere Umgebung so wichtig ist, sollte sie so erhebend und wohltuend wie möglich sein. Wir haben zwar nicht jeden Aspekt unserer jeweiligen Umgebung unter Kontrolle – oft haben wir keine andere Wahl, als uns mit suboptimalen Situationen abzufinden –, können aber eine ganze Menge dafür tun, vielleicht mehr, als uns bewusst ist.

Der Schlüssel zur Bewertung und Verbesserung unserer unmittelbaren Umgebung besteht darin, unter die Oberfläche sehen und sich auf die zugrunde liegenden Schwingungen einstimmen zu lernen. Jeder Anblick, jeder Klang, jeder Geruch, jeder Geschmack, jedes Objekt und jede Person ist in Wirklichkeit ein Schwingungsmuster. Wie uns die moderne Physik lehrt, sind selbst Objekte, die uns absolut massiv vorkommen – ein Fels beispielsweise oder der Fußboden –, alles andere als fest und massiv. Sie sind größtenteils leerer Raum, der uns nur deshalb fest erscheint, weil die Teilchen im Innern der Atome mit halsbrecherischer Geschwindigkeit herumsausen und die Illusion der Fülle erzeugen, genau wie ein Deckenventilator oder die Blätter eines Hubschraubers, die sich mit maximaler Geschwindigkeit drehen, eine zusammenhängende, feste Oberfläche zu bilden scheinen. Unsere ganze Welt ist in Bewegung. Und mit dieser Bewegung geht Schwingung einher. Alles und jeder erzeugt permanent Schwingungen und sendet diese Schwingungen immerzu aus. Verschiedene Muster, Frequenzen und Geschwindigkeiten erzeugen die Illusion verschiedener Objekte.

Uns nicht im Sinne der Oberfläche, sondern der zugrunde liegenden Schwingung auf unser äußeres Umfeld zu beziehen ist eine andere Art, Äußerlichkeiten *abzulegen*. Indem wir unter die Oberfläche der Dinge – Objekte oder Menschen – schauen, steigern wir unsere Fähigkeit, zu spüren, was wirklich vor sich geht, was etwas wirklich bedeutet und welche Auswirkungen es wirklich auf uns hat. Unsere Umgebung als eine Reihe von Schwingungen zu sehen, die uns umgeben und erfüllen, hilft uns, Sensibilität und Bewusstheit zu entwickeln.

Dies ist für sich genommen eine wichtige spirituelle Übung, weil sie uns hilft, uns auf die Welt als Schwingung des Bewusstseins einzustellen, und die Entwicklung unserer tiefsten intuitiven Fähigkeiten voraussetzt. Wir lernen schließlich, alles – die ganze »materielle« Welt – nicht als etwas Grobstoffliches zu sehen, sondern eher als kondensierte Schwingung des Bewusstseins. Wenn wir das tun, verschiebt sich unser eigenes Bewusstsein auf bemerkenswerte Weise: Die Welt geht in tiefere Resonanz und wird unvorstellbar dynamisch und lebendig. Wir haben das Reich des Materiellen transzendiert und uns auf den Weg ins Reich des Spirituellen gemacht.

Inspiration ist überall

Wenn wir uns auf die Welt als Schwingung des Bewusstseins beziehen, kommen ein neues Verständnis und neue Möglichkeiten zum Vorschein. Und was ganz wichtig ist, wir gelangen schließlich zu einem echten Verständnis nicht nur darüber, wie uns unsere Umgebung beeinflusst, sondern auch, was getan werden muss, um sie zu verbessern.

Weil negative, schädliche Schwingungen so verwirrend und zerstörerisch sind, ist es oft leichter, sie vor allem anderen wahrzunehmen. Es kann sein, dass wir ganz plötzlich erkennen, von wie viel Negativität wir umgeben sind. Die gute Nachricht ist, dass auch positive, erhebende Schwingungen überall sind. Schönheit, Einfachheit, Schöpfergeist, Beschaulichkeit, Klarheit, Harmonie, liebende Güte – das alles sind Hinweise auf positive Schwingungen des Bewusstseins. Wo immer diese Eigenschaften vorhanden sind, ist es erhebend. Wir müssen uns nur auf die Suche nach ihnen machen.

Diese Art von positiver Schwingung ist weit davon entfernt, die ausschließliche Domäne der natürlichen Welt zu sein. Genau genommen, sind die höchsten Schwingungen sogar vom Menschen gemacht. In gewisser Weise verblassen die Schönheiten und die Wunder der Natur neben dem, was Menschen erreichen können. Die Menschheit in ihrer besten Ausprägung ist Gott, dem Geist, dem reinen Bewusstsein – wie wir es auch nennen wollen – näher als irgendein anderer Teil der Schöpfung. Nur die Menschheit ist in der Lage, sich direkt und ganz bewusst mit den höchsten Ebenen der Existenz zu verbinden.

Das ist Genialität: wenn das Menschliche in direkten Kontakt mit dem Göttlichen tritt und zum Kanal wird, um das Höchste und Beste auf einem Gebiet oder zu einem bestimmten Zeitpunkt zum Ausdruck zu bringen.

Wenn wir die Welt auf diese Weise sehen, sind Inspiration und spirituelle Erhabenheit überall zu finden. Ich habe schon von genialen Köchen zubereitete Mahlzeiten gegessen, die mindestens ebenso inspirierend waren wie jede Sonntagspredigt, die jemals gehalten wurde. Ihre Speisen zu essen war so, wie ihre Leidenschaft, ihre Kreativität und ihre Inspiration in sich aufzunehmen. Großartige Gemälde, Musik, Meisterwerke der Architektur, sogar bestimmte Schmuckstücke, Kleidungsstücke und Autos – all diese Dinge können Göttlichkeit in materieller Form sein. Sie stehen für menschliche Wesen, die über sich hinauswachsen, in Kontakt mit dem höchsten Bewusstsein kommen und dieses Erfahrung dann zu uns zurückbringen, sodass wir sie alle nachvollziehen können.

Nägel mit Köpfen machen

Für den Fall, dass Ihnen das Obige zu vage oder pathetisch vorkommt, hier eine konkretes Beispiel: Kürzlich lernte ich einen Horologen (einen Experten für Zeit und Zeitmessgeräte) kennen. Wie viele Menschen trage ich nicht oft eine Uhr und verlasse mich stattdessen auf die Zeitangaben in meinem Handy. Ich demonstrierte meine Ignoranz, indem ich ihn fragte, warum irgendjemand so sündhaft teure Uhren kaufe – viele kosten mehr als 20 000, manche mehr als 100 000 US-Dollar. Er gab zu, dass es manchmal schon verrückt sei. Manche Uhren sind nämlich nur Massenware – Schund, der, mit angesagten Markennamen versehen, in cleveren Werbekampagnen Leuten angedreht wird, die es auf einen bestimmten Status abgesehen haben. Es gibt aber auch viele teure Uhren mit Tausenden von winzigen Komponenten und komplizierten beweglichen Teilen, die von echten Kunsthandwerkern in Handarbeit hergestellt werden. Die Herstellung einer einzigen Uhr kann drei bis zwölf Monate dauern! Diese Uhrmacher haben ihr Herzblut dafür gegeben. Ihre Kreativität, ihre Leidenschaft, ihre Geduld, ihre Schönheitsliebe und ihre Detailversessenheit sind bewundernswert. Daher feiern wir die Genialität, indem wir einen solchen Zeitmesser tragen. Und wie mir der Horologe erklärte, geht es bei dieser Art von Uhren nicht nur darum, dass man die aktuelle Uhrzeit – eine reine Tatsache – dort ablesen kann, sondern auch und vor allem um die Beziehung, die man zur Zeit hat. Ich will damit nicht sagen, dass wir teure Uhren besitzen sollten, ich trage selbst nur selten eine. Es geht mir vielmehr darum, deutlich zu machen, dass von allem, womit wir uns umgeben, eine Schwingung ausgeht. Indem wir lernen, uns dieser Schwingungen bewusst zu werden und uns auf sie einzustimmen, können wir unser Glück positiv beeinflussen.

Man kann an einem sehr einfachen Ort mit einfachem Geschmack und wenigen Besitztümern in perfektem Bliss leben. Die meisten spirituellen Genies der Geschichte haben so gelebt. Allerdings haben weder Jesus noch Buddha in einer unordentlichen Umgebung gelebt, verdorbene Nahrung zu sich genommen und verwahrloste Lumpen auf dem ungewaschenen Körper getragen. Eine ruhige, friedliche Umgebung macht den entscheidenden Unterschied. Eine übermäßig verschmutzte, unordentliche, schlecht organisierte und beliebige Umgebung schadet uns. Zu viel Zeug zieht uns herunter. Es ist besser, wenige Dinge mit hoher Schwingungsenergie zu haben, als eine Menge Trödel. Stimmen Sie sich auf Objekte oder Medien ein, die Kreativität, Liebe, Genialität oder Erhabenheit vermitteln. Hüten Sie sich vor Büchern, Musik, Filmen, Fernsehsendungen oder Videospielen, die negative Schwingungen aussenden.

DAS EXPERIMENT: SICH AUF SCHWINGUNGEN EINSTIMMEN

Man braucht Übung, um die Schwingungen des Bewusstseins zu verstehen, die von Objekten, Menschen, Medien und Umgebungen ausgehen.

Teil A

1. Schauen Sie sich in Ihrer aktuellen Umgebung um, wo immer Sie jetzt im Moment gerade sind. Suchen Sie sich ein Element – ein Objekt, ein Lied, ein Bild, eine Person, was immer Ihre Aufmerksamkeit auf sich zieht – aus, und konzentrieren Sie sich ganz darauf.

2. Können Sie die Schwingungen, die es von unter der Oberfläche aussendet, fühlen oder beschreiben? Wirkt es erhebend oder bedrückend auf Sie? Sendet es positive Schwingungen wie Beschaulichkeit, Schönheit und Harmonie aus oder negative wie Unruhe, Hässlichkeit und Disharmonie?

3. Suchen Sie sich ein zweites Element aus Ihrem Umfeld aus, das die gegenteiligen Schwingungen aussendet wie das erste. Wenn Sie sich zuerst auf etwas Positives konzentriert haben, schauen Sie sich jetzt um und suchen nach etwas Negativem und umgekehrt. Es geht darum, das eigene Unterscheidungs-

vermögen und Verständnis dadurch zu entwickeln, dass Sie die Unterschiede zwischen einzelnen Dingen bemerken.

Teil B

1. Machen Sie es sich zum Ziel und zur Gewohnheit, die Bewusstseinsschwingungen, die sowohl von Ihrem Makro-Umfeld als auch von den spezifischen Elementen in diesem Umfeld ausgehen, kontinuierlich zu bewerten. Machen Sie es sich, wenn möglich, zur zweiten Natur, unter die Oberfläche jedes Objekts und hinter die Kulissen jeder Umgebung zu schauen und sie mehr als Schwingungsmuster des Bewusstseins wahrzunehmen denn als etwas Körperliches oder Materielles.

2. Unternehmen Sie eine bewusste Anstrengung, negative Objekte, Medien und Umfelder soweit wie möglich auszumerzen. Ersetzen Sie sie durch positive, höher schwingende. Stellen Sie sicher, dass Sie alle Orte, Medien und Objekte, mit denen Sie einen beträchtlichen Teil Ihrer Zeit verbringen, entsprechend bewerten.

KAPITEL 16

MENSCHEN, BEZIEHUNGEN UND GÜTE

Der beste Teil vom Leben eines guten Menschen sind seine kleinen, ungenannt gebliebenen und in Vergessenheit geratenen
Gesten der Güte und Liebe.

William Wordsworth, englischer Dichter (1770–1850)

Im letzten Kapitel haben wir uns vor allem auf die nicht menschlichen Bewusstseinsschwingungen in unserer Umgebung konzentriert. Zu unserer Umgebung gehört jedoch noch viel mehr
als der physische Ort, an dem wir uns gerade aufhalten, oder die
Dinge, mit denen wir uns umgeben – sie schließt auch, und das
ist am wichtigsten, die Menschen ein, mit denen wir es zu tun
haben.

Weiter vorn haben wir uns damit beschäftigt, warum romantische Beziehungen und das Seelenpartner-Modell der Liebe
nicht nur nicht erfüllend, sondern oft sogar kontraproduktiv
sind. Das heißt nicht, dass menschliche Beziehungen unwichtig
sind. Im Gegenteil. Wie Aristoteles sagte: »Der Mensch ist von
Natur aus ein soziales Wesen.« Deshalb sind unsere Beziehungen
außerordentlich wichtig für unsere Suche nach Sinn, Glück und
Glückseligkeit. Mit Beziehungen meine ich aber nicht nur unsere
romantischen oder sexuellen Beziehungen. Wir werden das ganze Spektrum erkunden, einschließlich unserer Beziehungen zu
Familienmitgliedern, Freunden, Kindern, Kollegen, Lebenspart-
nern, Haustieren und sogar die beiläufigen Beziehungen, die wir
mit Bekannten und Fremden haben. Starke, positive Beziehun-

gen pflegen zu lernen ist für das wahre Glück enorm wichtig. Wenn wir den Wert der Freundschaft nicht erkennen und vor allem nicht wissen, wie wir anderen ein Freund sein können, fehlt uns eine wichtige menschliche Erfahrung.

Das ist aber noch nicht alles. Es stimmt zwar, dass uns unsere Beziehungen viel geben – vor allem einen gewaltigen Glücksschub – aber aus der Perspektive der Glückseligkeit ist unsere Motivation noch hochfliegender. Das Paradoxe an der Glückseligkeit: Sie ist zwar eine ganz und gar innere Erfahrung (und daher nicht davon abhängig, etwas von irgendjemandem oder irgendetwas zu bekommen), aber die Fähigkeit, Freundlichkeit auszustrahlen und positive Beziehungen aufzubauen, ist ein wichtiger Indikator für unsere Fähigkeit, Glückseligkeit zu erlangen und zu erleben.

Voraussetzung für das Erlangen von Glückseligkeit ist nämlich, dass wir unsere selbstsüchtigen Wünsche aufgeben, einschließlich des irrigen Bedürfnisses nach äußeren Belohnungen. Indem wir freundlich sind und herzliche Beziehungen pflegen, haben wir ein Mittel zur Verfügung, mit dem wir alles von uns geben können. Im Gegenzug vertieft sich unser Gefühl der Verbundenheit nicht nur miteinander, sondern auch mit dem Gefüge des Universums. Die ultimative Ironie des Schicksals ist: Wenn wir lernen zu geben, ohne eine Gegenleistung dafür zu erwarten, ergibt sich als unvermeidliches Nebenprodukt, dass wir sicher sein können, viele Freunde und alle damit verbundenen Vorteile anzuziehen.

DIE GESCHICHTE

Aleksei war mit einer Green Card, die ihm ein Technologie-Unternehmen im kalifornischen Silicon Valley ausgestellt hatte, in die USA eingewandert. Er war ein außerordentlich guter Computerprogrammierer und hatte genau die Fähigkeiten, mit denen man überall eine Anstellung findet. Schon immer hatte er davon geträumt, in Amerika zu leben, und er konnte es gar nicht erwarten, Russland zu verlassen, wo er es trostlos und deprimierend fand. Doch obwohl sich mit seiner Übersiedlung in die Vereinigten Staaten ein von ihm lang gehegter Wunsch erfüllte, hatte das Ganze auch seinen Preis. Er musste in Russland alles zurücklassen, einschließlich seiner Mutter, seines Vaters, zwei Brüdern, lebenslangen Freunden und sogar seine Laika, eine kleine westsibirische Jagdhündin.

Aleksei bereute seine Entscheidung, Russland verlassen zu haben, zwar nie, aber dennoch fühlte er sich bald einsam. Er baute sich kein nennenswertes soziales Umfeld auf und verbrachte seine Zeit hauptsächlich mit Arbeiten. Als sein Vertrag nach fünf Jahren verlängert werden sollte, beschloss Aleksei, nach West Hollywood zu ziehen, eine Gegend, die dafür bekannt ist, dass hier viele russische Migranten leben. Er glaubte, hier werde ihm das Beste aus beiden Welten geboten: eine russische Gemeinde, in der er Landsleute treffen würde, und die Chance, mitten im angesagten und dynamischen Hollywood zu leben.

Leider fand Aleksei, bald nachdem er in Los Angeles angekommen war, heraus, dass er mit der dortigen russischen Gemeinde wenig gemeinsam hatte. Viele der Migranten waren deutlich älter als er und schienen in ihrer traditionellen Denkweise festzustecken, fast als versuchten sie, ihr russisches Dorfleben wiederaufleben zu lassen. Aleksei, immer noch jung und durch und durch amerikanisiert, konnte nichts mit ihnen anfangen. Das andere Problem war, dass L. A. eine sehr einsame Stadt sein kann. Sie ist geografisch und auch mental sehr breit angelegt, und introvertierte Menschen können sich hier leicht isoliert fühlen. Aleksei war von Natur aus oder zumindest von seinen Gewohnheiten her alles andere als kontaktfreudig, denn immerhin hatte er die meiste Zeit seines Lebens eher in Interaktion mit seinem Computer als mit anderen Menschen verbracht.

Irgendwann wurde Aleksei auf Paramahansa Yoganandas Buch *Autobiographie eines Yogi* aufmerksam. Das Buch elektrisierte ihn. Dann sah er, dass ich auf Yoganandas Techniken basierende Meditationskurse im *Bodhi Tree Bookstore* in West Hollywood gab, und beschloss, daran teilzunehmen. Ein paar Wochen später trafen wir uns auf einen Kaffee. Aleksei erzählte mir, wie allein er sich fühlte. Er war auch mehr als nur ein wenig niedergeschlagen und vielleicht schon jenseits dessen, was allgemein als russische Schwermut bezeichnet wird. Mir fiel auf, dass Aleksei auch ziemlich brüsk, fast schon unverschämt zu Leuten war und eine gewisse Arroganz ausstrahlte. Ich bekam selten mit, dass er sich anderen gegenüber freundlich oder großzügig verhielt, außer wenn er etwas von ihnen wollte.

Selbst in Russland hatte er nur wenige Freunde gehabt. Aleksei lernte zwar viele Menschen kennen, aber die Beziehungen entwickelten sich nie weiter. Er hatte noch nie jemanden wirklich geliebt, obwohl er im Laufe der Jahre mehrmals unglücklich verliebt gewesen war. Er hatte nur eine mehr oder weniger ernsthafte Beziehung gehabt, aber selbst die war mehr aus Bequemlichkeit und wegen beidseitiger Einsamkeit zustande gekommen als aufgrund einer tiefen Verbundenheit.

Seit Kurzem war er oft mit einem Mann namens Gerry unterwegs, den er über die Arbeit kannte. (Aleksei arbeitete als selbständiger Auftragnehmer für Gerrys Arbeitgeber.) Nach der Arbeit gingen die beiden manchmal zusammen in eine Bar, ein anderes Mal schauten sie sich auf dem Sunset Strip eine Comedy-Show an, ab und zu spielten sie bei Gerry zu Hause Xbox. Sie schienen auf dem besten Weg, gute Freunde zu werden. Eines Tages sprachen sie über Politik. Aleksei hatte offenbar nichts für Gerrys liberale Einstellung übrig. Als im Ausland lebender Russe war er übersensibel für Standpunkte, die ihm übermäßig »sozialistisch« vorkamen, obwohl Gerry kein Sozialist war, sondern einfach nur Demokrat. Er war auch beleidigt, als Gerry ihm sagte, er fühle sich nicht in der Position, zu seinem Chef zu gehen und ein höheres Honorar für Aleksei vorzuschlagen. Diese kleinen Ärgernisse nahm Aleksei zum Anlass, Gerrys Nachrichten auf seinem Anrufbeantworter zu ignorieren und ihre aufkeimende Freundschaft zu beenden.

Wieder fühlte sich Aleksei allein. Es war klar, dass er kei-
nen blassen Schimmer von Freundschaft, Respekt und auch
nur einfacher Freundlichkeit hatte. Seine Annäherung an
Freundschaft war an zu viele oberflächliche Bedingungen und
Erwartungen geknüpft. Wir sprachen über einige allgemeine
Regeln für Freundschaften und dafür, wie man ein Freund ist.
Ich empfahl ihm ein wunderbares Buch von Yogananda zu
diesem Thema.

Obwohl er seine Freundschaft mit Gerry in den nächsten
sechs Monaten nicht wiederaufleben ließ, verbrachte Aleksei
immer mehr Zeit mit unserer erweiterten spirituellen Gemeinschaft in L. A. Es war erfreulich, zu sehen, dass er tatsächlich
dabei war, ein paar echte Freundschaften zu schließen. Er gab
sich Mühe, netter zu den Leuten zu sein, die kleinen Eigenhei-
ten und Schwächen, die wir alle haben, zu übersehen und, was
am wichtigsten war, sinnvolle und herzliche Beziehungen zu
anderen aufzubauen. Die Veränderung in seinem Verhalten
war auffällig. Er war entspannter, lachte viel und fühlte sich
allgemein, als habe sich eine schwere Energie um ihn herum
gelichtet.

DIE WISSENSCHAFT

Es gibt zahlreiche wissenschaftliche Beweise dafür, dass Freundschaft, starke zwischenmenschliche Beziehungen und soziale
Unterstützung Schlüsselkomponenten für Glück und Wohlbefinden sind.

Weil es in den USA Hochsicherheitsgefängnisse gibt, wo Gefangene sehr lange Zeit in extremer Isolation gehalten werden,
haben Forscher mittlerweile konkrete Belege für die Auswirkungen des weitgehenden Verzichts auf menschlichen Kontakt.

➤ Studien lassen vermuten, dass der mangelnde Kontakt mit
anderen die meisten Menschen in die Gefahr bringt, schwer

geisteskrank zu werden. Wir werden katatonisch, halluzinieren und büßen unsere allgemeine Funktionsfähigkeit ein.

➤ Für eine Studie von 1992 wurden 57 Kriegsgefangene, die durchschnittlich sechs Monate in Isolation verbracht hatten, Tests unterzogen, die einer Untersuchung mit dem Elektroenzephalogramm (EEG) gleichkamen. Die Versuchspersonen hatten geistige Abnormalitäten entwickelt, nicht unähnlich denen, die Ärzte bei Patienten mit traumatischen Gehirnverletzungen feststellen.

Zwar brauchen die meisten von uns menschlichen Kontakt, aber natürlich ist auch die Qualität dieses Kontakts von entscheidender Bedeutung. Zahlreiche Studien haben gezeigt, dass wir uns gegenseitig mit Emotionen »anstecken«. Zeit mit traurigen Menschen zu verbringen macht uns tendenziell traurig; das Zusammensein mit glücklichen Menschen heitert uns auf; im Beisein von wütenden Menschen kann es sein, dass wir auch wütend werden, und so weiter. Stimmungen und Emotionen werden permanent weiter- und wieder zu uns zurückgeleitet. Wissenschaftler, die ihre Forschungen in der Zeitschrift *Psychiatric Research* veröffentlichen, haben entdeckt, dass wir die Emotionen eines anderen Menschen in nur einer Sekunde aufnehmen. Und je stärker die Stimmung, die Emotion oder die Einstellung ist, der wir ausgesetzt sind (sagen wir, extreme Traurigkeit oder Wut auf der einen und Jubel oder Friedfertigkeit auf der anderen Seite), desto mehr werden wir davon beeinflusst.

Belege dafür, dass unsere Beziehungen eine wichtige Rolle für uns spielen, verdanken wir dem Goldstandard der wissenschaftlichen Forschung, nämlich der bereits erwähnten Langzeitstudie, die 268 Versuchspersonen seit 1937 begleitete:

➤ Diejenigen, die zu viel Zeit allein verbrachten oder deren zwischenmenschliche Beziehungen von eher schlechter Qualität waren, hatten emotional zu kämpfen, auch wenn sie wohlhabend, berühmt oder mächtig waren.

➤ Die glücklichsten Versuchspersonen waren diejenigen, die sinnstiftende, gesunde Beziehungen mit Freunden und Familienmitgliedern unterhielten.

➤ Eine parallele Studie ergab, dass diejenigen mit starken Beziehungen jeder Art viel glücklicher waren als diejenigen, die keine solchen Beziehungen hatten, selbst wenn die Mitglieder der »Einzelgänger«-Gruppe viel reicher waren und jede Menge Möglichkeiten hatten, sich abzulenken.

Forscher gingen nach Bangladesch, eines der ärmsten und am dichtesten bevölkerten Länder der Welt, bekamen dort aber ein Glücksniveau zurückgemeldet, das deutlich höher war als das, welches sie in vielen hoch entwickelten Industriestaaten vorfanden. Sie wollten verstehen, wie das sein konnte. Die augenfälligste Erklärung bestand in den starken und zahlreichen sozialen Beziehungen der dort lebenden Menschen. Die Menschen selbst waren arm, aber in puncto Beziehungen waren sie sehr reich. Sie steckten enorm viel Zeit und Mühe in die Kultivierung positiver zwischenmenschlicher, romantischer, generationen- und gruppenübergreifender Beziehungen – sehr viel mehr als der durchschnittliche Bewohner eines westlichen Landes.

Ähnlich ist es bei den Bewohnern von Okinawa, Japan, die für ihre außergewöhnlich lange Lebenszeit bekannt sind. Die Bewohner von Okinawa pflegen ungewöhnlich enge Beziehungen, und ihre Gesellschaft hat starke Systeme zur sozialen Unterstützung entwickelt. Dies und eine gesunde Ernährung sind die beiden Variablen, die nicht nur ihr langes Leben erklären, sondern auch ihr hohes Glücksniveau.

Traditionelle wissenschaftliche Studien, die in westlichen Laboratorien durchgeführt wurden, belegen diese Wahrheit aus einer anderen Perspektive. Diesen Forschungen zufolge gilt:

➤ Sehr glückliche Menschen sind gesellig, pflegen stärkere soziale Beziehungen, haben mehr Freunde und größere soziale Netzwerke als unglückliche Menschen.

➤ Diejenigen mit stabilen sozialen Beziehungen sind körperlich gesünder.

➤ Menschen mit starken sozialen Netzwerken sind im Allgemeinen erfolgreicher im Beruf und wenn es darum geht, ihre Lebensziele zu erreichen, als Menschen, die nicht auf solche Netzwerke zurückgreifen können.

➤ Glück und Freundschaft bilden einen günstigen Kreislauf: Wenn wir glücklich sind, ziehen wir Freunde an, und je mehr Freunde und herzliche Beziehungen wir haben, desto größer ist unser Glück.

DER GEIST

Es steht außer Frage, dass herzliche, liebevolle Beziehungen für unser Glück und unseren Seelenfrieden wahre Wunder wirken können. Unsere Ahnen haben schnell herausgefunden, dass Gemeinschaften aus Menschen, die an einem Strang ziehen, sehr viel größere Überlebenschancen haben als Menschen, die einzeln arbeiten. Ohne die Hilfe anderer müssten wir unsere Nahrungsmittel selbst anbauen, unserer Kleider selbst herstellen, unsere Häuser selbst bauen, unsere eigenen Technologien erfinden und produzieren und für unsere eigene Unterhaltung und Kurzweil sorgen. Es gäbe keine hoch entwickelte Technologie: keine Autos, keine Computer, keine Handys, keine Flugzeuge und keine iPads. Und daher auch keine Freizeitaktivitäten, keinen Spaß, gar nichts. Das Leben wäre unglaublich hart und unvorstellbar langweilig. Es gäbe auch keinen Raum für persönliche Weiterentwicklung oder spirituelles Wachstum.

Gute Beziehungen sind aber zu noch viel mehr gut als für das reine Überleben oder um den geistigen Verfall zu verhindern. Wir brauchen einander, um aufzublühen. Positive soziale Bindungen helfen uns in Zeiten der Not und der seelischen Erschütterung. Oft brauchen wir nur jemanden, dem wir vertrauen können, um uns automatisch besser zu fühlen. Beziehungen geben uns außerdem die Gelegenheit, unterschiedliche Meinungen zu bekommen; die Ansichten, Ideen und Rückmeldungen anderer helfen uns, neue Perspektiven zu gewinnen, zu lernen und zu wachsen. Und weil wir Emotionen voneinander übernehmen, durchtränken uns starke, positive Beziehungen natürlich auch mit Wärme, Sicherheit, Lachen, Kameradschaftlichkeit und Freude – der ganzen Bandbreite positiver Emotionen.

Positive Beziehungen unterliegen nicht der hedonistischen Adaptation. Es kommt zwar gelegentlich vor, dass wir eine bestimmte Person irgendwann für selbstverständlich halten, aber ganz allgemein gewöhnen wir uns an Menschen nicht in derselben Weise wie an einen Geruch oder ein glänzendes neues Objekt. Den meisten Beziehungen ist eine ganz Menge an »eingebauter« Abwechslung eigen, die von vornherein verhindert, dass die hedonistische Adaptation Fuß fassen kann. Viele Beziehungen sind episodisch. Menschen betreten auf unvorhersehbare Weise die Bühne unseres Lebens und ziehen sich dann wieder in die Kulissen zurück. Wir lernen jemanden kennen, haben eine schöne Zeit miteinander und sehen ihn oder sie dann eine ganze Weile nicht mehr. Es gibt auch enorme Unterschiede bei den gemeinsamen Aktivitäten oder bei den Themen, die man miteinander diskutiert. Sogar exakt dieselbe Aktivität, mit verschiedenen Menschen zu unterschiedlichen Zeiten erlebt, bringt ganz verschiedene Reaktionen und Interaktionen hervor. Natürlich ist das ganz und gar nicht allgemeingültig. Beispielsweise wissen wir bereits, dass romantische Beziehungen am meisten anfällig dafür sind, in einen vorhersehbaren Background-Rhythmus zu verfallen, der höchstwahrscheinlich auch für ihre hohe Auflösungsrate verantwortlich ist.

Beziehungen sind eine Chance

Wir müssen für die Menschen um uns herum genauso aufmerksam sein wie für alles andere in unserer Umgebung. Sogar noch viel mehr, denn die Bewusstseinsschwingung, die von unseren Mitmenschen ausgeht, ist noch kraftvoller als die der meisten

Landschaften, Objekte oder Umfelder. Negative Menschen und
negative Beziehungen können uns sehr schnell herunterziehen.

Natürlich ist es nicht immer möglich, den Kontakt mit negativen Menschen abzubrechen. Die meisten von uns haben Ver-
pflichtungen – familiäre, arbeitsmäßige oder sogar bestimmten
Freunden gegenüber –, die eine radikale Trennung schlicht aus-
schließen. Dennoch können wir versuchen, diese Kontakte so
weit wie möglich einzuschränken.

Glücklicherweise können wir andere mit unseren eigenen
Schwingungen und unserem eigenen Bewusstsein beeinflussen.
In diesem Sinne sind angespannte Beziehungen ein Segen. Sie
bieten uns eine Gelegenheit zur positiven Transformation für
uns selbst und die andere Person. Beziehungen – gute und
schlechte – sind eine Art Testfeld, wo wir uns im Aussenden er-
habener Schwingungen üben können.

Wir schaffen das, indem wir jedem Menschen wann immer
möglich mit Güte und Freundschaft begegnen. Das macht nicht
nur die meisten unserer Interaktionen sehr viel angenehmer, es
ist auch eine großartige Art, unseren Egoismus zu besiegen und
falsche Barrieren zwischen der Welt und uns niederzureißen.
Freundschaft und Güte zu üben – selbst Fremden (vielleicht *vor
allem* Fremden) gegenüber – hilft uns, unser Ego beiseitezuschieben und unser Leben mit Wärme und Herzlichkeit zu
durchtränken. Das erlaubt uns auch, uns sehr viel mehr auf das
zu konzentrieren, was wir anderen und der Welt geben, als auf
das, was wir bekommen. Wir ziehen auch ohne Anstrengung
eine Unmenge echter Freunde an.

Und was am wichtigsten ist, vor allem für die Verwirklichung von Glückseligkeit: Positive Beziehungen, bewusst kulti-
viert, verstärken unsere fundamentale Verbundenheit. Auch
wenn es an der Oberfläche nicht so aussehen mag, die darunter-
liegende Wirklichkeit ist, dass jeder andere Mensch eine Erweiterung von uns selbst ist. Wenn er oder sie glücklich ist, sind
wir auch glücklich. Indem wir andere freundlich behandeln,
behandeln wir uns selbst freundlich. Je mehr wir uns der Illusi-

on hingeben, dass wir alle voneinander getrennte Wesen sind, die miteinander konkurrieren, desto mehr fühlen wir uns allein und isoliert. Je mehr wir danach streben, oberflächliche Barrieren einzureißen, desto größer ist unser Gefühl der Einheit und Ganzheit.

Wann immer ich gemein oder gedankenlos zu jemandem bin, fällt meine eigene Negativität ausnahmslos auf mich zurück. Nicht nur ich selbst fühle mich innerlich schlecht, mein Verhalten provoziert normalerweise auch ganz konkrete Aktionen anderer, was die Lage nur noch schlimmer macht. Hinzu kommt, dass wir, wenn wir möchten, dass die Welt ein besserer Ort wird, genau diesen Wunsch verkörpern müssen. Wir können nicht erwarten, dass die Welt frei von Krieg, Intoleranz und Hass ist, wenn wir uns selbst wie Idioten benehmen. Oder auf einer mehr persönlichen Ebene: Warum erwarten wir, dass Menschen nett zu uns sind, wenn wir selbst nicht nett zu ihnen sind? Einfach daran zu denken, Menschen anzulächeln und sich höflich und rücksichtsvoll zu verhalten, macht schon eine Menge aus. Jedes Mal, wenn ich eine bewusste Anstrengung unternehme, mich so zu verhalten, erlebe ich erneut voller Staunen, wie wunderbar Menschen reagieren. Selbst wenn jemand gelegentlich eine aggressive Haltung mir gegenüber an den Tag legt, habe ich herausgefunden, dass diese sich normalerweise auflöst, wenn ich nicht negativ reagiere, sondern freundlich und verständnisvoll. Und wenn nicht, ist es das Problem Ihres Gegenübers, nicht Ihres.

Indem wir unsere Kapazitäten an Freundlichkeit und Herzlichkeit voll ausschöpfen und – vor allem – anderen mehr geben, als uns Gedanken darüber zu machen, was wir zurückbekommen, gehen wir einen weiteren wichtigen Schritt in Richtung Bliss. Ich kenne keinen einzigen Menschen, der in der Lage war, Glückseligkeit bewusst zu empfinden (im Gegensatz zu jemandem, der gelegentlich ein Glückseligkeitserlebnis hat, allerdings ohne zu verstehen, wie oder warum es aufgetreten ist), der nicht auch eine gütige Person war, die praktisch jedem ihre Freundschaft erwiesen hat.

DAS EXPERIMENT

Teil A – Seien Sie allen ein Freund
Schicken Sie den ganzen nächsten Tag jedem Menschen, dem Sie
begegnen, warme, positive und freundliche Energie. Visualisieren Sie positive Bewusstseinsschwingungen, die von Ihnen
ausgehen und jeden einhüllen, dem Sie begegnen. Lächeln
Sie. Verhalten Sie sich so, als sei jeder Mensch Ihr Freund.
Wenn jemand unfreundlich zu Ihnen ist, reagieren Sie mit
einer Extraportion Freundlichkeit und Verständnis. Konzentrieren Sie sich ganz darauf, jedem Menschen Ihre Freundschaft zu geben, egal, was Sie zurückbekommen.
Schätzen Sie anschließend ein, wie Sie sich dabei gefühlt haben
und welche Wirkung Ihr Verhalten auf andere hatte. Wie
fühlen Sie sich tief innen? Welche Art von Reaktionen haben
Sie hervorgerufen? Hat das Ihr Leben aufgewertet oder beeinträchtigt?

Teil B – Die Menschen im eigenen Umfeld einschätzen
Denken Sie an Menschen in Ihrem Leben, besonders an diejenigen, mit denen Sie es am häufigsten zu tun haben. Wenn Sie
alles in Betracht ziehen, üben diese Menschen dann hauptsächlich einen positiven, einen negativen oder einen neutralen Einfluss auf Sie aus?
Können Sie denjenigen, von denen Sie glauben, dass sie einen
negativen Einfluss auf Sie haben, irgendwie helfen, positiver
zu werden? Möchten Sie es versuchen? Üben Sie sich darin,
ihnen mit Wärme, Güte, Freundschaft und Liebe zu begegnen, und achten Sie darauf, wie das ankommt.

Online
Weitere Videos und Quellen für dieses Kapitel stehen auf der
Internetseite www.theblissexperiment.com zur Verfügung.

KAPITEL 17

IN 60 SEKUNDEN ZU FINDEN

Wenn Sie andere glücklich machen möchten, üben Sie sich in
Mitgefühl. Wenn Sie selbst glücklich sein möchten, üben Sie sich
in Mitgefühl.

Seine Heiligkeit der Dalai-Lama (geb. 1935)

Wir haben unsere Beziehung zu unserer Umwelt erforscht. Im
letzten Kapitel haben wir die allgemeine Bedeutung von Freundlichkeit und dem Kultivieren herzlicher Beziehungen betrachtet. Wir haben erfahren, dass Güte und Freundschaft mehr mit
Geben als mit Nehmen zu tun haben. Während wir jeden Menschen, dem wir begegnen, als Freund betrachten können, können wir wirklich enge Beziehungen nur zu einigen wenigen
aufbauen. Wir haben einfach nicht genug Zeit und Energie, um
tiefe Freundschaften mit jedem zu pflegen. Doch eine Haltung,
die wir allen gegenüber kultivieren können, seien es Freunde,
Fremde oder sogar Feinde, ist Mitgefühl.

Compassio, das lateinische Wort für Mitgefühl, bedeutet
»Mitleid«. Es beginnt mit Empathie, der Fähigkeit, die Gefühle,
die ein anderer hat, zu erkennen und zu teilen. Mitgefühl ist der
kraftvollere Cousin der Empathie. Empathie heißt, *Verständnis*
für die Gefühle eines anderen Menschen zu haben, vor allem für
die traurigen oder negativen. Mitgefühl bedeutet, dass man der
anderen Person auf irgendeine Weise *aktiv* helfen will. Mitgefühl empfinden wir, wenn wir wirklich den Wunsch haben, dass
andere von allem Leid frei sein mögen.

Mitgefühl ist ein eigenständiges Gefühl, anders als Kummer, Traurigkeit oder sogar Liebe. Dies zu wissen hilft uns, zu verstehen, warum wir Mitgefühl unabhängig von Güte, Freundschaft und Liebe praktizieren und entwickeln müssen. Wenn wir kein Mitgefühl füreinander empfinden können und nicht den Wunsch haben, das Leid der anderen Person zu lindern, fehlt uns eine entscheidende Zutat für dauerhaftes Glück und Bliss. Mitgefühl führt uns sanft von unserem egoistischen Verhalten weg und lehrt uns, dass wahres Glück sich nicht entfalten kann, wenn wir uns dem Leiden unserer fühlenden Mitwesen gegenüber gleichgültig verhalten. Wir können die ganze Fülle unseres menschlichen Potenzials einfach nicht nutzen, wenn wir diese schlummernde Fähigkeit nicht entwickeln.

Mitgefühl ist schnell erlernbar, und seine Vorteile – sowohl für uns selbst als auch für den Empfänger – sind in weniger als 60 Sekunden spürbar. Es ist so einfach und kraftvoll.

DIE GESCHICHTE

Lori ist von der ethnischen Zugehörigkeit her halb Indianerin, auch wenn sie sich aufgrund ihrer Selbstidentifikation zu fast 100 Prozent als Indianerin fühlt. Ihre Mutter ist Vollblutindianerin, ihr Vater »Texican« (umgangssprachliche Bezeichnung für einen US-Bürger, dessen Familie seit Generationen in Texas lebt, dessen Vorfahren jedoch aus Mexiko stammen). Ihre Großeltern mütterlicherseits lebten in einem Reservat, und auch ihre Mutter wuchs dort auf, bis sie eine junge Erwachsene war. Ihren Mann lernte sie kennen, als sie das Reservat verließ und nach Texas zog.

Lori war immer noch sehr verbittert über das, was man ihrem Volk vor Generationen angetan hatte. Weiße Siedler hatten unverfroren das Land der Indianer gestohlen. Viele Indianerstämme waren auf zahlreiche andere Arten zu Opfern gemacht und zeitweise sogar im großen Stil abgeschlachtet worden. Als besonders ärgerlich empfand Lori jenen ehrlosen Abschnitt der amerikanischen Geschichte, in dem die Cherokee in dem Versuch, eine friedliche Lösung zu finden und nicht noch einen Krieg mit dem weißen Amerika anzufangen, mit dem US-Rechtssystem kooperieren wollten. Sie führten zwei Prozesse vor dem Supreme Court und gewannen beide. Doch dann weigerte sich Präsident Andrew Jackson schändlicherweise nicht nur, diese Gerichtsurteile entsprechend umzusetzen, sondern befürwortete auch noch weitere heftige Angriffe gegen die Indianer. Für viele amerikanische Indianer war dies deshalb besonders bitter, weil ihnen mehrfach versichert worden war, wie vortrefflich das amerikanische Rechtssystem doch sei. Und doch wurde ihre ganze Nation mit Waffengewalt gezwungen, das Land ihrer Ahnen zu verlassen. Auf dem berüchtigten Pfad der Tränen wurden sie nach Westen in ein kleineres, ihnen nicht vertrautes Territorium verdrängt.

Indem sie sich weigerte, diese und andere Demütigungen zu vergessen, wurde Lori extrem hartherzig gegenüber dem Leid anderer Menschen, besonders derer, die sie für »Mainstream-Amerikaner« hielt. Eine ganze Reihe von schrecklichen Tragödien wie der Bombenanschlag auf das Murrah Federal Building, Oklahoma City, im Jahr 1995, die Anschläge vom 11. September 2001 und sogar die Folgen des Hurrikan Katrina im Jahr 2005 riefen bei ihr keinerlei Mitgefühl hervor. Wenn überhaupt, schien sie schadenfroh und zitierte häufig irgendwelche Varianten von »Rache ist süß«. In ihren Augen waren diese und ähnliche Ereignisse nur die »verdiente« Strafe für die lange Liste unserer Verfehlungen. Sie war richtig fröhlich, wenn sie über Dinge sprach, die besonders wohlhabende weiße Menschen zutiefst erschütterten, etwa die Finanzskandale an der Wall Street.

Das begann sich zu ändern, als sie sich *The Daily Show* mit Jon Stewart anschaute. Er interviewte eine Reihe von 9/11-Ersthelfern – darunter Polizisten, Feuerwehrmänner und Fahrer schwerer Räumfahrzeuge –, alles Weiße. Sie waren alle schwer krank, hatten chronische Schmerzen, und einige ihrer Kollegen waren bereits an den Folgen ihrer heldenhaften Bemühungen unmittelbar nach den Anschlägen auf das World Trade Center in Lower Manhattan gestorben. Unglaublicherweise wehrte sich unsere Regierung gegen Bemühungen, diesen verdienten Helden die medizinische Versorgung und finanzielle Unterstützung zu geben, die sie brauchen. Das gab Lori zu denken. Sie sah, dass diese Menschen – traditionelle, weiße, »proamerikanische« Autoritätstypen –, denen sie normalerweise mit Misstrauen begegnete, auf eine Art und Weise von unserer Regierung übers Ohr gehauen wurden, die dem, was ihre Vorfahren erlebt hatten, nicht unähnlich war.

Kurz danach saß sie beim Mittagessen zufällig an einem Tisch mit einer Kollegin – einer Frau, die für ihre konservativen und gegen Einwanderer gerichteten Ansichten bekannt war. Lori fühlte sich dadurch beleidigt, teilweise wegen des texanisch-mexikanischen Hintergrunds ihres Vaters. Doch weil sie sich an die *Daily Show* erinnerte, sprach sie ruhig und freundlich mit dieser Frau, was für sie eher untypisch war. Sie unterhielten sich über viele Themen, unter anderem darüber, wie sehr die Familie dieser Frau zu kämpfen hatte, um finanziell über die Runden zu kommen. Ihr Mann war entlassen worden und fand keine neue Arbeit. Sie lebten mit ihren beiden Kindern in einem Wohnviertel der unteren Mittelklasse mit hoher Kriminalitätsrate. Sie tauschten sich auch über ihre Hoffnungen, Befürchtungen und Herausforderungen aus. Nach diesem Mittagessen war Lori sicher nicht so weit, dass sie die politischen Ansichten dieser Frau teilte, aber sie hatte zumindest erkannt, dass ihre Kollegin nicht bösartig war. Sie versuchte einfach nur, so gut wie möglich klarzukommen. An einem Punkt im Verlauf ihrer Unterhaltung sagte die Frau: »Du bist die erste Indianerin, mit der ich jemals gesprochen habe.« Lori sah, dass diese Person, noch nicht einmal durch eigenes Verschulden, zwar nicht viel über den Hintergrund ihres Volkes wusste, aber durchaus offen für einen Dialog war und bereit, etwas dazuzulernen. Es erwies sich als sehr hilfreich, dass Lori ihr freundlich und höflich begegnet war. Diese einfache und keineswegs außergewöhnliche Unterhaltung hatte eine zutiefst humanisierende Wirkung auf beide.

Lori bekam einen Blick für ihre eigenen Vorurteile. Keiner der jetzt lebenden weißen Amerikaner hatte irgendetwas mit dem zu tun, was damals mit ihrem Volk passiert war. Und was noch wichtiger war, sie sah, dass sie sinnvolle Unterhaltungen mit Menschen führen konnte, deren Ansichten sie nicht teilte. Sie waren dennoch menschliche Wesen, die ihre eigenen Ängste, Herausforderungen und Bedürfnisse zu bewältigen hatten. Als sie darüber nachdachte, erkannte sie, dass ihr eigener Mangel an Mitgefühl sie denen ähnlich machte, gegen die sie wetterte: gedankenlos, gleichgültig und sogar grausam. Weil wir kein Verständnis füreinander hatten, waren die hässlichsten Phasen der Geschichte dazu verdammt, sich zu wiederholen. Lori schwor sich, ihr Bestes zu geben, um dies in Zukunft zu verhindern, und wollte mit ihrer eigenen Veränderung beginnen.

DIE WISSENSCHAFT

Empathie und Mitgefühl sind objektive, beweisbare Fähigkeiten. Es ist ein – selbst innerhalb der wissenschaftlichen Gemeinde – weitverbreitetes Missverständnis, dass der britische Naturforscher Charles Darwin behauptet habe, die menschliche Natur sei konkurrierend, rücksichtslos und egoistisch. Im Gegenteil, der Vater der Evolutionstheorie schrieb ausführlich über Empathie und Mitgefühl, besonders in seinen Büchern *The Descent of Man* und *The Expression of the Emotions in Man and Animals*. Er stellte fest, dass es sich bei diesen Eigenschaften um ein weitverbreitetes und wichtiges Verhalten handelt, das im Tierreich ebenso zu finden ist wie unter den Menschen. Er behauptete sogar, Mitgefühl und Güte – nicht etwa rücksichtsloser Wettbewerb – seien die treibenden Kräfte der natürlichen Selektion und die Basis für individuellen und gesellschaftlichen Erfolg.

In letzter Zeit wurden Darwins Beobachtungen von Leuten wie dem anerkannten Primatologen Frans de Waal bestätigt, der im Verlauf seiner Forschungen Unmengen Beispiele für empathisches Verhalten katalogisiert hat – von Mäusen, über Elefanten bis zu Schimpansen. Dass Empathie als eingefleischtes Verhaltensmuster bei vielen Arten zu finden ist, ist eine wichtige Entdeckung, und sei es nur, um der umnachteten Behauptung entgegenzuwirken, der Mensch sei wie so viele andere Tiere: berechnend, konkurrierend und gewalttätig. Diese falsche »Beobachtung« wird oft bemüht, um unsere schlimmsten Verhaltensweisen zu rechtfertigen und zu erklären, warum wenig Hoffnung besteht und es noch nicht einmal wünschenswert ist, dass sich der Homo sapiens positiv verändert. Wenn wir darauf bestehen, einen Blick zurück auf unsere tierischen Vorfahren zu werfen, um Anweisungen in puncto Verhalten oder gar Moral zu bekommen (was ich nicht favorisiere), gibt es reichlich positive Beispiele, die in Betracht gezogen werden müssen.

Die Wissenschaft des Mitgefühls wird am *Stanford University's Center for Compassion and Altruism Research and Education* maßgeblich vorangetrieben. Forschungen aus diesem Institut zeigen, dass Mitgefühl nicht nur eine echte menschliche Fähigkeit ist, sondern sich außerdem von Emotionen wie Kummer, Traurigkeit und sogar Liebe unterscheidet. Mitgefühl stärkt unser Glück, stimuliert die Lust-/Belohnungszentren im Gehirn, hilft uns, mit Stress fertigzuwerden, vermindert Angst und steigert sogar unsere Immunfunktion. Hinzu kommt, dass es von *jedem* erlernt werden kann.

Forscher von der Universität Haifa in Israel haben entdeckt, dass es eine starke Korrelation zwischen der Unfähigkeit, Mitgefühl zu empfinden, und bestimmten Arten von Geisteskrankheiten gibt. In der Tat postulieren die Forscher, dass ein Psychopath als jemand definiert werden kann, dem nicht einmal die grundlegenden Ebenen des Mitgefühls zugänglich sind.

Eine Studie von entscheidender Bedeutung, die 2010 im *Journal of Happiness Studies* veröffentlicht wurde, ergab, dass mitfühlendes Verhalten das Leben des betreffenden Menschen in nur *einer Woche* verbessern kann. 719 Menschen wurden sechs Monate lang begleitet. Sie waren in zwei Gruppen aufgeteilt. Die Kontrollgruppe wurde gebeten, regelmäßig eine neutrale Schreibübung zu machen. Die zweite Gruppe wurde angewiesen, auf mitfühlende Weise aktiv zu werden. Die Praktizierenden aus der Mitgefühl-Gruppe erlebten eine fast unmittelbare, signifikante Steigerung ihres Glücksgefühls und ihrer Selbstachtung, während ihr Angst- und Niedergeschlagenheitspegel deutlich sank. In der Kontrollgruppe wurden keine derartigen Begünstigungen festgestellt.

Eine andere Studie, veröffentlicht im *Journal of Clinical Oncology*, demonstrierte die Wirkung, die Mitgefühl auf andere haben kann. Ärzte, die ihren Krebspatienten gegenüber nur 40 Sekunden lang Mitgefühl zeigten, konnten deren Angst deutlich lindern.

Ein Grund, warum Mitgefühl diese dauerhafte Wirkung hat, ist, dass es unsere Gehirnstruktur positiv zu verändern scheint. Das war das Fazit einer Studie, in deren Verlauf die Gehirne der Versuchspersonen mithilfe der Kernspintomografie beobachtet wurden. Und was ganz wichtig ist, in derselben Studie wurde festgestellt, dass Menschen aller Altersgruppen – Kinder bis Senioren – lernen konnten, Mitgefühl zu üben.

Weitere Studien zeigen, dass Mitgefühl eine Vielzahl von praktischen Vorteilen hat, unter anderem am Arbeitsplatz, beim Sport und im therapeutischen Zusammenhang:

➤ Mitfühlendes Handeln sowohl von Managern als auch von Kollegen steigert die Leistung und die Produktivität der Mitarbeiter.

➤ Empathie und Mitgefühl sind wirksamere Motivationsstrategien als Kritik und Wut.

➤ Mitfühlende Menschen engagieren sich eher sozial, beispielsweise indem sie anderen helfen, mit ihnen zusammenarbeiten und auf in Not geratene Menschen eingehen.

DER GEIST

Mitgefühl ist wesentlich für die Erlangung von Bliss. Jeder von uns hat gelitten, leidet jetzt oder wird in Zukunft leiden. Leiden und unsere Reaktion auf das Leiden anderer sind zwei entscheidende Aspekte des menschlichen Erlebens. Mitgefühl ist unsere Fähigkeit, das Leiden des jeweils anderen zu erkennen, verbunden mit dem von Herzen kommenden Wunsch, es zu lindern. Wenn mitfühlende Menschen Schmerz oder Not bei anderen erkennen, dann erleben sie die Not des betreffenden Menschen mit und fühlen sich veranlasst zu handeln (oder haben zumindest den Wunsch zu handeln), um die Not dieser Person zu lindern. Sie wissen, dass sie damit ihr eigenes Leid lindern.

Ein Mangel an Empathie und Mitgefühl anderen gegenüber lässt zu, dass wir anderen Abscheuliches antun. Mitgefühl heißt, unser kleines, egozentrisches Leben einmal nicht ganz so wichtig zu nehmen und zuzugeben, dass wir unser eigenes Wohlergehen nicht auf Kosten anderer verfolgen können. Es ist ein großer Schritt für den Abbau der künstlichen Barriere zwischen uns und der Welt. Es bedeutet, die Fesseln unseres narzisstischen Selbstbilds und unserer Furcht vor anderen abzulegen oder zumindest zu lockern.

Trotz der zentralen Bedeutung des Leidens für die menschliche Erfahrung werden Empathie und Mitgefühl kaum verstanden und häufig nicht genug betont. Hier stellt sich die Frage, warum Mitgefühl, das nicht nur universal, sondern auch leicht und schnell zu erlangen ist, keine weitere Verbreitung gefunden hat.

Grenzen und Missverständnisse

Es gibt die irrige Tendenz anzunehmen, dass wir entweder von Natur aus mitfühlend sind oder nicht. Mitgefühl wird uns entweder in die Wiege gelegt oder eben nicht. Die Wahrheit ist, dass wir alle mit der latenten Fähigkeit zum Mitgefühl geboren werden. Sie kann erlernt und geübt werden. Es läuft auf eine

Entscheidung hinaus. Manche von uns sind entschlossener, sie sich zugänglich zu machen, als andere.

Zusätzlich besteht eine gewisse Tendenz anzunehmen, dass viele Menschen unser Mitgefühl gar nicht »verdienen«. Wir sind der irrigen Ansicht, das Vorenthalten von Mitgefühl sei eine wirkungsvolle Reaktion auf abscheuliches Verhalten. Doch wie die Forschungen an der Universität Haifa gezeigt haben, ist es leider so, dass unser eigenes Verhalten umso psychopathischer wird, je weniger Mitgefühl wir selbst kultivieren. Und was noch schlimmer ist, diese Haltung setzt den Teufelskreis aus Wut, Angst, Niedergeschlagenheit und Gewalt immer weiter fort.

Manchmal treffen wir auch (besonders bei Männern) auf die Überzeugung, Mitgefühl sei ein Zeichen von Feigheit oder Schwäche. Sie ist auch beängstigend, weil sie es erforderlich macht, dass wir zum subjektiven Wesen eines anderen Menschen vordringen. Mitgefühl zu empfinden ist eigentlich etwas sehr Intimes. Wir erlauben uns, zu fühlen, was andere Menschen fühlen, zu sehen, was sie sehen, und zu verstehen, was sie verstehen. Damit öffnen wir uns für die Möglichkeit, dass unsere eigene Weltsicht infrage gestellt, ja sogar auf den Kopf gestellt wird. Vor allem aber bedeutet es, dass wir uns vielleicht gezwungen sehen anzuerkennen, dass jemand, den wir nicht mögen oder gar hassen, gar nicht so viel anders ist als wir selbst. Das kann für unser Ego enorm bedrohlich sein.

Lori beispielsweise hatte ihre Identität ganz fest rund um ihr Cherokee-Erbe aufgebaut sowie um die unerschütterliche Überzeugung, dass man ihrem Volk Unrecht getan hatte und dass Rache gegen eine ganze Volksgruppe etwas war, was diese verdient hatte. Sich Mitgefühl zu erlauben bedeutete für sie, die Bindung an ihre Identität ein wenig zu lockern und lang gehegte Überzeugungen aufzugeben. Empathie erfordert auch das Aufgeben unseres Wunsches, irgendwann zu erleben, wie andere dem Elend, dem Schmerz, der Angst und unendlichem Kummer anheimfallen. Es ist kein Wunder, dass wir alle damit zu kämpfen haben.

Mitgefühl führt nicht zu Schwäche und erlaubt dem Bösen auch nicht, einfach um sich zu greifen. Dem Bösen muss widerstanden und faire Strafen müssen verhängt werden. Wir können einem gewalttätigen Kriminellen alles Mitgefühl schenken, das wir aufbringen können, sollten aber gleichzeitig auch etwas unternehmen, um ihm von weiteren Gewalttaten abzuhalten. In der Tat können wir ihm unser Mitgefühl auch schenken, während er sicher hinter Gittern sitzt. Wir können uns sogar bemühen, mitfühlende Soldaten zu sein und unser Bestes zu tun, um das Böse aufzuhalten, ohne dem Bedürfnis nachzugeben, uns einzumischen – und sogar zu töten –, um Gewalt, Aggression und Hass zu beenden.

Die Vorzüge des Mitgefühls

Was immer unsere äußeren Pflichten auch sein mögen, entscheidend ist unsere innere Einstellung. Wenn wir jemandem Leid *wünschen* oder persönliche Genugtuung empfinden, wenn jemand ganz offensichtlich sehr leidet, werden wir fast so herzlos und gefühllos wie der Mensch, gegen den sich unsere Rachegefühle richten. Nur leidende Menschen begehen schreckliche Verbrechen. Außerdem garantieren wir damit praktisch, dass sich der Teufelskreis der Gewalt immer weiter fortsetzt und sogar eskaliert. Mitgefühl bedeutet zu verstehen – wie immer falsch (sogar monströs oder ekelhaft) jemand sehen, fühlen und handeln gelernt hat –, dass die einzige dauerhafte, bleibende Lösung im Beenden des Leidens besteht, und nicht etwa darin, es immer größer werden zu lassen. Je weniger wir leiden, desto mehr lernen wir, Zugang zu unseren höchsten und edelsten Gefühlen zu bekommen. Und im Gegenzug wird die Welt um uns herum immer besser.

Natürlich ist das meiste Leid nicht so extrem. Die meisten unserer Mitmenschen sind keine Monster, und ihre Missgeschicke beeinflussen uns nicht immer unmittelbar. Wenn extremes Mitgefühl in den krassesten Fällen unmöglich scheint, können wir zumindest damit beginnen, dass wir routinemäßig Mitgefühl denen gegenüber aufbringen, die keine Bedrohung für uns darstellen. Jeden Tag begegnen wir Mitmenschen, die auf geringfügige, stille Weise leiden.

Mitgefühl schafft von Natur aus Verbindung, während es uns aus unseren eigenen solipsistischen, egozentrischen Sorgen herauszieht. Angst und Depression sind fast ausschließlich das Resultat des Grübelns über die Vergangenheit oder der Sorge um die Zukunft. Genauer gesagt, *unserer* Vergangenheit und *unserer* Zukunft. Mitgefühl reißt uns da heraus. Wir konzentrieren uns auf andere, nicht auf uns selbst. Das bricht den hypnotischen Bann, mit dem wir uns selbst belegen, indem wir uns ständig mit unseren eigenen Problemen beschäftigen.

Darüber hinaus stärkt und steigert Mitgefühl unser Gefühl der Verbundenheit mit der Welt um uns herum. Es reißt die Barrieren nieder, die uns einsam machen.

Wer mitfühlend ist, braucht weder Bestätigung noch Verständnis von anderen. Wir können einem anderen Menschen Mitgefühl entgegenbringen, ohne seine oder ihre Wertschätzung zu wollen, zu brauchen oder zu erwarten. Es ist sich selbst Belohnung genug.

Das bedeutet, dass wir mitfühlend sein können, was immer wir im Außen auch tun. Wir können mitfühlende Chefs, Krankenschwestern, Kapitäne, Lehrer, Berater, ja sogar Soldaten sein – was immer unser Beruf auch sein mag oder in welcher Situation wir uns auch befinden mögen. Es ist ein Bewusstseinszustand, den wir ganz unter unserer Kontrolle haben. Nicht ein Tag vergeht, ohne dass es vielfältige Möglichkeiten gibt, unsere Arbeit, unsere Beziehungen und unsere Begegnungen mit Empathie und Mitgefühl zu durchdringen.

DAS EXPERİMENT (1) – MİTGEFÜHL İM ALLTAG

Diese einfache Übung ist aus jener wissenschaftlichen Untersuchung abgeleitet, die gezeigt hat, wie schnell sich die Vorteile des Mitgefühls verwirklichen lassen.

1. Treffen Sie heute oder morgen die bewusste Entscheidung, jemandem nur fünf bis 15 Minuten lang Ihr Mitgefühl zu schenken.
2. Helfen Sie jemandem oder gehen Sie aktiv unterstützend und fürsorglich mit einem anderen Menschen um. Hier ein paar Beispiele (ohne Anspruch auf Vollständigkeit): mit einem Obdachlosen sprechen, die Menschen im eigenen Umfeld liebevoller behandeln, freundlich und unterstützend zu jemandem sein, der gerade »einen schlechten Tag« hat, oder positiv mit Verkäufern im Laden kommunizieren.
3. Notieren Sie sich, was Sie getan haben, wie Sie sich dabei und anschließend gefühlt haben und welche Reaktionen Ihr Mitgefühl hervorgerufen hat.
4. Geloben Sie, anderen soweit Sie können und so oft wie möglich Ihr Mitgefühl zu schenken.

DAS EXPERİMENT (2) – VİSUALİSİEREN

Die folgende geführte Meditation kann im Rahmen einer fortlaufenden Meditationspraxis gemacht werden (wenn Sie keine haben, werden Sie in späteren Kapiteln etwas darüber lernen) oder auch unabhängig davon.

1. Setzen Sie sich in bequemer Haltung und mit geschlossenen Augen hin. Ihre Wirbelsäule ist aufrecht, ohne dass Sie den Rücken anspannen oder durchdrücken.
2. Atmen Sie ein paarmal tief ein und aus und entspannen Sie

Körper und Geist. Versuchen Sie sich zentriert und im Hier und Jetzt präsent zu fühlen, in diesem Raum, in diesem Moment.

3. Lenken Sie mitfühlende Gedanken auf sich selbst. Dafür können Sie Ihre eigenen spontanen Sätze bilden – Dinge, die Sie sich tief im Innern für sich wünschen, oder Sie nehmen das Folgende: »Möge ich in Sicherheit leben. Möge ich glücklich sein. Möge ich gesund sein. Möge ich in Frieden und Freude leben.«

4. Sagen Sie sich diese – oder die Ihren Wünschen entsprechenden – Sätze ein paar Minuten lang behutsam vor. Wenn Ihr Geist abschweift, holen Sie ihn ohne Groll, Schuldzuweisung oder Scham in diesen Prozess zurück.

5. Nun rufen Sie sich einen Menschen in Erinnerung, den Sie gernhaben: einen Freund, ein Familienmitglied, einen Ihrer Lieben; jemand, der Ihnen geholfen hat; jemand, der Sie inspiriert. Visualisieren Sie diese Person; sagen Sie ihren Namen. Bekommen Sie ein Gefühl für ihre Präsenz, und richten Sie die oben zitierten Sätze dann an sie. »Mögest du in Sicherheit leben. Mögest du glücklich sein. Mögest du gesund sein. Mögest du in Frieden und Freude leben.« Wiederholen Sie dies mehrmals.

6. Rufen Sie sich nun jemanden in Erinnerung, den Sie kennen, mit dem Sie aber Konflikte oder Schwierigkeiten haben. Diese Person muss Ihnen nicht besonders nahestehen. Es kann irgendjemand sein, den Sie kennen, wenn auch nur ein wenig. Es kann hilfreich sein, wenn Sie sich jemanden aussuchen, der gerade einen Verlust, ein schmerzliches Gefühl oder eine schwierige Situation erlebt hat. Stellen Sie sich vor, dass diese Person nun vor Ihnen sitzt. Visualisieren Sie sie; sagen Sie ihren Namen. Bekommen Sie ein Gefühl für ihre Präsenz und richten Sie die oben zitierten Sätze dann an sie. »Mögest du in Sicherheit leben. Mögest du glücklich sein. Mögest du gesund sein. Mögest du in Frieden und Freude leben.«

7. Denken Sie an jemanden, der eine weniger wichtige Rolle in Ihrem Leben spielt, vorzugsweise jemand, dem Sie weder besonders positive noch besonders negative Gefühle entgegenbringen. Vielleicht Ihr Apotheker, Ihr Banker oder Ihr Friseur – irgendjemand, den Sie zwar ab und zu treffen, aber nicht sehr gut kennen. Stellen Sie sich vor, dass dieser Mensch jetzt vor Ihnen sitzt. Visualisieren Sie ihn; sagen Sie seinen Namen. Bekommen Sie ein Gefühl für seine Präsenz und richten Sie die oben zitierten Sätze dann an ihn. »Mögest du in Sicherheit leben. Mögest du glücklich sein. Mögest du gesund sein. Mögest du in Frieden und Freude leben.«

8. Schließlich visualisieren Sie die ganze Welt, einschließlich aller darin lebender Wesen. Sagen Sie zu allen: »Mögen alle Wesen in Sicherheit leben. Mögen alle Wesen glücklich sein. Mögen alle Wesen gesund sein. Mögen alle Wesen in Frieden und Freude leben.«

9. Wenn Sie dazu bereit sind, öffnen Sie die Augen. Schauen Sie, ob Sie diese mitfühlende Haltung den ganzen Tag beibehalten können.

Online

Weitere Videos und Quellen für dieses Kapitel stehen auf der Internetseite www.theblissexperiment.com zur Verfügung.

KAPİTEL 18

SELBSTLOSER DIENST AN ANDEREN

Eines weiß ich: Wahrhaft glücklich werden die sein, die den Weg zum Dienst an anderen gesucht und gefunden haben.
Dr. Albert Schweitzer, Träger des Friedensnobelpreises
(1875–1965)

Selbstloser Dienst an anderen ist Mitgefühl in Aktion. Er ist die bewusste Projektion von Empathie in die Welt, geleistet ohne jede Erwartung eines Ergebnisses oder einer Belohnung für die Person, die hier tätig wird. Glück und Bliss sind unmöglich ohne selbstlosen Dienst an der Menschheit.

Die innere Wahrheit über den Dienst an anderen wird nicht in dessen äußerer Form gefunden, sondern in der Art, wie wir dienen. Es gibt keinen »richtigen« Weg – keinen Beruf, keine Methode und keinen Schwertpunktbereich, der wichtiger ist als ein anderer. Er muss auch nicht im großen Stil geleistet werden. Kleine, private Handlungen, mit dem richtigen Bewusstsein ausgeführt, können für den, der hier tätig wird – und selbst für die Menschheit –, viel wertvoller sein als große, öffentliche und grandiose Projekte, die aus den falschen Gründen in Angriff genommen werden. Alles und jedes, was wir tun, kann zu unserem Vehikel für den selbstlosen Dienst an anderen werden. Der Schlüssel ist, sich auf das zu konzentrieren, was in uns vor sich geht, während wir diesen Dienst an anderen leisten.

DIE GESCHICHTE

Mark war wie viele andere nach Hollywood gekommen, um Profimusiker zu werden. Er träumte davon, eine Band zu gründen, Musik zu schreiben, zu singen, Leadgitarre zu spielen und den ruhmreichen Weg vieler berühmter Bandleader zu gehen, die damit angefangen hatten, Livemusik auf dem Sunset Strip zu machen.

Doch leider fand Mark kurz nach seiner Ankunft in Los Angeles heraus, dass es hier, anders als in seiner kleinen Heimatstadt in West Virginia, an jeder Ecke unglaublich talentierte Musiker gab. Obwohl Mark rein äußerlich durchaus die passende Besetzung war – gebleichte lockige Haare, Tattoos am ganzen Körper, Ketten über schwarzen Jeans –, merkte er, dass er längst nicht so talentiert oder geschliffen war, wie er gedacht hatte. Selbst bei Open-Mike-Veranstaltungen für Einsteiger tat er sich nicht besonders hervor. Kein Wunder, dass dies Mike ziemlich belastete. Seine Träume waren geplatzt, aber das Letzte, was er wollte, war, wieder heim nach West Virginia zu ziehen.

Mark entdeckte, dass er in der Tat ein außergewöhnliches Talent hatte: eine zähe Konstitution, die es ihm erlaubte, mehr Drogen zu konsumieren als kaum ein anderer. Es dauerte nicht lange, bis er aufhörte, hier und da Musik zu machen, und sich stattdessen ganz darauf verlegte, Partys zu feiern. Er nahm einen Job in einem Gitarrenladen an, der ihm gerade genug regelmäßiges Einkommen sicherte, um eine gehörige Drogenabhängigkeit zu entwickeln.

Anfangs war es ein unglaublicher Spaß. Mark hatte es als Musiker vielleicht nicht in eine der ersten Ligen geschafft, aber im Partymachen war er definitiv erste Liga. Er fing mit Alkoholtrinken und Haschischrauchen an, aber es dauerte nicht lange, bis er an Kokain geriet. Eines Tages bot ihm ein »Freund« einen Speedball an, eine injizierte Mischung aus Kokain und Heroin (das gleiche Gebräu, das Schauspieler wie John Belushi,

River Phoenix und Chris Farley getötet hat; zwei von ihnen waren sogar nur wenige Meilen von dem Ort entfernt gestorben, an dem Mark auf den Geschmack gekommen war). Es dauerte nicht lange, bis Mark vollkommen drogenabhängig war. Die Begleiterscheinungen waren die üblichen. Alles, woran er denken konnte, war, wie er möglichst schnell wieder high werden konnte. Er kam öfter nicht zur Arbeit, hatte weniger Sozialkontakte, verschanzte sich in seiner Wohnung und war stundenlang zugedröhnt.

Mark verlor seinen Job im Gitarrenladen. Nicht viel später flog er per Zwangsräumung aus seiner kleinen Wohnung. Fortan lebte er auf der Straße, in irgendwelchen Gassen und Hinterhöfen um den Hollywood Boulevard. Er war ein obdachloser Junkie. Es war nur eine Frage der Zeit, bis er im Gefängnis landen oder tot sein würde.

Doch dann hatte er Glück. Weil Marks Geschichte in Hollywood alles andere als ungewöhnlich ist, gibt es eine ganze Reihe von Organisationen – und die guten Menschen, die für sie arbeiten –, die ein Auge auf Menschen wie Mark haben. Eines Abends kam jemand auf der Straße auf ihn zu, erzählte Mark, dass er auch einmal drogenabhängig gewesen war, und gab ihm eine Visitenkarte mit einer Adresse ganz in der Nähe, wo Mark Hilfe bekommen konnte, wenn er wollte. Damit begann Marks erster Genesungsversuch. Viele folgten.

Mark gab in verschiedenen Gruppen und mit wechselnden Unterstützern sein Bestes, um von seiner Abhängigkeit freizukommen. Es war besonders hart für ihn, weil er sich die intensiven, monatelangen Entzugsprogramme auf einer Station, die offenbar bessere Ergebnisse brachten als die ambulante Rehabilitation, nicht leisten konnte. Irgendwann erzählte er seinen Eltern, was mit ihm los war. Sie machten ein weniger teures Programm ausfindig und zahlten seinen Aufenthalt dort. Das half zwar eine Weile, doch irgendwann hatte er einen Rückfall.

Nach steinigen drei Jahren, in denen Rückfall auf Entzug gefolgt war, probierte er eine neue Einrichtung mit einem anderen Ansatz aus. Hier musste jeder, der länger als ein Jahr selbst in Behandlung gewesen war – selbst wenn nicht immer erfolgreich –, einen Neuzugang unterstützen. Mark hatte noch nie jemanden unterstützt, weil er das Gefühl hatte, er sei immer noch derjenige, der Hilfe brauchte. Obwohl er zunächst davor zurückschreckte, vor allem, weil er fürchtete, jemanden mit sich herunterzuziehen, wurde in diesem Programm darauf bestanden, dass er jemanden unterstützte.

Und etwas Interessantes geschah. Mark entdeckte, dass es *ihm* Kraft gab, jemand anderen zu unterstützen, besonders immer dann, wenn er wieder daran dachte, Drogen zu nehmen. Er stellte sich den Jungen vor, den er unterstützen sollte – wie verheerend sein Rückfall für diesen Jüngeren wäre, der so verzweifelt versuchte, clean zu bleiben –, und widerstand der Versuchung. Jetzt, mehr als fünf Jahre später, hat Mark keinen einzigen Rückfall mehr gehabt. Er weiß ohne jeden Zweifel, dass sein Entschluss, anderen aktiv zu helfen, der entscheidende Wendepunkt in seinem eigenen Kampf gegen die Sucht war. Obwohl er seinen Traum, ein Rockstar zu werden, schon längst aufgegeben hat, ist Mark glücklicher als je zuvor. Er hat seine wahre Berufung gefunden: anderen wie sich selbst dabei zu helfen, clean zu werden und zu bleiben. Und indem er das tut, fühlt er sich in einer Weise verbunden, mitfühlend und emporgehoben, wie er es noch nie zuvor erlebt hat. Er erzählte mir: »Ich kann diesen Kindern etwas geben, was wir alle brauchen: Verständnis ohne Verurteilung und ehrliche Freundlichkeit. Das können sie von mir bekommen und einfach so darauf reagieren, wie ich reagiert habe, als dieser erste Typ damals auf mich zugegangen ist. Ich weiß, dass ich, was meine eigene Abstinenz angeht, nicht scheitern kann und auch nicht scheitern werde. Ich muss clean bleiben um ihretwillen genauso wie um meiner selbst willen. Außerdem fühle ich mich so toll, innerlich so klar und erfüllt, wenn ich diese Arbeit mache. Das ist besser als der geilste Trip.«

DIE WISSENSCHAFT

Menschen fragen sich oft, ob es überhaupt möglich ist, sich wahrhaft selbstlos und altruistisch zu verhalten. Wenn derjenige, der Gutes für andere tut, selbst etwas davon hat, kann das dann als altruistisch bezeichnet werden? Es gibt eine Menge Verwirrung, ja sogar Zynismus rund um dieses Thema. Glücklicherweise sorgt die neuere wissenschaftliche Forschung in diesem Bereich für Klarheit.

Daniel Batson, Professor für Sozialpsychologie an der Universität von Kansas, ist einer der führenden Altruismus-Experten. Mehrere seiner Studien zeigen, dass altruistisches Verhalten bei Menschen sehr häufig zu beobachten ist. Nach Batson steht beim authentischen Altruismus vor allen anderen Gründen oder Motivationen Empathie im Vordergrund, und diejenigen, deren Fähigkeit zum Mitfühlen am besten entwickelt sind, sind die Selbstlosesten.

Andere Forscher haben ein betont altruistisches Verhalten bei Schimpansen und menschlichen Kleinkindern gefunden, was vermuten lässt, dass Altruismus sowohl weitverbreitet als auch angeboren ist. Altruistische Verhaltensweisen bei kleinen Kindern sind besonders interessant, weil sie nicht erwarten und auch keinen Grund sehen, etwas zurückzubekommen. Sie sind zu jung, um schon etwas über Konzepte wie wechselseitiger Gewinn (»Ich kratze dir den Rücken, wenn du mir den Rücken kratzt«) gelernt zu haben.

Zu den besonderen Vorteilen des altruistischen Handelns gehören:

➤ gesteigerte Gefühle des Wohlbefindens, des Glücks und der Freude, größere emotionale Belastbarkeit und Elan und geringere Gefühle der Isolation;
➤ verbesserte psychische Gesundheit bis zu dem Punkt, an dem sowohl leichte als auch schwere psychische Erkrankungen gelindert werden, sowie

➤ verbesserte physische Gesundheit und sogar ein längeres Leben.

Allein die Erinnerung an einen helfenden Akt kann Glücksgefühle hervorrufen, die Stunden oder sogar Tage danach noch anhalten. Eine separate Studie, die zum Teil von Carolyn Schwartz von der Abteilung für Psychiatrie an der Harvard Medical School durchgeführt wurde, ergab, dass diejenigen, die anderen helfen, eine deutliche Steigerung ihres Selbstvertrauens, Selbstbewusstseins und Selbstwertgefühls erleben sowie Linderung ihrer Depressionen und eine verbesserte Rollenfunktion.

Eine Studie, die an der weltbekannten Wharton School of Business durchgeführt wurde, ergab, dass diejenigen, die sich in ihren Berufen explizit darauf konzentrierten, anderen zu dienen, weniger Stress und niedrigere Burn-out-Raten hatten als diejenigen mit weniger serviceorientierten Berufen. Eine andere Studie verglich diejenigen, die den größten Teil ihrer Zeit und Energie auf der Suche nach persönlichem Vergnügen verbrachten, mit Menschen, die sinnvolleren Tätigkeiten nachgingen. Diejenigen, die sich auf weniger egoistische Aktivitäten konzentrierten, waren sehr viel glücklicher als die Egozentriker.

Mark, die Hauptperson unserer oben erzählten Geschichte, wäre sicher mit der Studie der Brown Universität über Rückfallraten bei Alkoholabhängigkeit einverstanden, die zu folgendem Schluss kam: »Bei denjenigen, die anderen halfen, war die Wahrscheinlichkeit, im ersten Jahr nach der Behandlung rückfällig zu werden, signifikant niedriger, und zwar unabhängig davon, an wie vielen AA[Anonyme Alkoholiker]-Treffen sie teilnahmen.«

Weiter vorn in diesem Buch haben wir gelernt, dass man Glück nicht mit Geld kaufen kann. Es ist Zeit, diese Aussage ein wenig abzuändern. Es gibt eine Möglichkeit, wie Geld unser Glück verstärken kann: indem wir es weggeben. Einer Studie zufolge wurden Menschen, die eine unerwartete Bonuszahlung nur für sich selbst ausgaben, nicht glücklicher, während diejenigen, die zumindest einen Teil davon weggaben, entweder für wohltätige Zwecke oder direkt an andere, einen großen Glücks-schub erlebten.

Eine Einschränkung für den Einsatz altruistischen Verhaltens gibt es allerdings. Wenn wir dieses Verhalten mit dem erklärten Ziel an den Tag legen, im Gegenzug etwas für uns selbst zu bekommen, ist es kontraproduktiv. Eine Studie zeigte: Wenn Menschen mit der ausdrücklichen Erwartung geben, etwas Konkretes dafür zu bekommen, hat der Akt des Gebens keinen Einfluss auf ihr Glück.

DER GEIST

Es gibt ein paar Streitpunkte, die wir dringend erforschen müssen. Erstens: Obwohl es einen ganzen Berg von wissenschaftlichen Beweisen für die Existenz von Altruismus und selbstlosem Dienst gibt, sind sie in manchen Kreisen nach wir vor umstritten. Bestenfalls behaupten Zweifler, ein Verhalten, das als »altruistisch« etikettiert wird, werde in Wirklichkeit an den Tag gelegt, weil es sich für denjenigen, der sich so verhält, auszahlt. Zweitens: Wenn Altruismus wirklich existiert, scheint er relativ selten und daher in unserem täglichen Leben von wenig praktischem Interesse zu sein.

Beide Punkte basieren auf fundamentalen Missverständnissen. Kritikern gelingt es nicht, die Existenz von Empathie und Mitgefühl zu erklären – die Fähigkeit, das Leid eines anderen Menschen so zu fühlen, als sei es unser eigenes. Wenn wir diese Art der Vernetzung spüren, ist das Leiden der anderen die ganze Motivation, die wir brauchen. Die Existenz von Mitgefühl – die wissenschaftlich oder spirituell nicht angezweifelt wird – führt unweigerlich zu wahrhaft altruistischem Verhalten.

Die von Sozialwissenschaftlern aufgestellte Standarddefinition des Altruismus ist, dass ein altruistischer Akt für denjenigen, der ihn begeht, mehr Kosten als Nutzen haben muss. Aus der Bliss-Perspektive ist das nicht kohärent und unsinnig. Wir sind eins, vereint in der Ganzheit. Aufgeklärtes Eigeninteresse basiert darauf, eine klare Unterscheidung zwischen »der Welt« und »mir« beizubehalten. Wir haben gesehen – und werden in den folgenden Kapiteln auch noch sehen –, dass dies nicht der Realität entspricht. Die Vorstellung von einem getrennten Ich ist eine Illusion. Wenn es kein Ich gibt, kann die ganze Vorstellung von selbstsüchtigem Handeln überhaupt nicht aufkommen, zumindest nicht, sobald wir zu den höheren Ebenen des Bliss-Bewusstseins vorgedrungen sind. Anders ausgedrückt: Anderen zu helfen ist nicht selbstsüchtig – erleuchtet oder anderswie –, nur weil wir etwas davon haben. *Natürlich* haben wir etwas davon. Wir sind sie, und sie sind wir.

Dies führt zur Lösung unseres zweiten Problems. Die Idee vom selbstlosen Dienst an anderen mag zwar Bilder vom Arbeiten für eine gemeinnützige Organisation heraufbeschwören oder davon, im medizinischen Bereich oder bei der Feuerwehr zu arbeiten oder sich um die Armen zu kümmern, aber in Wirklichkeit kann alles, was wir tun – wie immer seine äußere Natur auch sein mag –, in einen Dienst am Nächsten verwandelt werden. *Alles und jedes* ist, wenn es aus dem Bliss-Bewusstsein heraus getan wird, selbstloses Dienen, große und kleine Taten gleichermaßen. Alles, was wir tun – im Beruf, wenn wir uns um unsere Familien kümmern und sogar Botengänge –, kann mit einer Haltung des selbstlosen Dienens durchtränkt werden. Altruismus ist kein nach außen gerichteter, externer Akt, sondern ein innerer Bewusstseinszustand.

In der Philosophie des Yoga gibt es ein wunderbares Konzept namens *Nishkam Karma*. Es heißt übersetzt »absichtsloses Handeln« oder Handeln ohne den Wunsch nach Vorteilen, die sich daraus ergeben könnten. Es bedeutet, das Bedürfnis aufzugeben, ein bestimmtes Ziel zu erreichen, und sich stattdessen auf den Prozess selbst zu konzentrieren. Das wiederum bedeutet, dass wir eine Aktivität mit dem richtigen Bewusstsein und der rechten Motivation ausführen und nicht, weil wir unbedingt ein bestimmtes Endresultat haben müssen. Anders drückt es das

Sprichwort aus: »Es geht nicht darum, ob du gewinnst oder verlierst, sondern darum, wie du das Spiel spielst.« Dies bedeutet, dass wir uns immer voller Begeisterung und mit Energie, Konzentration und Mitgefühl für unsere Aktivitäten engagieren und nur die höchsten Ideale und Motivationen haben, während wir uns von allen persönlichen Bedürfnissen oder erwünschten Ergebnissen verabschieden.

Es bedeutet sogar, sich von dem Verlangen zu verabschieden, unser Dienst möge anderen so helfen, wie wir es gern hätten. Manchmal – oft sogar – funktionieren Dinge nicht ganz so, wie wir es möchten oder uns vorgestellt haben. Wenn wir das nicht loslassen, sind wir dazu verdammt, negative Gedanken und Gefühle zu generieren, wie: »Ich habe versagt« oder »Ich schäme mich, fühle mich unzureichend«, »Ich bin nutzlos«, »Diese Leute mögen mich nicht oder denken schlecht über mich« oder sogar: »Diese Menschen oder diese Welt saugen mich aus.«

Alle unsere täglichen Aktivitäten mit Bliss-Bewusstsein zu durchdringen ist alles, was wir tun können. Die Welt ist einfach zu groß, zu komplex und hat zu viele Variablen, als dass es möglich wäre, ein bestimmtes Ergebnis zu garantieren.

Nishkam Karma ist allerdings keine Entschuldigung für Apathie. Im Gegenteil. Absichtsloses Handeln bedeutet zu lernen, alles aus dem richtigen Grund, mit der richtigen Einstellung, den richtigen Gefühlen, der richtigen Orientierung und im richtigen Bewusstsein zu tun – mit all unserer Energie, Konzentration, unserem logischen Denkvermögen und unserer Intuition – und ihm dann seinen Lauf zu lassen. Apathie und Faulheit sind einfach. *Nishkam Karma* verlangt immense Energie, Bewusstheit und Selbstkontrolle. Es ist die endgültige Anerkennung, dass unsere innere Einstellung das ist, worauf es am meisten ankommt.

Arbeit in Dienst an anderen verwandeln

Harte Arbeit, selbst für einen guten Zweck, ist an sich noch nicht genug. Worauf es wirklich ankommt, sind die Einstellung und das Bewusstsein, die wir hineinlegen. Daher ist, wenn unsere innere Einstellung nicht stimmt, selbst ein Beruf, in dem wir anderen scheinbar dienen, nicht besser für uns als etwas offensichtlich weniger Großartiges, das aber aus den richtigen Gründen und mit dem entsprechenden Bewusstsein getan wird. Wir müssen unsere Arbeit von innen heraus mit Mitgefühl, Gelassenheit, Konzentration und sogar Freiheit erfüllen.

Wenn wir uns von der hypnotischen Vorstellung befreien, dass wir »zur Arbeit gehen« oder »einen Job haben«, können wir umlernen und schließlich erkennen, dass alles ein Vehikel für den Dienst an anderen sein kann. Jeder Tag bietet uns Möglichkeiten, anderen zu helfen und unsere Herzen und unser Bewusstsein zu läutern. Wir können uns von unseren alten Beweggründen – reich werden, Macht gewinnen und sogar das reine Vergnügen, einen Kontrahenten zu überlisten – verabschieden und stattdessen darauf konzentrieren, den Menschen, mit denen wir in Kontakt kommen, wirklich zu helfen.

Der Punkt ist, was immer wir von Beruf sind – Konstrukteur, Investmentbanker, Gärtner, Computerprogrammierer, Immobilienmakler, Ingenieur, Politiker, Wissenschaftler, Lehrer, Einzelhändler, Schauspieler oder Talent-Scout –, spielt keine Rolle. Der Geist des selbstlosen Dienens kann in fast alles einfließen. (Gut, vielleicht nicht in bestimmte »Berufe« wie Drogendealer, Bankräuber oder Auftragskiller. Wenn wir eine Arbeit verrichten und dabei auf keinen Fall eine positive innere Einstellung aufrechterhalten können, ist es höchste Zeit, den Beruf zu wechseln.)

Dienst an anderen und Bliss
Selbstloses Dienen macht es uns möglich, unser egozentrisches Leben und unsere egoistischen Wünsche zu vergessen und uns stattdessen der Weiterentwicklung des Ganzen zu widmen. Der selbstlose Dienst für andere gibt uns die Möglichkeit, Mitgefühl zu praktizieren und unsere Fähigkeit, bedingungslos zu lieben, weiterzuentwickeln.

Selbstloses Dienen untermauert die ewige Wahrheit, dass jeder von uns ein kleiner Wassertropfen im Ozean des unendlichen Bewusstseins ist. Wir hören ganz auf, über uns selbst nachzudenken. *Nishkam Karma*, Handeln ohne den Wunsch nach einem bestimmten Ergebnis, schafft echte Freiheit. Wir befreien uns von den Fesseln des Bedürfnisses nach irgendetwas Äußerlichem für uns selbst. Mit dieser Freiheit kommt Bliss.

Indem wir schließlich lernen, ohne den persönlichen Wunsch nach einem bestimmten Ergebnis zu dienen, leben wir weder in der Vergangenheit noch in der Zukunft, sondern im zeitlosen Jetzt. Wir sind voll und ganz präsent. Wir erkennen, dass unsere nach außen gerichteten Aktionen, selbst die wirkungsvollen, nicht annähernd so wichtig sind, wie Kanal für das reine, erhabene Glücksbewusstsein zu sein und es zum Ausdruck zu bringen. Wir spüren, wie uns die göttliche Kraft des Universums durchfließt, werden Leuchtfeuer und Überbringer von Bliss, und jeder, den wir berühren, wird verwandelt.

DAS EXPERIMENT: KLEINE DIENSTE

1. Suchen Sie nach einer kleinen Gelegenheit, jemand anderem einen selbstlosen Dienst zu erweisen. Wählen Sie etwas, womit Sie keinen unmittelbaren Gewinn machen können. Zum Beispiel: eine Besorgung für eine Kollegin machen, einem älteren Menschen die Einkaufstasche tragen, etwas für jemanden aufräumen oder reparieren, einem Fremden in der Schlange den Vortritt lassen, Blut spenden, freiwillig eine kleine Aufgabe erledigen, die niemand machen will. Alles ist möglich. Es muss nicht großartig oder zeitintensiv sein.

2. Stellen Sie sicher, dass Sie diesen Dienst mit der richtigen Einstellung und dem richten Gefühl erweisen. Stimmen Sie sich auf Ihr Mitgefühl und Ihr Verständnis ein. Erlauben Sie sich, Ihre tiefere Verbindung mit den Nutznießern dieses Dienstes zu spüren, sei es eine bestimmte Person oder eine abstrakte Gruppe von Menschen. Indem Sie beispielsweise Müll aufheben, helfen Sie vielleicht nicht einer einzelnen Person, die Sie

kennen oder sehen, sondern der ganzen Menschheit, indem Sie die Erde sauber halten, oder zumindest Tausenden von Fremden, die noch vorbeikommen werden.

3. Konzentrieren Sie sich darauf, diesen Dienst an anderen nicht um eines bestimmten Ergebnisses willen zu leisten, sondern als Prozess und Chance an sich. Stellen Sie sicher, dass Sie Spaß daran haben. Seien Sie in dem Moment ganz bei der Sache und geben Sie jede Hoffnung auf persönlichen Gewinn über ein allgemein erhobenes Bewusstsein hinaus auf.

4. Schreiben Sie auf, wie Sie sich bei diesem Akt des Dienens gefühlt und was Sie dabei erlebt haben. Denken Sie über Möglichkeiten nach, wie Sie eine dienende Einstellung in Ihre Arbeit einbringen können.

5. Geloben Sie, eine Haltung des selbstlosen Dienens in Ihre täglichen Aktivitäten einzubringen. Suchen Sie nach Möglichkeiten, anderen so viel wie möglich zu Diensten zu sein, und sei es nur in ganz kleinen Dingen. Denken Sie auch darüber nach, ob es das Richtige für Sie wäre, nach größeren Gelegenheiten für direkten selbstlosen Dienst – durch freiwillige Arbeit oder sogar Jobtausch – Ausschau zu halten.

Online

Weitere Videos und Quellen für dieses Kapitel stehen auf der Internetseite www.theblissexperiment.com zur Verfügung.

KAPITEL 19

LIEBE OHNE GRUND

Liebe die Tiere, liebe die Pflanzen, liebe alles. Wenn du alles liebst, wirst du das Geheimnis des Göttlichen in allen Dingen wahrnehmen. Und wenn du es erst einmal wahrnimmst, wirst du es jeden Tag besser verstehen. Und schließlich wirst du die ganze Welt lieben – mit einer Liebe, die alles einschließt.

Fjodor Dostojewski, russischer Dichter (1821–1881)

Im Herzen aller engen Beziehungen wohnen Güte und Freundschaft. Im Herzen der Güte wohnt Mitgefühl. Im Herzen des Mitgefühls wohnt bedingungslose Liebe. Anders ausgedrückt: Güte, Freundschaft und Mitgefühl sind Aspekte der Liebe. Aber bedingungslose Liebe ist etwas noch Größeres. Sie umfasst all diese Eigenschaften, weitet sich auf sie aus, erweitert sie – und noch viel mehr. Unsere Befähigung, Güte, enge Beziehungen, Freundschaft, Empathie und Mitgefühl zu entwickeln, sind äußerst wichtige Schritte, um bedingungslose Liebe zu empfinden und zum Ausdruck zu bringen.

Die Fähigkeit, bedingungslose Liebe zu empfinden und auszustrahlen, ist stark, zutiefst und untrennbar mit Bliss verbunden. Wenn wir diese höchste Form der Liebe nicht verstehen, geschweige denn ausstrahlen können, steht außer Frage, dass wir unsere Fähigkeit, Bliss zu erfahren, noch nicht entwickelt haben. Ich wage zu behaupten, dass es noch nie in der Geschichte der Menschheit ein einziges Wesen gab, das Bliss erlebt hat, ohne bedingungslose Liebe zu kennen und zu empfinden.

Wir haben die wahre Bedeutung der Liebe größtenteils vergessen. Doch bis zu einem gewissen Grad haben wir sie alle schon gespürt. Allerdings nur teilweise. Wir erlauben unserer Liebe, an den Grenzen einer einzelnen Beziehung oder einer kleinen Familie aufzuhören. Wahre Liebe ist aber eine umfassende Kraft ohne Grenzen, Bedingungen oder Einschränkungen. Das Erschließen der bedingungslosen Liebe ist aber weniger ein aktiver Entwicklungsprozess als vielmehr ein Lernprozess, bei dem es darum geht, sich nicht einzumischen und ihre natürlichen Strebungen nicht einzuschränken. Es ist die höchste und reinste Form der Liebe, die keinen Grund braucht, um da zu sein.

DIE GESCHICHTE

Olivia ist eine der am wenigsten offensichtlichen Texanerinnen, die ich kenne. Mit ihrer klugen, witzigen und sarkastischen Art scheint sie eher an der Ostküste zu Hause zu sein, als in einem reichen Vorort von Dallas. Sie wurde von einer wohlhabenden und mächtigen Familie adoptiert. Ihre leiblichen Eltern kennt sie nicht und will sie auch nicht kennenlernen. Leider ließen sich Olivias Adoptiveltern auf ziemlich chaotische Weise scheiden, als sie noch klein war. Ihre Mutter ist die leistungsstärkere und erfolgreichere von beiden. Der Vater ist eher der herumziehende Tunichtgut, der jahrelang als Gitarrist bei Unter- und Mittelklasse-Blues- und Country-Veranstaltungen gespielt hat. Während ihre Mutter die Rolle der verantwortungsvollen Versorgerin spielt – ihre Seite der Familie gehört zur etablierten Gesellschaft von Dallas –, tauchte Olivias Vater immer mal in ihrem Leben auf und dann wieder ab.

Olivia war nicht gerade das, was man als herzlichen Menschen bezeichnen würde. Sie gab bereitwillig zu und fand es sogar reizvoll, dass sie Ecken und Kanten hatte. Ihre romantischen Beziehungen hatten etwas sehr Leidenschaftliches, aber durch und durch Unbeständiges an sich. Meistens bevorzugte sie Män-

ner, die genauso gefühllos, ja sogar gemein waren wie sie selbst.
Je emotional gestörter sie waren, desto mehr mochte sie sie. Das
mag sich seltsam anhören, aber ein Grund, warum sie ihre Beziehungen so haben wollte, hatte etwas mit ihrer angeborenen
Vorstellung von Romantik zu tun. Das war keine Herzchen-
und-Blümchen-Romantik, sondern die eher gefährliche Sorte.
Sie war fasziniert von einer starken gegenseitigen Anziehung,
wie etwa zwischen Heathcliff und Catherine aus dem Roman
Sturmhöhe von Emily Brontë, und fühlte sich zum Archetyp des
byronschen Helden (Antihelden) hingezogen. Bei ihr ging all das
auch noch mit einem modernen Zynismus einher, der an Exis-
tenzangst grenzte.

Olivia hielt so an dieser Sichtweise fest, dass sie einmal
einem Freund den Laufpass gab, der sich (ganz nach ihrem Geschmack) zunächst launisch, ja sogar unfreundlich gegeben hatte, im weiteren Verlauf ihrer Beziehung aber zu ihrer Verwirrung
»zu nett« geworden war. Das empfand sie als Zeichen der
Schwäche und als Mangel an emotionaler Authentizität.

Der Wendepunkt kam, als Olivia, mittlerweile Anfang 30 und
unverheiratet, aus Versehen schwanger wurde. Sie beschloss,
das Kind, ein wunderschönes Mädchen, zu behalten, hatte aber
kein Interesse, den Vater zu heiraten, zu dem sie bis heute nur
ein distanziertes Verhältnis hat. Etwas Erstaunliches passierte:
Seit dem Moment seiner Geburt empfand Olivia eine Art von
bedingungsloser Liebe ihrem Baby gegenüber, die sie nie zuvor
erfahren hatte. Die sie nie hatte erfahren *wollen*.

Nachdem sie schon ein paar Jahre mit der Erziehung ihres
Kindes verbracht hatte und immer wieder voller Ehrfurcht für
die reine Liebe war, die sie für dieses kleine Wesen empfand,
konnte Olivias von Natur aus neugieriger Geist nicht umhin,
sich mit der Bedeutung und dem Wesen dieser Liebe zu beschäftigen. Sie sagte mir: »Ich dachte, wenn ich so für mein Kind
empfinde und ich es mag, warum kann ich dann nicht auch genauso für meinen Geliebten, meine Familienmitglieder oder
Freunde empfinden? Vielleicht ist das für andere nicht beson-

ders revolutionär, aber für mich war es eine Offenbarung, die bewirkte, dass ich mich seitdem für die wahre Bedeutung von Liebe interessiere.«

Als sich ihrer selbst bewusste Person und mithilfe des großen Unterschieds gegenüber ihrer früheren Weltsicht merkte Olivia, dass sie, sobald sie sich erlaubte, die Liebe zu ihrem Kind zu spüren, ganz von selbst anfing, Liebe auch für andere Menschen und unter ganz verschiedenen Umständen zu empfinden. Sie fand in der Tat heraus, dass sie gemeinschaftliche, ja sogar zermürbende Anstrengungen hatte unternehmen müssen, um ihre lang gehegte herbe Persönlichkeit aufrechtzuerhalten.

Sie traf auf einen ortsansässigen buddhistischen Lehrer und begann eine Form der buddhistischen Meditation zu praktizieren, bei der es um die Entwicklung von liebender Güte geht. Eines Tages hatte Olivia in der Meditation ein bemerkenswertes Erlebnis. Sie hatte das Gefühl, in einem Meer aus Liebe zu schweben. Diese Liebe erfüllte sie von innen und war überall um sie herum, um ihr Kind und um alle Menschen. Sie wusste, dass sie diese Liebe nicht erzeugt hatte, weil sie schon immer da gewesen war. Sie spürte auch, dass sie ihrem Kind ungeheuer dankbar war, weil es sie offen gemacht hatte für diese viel größere Liebe. Es war alles dasselbe: was sie für ihr Kind empfand, für ihre Familie, ihre Freunde, ihre Lehrer und sogar für fremde Menschen auf der Straße. Es gibt nur eine ewige Liebe. Sie konnte nicht glauben, dass sie so viele Jahre gebraucht hatte, um sie zu fühlen.

DIE WISSENSCHAFT

Wissenschaftler haben bemerkenswerte Beweise dafür gefunden, dass es eine Art von Liebe – wir nennen sie bedingungslose Liebe – gibt, die sich physiologisch von romantischer oder familiärer Liebe unterscheidet. Bedingungslose Liebe ist die Fähigkeit, einen anderen Menschen zu lieben, und zwar unabhängig davon, was dieser von uns hält und wie seine Aktionen und Reaktionen uns gegenüber ausfallen. Dies wurde 2009 in einem spektakulären Experiment unter der Leitung von Professor Mario Beauregard von der Universität Montreal demonstriert. Er legte Testpersonen in ein Gerät für funktionale Magnetresonanztomografie (fMRT) und schaute sich ihre Gehirnaktivität an, während sie dazu veranlasst wurden, verschiedene Arten von Liebe zu empfinden. Wenn die Klienten angewiesen wurden, bedingungslose Liebe gegenüber Fremden mit intellektuellen Behinderungen zu empfinden, leuchteten vollkommen andere Nervennetze und Gehirnbereiche auf, als wenn sie andere Arten von Liebe erlebten. Bei allen leuchteten sieben bestimmte Gehirnbereiche auf, und zwar in beiden Gehirnhälften und sowohl in den primitiven als auch in den weiterentwickelten Teilen des Gehirns.

Obwohl die Idee, bedingungslose Liebe im Labor zu untersuchen, ziemlich neu ist, gibt es einige andere Studien, die eine nähere Betrachtung wert sind. Avi Assor und Guy Roth, zwei Forscher von der israelischen Ben-Gurion-Universität des Negev, arbeiteten zusammen mit Edward Deci von der Universität von Rochester (New York) an der Erforschung des enormen Unterschieds im Ergebnis zwischen an Bedingungen geknüpfter und bedingungsloser Liebe. Ihre frühen Anstrengungen konzentrierten sich darauf, zwei Gruppen von Kindern und jungen Erwachsenen zu vergleichen: diejenigen, die mit dem Gefühl aufwuchsen, dass die Liebe ihrer Eltern an Bedingungen geknüpft ist, gegenüber denen, die bedingungslose Liebe bekamen, ganz unabhängig von ihrem Betragen oder ihren Leistungen.

Die Wissenschaftler entdeckten, dass Eltern, die ihre Liebe an Bedingungen knüpfen, ihre Kinder tatsächlich dazu bringen können, sich kurzfristig auf eine bestimmte Weise zu verhalten. Allerdings zu einem enorm hohen Preis.

Nicht nur ist die Wahrscheinlichkeit höher, dass Kinder, die nur an Bedingungen geknüpfte Liebe bekommen haben, ihre Eltern hassen, letztendlich rebellieren sie auch viel häufiger. An Bedingungen geknüpfte Liebe zerrüttet das Selbstwertgefühl eines Kindes und sabotiert seine Fähigkeit, glücklich zu sein, langfristig.

Eine Studie, gefördert vom Institute of Noetic Sciences, einer gemeinnützigen Organisation, die der Apollo-Astronaut Edgar Mitchell mitgegründet hat, rekrutierte 36 Langzeit-Liebespaare als Teilnehmer. Das Ziel bestand darin, zu sehen, ob die beiden Partner ihre starken Gefühle füreinander auch dann noch an den jeweils anderen übermitteln konnten, wenn sie räumlich voneinander getrennt waren. Der Mann und die Frau wurden also jeweils getrennt und in einem versiegelten Raum mit doppelten Stahlwänden isoliert, sodass sie einander weder sehen noch hören konnten. Elektroden, die fünf physiologische Variablen überwachen konnten, wurden an jede Versuchsperson angeschlossen. Einer der Partner sollte der »Sender« sein, der andere der »Empfänger«. Dem Empfänger wurde gesagt, der Sender werde sich in unregelmäßigen Abständen und für eine unbestimmte Zeitdauer ein Live-Video von ihm oder ihr anschauen und währenddessen versuchen, mental Kontakt mit ihm oder ihr aufzunehmen.

Die Ergebnisse? Wenn eine Person ihre Gedanken ganz auf ihren Partner konzentrierte, stiegen der Blutfluss/die Durchblutung und die Schweißabsonderung des Partners innerhalb von zwei Sekunden dramatisch an. Die Chancen, dass dies zufällig passiert sein könnte, lagen bei eins zu elftausend. Interessanterweise haben nicht weniger als drei Dutzend randomisierte Doppelblindstudien von so renommierten Institutionen wie der Universität von Washington und der Universität von Edinburgh ähnliche Ergebnisse erbracht, die zu beweisen scheinen, dass liebende Paare einander selbst aus der Entfernung »spüren« können.

DER GEIST

Aus der Perspektive des Alltagsglücks ist es für unser eigenes Wohlergehen von entscheidender Bedeutung, dass wir herzliche, liebende Beziehungen aufbauen. Das zeigen diese beiden Studien, und unsere Intuition bestätigt es. Auf der anderen Seite wird bedingungslose Liebe besser als ein Bestandteil von Bliss verstanden. An sich wird weder für Bliss noch für bedingungslose Liebe irgendeine Art von Beziehung gebraucht. Wie kann es sein, dass Liebe keine andere Person braucht? Das mag einem wie eine erschreckende Behauptung vorkommen.

Wir sollten uns jedoch daran erinnern, dass Bliss – und ihre Begleiterscheinungen – innere Gefühle sind, zu denen wir selbst dann Zugang haben könnten, wenn man uns allein in eine schwarze Kiste sperren würde. Im Grunde könnten wir schon ewig allein sein und noch nie einen anderen Menschen gesehen haben und trotzdem bedingungslose Liebe und Bliss empfinden. Es gibt zum Beispiel Mönche und Nonnen in katholischen Klöstern, die sich freiwillig in ihre Zellen einschließen, oder Yogis, die sich als Einsiedler in eine Höhle im Himalaja zurückziehen und diese für den Rest ihres Lebens nicht mehr verlassen. Viele dieser Menschen erreichen trotzdem den absoluten Gipfel der Selbstverwirklichung. Wenn wir Gelegenheit hätten, ihnen zu begegnen, wären wir überwältigt von der Liebe, die sie ausstrahlen, obwohl sie offenbar keine unmittelbare Erfahrung damit gemacht haben.

Wie ist das möglich?

Bedingungslose Liebe ist Liebe ohne Grenzen, Bedingungen oder Gründe. Diese Art der Liebe hat keine Einschränkungen. Sie ist unendlich und alles durchdringend. Liebe, die eine andere Person braucht, ist notwendigerweise auf diese Person oder diese Beziehung beschränkt. Und diese Ausschließlichkeit stellt eine limitierende Grenze dar. In diesem Sinne sind Liebe und Bliss unpersönlich. Normalerweise meinen wir »ohne Gefühl«, wenn wir »unpersönlich« sagen. Aber das ist hier *nicht* gemeint.

Vielmehr meine ich, dass bedingungslose Liebe *nicht* etwas ist, das wir erschaffen oder bei dem wir warten müssen, dass andere es für uns erschaffen. Ihre Existenz ist nicht von irgendeiner anderen Person abhängig. Sie ist nämlich schon da: in uns, außerhalb von uns und um uns. Wir müssen nur die innere Wahl treffen, sie uns zunutze zu machen und sie zu erleben.

Liebe ist die universale Kraft der Anziehung

Dass Liebe universal und unpersönlich ist, heißt nicht, dass sie immer manifest ist. Paramahansa Yogananda hat eine bemerkenswerte Definition von Liebe geprägt, eine, die ich als zutiefst wahr erfahren habe. Er sagte, dass *Liebe die universale göttliche Macht der Anziehung in der Schöpfung ist, die harmonisiert, vereint und zusammenschweißt.* Das Gegenteil von Liebe ist demnach Abstoßung, Trennung, Unterscheidung und Disharmonie.

So betrachtet, können wir besser verstehen, warum Liebe keine von Menschen gemachte Emotion ist, sondern eine um sich greifende kosmische Kraft. Liebe ist der Klebstoff, der unser Universum zusammenhält. Das ist ein nützliches Gegenmittel für unser eher konventionelles Verständnis, besonders der Hervorhebung, Liebe sei eine intensive persönliche Emotion, die vom Wesen ihrer Intimität her unmöglich jenseits eines kleinen Interaktionskreises erfahren werden kann. Unser Verständnis von Liebe über den Herrschaftsbereich der launenhaften menschlichen Emotion hinaus auszudehnen bewirkt eine gewaltige Veränderung. Plötzlich erkennen wir, dass das Potenzial für Liebe überall ist.

Wir sind ständig von den harmonischen Schwingungen reiner Liebe und Bliss umgeben – man könnte sogar sagen, wir baden darin –, auch wenn wir dies natürlich oft nicht erkennen. *Wo immer* positive Anziehung, Harmonie und Kooperation sind, ist bedingungslose Liebe. Liebe ist nicht etwas, das wir hervorbringen, sondern eher etwas, mit dem wir *auf einer Wellenlinie* sind, wie wenn wir einen Sender im Radio einstellen.

Oder vielleicht können wir uns Liebe anschaulicher als die wär-
menden Strahlen der Sonne vorstellen, die gleichmäßig auf die
ganze Erde scheinen. Wir müssen uns richtig ausrichten und
dann ins Sonnenlicht treten. Dann werden wir ihren leuchten-
den, heilenden und freudvollen Glanz sofort spüren. Wann immer wir eher Harmonie und Einheit wählen als Disharmonie
und Trennung, haben wir uns auf bedingungslose Liebe ausgerichtet.

Die Kehrseite ist ebenso wahr. Je mehr wir darauf bestehen,
dass wir Liebe nur für bestimmte Menschen – unseren Partner,
Familienmitglieder oder Freunde – oder in bestimmten Situationen empfinden können, desto mehr schneiden wir uns von ihrer
ganzen Erhabenheit ab. Bedingungslose Liebe verlangt nicht,
dass wir unseren Partner, unsere Familie oder unsere Freunde
weniger lieben. Bedingungslos lieben heißt lediglich, dass wir
unsere Verliebtheit nicht auf sie allein beschränken. Wir erkennen an, dass diese wenigen Auserwählten unser Liebesreservoir
nicht erschöpfen, so wichtig diese persönlichen Beziehungen
auch sein mögen. Liebe ist nichts, wovon man jemals das Gefühl
haben sollte, dass es sich erschöpft. Die höchste Form der Liebe
ist antreibend, erfrischend und grenzenlos. Unserer Fähigkeit,
zu lieben, Grenzen zu setzen macht uns klein und bringt Disharmonie in unser Bewusstsein. Es ist, als hätten wir unser Radio
willentlich zwischen zwei Sendern eingestellt, wo sich schöne
Musik mit Rauschen mischt, oder als würden wir nur einen kleinen Teil unseres Körpers dem direkten Sonnenlicht aussetzen,
während der Rest in Schatten gehüllt bleibt.

Ein Startplatz

Bedingungslose Liebe zu kultivieren erfordert bewusste Anstrengung. So seltsam es auch klingen mag, wir müssen uns
darin üben, voll und ganz zu lieben. Liebe ist weder eine Art
Unfall, in den wir verwickelt werden, noch ein passiver Zustand, der uns irgendwie passiert.

In gewissem Sinne ist bedingungslos lieben zu lernen ein Prozess, in dessen Verlauf wir vieles von dem, was wir uns durch unbewusste Gewohnheiten angeeignet haben, wieder verlernen. Wir haben uns selbst dahingehend hypnotisiert, zu glauben, dass Liebe nur zwischen Menschen existiert, die intim miteinander sind. Sie ist nur etwas für besondere Menschen in bestimmten Verhältnissen.

Wenige von uns sind bereit für den Quantensprung in die unpersönliche, aber bedingungslose Liebe. Auch der isolierte Weg in klösterlicher Abgeschiedenheit lebender Mönche oder in Höhlen hausender Yogis scheint nicht besonders verlockend. Die meisten von uns verspüren immer noch eine starke Anziehung, vielleicht sogar ein Bedürfnis nach liebevollen Beziehungen mit nur wenigen anderen Menschen. Das ist ein wunderbarer Startplatz. Unsere existierenden Beziehungen sind ein wesentliches Medium, durch das wir bedingungslose Liebe lernen können. Wir müssen konventionellen Beziehungen keineswegs den Rücken kehren, sondern können und sollten sie wegen ihres transformativen Potenzials willkommen heißen.

Wenn wir sie mit der richtigen Einstellung angehen, können uns Beziehungen lehren, wie man Liebe gibt, zum Ausdruck bringt und annimmt, genau wie Olivia die bedingungslose Liebe, die sie für ihre Tochter empfindet, als Startplatz genutzt hat, um ihre Liebesfähigkeit auf einen immer größer werdenden Kreis von Menschen auszudehnen. Die einzige Veränderung, die wir vornehmen müssen, ist, nicht länger anzunehmen, dass wir ausschließlich in diesen wenigen Beziehungen Liebe geben, empfangen oder anderswie zum Ausdruck bringen können. Stattdessen fangen wir allmählich an, unser Herz immer weiter zu öffnen und immer mehr Menschen und Situationen dort hineinzulassen.

Mit der Zeit erkennen wir, dass Liebe keine speziellen Individuen braucht. Natürlich ist es ein wunderbares Gefühl, von einer Mutter, einem Geliebten, einem Kind oder einem Freund geliebt zu werden. Aber es ist ein gewaltiger Unterschied, ob man dies zu schätzen weiß oder ob man die Liebe dieser Menschen *braucht* beziehungsweise darauf angewiesen ist. Wir können lernen, dass Liebe überall ist. Sich auf diese Liebe einzustimmen bedeutet, die kosmische Kraft der harmonischen Anziehung überall und in jedem Moment unseres Lebens zu verstehen, zu sehen und zu erleben.

Überall, wo wir Harmonie, Einigkeit, Schönheit, Anziehung oder Kohärenz antreffen, haben wir Gelegenheit, uns auf bedingungslose Liebe einzustimmen. In diesem Sinne können wir sogar dahin kommen, dass wir jedes Atom und jedes Molekül der Schöpfung lieben. Immerhin sind Atome eine Sammlung aus harmonisch miteinander verbundenen, noch kleineren Teilchen: Neutronen, Protonen und Elektronen, die einvernehmlich zusammenarbeiten. Moleküle sind Ansammlungen von Atomen, die in präzisen Rezepturen miteinander vereint sind. Überall, wo Kohärenz ist – das heißt praktisch überall in unserem Universum, in jedem physikalischen und biologischen System –, finden wir die bindende Kraft der Liebe.

Und noch etwas ist wichtig: Wir müssen mehr tun, als nur alles durchdringende Liebe zu empfinden. Wir müssen aktive Sender dafür werden. Kehren wir noch einmal zu unserer Radioanalogie zurück. Radios werden zunächst eingestellt, um ein Signal zu empfangen, und dann verstärken sie dieses Signal, damit es im sie umgebenden Raum gehört werden kann. Ohne diesen zweiten Schritt, die Lautverstärkung, könnten wir bestenfalls sagen, das Radio sei unvollständig. Wir könnten sogar auf die Idee kommen, es sei nutzlos oder kaputt.

So ist es auch mit uns. Wir dürfen die Liebe, von der wir spüren, dass sie sich in uns angestaut hat, nicht bei uns behalten. Die Liebe, die in uns hineinfließt, muss auch verstärkt und jedem gegenüber zum Ausdruck gebracht werden, dem wir begegnen. Wir können keine Sackgasse für die Liebe werden. Um den Kreis zu vervollständigen, müssen wir sie verstärken und dann an die Welt weitergeben. Je öfter und besser wir das tun können, desto reinere Kanäle werden wir.

DAS EXPERİMENT (1):
BEDİNGUNGSLOSE LİEBE SPÜREN

1. Suchen Sie sich einen Ort, wo Sie bequem sitzen können. Die Wirbelsäule ist dabei aufgerichtet, die Augen sind geschlossen.

2. Denken Sie an jemanden, den Sie nicht mögen, sei es ein echter »Feind« oder einfach jemand, mit dem Sie im Moment auf Kriegsfuß stehen. Es kann irgendwer sein: ein Familienmitglied, ein Bekannter, ein Kollege oder sogar jemand, den Sie nicht persönlich kennen, aber dem Sie extrem negative Gefühle entgegenbringen (ein Politiker, eine Person des öffentlichen Lebens, ein Konzernchef und so weiter).

3. Visualisieren Sie Ihren Hass auf diese Person als Band aus negativer Energie, das Sie beide aneinanderfesselt wie eine schwere schwarze Kette aus Blei. Diese negative Verbindung zieht Sie *beide* nach unten und verhindert, dass Sie sich leicht, frei und fröhlich fühlen.

4. Stellen Sie sich nun vor, wie Sie dieses Band mental durchschneiden, sodass alles verschwindet, was diese Anspannung hervorgerufen hat. Sehen Sie, wie das schwere Metallband zerfällt, sobald Sie es durchtrennt haben. Fühlen Sie sich nicht länger negativ beeinflusst, sondern leicht, frei, emporgehoben, voller Liebe und Freude – egal, was diese Person jetzt und in Zukunft sagt, tut oder glaubt.

5. Konzentrieren Sie sich jetzt auf Ihre Herzgegend. Sehen Sie, wie eine Blase aus liebendem, hellem Licht von Ihrem Herzzentrum ausgeht.

6. Verstehen Sie, dass die früheren Schwierigkeiten zwischen Ihnen beiden etwas mit Ignoranz und Missverständnissen zu tun haben. Vielleicht sind es hauptsächlich seine/ihre oder aber Ihre eigenen Missverständnisse oder eine Mischung aus beiden. Es spielt keine Rolle.

7. Spüren oder sehen Sie, dass dieser Mensch aufgrund seines eigenen Hasses, seiner Ignoranz oder seiner Missverständnis-

se sehr leidet. Unternehmen Sie eine bewusste Anstrengung, Ihrem Widersacher alles Gute zu wünschen, zu hoffen oder zu beten, dass er die Wahnvorstellungen, die derartiges Leid verursachen, überwinden möge, welcher Art auch immer sie sein mögen.

8. Visualisieren Sie, wie das reine Licht der Erleuchtung aus Ihrem Herzen ausstrahlt und diese Person einhüllt. Sie sind beide gemeinsam in der Blase der bedingungslosen Liebe. Sehen Sie ihn/sie vollkommen umgeben und durchdrungen von diesem Licht der bedingungslosen Liebe. Wenn es die Person umschließt, wird der Schleier Ihrer Unwissenheit gelüftet. Sehen Sie, wie die Person lächelnd, glücklich und frei von allem Leid in diesem Licht schwebt.

9. Halten Sie dieses Bild, solange Sie möchten. Enden Sie wieder damit, dass Sie der Person im Stillen alles Gute wünschen. Öffnen Sie die Augen, wenn Sie dazu bereit sind.

DAS EXPERIMENT (2): AFFIRMATION FÜR BEDINGUNGSLOSE LIEBE

Sie können auch eine Affirmation für bedingungslose Liebe einsetzen. Entweder schreiben Sie Ihre eigene, bedienen sich der Quellen auf meiner Website oder versuchen es mit dieser: »Ich liebe andere als Erweiterung meines höheren Selbst. Reine Liebe umgibt uns beide und vereint uns im erhabenen Bewusstsein.«

KAPİTEL 20

SINN ENTDECKEN, EIN LEBENSZIEL FINDEN

Viele Menschen haben eine falsche Vorstellung davon, was Glück schafft. Wahres Glück entsteht nicht durch Beschäftigung mit sich selbst, sondern durch Hingabe an ein lebenswertes Ziel.

Helen Keller, taubblinde amerikanische Anwältin
(1880–1968)

Ich kenne niemanden, der das Leben für sinnlos hält und der gleichzeitig wirklich glücklich ist. Wir können sämtliche Glücksübungen der Welt machen, aber wenn wir nicht der Ansicht sind, dass es auf irgendetwas *wirklich ankomm*t, untergraben wir ihre Effektivität.

Es gibt eine enge Vernetzung zwischen Glück, dem Sinn und dem Ziel unseres Lebens. Bliss zu erleben ist das an sich Bedeutungsvollste, was wir tun können. Darin enthüllen sich die höchsten und die tiefsten Mysterien unserer Existenz. Bliss – und alles, was es umfasst – ist das höchste und edelste Ziel, das wir anstreben können.

Lebenssinn ist, genau wie Bliss, nichts, was wir *machen* können. Er umgibt uns bereits und pulsiert durch uns hindurch. Er ist genau jetzt hier bei uns, hinter jedem Gedanken, jedem Gefühl und jeder Aktion. Unser Universum ist von Natur aus auf ein Ziel ausgerichtet. Unser individuelles Ziel, unsere Bestimmung klärt und entfaltet sich, während wir mit unserer Umwelt in Beziehung treten und interagieren. Der Sinn unseres

Lebens ist in jedem Atom der Schöpfung präsent – wir müssen nur lernen, ihn zu sehen.

DIE GESCHICHTE

Mike ist ein erfahrener Reporter, der seit seinem 30. Lebensjahr immer für Zeitungen und Printmedien gearbeitet hat. Er hat lokale, nationale und internationale Nachrichten abgedeckt sowie über Politik und aktuelle Ereignisse berichtet. Jetzt ist er Mitte bis Ende 50.

Mike ist ein atavistischer Typ. Er ist nicht nur von Natur aus Skeptiker, sondern auch von seiner Erziehung her. Aufgewachsen ist er in einer demokratischen, gewerkschaftsfreundlichen Arbeiterfamilie. Er war nie religiös, obwohl seine Eltern dem Namen nach Mitglieder der Episkopalkirche waren. Er hat bisher hauptsächlich die harten Nachrichten abgedeckt und sich verächtlich über die weicheren Features und »Geschichten, die das Leben schreibt«, geäußert, die in seinen Augen den Namen »echte Berichterstattung« nicht verdienten. H. L. Mencken und Ernest Hemingway sind zwei seiner großen Vorbilder. Nach Jahren der politischen Berichterstattung – alles von Wahlen für den Schulausschuss bis zu Präsidentschaftswahlen – hatte Mike eine zynische Sicht der menschlichen Natur. Seiner Erfahrung nach waren Menschen gewohnheitsmäßige Lügner oder manipulierten die Fakten so, dass sie ihren eigenen Zwecken dienten.

Mike hatte begrenzten und eher angespannten Kontakt mit seinen drei erwachsenen Töchtern aus einer gescheiterten Ehe. Er ist kein schlechter Mensch und auch kein schlechter Vater, aber seine Exfrau bekam das alleinige Sorgerecht, als die Kinder noch klein waren, und heiratete daraufhin wieder. Seine Töchter verbrachten mehr Zeit mit ihrem Stiefvater als mit Mike. Er hat nie wieder geheiratet, obwohl er sich ab und zu mit einer Frau verabredete. Zweimal hatte er engere Freundinnen, mit denen er auch zusammenlebte, doch jetzt war er Single und meistens allein. Er gab ohne jede Verlegenheit zu, dass er sich manchmal eine Begleitung für ein paar Stunden »mietete«.

Mike war kein glücklicher Mann. Er trank ziemlich heftig, obwohl er sich selbst nicht als Alkoholiker betrachtete. Er war noch nie sturzbetrunken gewesen, und auch seine Arbeit hatte nie gelitten. Im Laufe der Zeit fiel er in immer tiefere Verzweiflung. Das Leben schien ihm nicht mehr besonders sinnvoll. Er konnte nichts nennen, das ihm irgendwie wichtig war. Er liebte seine Kinder, hatte aber nicht das Gefühl, dass sie ihn brauchten. Nach mehr als drei Jahrzehnten Reportertätigkeit begann sein Job ihn zu langweilen. Es war eine extrem stressige Lebenswelt, umso mehr, als die Zeitungen in den letzten Jahren unter extremem finanziellem Druck stehen. Er hatte Selbstmordgedanken. In Gedanken kehrte er immer wieder zu Hemingway zurück, der sich 1961 durch einen Gewehrschuss in den Kopf umgebracht hatte. Mike begann sich zu fragen, ob er dem Autor vielleicht noch ein letztes Mal nacheifern sollte.

Zum Glück für Mike zahlt seine Krankenversicherung einen großzügigen Zuschuss zur psychiatrischen Versorgung, woran sein Herausgeber (und Freund) ihn eines Tages nicht allzu unterschwellig erinnerte. Mike beschloss, zumindest ein paar Probesitzungen bei einem Therapeuten zu nehmen.

Der Therapeut brauchte eine ganze Sitzung, um Mike mitzuteilen, dass er eine »existenzielle Krise« durchlebte. Mike sagte zu mir: »Das klingt besser, als zu sagen, dass ich depressiv bin wie jeder andere Loser, also was soll's, auf geht's.« Im Verlauf einiger Sitzungen wurde mehr als deutlich, dass Mike das Gefühl hatte, das Leben sei vollkommen sinnlos: nur ein Haufen egoistischer Leute, die einander miese Dinge antun, um zu bekommen, was sie wollen, alles ohne jeden kosmischen Grund.

Nicht lange nachdem er mit seiner Therapie begonnen hatte, schlug ihm sein Arbeitgeber vor, mit einer großzügigen Abfindung in den Vorruhestand zu gehen. Er dachte sich, das könne er wohl annehmen, nicht nur, weil er keine Lust mehr auf Journalismus hatte, sondern auch, weil ihm das Papier vielleicht ohnehin bald ausgehen würde.

Sein Therapeut hatte Mike mittlerweile beigebracht, wie man meditiert, was ihm half, sich deutlich weniger gestresst und wütend zu fühlen. Er wies Mike auch sanft darauf hin, dass es gut wäre, irgendetwas Bedeutungsvolles zu finden, zu schaffen oder ans Licht zu bringen. Mike beschloss schließlich zu reisen, vor allem nach Europa, wo er viele von Hemingways Lieblingsorten besuchen wollte.

Während er auf Reisen war, hatte Mike eine Inspiration. Und kaum war er wieder zu Hause, fing er an, ein Buch zu schreiben. Er will einem allgemeinen Publikum erklären, wie Journalismus wirklich funktioniert und warum er in einer Demokratie so wichtig ist. Er hat das Gefühl, dass es neuerdings viel Hass auf Journalisten gibt, eine Art Antimedienwahn.

Wenn man mit Mike spricht, ist seine Begeisterung für dieses Projekt buchstäblich greifbar. Seine Augen leuchten. Er ist konzentriert, beinahe überschäumend. Er nimmt deutlich mehr am Leben teil als in den Jahren zuvor. Er hat eine Möglichkeit gefunden, sein Wissen und seine Erfahrung einzusetzen, um etwas zu bewirken. Dies, in Kombination mit seiner neuen Meditationspraxis, hat ihn gelassener, milder und glücklicher gemacht, als er je zuvor war. Er sagte zu mir: »Ich habe mich noch nie so gut gefühlt. Ich arbeite für mich und mache, was ich will und so, wie ich es schon immer machen wollte. Ich reagiere nicht auf, schreibe nicht über und richte mich nicht nach anderen Leuten und ihrer Tagesordnung. Jetzt bin *ich* derjenige, der die Tagesordnung macht!«

DIE WISSENSCHAFT

Die Vorstellung, dass man Sinn und Zweck oder Ziel des Lebens unter Laborbedingungen studieren kann, ist relativ neu. Dennoch gibt es bereits einige Erkenntnisse von entscheidender Bedeutung.

Eine im *Journal of Personality and Social Psychology* veröffentlichte Studie kam zu dem Ergebnis, dass frühere Versuche, Glück oder Lebenszufriedenheit zu messen, *ohne* Einbeziehung der Lebensaufgabe und des Potenzials für persönliches Wachstum unvollständig waren. Glück kann nicht ganz verstanden werden, wenn man nicht auch das erforscht, was dem eigenen Leben Sinn gibt. Weitere Forschungen haben ergeben, dass Menschen, die ein gutes Gespür für Sinn und Zweck ihres Leben haben, sowohl psychisch als auch physisch viel besser durchs Leben kommen als Menschen, bei denen dies nicht der Fall ist. Lebenssinn ist in der Tat eines der *stärksten Anzeichen* für künftiges Wohlergehen. Einer anderen Studie zufolge besteht eine effektive Methode zur Behandlung psychischer Erkrankungen darin, dem Patienten zu helfen, sinnvolle Aktivitäten zu finden. Das mildert und mindert die Symptome.

Lebenssinn kann auch auf der körperlichen Ebene enorm viel bewirken. Beispielsweise zeigten Aids-Patienten, die kürzlich ihren Partner durch Aids verloren, aber einen Sinn in ihrem Verlust und ihrer eigenen Krankheit gefunden hatten, eine positive gesundheitliche Entwicklung. Weniger von ihnen starben, und sie waren allgemein robuster als diejenigen, die keinen Sinn in ihrem Verlust sahen. Lebenssinn erwies sich auch als unmittelbarer Antrieb für ihr Immunsystem.

Noch erstaunlicher ist das Ergebnis einer anderen Studie, nach der in einem Zeitraum von sieben Jahren diejenigen, die ein abnehmendes Gefühl für ihr Lebensziel zeigten, mit mehr als *doppelter Wahrscheinlichkeit* Alzheimer entwickelten als diejenigen, die ein lebenswertes Ziel vor Augen hatten. Außerdem stellten die Forscher in dieser Gruppe aus fast 1000 älteren Männern fest, dass diejenigen, die ein deutlicher ausgeprägtes Gespür für Sinn und Zweck ihres Lebens hatten, weniger wahrscheinlich kognitive Beeinträchtigungen hatten, über mehr körperliche Geschicklichkeit und Beweglichkeit verfügten und besser in der Lage waren, so grundlegende Dinge wie Haushaltsführung und den Umgang mit Geld zu bewältigen. Hinzu kommt, dass sie im Beobachtungszeitraum mit *signifikant gerin-gerer* – fast 60 Prozent – Wahrscheinlichkeit starben, als diejenigen ohne ein starkes Gefühl für den Sinn ihres Lebens.

Es gibt eine enge Wechselwirkung zwischen Glück und Lebenssinn. Dass »alltägliches Glück« bis zu einem gewissen Grad ein Nebenprodukt von Lebenssinn ist, bedeutet nicht, dass dieser unwichtig ist. Lebenssinn und Glück sind synergistisch. Sechs verschiedene Studien, die von einem Forscherteam unter der Leitung von Laura King an der Universität von Missouri durchgeführt wurden, haben ergeben, dass Glück Menschen hilft, einen Sinn in ihrem Leben zu finden, und dass eine positive Lebenseinstellung uns eher das Gefühl gibt, dass das Leben einen Sinn hat. Einem ähnlichen Befund zufolge sind glücklichere und positivere Menschen eher bereit, den Sinn in schwierigen Situationen zu sehen oder zu entdecken.

DER GEIST

Die Art von Sinn, die wir hier erforschen, ist *Bedeutung* im weitesten Sinne. Wir alle haben ein breit angelegtes Verständnis von einem Begriff wie »der Sinn des Lebens«. Es ist der Versuch, einen übergreifenden Kontext und eine Rechtfertigung für das zu finden, was wir glauben, fühlen und tun. Wir möchten wissen, *warum* wir tun, was wir tun, und zu welchem Zweck, mit welchem Ziel oder auf welchem Niveau wir es tun. Obwohl wir uns alle nach Sinn und Bedeutung sehnen, bleibt die Frage offen, ob eine einzige Antwort wohl alle Menschen oder auch nur eine Person in allen Lebenssituationen befriedigen kann.

Weil wir nicht sicher sind, ob das Leben einen äußeren, dauerhaften Sinn hat oder nicht, versuchen wir uns selbst davon zu überzeugen, dass wir unseren eigenen, einzigartigen Lebenssinn erschaffen können. Das Problem ist: Indem wir behaupten, dass jeder von uns seinen eigenen Lebenssinn erfindet, sagen wir in Wirklichkeit, dass es keinen Sinn gibt. Es bedeutet, stillschweigend zu behaupten, das Leben sei sinnlos, während wir versuchen, einen Mittelweg zu gehen und, wenn es schon keinen höheren Sinn gibt, wenigstens kleinere Dinge zu finden, die das Leben tolerierbar, interessant und vielleicht sogar erfreulich machen.

Das geht selten lange gut. Es ist, als baue man sein Traumhaus auf Sand. Das Fundament hält einfach nicht. Dieser Standpunkt ist vorläufig in Ordnung, solange wir seine inhärente Unsicherheit erkennen und weiterhin darauf hinarbeiten, eine größere, objektiv wahre und besser geerdete Weltsicht zu gewinnen.

Ich behaupte hiermit, dass Lebenssinn keine Frage der persönlichen Wahl ist wie die Entscheidung, ob man zum Frühstück Waffeln oder Eier essen möchte. Er *muss* mit einem entscheidenden Gefüge oder einer wichtigen Struktur des Universums korrespondieren. Und dieses Gefüge ist Bliss selbst. Wenn wir erst einmal damit in Kontakt sind, dient es uns auf authentische Weise als universales Muttergestein des Lebenssinns, eine nicht zu verwüstende Grundlage, auf der wir ein dauerhaft erfolgreiches, befriedigendes und vollständiges Leben aufbauen können. Dieses Buch ist also ein großes Argument dafür, den Sinn des Lebens zu verstehen. Dies wird im weiteren Verlauf unserer Reise zu Bliss zunehmend klarer werden.

Lebenssinn kontra Lebensaufgabe

Lebenssinn und Lebensaufgabe sind keine Synonyme. Während das Wort *Lebenssinn* auf ein umfassendes Gefüge von objektiver Wahrheit verweist, kann die *Lebensaufgabe* als die spezifische Art aufgefasst werden, wie jeder von uns in dieses größere Gefüge passt. Lebenssinn ist universal, Lebensaufgabe ist spezifisch.

Lebenssinn geht der Lebensaufgabe voraus. Im Kontext des universalen Lebenssinns sind wir bestrebt, unsere ganz spezifische Lebensaufgabe zu finden und zu verstehen. Unsere Lebensaufgabe ist die Art, wie sich der Sinn des Universums für uns entfaltet. Jeder von uns hat seine eigene, einzigartige Lebensaufgabe. Während wir alle einen einzigen, alles umfassenden Lebenssinn und ein einziges großes Gefüge gemeinsam haben, haben keine zwei Menschen exakt dieselbe Lebensaufgabe. Meine Lebensaufgabe besteht darin, meinen eigenen, einzigartigen Weg zu Bliss zu gehen.

Weil die Lebensaufgabe so einzigartig und individuell ist, können wir sie nicht finden, indem wir anderen folgen und tun, was die Gesellschaft von uns erwartet. Es ist in erster Linie eine innere Angelegenheit. Wir können uns andere anschauen, um den *Sinn* des Lebens zu verstehen, aber unsere *Lebensaufgabe* können wir nur selbst erkennen. (Natürlich können uns andere dabei helfen, hauptsächlich, indem sie uns die wirksamsten Werkzeuge empfehlen, die für eine erfolgreiche Suche notwendig sind.)

Die eigene Lebensaufgabe finden

Je besser wir uns selbst kennen, desto klarer sehen wir unsere einzigartige Lebensaufgabe und unseren persönlichen Weg zu Bliss. In den meisten Fällen – Ausnahmen bestätigen die Regel – offenbart sich die Lebensaufgabe denen am deutlichsten, die sich selbst am besten kennen.

Unsere Lebensaufgabe besteht darin, das zu sein und zu tun, was sich nahtlos zwischen unser inneres Selbst und unsere äußere Umgebung einfügt. Unsere Lebensaufgabe erfüllen wir, wenn wir innerlich und äußerlich in perfekter Harmonie sind. Deswegen ist die Lebensaufgabe so einzigartig für jeden von uns. Wir haben unterschiedliche Probleme, Ansichten, Bedürfnisse, Fähigkeiten und Verständnisebenen und müssen verschiedene Lektionen lernen. Wir leben in verschiedenen geografischen Zonen, gehören unterschiedlichen sozialen Schichten und Bevölkerungsgruppen und so weiter an. Die Kombinationsmöglichkeiten sind unendlich.

Deshalb kann ich Ihnen nicht sagen, was Ihre spezifische Lebensaufgabe ist – und Sie können es mir nicht sagen. Jeder von uns muss seine inneren und äußeren Variablen nehmen und das ganz für sich selbst entscheiden. Was ich tun *kann*, ist, Ihnen die notwendigen Werkzeuge an die Hand zu geben. Obwohl man natürlich noch sehr viel mehr darüber schreiben könnte, wie man seine Lebensaufgabe findet (das wäre Stoff für ein eigenes Buch), handelt es sich bei diesen Werkzeugen im Endeffekt um die Ideen und Übungen, die in diesem Buch vorgestellt werden. Je größer unsere Achtsamkeit ist, desto klarer erkennen wir unsere Lebensaufgabe.

Der Sinn des Lebens

Glück ist davon abhängig, dass unser Leben einen Sinn hat. Wir haben es vielleicht noch nicht gemerkt, aber Bliss *ist* dieser Sinn. Bliss zu finden heißt, alles zu finden. Es heißt, alles zu wissen, alles zu fühlen, alles zu verstehen und alles zu erleben. Permanente Glückseligkeit (Bliss) ist vollkommene Selbstverwirklichung – der Zustand, in dem die Mysterien des Universums entschleiert werden. In diesem Sinne ist es unsere Lebensaufgabe, Bliss zu finden, obwohl die Besonderheiten der Reise für jeden von uns einzigartig sind.

Weil Lebenssinn und Bliss Synonyme sind, ist Lebenssinn überall, genau wie Bliss überall ist. Er ist in uns und um uns herum. Er durchdringt unser Sein. Lebenssinn ist in jedem Molekül des Universums, in allem, was wir tun, sagen, denken, fühlen und erleben. Wir müssen uns nur darauf einstimmen. Er ist immer für uns da und wartet still und geduldig darauf, dass wir verstehen.

Das Obige ist nicht als objektiv ableitbare Aussage gedacht, die unabhängig von der direkten Erfahrung als bekannt vorausgesetzt werden kann. Wir können das nicht wirklich begreifen, solange wir nicht selbst in Kontakt mit Bliss gekommen sind. Deswegen ist es so wichtig, dass Sie mir das nicht einfach glauben.

DAS EXPERIMENT:
IHRE LEBENSAUFGABE FINDEN

Hier sind zwei verschiedene Varianten, wie Sie Ihre Lebensaufgabe, das Ziel Ihres Lebens finden können. Die meisten Menschen gehen je nach Persönlichkeit eher mit der einen oder mit der anderen in Resonanz. Die erste ist eine eher freie Form und mehr intuitiv; die zweite ist eher strukturiert und überlegt. Wählen Sie die Methode, die Sie am meisten anspricht. Sie können auch beide ausprobieren, wenn Sie wollen.

Sie werden etwas brauchen, wo Sie Ihre Gedanken aufschreiben können: Ihr Tagebuch, lose Blätter oder einen Computer. Dieses Experiment ist weniger wirksam, wenn Sie es nur mental machen.

Finden Sie einen ruhigen Ort, wo Sie allein und ungestört sind. Stellen Sie das Telefon und den Fernseher ab oder was immer Sie ablenken könnte.

Methode A

1. Schreiben Sie: »Was ist meine Lebensaufgabe, das Ziel meines Lebens?«
2. Schreiben Sie jede Antwort auf, die Ihnen in den Kopf kommt. Vollständige Sätze sind nicht nötig. Stichpunkte oder Fragmente tun es ebenso wie auch Zeichnungen und Bilder.
3. Schreiben Sie auch weiterhin jede mögliche Idee oder Antwort auf, bis Sie etwas hervorbringen, das tief in Ihnen etwas zum Klingen bringt. Sie werden es wissen, wenn Sie spüren, wie Sie von einer Freude und absolutem Frieden überschwemmt werden, wenn Ihnen die Tränen kommen, Sie eine Welle der positiven Erregung spüren oder wenn Sie immer und immer wieder über dasselbe oder eine Variante davon nachdenken.
4. Oft muss man mindestens 20 bis 50 Gedanken aufschreiben, bevor einer davon eine emotionale Reaktion auslöst. Ich habe schon immer gewusst, dass es manchmal 200 bis 500

Versuche braucht, bevor es wirklich klick! macht. Selbst wenn diese Übung zwei Stunden dauert, könnten das die beiden wichtigsten Stunden Ihres Lebens sein. Das wird sich über Jahre bezahlt machen.

5. Wir sind alle verschieden. Manchmal treffen wir genau das für uns Entscheidende. Ein anderes Mal (besonders wenn man denkt, dass diese Übung idiotisch klingt) braucht es fünf bis zehn Minuten, um sich zu entspannen und darauf einzulassen.

6. Gehen Sie davon aus, dass zumindest einiges von dem, was Sie aufgeschrieben haben, falsch ist. Es ist das, wovon *andere Leute* möchten, dass es Ihr Lebensziel ist. Oder was Sie *früher* einmal als Ziel vor Augen hatten, aber schon lange nicht mehr wirklich wollen. Bleiben Sie dran, um die wirkliche Antwort zu bekommen.

7. Es ist in Ordnung, wenn viele Ihrer Antworten ähnlich klingen oder sich wiederholen. Manchmal braucht man nur ein Wort oder zwei in jeder Variante zu verändern, um eine zündende Idee zu bekommen oder in eine ganz neue Richtung gelenkt zu werden.

8. Sie haben vielleicht eine Mini-Offenbarung, aber es fühlt sich noch nicht vollständig oder rund an. Das kann ein Zeichen dafür sein, dass Sie zwar auf dem richtigen Weg sind, den Nagel aber noch nicht ganz auf den Kopf getroffen haben. Fangen Sie an, diese Beinahetreffer immer mehr zu verfeinern.

9. Hören Sie nicht auf, selbst wenn Sie schon 50 oder 100 Antworten geschrieben haben und trotzdem finden, dass keine davon wirklich hervorsticht. Das ist normal. Schieben Sie jeden Widerstand beiseite und schreiben Sie weiter. Mutlose oder negative Gefühle gehen vorbei. Fühlen Sie sich dennoch frei, auch diese negativen Gefühle aufzuschreiben. Das hilft, sie loszulassen. Selbst wenn Sie denken: »Ich habe kein Lebensziel«, schreiben Sie das auf und machen Sie weiter.

10. Wenn Sie sich ruhelos fühlen oder Bedenken haben, weil Sie vielleicht nicht weiterkommen, können Sie *ganz kurze* Pausen von nicht mehr als einer oder zwei Minuten einlegen. Schließen Sie die Augen, entspannen Sie sich und kehren Sie in Ihre Mitte zurück. *Hören Sie nicht ganz auf*, verlassen Sie den Raum (dehnen und strecken ist in Ordnung) oder tun Sie irgendetwas, das Ihre Laune verbessert. Machen Sie weiter, wenn Sie sich wieder frisch fühlen.

Methode B

Manche Menschen tun sich mit einem mehr strukturierten Ansatz leichter. Hier sind konkrete Fragen, die Sie sich selbst stellen können. Schreiben Sie jeweils die erste Antwort auf, die Ihnen in den Kopf kommt. Denken Sie nicht zu lange und zu intensiv – nicht mehr als 30 bis 60 Sekunden – über jede Frage nach. Seien Sie ehrlich. Erinnern Sie sich, dass niemand außer Ihnen dies lesen wird.

Beantworten Sie die folgenden Fragen.

1. Was bringt ein Lächeln in Ihr Gesicht (Aktivitäten, Menschen, Ereignisse, Hobbys, Projekte und so weiter)?
2. Was haben Sie in der Vergangenheit am liebsten gemacht? Was machen Sie aktuell am liebsten?
3. Bei welchen Aktivitäten verlieren Sie jedes Zeitgefühl?
4. Was bewirkt, dass Sie sich wohl in Ihrer Haut fühlen?
5. Wer inspiriert Sie am meisten? Listen Sie so viele Menschen auf, wie Sie mögen. (Es kann jeder sein, ob Sie die Person persönlich kennen oder nicht: Familienmitglieder, Freunde, Autoren, Künstler, Politiker, spirituelle Lehrer und so weiter.) Was an diesen Menschen inspiriert Sie?
6. Was können Sie von Natur aus gut (Fertigkeiten, Fähigkeiten, Gaben, Talente und so weiter)?
7. In welchen Bereichen bitten Menschen normalerweise um Ihre Hilfe?

8. Wenn Sie anderen etwas beibringen müssten, was würden Sie lehren?

9. Wenn Sie jetzt auf Ihrem Totenbett liegen und Ihr Leben an sich vorüberziehen lassen würden, was würden Sie bereuen, nicht getan, erlebt, besessen oder versucht zu haben?

10. Stellen Sie sich noch einmal vor, dass Sie auf Ihrem Totenbett liegen, aber diesmal haben Sie ein langes Leben gehabt, in dem es nichts zu bereuen gab. Alles war perfekt. Sie liegen dort, erfüllt von Bliss, und denken an Ihr gesegnetes und wunderbares Leben zurück. Wie sähe ein Leben ohne Reue und Bedauern für Sie aus? Stellen Sie sich vor, dass Sie dieses perfekte Fantasieleben noch einmal Revue passieren lassen, einschließlich allem, was Sie erlebt, erreicht und erworben haben, und mit all den Orten, an denen Sie waren, den Menschen, die Sie kannten, den engen Beziehungen, die Sie hatten, den Diensten, die Sie geleistet haben, und so weiter. Was bedeutet Ihnen am meisten? Wofür sind Sie am meisten dankbar? Was hat Ihr Leben so glückselig perfekt gemacht?

11. Was schätzen Sie *jetzt im Moment* am meisten?

12. Was sind einige der Herausforderungen, Schwierigkeiten und Probleme, die Sie gemeistert haben oder gerade im Begriff sind zu meistern? Wie haben Sie das geschafft?

13. Was veranlasst Sie am meisten, daran zu glauben?

14. Wenn Sie vor einer großen Menschenmenge über ein Thema Ihrer Wahl sprechen müssten, es aber auch etwas sein sollte, das Ihnen selbst wichtig ist und das Sie mit anderen teilen wollen, was wäre dann Ihr Thema/Ihre Botschaft? Zu welcher Gruppe von Menschen würden Sie darüber sprechen wollen?

15. Schauen Sie sich die Talente, Interessen und Werte, die Sie sich aufgeschrieben haben, noch einmal an. Schreiben Sie so viele Möglichkeiten, sie gut einzusetzen, auf, wie Ihnen einfallen. In welcher Weise können Sie anderen dienen oder einen positiven Beitrag für das Gesamtwohl leisten, während Sie Ihrer wahren Natur treu bleiben?

16. Was hat sich als klare Richtung oder konkretes Ziel ergeben?

Online

Weitere Videos und Quellen für dieses Kapitel stehen auf der Internetseite www.theblissexperiment.com zur Verfügung.

KAPITEL 21

DAS SPIRITUELLE SELBST UMARMEN

Christ, Jude, Moslem, Schamane, Zoroastrier, Stein, Erde, Berg, Fluss, jeder hat eine geheime Art, mit dem Mysterium zu sein – einzigartig und nicht zu bewerten.

Rumi, persischer Dichter des 13. Jahrhunderts

Bisher haben wir es weitgehend vermieden, Religion, religiöse Terminologie, spezifische Lehren oder Glaubensrichtung – sogar Gott – direkt zu erwähnen. Das war Absicht. Ob wir Christen oder Atheisten, Juden oder Muslime, Hindus oder Wiccas, Buddhisten oder Indianer sind, Bliss ist in Harmonie mit sämtlichen großen Weisheitstraditionen der Welt. Sie ist nicht nur eine universelle Erfahrung, die in allen Religionen zu finden ist, sondern sogar die höchste Verwirklichung und das erhabenste letzte Ziel, das in jeder Religion angestrebt wird. Es sind nur die Unterschiede in der Terminologie, die manche davon abhalten, das zu sehen. Religion an sich kann eine wichtige Rolle für den Bliss-Prozess und das entsprechende Erlebnis spielen.

Und doch gibt es wichtige Unterschiede zwischen Spiritualität und Religion. Ob wir im traditionellen Sinne religiös sind oder nicht ist weniger wichtig als eine allgemeine spirituelle Ausrichtung. Entscheidend ist, dass wir lernen, wie wir unsere Welt mit einer breiten spirituellen Perspektive bewohnen und mit ihr in Beziehung treten können. Spiritualität eint und integriert all die disparaten Themen und Praktiken, die wir bisher untersucht haben. Ohne dies bleibt unsere Welt gebrochen.

Bliss hat wenig mit dem zu tun, was wir *glauben*, aber alles mit dem, was wir *erleben*. Dieses Erleben – und die Praxis, die nötig ist, um es zu induzieren – ist die Destillation der höchsten und effektivsten Übungen aus sämtlichen Religionen der Welt.

DIE GESCHICHTE

Jacob ist das nette Kind einer liberalen, weltoffenen Familie. Seine Urgroßeltern väterlicherseits, die in Missouri aufwuchsen, waren Mitte des 20. Jahrhunderts führend in der evangelikalen Bewegung gewesen. Seine Großeltern waren etwas lockerer, aber immer noch konservativ. Sein Vater löste sich von alldem, beschäftigte sich ein wenig mit östlicher Spiritualität und wandte sich letztendlich einer liberalen christlichen Kirche zu.

Als Teenager machte Jacob Bekanntschaft mit Drogen, geriet ein paarmal ein wenig mit dem Gesetz in Konflikt und war schlecht in der Schule. Mehr oder weniger freiwillig besuchte er daraufhin ein Militärinternat für schwer erziehbare Kinder. Mit 20 beschloss er, zum Militär zu gehen.

Seine religiöse oder spirituelle Glaubensrichtung hatte er noch nicht klar definiert. Er betrachtete sich als agnostisch und desinteressiert. Jacob litt an geringgradigen Angstzuständen und Depressionen, gelegentlich durchbrochen von Panikattacken. Seinem Musterungsoffizier hatte Jacob nichts darüber gesagt, weil er sich Sorgen machte, dies könne ihn disqualifizieren. Nach der Grundausbildung bekam er eine Stelle im Bereich Elektronik und Maschinentechnik an einer Militärbasis im Mittleren Westen.

Dort lernte er Ava kennen, eine gläubige evangelikale Christin aus einer konservativen Familie, die aus Indiana stammte. Sie hatte ein christliches College besucht, bevor sie sich zum Militär gemeldet hatte. Ihre Überzeugungen konnten als durchaus fundamentalistisch bezeichnet werden. Sie glaubte an die wortwörtliche und unfehlbare Wahrheit der Heiligen Schrift, dass

Christus' Tod eine Sühnetat für unsere Sünden sei, dass wir nur an Christus als Gott und Retter glauben dürften oder die ewige Verdammnis riskierten und dass die moderne Kultur größtenteils böse und gottlos sei und daher gemieden werden müsse – außer, wenn es eine Möglichkeit gibt, eine verlorene Seele auf den rechten Weg zurückzubringen.

Irgendwann verliebten sich Jacob und Ava und heirateten. Jacob fiel es, vielleicht aufgrund des Hintergrunds seiner Großeltern, nicht besonders schwer, Avas Glauben zu akzeptieren. Er beschloss, sich in ihrer Kirche taufen zu lassen. Jacobs Depressionen und Angstzustände verringerten sich, seine Panikattacken gingen zurück. Er hatte das sichere Gefühl, dies sei ein Zeichen Gottes, dass er auf dem rechten Weg war.

Ein paar Jahre später – sie hatten mittlerweile ein Kind, und ein zweites war unterwegs – wurde Jacob an eine Basis in Kalifornien versetzt. (Ava hatte sich nach ihrer Hochzeit nicht erneut verpflichtet, weil sie zu Hause bleiben und die Kinder erziehen wollte.) Sie schauten sich nach einer Kirche um, der sie sich anschließen konnten. Ihre ursprüngliche Wahl passte zwar gut zu Avas Hintergrund und ihren Überzeugungen, aber sie waren sich einig, dass sie mit dem sie leitenden Pastor nicht viel anfangen konnten.

Jacob fand eine eher moderate, sogar liberale Kirche mit einem charismatischen Pastor. Obwohl sein neu gefundener Glaube das Herzstück seines Lebens war, gestand Jacob jetzt, wo er weit genug von Avas Familie in einem Umfeld mit mehr Wahlmöglichkeiten lebte, dass er sich mit den extremeren, dogmatischeren Standpunkten ihrer früheren Kirche nicht so ganz wohlgefühlt hatte. Ava gab widerstrebend zu, dass auch sie diesen moderateren Pastor und seine Gemeinde bevorzugte. Also beschlossen sie, dieser Kirche beizutreten.

Hier hatte man deutlich weniger fundamentalistische Ansichten über das Christentum und andere Glaubensrichtungen. Die Gemeindemitglieder glaubten nicht, dass Ungläubige automatisch in die Hölle wanderten. Sie akzeptierten auch, dass die

Bibel nicht wörtlich gemeint war, und waren in gesellschaftlichen Fragen sehr viel toleranter. Sie legten großen Wert auf die eigene spirituelle Praxis, das unmittelbare Kommunizieren mit Gott und Christus im Gebet, in der Kontemplation und in der christlichen Meditation.

Nach einem Jahr in dieser Kirche sahen Jacob und Ava den deutlichen Unterschied zu ihrer alten. Sie erkannten, wie engstirnig und wenig friedlich jene Kirche gewesen war. Sie hatten sich gefühlt, als führten sie Krieg gegen die Menschen und die Kultur um sie herum. Jacob erkannte, dass sich seine Ängste und Depressionen zwar zunächst gebessert hatten, die Symptome aber allmählich zurückgekehrt waren, je länger sie in der alten Kirche geblieben waren.

In ihrer neuen Kirche fühlte sich das Paar glücklicher und Gott näher als jemals zuvor. Sie tauchten in kontemplative Übungen ein, die ihnen halfen, sich friedlicher, mitfühlender und mehr geerdet zu fühlen. Zum ersten Mal seit Jahren hatte Jacob keine Anzeichen für Ängste und Depressionen mehr. Und Ava hatte endlich das Gefühl, »Raum zum Atmen« zu haben. Begeistert teilten sie ihren wiederbelebten Glauben mit ihrer Familie und der Welt.

DIE WISSENSCHAFT

Dr. Harold G. Koenig ist auf diesem Gebiet klar führend. Er hat das *Duke University's Center for the Study of Religion, Spirituality, and Health* gegründet und als Direktor geleitet und ist heute Direktor des *Duke's Center for Spirituality, Theology, and Health*. Mit seinen eigenen Forschungen und der Meta-Analyse Hunderter von Erkenntnissen anderer Wissenschaftler hat er für mehr Klarheit in diesem Fachbereich gesorgt.

Eine der für manche – besonders für die eher Skeptischen oder für diejenigen, die eine traditionelle Ausbildung in Psychotherapie haben – erstaunlichsten Entdeckungen ist, dass religiös-spirituelle Ansichten und Übungen unsere geistige Gesundheit tatsächlich verbessern. Das ist eine überraschende Umkehrung der traditionellen Sichtweise. Schon seit Sigmund Freud wurde von Psychologen oft behauptet, religiös Gläubige seien neurotisch, wahnhaft oder generell labil.

Im Vergleich zu nicht religiösen Menschen sind Gläubige zufriedener mit ihrem Leben, leiden seltener unter Depressionen und Ängsten und haben weniger allgemeine Probleme mit der geistigen Gesundheit. Eine noch erstaunlichere Erkenntnis, veröffentlicht in dem populären und meinungsbildenden *American Journal of Psychiatry*, war, dass Religiosität das lebenslange Risiko, geistige Störungen zu erleben, sogar *vermindert*. (Freud dreht sich im Grab herum.) In diese Studie wurden mehr als 2 600 Zwillinge aufgenommen. Religiosität verminderte das Risiko einer breiten Palette von geistigen Störungen, darunter auch ernstere Depressionen, Phobien, allgemeine Angststörungen, Bulimie, Substanzenmissbrauch und asoziale Verhaltensweisen.

Koenig veröffentlichte einen separaten Bericht über Studien zu den Vorteilen der Religiosität für die körperliche Gesundheit. Er fand umfangreiches Beweismaterial dafür, dass religiöse und/oder spirituelle Überzeugungen mit einem geringeren Risiko für Schmerzen, Invalidität, Infektionen, Krebs und Herz-Kreislauf-Erkrankungen einhergehen, dass sie die Immunabwehr und die neuroendokrine Funktion verbessern und die Lebenszeit verlängern.

Natürlich werden auch religiöse Menschen krank. Doch wenn sie krank werden, mindert Spiritualität den Forschungen zufolge ihre Angst und bietet einen wirksamen Bewältigungsmechanismus. Eine Studie zeigte beispielsweise, dass bei Patienten, die sich von einem Herzstillstand erholten, diejenigen, die spirituell waren, bessere Genesungsraten hatten als diejenigen, die nicht spirituell waren. Außerdem sind religiöse Menschen *weniger* in Gefahr, Selbstmord zu begehen, jugendliche Delinquenten zu werden, exzessiv zu rauchen und zu trinken und sich scheiden zu lassen.

Denjenigen, die eine Alkoholabhängigkeit entwickeln, hilft ihre Spiritualität bei der Genesung. Multiple Studien zeigen, dass diejenigen, deren Religiosität ausgeprägter ist, geringere Rückfallraten haben. Obendrein waren nicht religiöse Menschen, die zu den Anonymen Alkoholikern gingen und anschließend von einem »spirituellen Erwachen« berichteten, nach fast drei Jahren viel wahrscheinlicher abstinent als andere alkoholabhängige Menschen.

Hier sind noch ein paar der vielen, von Forschern gewonnenen Erkenntnisse, die für eine religiöse/spirituelle Einstellung sprechen:

➤ Kürzlich verwitwete gläubige Frauen berichteten von mehr Freude als nicht gläubige Witwen.
➤ Tiefgläubige Mütter von entwicklungsbehinderten Kindern sind weniger anfällig für Depressionen als nicht gläubige Mütter.
➤ Gläubige Menschen erholen sich nach traumatischen Ereignissen wie einer Scheidung, Arbeitslosigkeit, einer ernsthaften Krankheit oder einem Verlust schneller als andere.
➤ Religiöse ältere Menschen sind mit ihrem Leben zufriedener als andere ältere Menschen.

Es erübrigt sich vermutlich, zu sagen, dass religiöse und/oder spirituelle Menschen auch glücklicher sind. Eine im *Journal of Contemporary Religion* veröffentlichte Studie ergab, dass die glücklichsten Menschen auch die religiösesten sind.

Ich möchte auf zwei neuere Studien aufmerksam machen, die ausdrücklich zwischen Spiritualität und Religiosität unterscheiden. Eine faszinierende Studie stellte sie in einer Gruppe von iranisch-muslimischen Studenten an der Universität Teheran einander gegenüber. Die Studie stufte die Studenten in drei Kategorien ein: nicht religiös, spirituell, aber nicht sehr religiös und traditionell religiös. Die Ergebnisse zeigten, dass sowohl die spirituelle als auch die religiöse Gruppe von höheren Ebenen des Wohlbefindens berichteten als die nicht religiöse Gruppe. Allerdings zeigte sich in der spirituellen Gruppe, dass *Spiritualität allein* ein sehr viel stärkerer Prädiktor für allgemeines Wohlbefinden ist als reine Religiosität.

Eine Studie in den *Annals of Behavioral Medicine* zeigte, dass diejenigen, die sich auf irgendeiner Ebene mit täglichen spirituellen Übungen oder Erfahrungen beschäftigen – im Unterschied zu einer geforderten religiösen Zugehörigkeit oder traditionellen »religiösen« Aktivitäten wie dem bloßen Teilnehmen an einem Gottesdienst –, eine sehr viel höhere Lebensqualität und sogar eine Steigerung ihres sozialen Status angeben als diejenigen ohne tägliche spirituelle Praxis.

DER GEİST

Bliss hat immer etwas mit Spiritualität zu tun, manchmal auch mit Religion. Im Kern jeder Spiritualität liegt Heiligkeit – das Gefühl, dass die Welt selbst wunderbar ist, dass sie in entscheidender Verbindung mit unserem wesentlichen Sein steht, das sich uns hier offenbart, und daher unsere konzentrierte, ehrfürchtige Aufmerksamkeit verdient. Diese Qualität der Wahrnehmung und Konzentration ist wesentlich in praktisch allen Traditionen des spirituellen Strebens. Es geht darum, neugierig zu sein auf das Mysterium der Existenz und darüber zu staunen, Ehrfurcht zu empfinden angesichts des Grenzenlosen. Es ist eine Offenheit und ein Enthusiasmus für die Erforschung unseres höchsten Potenzials, was immer es sein mag und wo immer es uns hinführen mag.

In meiner philosophischen Ausbildung war die elementarste Frage, mit der wir uns auseinandersetzten: *Warum gibt es etwas und nicht nichts?* Das ist die Grundlage jedes Mysteriums. Wie Albert Einstein sagte: »Es gibt zwei Arten zu leben. Man kann leben, als sei nichts ein Wunder oder als sei alles ein Wunder.« Ganz grundsätzlich heißt Spiritualität, sich zu entscheiden, so zu leben, als sei alles ein Wunder.

Dies berührt zwar einen wichtigen Aspekt von Spiritualität, ist aber noch nicht alles. Der entscheidende Bestandteil, der noch fehlt? Wir selbst. Speziell unser Verständnis davon, wer wir sind und wie wir mit dem Wunder der Schöpfung in Beziehung treten. Eine bessere Definition ist vielleicht: *Spiritualität ist die nach innen gerichtete Praxis der Selbsttranszendenz.*

Nach innen gerichtet sein bedeutet, die Verantwortung für unser eigenes Verstehen und Wachstum zu übernehmen, durch Achtsamkeit und gewissenhaftes Praktizieren unserer Transformationstechniken. Wir erkennen an, dass sich der wahre Fortschritt nur einstellt, wenn wir zu den tiefsten Ebenen unseres Seins vordringen. Überzeugungen, Dogmen und Rituale sind zwar nicht unwichtig, stehen aber immer an zweiter Stelle hinter der authentischen inneren Arbeit. Und was ganz wichtig ist, wann immer wir eine Herausforderung oder Schwierigkeit zu meistern haben, schauen wir zuerst in unser Inneres, bevor wir versuchen, die Welt um uns herum zu verändern. Selbsttranszendenz bedeutet, dass wir sowohl nach innen orientiert sind als auch unserer selbst bewusst, während wir leidenschaftlich daran interessiert sind, unseren persönlichen, egoistischen Blickwinkel zu erweitern. Sie heißt, das Persönliche durch das Universale zu ersetzen. Sie ist das Erkennen unseres nicht erschlossenen Potenzials und die glühende Verpflichtung, es zu erforschen und zu entwickeln. Vor allem aber bedeutet sie, dass wir der Erweiterung und Erhöhung unseres Bewusstseins Priorität geben, bis wir Erhabenheit erlangen. Indem wir das tun, verändern wir nicht nur uns selbst, sondern auch die Welt.

Es ist wichtig, anzuerkennen, dass alle großen Religionen der Welt Elemente dieser grundlegenden spirituellen Einstellung beinhalten. Als Experte auf dem Gebiet des Religionsvergleichs – sowohl intellektuell als auch praktisch – habe ich entdeckt, dass Bliss entweder das implizite oder das explizite Ziel einer jeden Religion ist. Von daher müssen wir uns nicht von unseren speziellen religiösen Überzeugungen lossagen, um zu Bliss zu gelangen.

Auf der anderen Seite müssen wir uns aber auch keine solchen Überzeugungen zulegen. Atheisten und Agnostiker können Bliss genauso verfolgen und erlangen wie jeder andere. Wir müssen lediglich eine positive Form der Ungläubigkeit aufrechterhalten, die wir als »verwunschenen Agnostizismus« bezeichnen könnten. Dafür sind nur drei Dinge erforderlich: (1) uns der Welt gegenüber so verhalten, wie Einstein es getan hat, und alles als ein Wunder ansehen; (2) wissen oder zumindest glauben, dass wir ungenutzte Potenziale haben, und (3) die Übungen in diesem Buch auch wirklich machen. Der Rest erledigt sich von ganz allein.

Keine Religion hat ein Monopol auf Wahrheit oder Bliss. Es gibt universale Wahrheiten, die nicht nur in sämtliche Religionen eingebettet sind, sondern auch in jede Form von menschlichem Streben. Ob wir nun Christ oder Hindu, Jude oder Muslim, Buddhist oder Atheist, Wicca oder Animist, Taoist oder Indianer sind, Bliss ist immer und für alle verfügbar. Bliss ist das letzte Ziel aller Religionen, obwohl sie jeweils anders heißen. Selbstverwirklichung, Erleuchtung, Einssein in Christus; *Fana* im Islam; *Samadhi* im Hinduismus; *Yehidah* im Judentum; *Nirwana* im Buddhismus; *Gnosis* in verschiedenen Weisheitstraditionen; Harmonie mit *Wakan Tanka* in der Tradition der Indianer – um nur einige zu nennen – sind alles Wege zur selben zugrunde liegenden Erfahrung von reinem Bliss.

Religionen bieten im günstigsten Fall eine klare und bewährte Landkarte für den Weg zu Bliss. Sie stellen uns vorgefertigte Formen und deutliche Schaubilder zur Verfügung und bieten uns damit einen relativ sicheren Weg zur Selbsttranszendenz. Sie sind eine Sammlung von Glaubensinhalten, Praktiken und Ritualen, die, wenn sie tatsächlich durchgeführt werden, echte Ergebnisse hervorbringen. Und was genauso wichtig ist, sie bieten eine Gemeinschaft von Mitreisenden, die einander verstehen und sich auf der gemeinsamen Reise gegenseitig unterstützen.

Die Dogmen, Übungen, Rituale und die Gemeinschaft, die eine Religion ausmachen, bahnen einen einzigen Weg hinauf auf einen unendlichen Berg. Doch wie effektiv dieser bestimmte Weg auch immer sein mag, es ist dennoch nur ein Weg zum Gipfel. Es mag auch noch andere Pfade geben. Außerdem gibt es in jeder Religion Spuren auf diesem Weg, in denen man schneller oder langsamer vorankommt. Einige wenige tauchen tief in alles ein, was ihnen ihre Religion zu bieten hat, und sprinten regelrecht nach oben. Andere trödeln, machen Pausen, kommen vom Weg ab, geben sogar auf und kehren wieder zur Ausgangsbasis zurück. Wieder andere springen ständig von einem Weg zum anderen, bewegen sich immer senkrecht zum Berggipfel und bleiben nie lang genug auf einem Weg, um den Gipfel wirklich zu erreichen.

Religionen sind ein *Vehikel*, das uns auf den Berggipfel transportiert. Der Trick ist, sobald wir angekommen sind, müssen wir daran denken, auszusteigen. Nur allzu oft gewöhnen wir uns so sehr an unser Beförderungsmittel, sind sogar regelrecht entzückt davon, dass wir unser ursprüngliches Ziel aus den Augen verlieren. Um bei unserer Landkarten-Analogie zu bleiben: Wir vergessen, dass unsere spezielle Religion nur die Landkarte ist, die uns hilft, uns in dem betreffenden Territorium zu orientieren. Wie sie in Indien sagen: »Es ist sehr gutes Karma, in eine Religion geboren zu werden, aber schlechtes Karma, in einer Religion zu sterben.«

Ob wir uns nun einer bestimmten Religion verbunden fühlen oder nicht, das Ziel besteht in jedem Fall darin, jenen Dogmatismus zu vermeiden, der daher kommt, dass wir zu sehr in unserer eigenen Spur kleben, um die Wahl, die wir getroffen haben, und unsere Selbstgefälligkeit überhaupt noch infrage zu stellen.

Es ist unmöglich, *ganz ohne* Glauben zu leben. Mit »Glauben« ist das gemeint, was wir als wahr akzeptieren, obwohl wir (noch) keinen definitiven Beweis dafür haben. Jeder – auch ein Atheist, Agnostiker, Wissenschaftler und Empiriker – glaubt an irgendetwas, meistens sogar an ziemlich viel. Wissenschaftler beispielsweise glauben an viele wissenschaftliche Theorien und »Fakten« außerhalb ihres eigenen Fachgebiets, obwohl sie die

Experimente, die diese Fakten beweisen, nicht selbst durchgeführt haben. Atheisten bringen mit ihrer Behauptung, Gott existiere nicht oder Religion sei verlogen, im Grunde einen *Glauben* zum Ausdruck, denn niemand kann behaupten, es gäbe einen *Beweis* dafür, dass »Gott« oder »die Religion X« unwahr oder nicht existent ist.

Daran ist nichts falsch. Es kann überhaupt *nur* so sein. Die Welt ist ein unendlicher Ort, und wir sind endliche Menschen. Wir sind nicht in der Lage, alles unmittelbar zu erfahren. Keiner von uns ist allwissend und allgegenwärtig. Wir können zwar nicht umhin, irgendetwas zu glauben, wohl aber können wir das richtige Verständnis für unsere Glaubensinhalte und die richtige Einstellung dazu haben. Das Erste und Wichtigste ist, dass wir ehrlich mit uns selbst sind. Wissen wir, dass etwas wahr ist oder glauben (hoffen) wir es nur?

Am besten sind wir bedient, wenn wir uns nur provisorisch an unsere Überzeugungen halten, wie sich ein Wissenschaftler an eine Hypothese halten würde. Die meisten Wissenschaftler machen ein Experiment – oder widmen sogar ihr ganzes Leben einem Forschungsgebiet –, weil sie glauben, dass es in dem Bereich, in dem sie forschen, Interessantes zu entdecken gibt. Diese Überzeugung treibt sie voran und erzeugt genügend Enthusiasmus, um das Experiment durchzuführen. Und sosehr jeder gute Wissenschaftler auch *hoffen* mag, dass sein Experiment (oder lebenslanges Streben) das ans Licht bringt, was er für wahr hält, wird er es zugeben, wenn seine Ergebnisse die Ausgangsannahme/Hypothese nicht bestätigen. Er wird dann weiter darüber nachdenken, ob der Fehler durch Anpassungen im Experiment korrigiert werden kann oder ob er sich von seiner Theorie verabschieden sollte.

Echte Spiritualität erfordert absolute Ehrlichkeit. Wenn wir uns dabei ertappen, dass wir Überzeugungen schützen, von denen wir wissen (oder stark vermuten), dass sie unwahr sind, sind wir vom Weg abgekommen und haben ihn vielleicht sogar ganz aus den Augen verloren. Das verzögert unseren Aufstieg nur.

Wenn wir erst einmal einen verwandten Weg gefunden haben, erfordert Bliss ständiges Bemühen. Das ist kein Dogmatismus, sondern Gewissenhaftigkeit: eifriges Üben über längere Zeit und eine »religiöse« Verpflichtung, den Weg zu finden, der uns voranbringt. Das Ziel besteht nicht darin, in der Anthologie der spirituellen Freuden herumzustümpern, sondern in eine angemessene Praxis einzutauchen, die dazu beiträgt, uns auf den Gipfel der Verwirklichung und Transzendenz zu führen.

Viele von uns sind gut beraten, in einem der vorhandenen oder bereitstehenden Fahrzeuge den Berg hochzufahren. Das bedeutet, man sucht sich eine existierende Religion – und eine Glaubensgemeinschaft oder Ausdrucksform innerhalb dieser Religion – und schließt sich ihr an. Natürlich denken wir darüber oft nicht groß nach. Wir gehören einfach der Religion an, in die wir geboren wurden. Oder wir beschließen, unsere Geburtsreligion abzulehnen und beispielsweise aus der Kirche auszutreten. Es kommt uns nicht in den Sinn, dass es Alternativen zum Nichts gibt.

Es ist äußerst wichtig, kein Dilettant zu sein, der ziellos von Religion zu Religion, Gruppe zu Gruppe, Pfad zu Pfad wandert. Am Anfang ist das Erforschen verschiedener Denkansätze nicht nur akzeptabel, sondern sogar wünschenswert. Es hilft uns, den für uns richtigen zu finden. Von den verschiedenen Religionen und Glaubensgemeinschaften – oder Lehrern innerhalb einer Religion – passen manche wirklich besser zu uns als andere.

An irgendeinem Punkt ist es jedoch Zeit, sich für einen bestimmten Weg zu entscheiden und mit dem Aufstieg zu beginnen. Auf allen Wegen gibt es auch schwierige Strecken. Es ist dennoch unerlässlich, den Weg, den wir gewählt haben, nicht zu schnell zu verlassen, nur weil er zeitweilig mühsam ist oder wir uns langweilen. Keine der großen Weltreligionen gibt ihre tiefste Wahrheit Dilettanten preis. Es gibt *immer* Prüfungen und Herausforderungen. Der spirituelle Weg ist nichts für Feiglinge oder Weicheier. Gelegentlich ist ein Wechsel gerechtfertigt, vor allem wenn wir *sicher* sind, dass unsere ursprüngliche Entscheidung ein Fehler war. Wenn wir uns jedoch dabei ertappen, dass wir häufig die Religionen wechseln, können wir sicher sein, dass das wahre Problem unsere innere Einstellung ist und nicht die verworfenen Wege.

Unabhängig von dem Weg, den wir wählen – einschließlich des Versuchs, unseren eigenen aufleuchten zu lassen –, sind die in diesem Buch dargestellten Lehren und Übungen wesentlich. Sie sind die universalen Schlüssel, um den Zustand von Bliss auf dem Gipfel zu finden.

DAS EXPERIMENT: ALLES HEILIGEN

Das ist ganz einfach. Wenn wir uns von Albert Einstein selbst führen lassen, verlangt dieses Experiment nur, dass wir eine bewusste Anstrengung unternehmen, das Wunder in allem zu sehen, was wir am nächsten Tag erleben. Geben Sie sich ganz bewusst Mühe, Verwunderung, Begeisterung und Ehrfurcht zu empfinden.

1. Sie können eine Landschaft, einen Sonnenuntergang oder irgendein Naturphänomen betrachten: Bäume, Hügel, Flüsse, Meere, Ausblicke, Tiere – alles und jedes, was zur Schöpfung gehört. Sehen Sie die phänomenale Komplexität, die Harmonie und das Mysterium dahinter. Schauen Sie sich auch unsere Mitmenschen an. So viele Formen, Größen, Farben, Interessen, Verhaltensweisen, Ansichten! Es ist unglaublich.

2. Schauen Sie sich auch die Dinge in Ihrer Umgebung an. Technische Geräte wie Computer, Handys, Fernseher, das Internet, Ihr Badezimmer, Küchengeräte. Möbel, Stoffe, Bettzeug. Die Nahrungsmittel, die wir auswählen, sowohl zu Hause als auch im Supermarkt. Die Myriaden von Ausdrucksformen der menschlichen Kreativität und Genialität. Kleider, Autos, Uhren – selbst die grundlegenden Dinge wie Licht und Klimaanlage.

3. Betrachten Sie das Wunder und Mysterium Ihres eigenen Körpers. Selbst wenn es Ihnen gesundheitlich nicht absolut perfekt geht, sollten Sie daran denken, wie viele Dinge in Ihrem Körper bestens funktionieren. (Es muss mehr gut funktionieren als schlecht, sonst wären Sie tot!) Denken Sie in diesem Zusammenhang an das Mysterium des Todes. Dass wir auf dieser Ebene in die Existenz kommen und dann wieder verschwinden. Wohin gehen wir? Es ist alles so unglaublich. Was für eine erstaunliche Reise.

4. Ergreifen Sie die Gelegenheit, die wundersame Ehrfurcht und Freude in allem zu spüren, was Sie erleben. Je mehr wir diese Einstellung in jeden Moment einbringen können, desto mehr sind wir auf die Wunder um uns und in uns eingestimmt. Wir sind im Einklang mit dem Wunder, das wir selbst sind, allein kraft der Tatsache, dass es uns überhaupt gibt.

Online

Weitere Videos und Quellen für dieses Kapitel stehen auf der Internetseite www.theblissexperiment.com zur Verfügung.

TEIL 5
DIREKTEN KONTAKT
AUFNEHMEN

Wir kommen jetzt zum Herzstück dieses Buches. Es ist Zeit, Bliss direkt und bis in die Tiefe zu erforschen. Wir haben uns langsam die Glücksskala empor in die höheren Bereiche des Bewusstseins gearbeitet. Wir haben sowohl unsere Beziehung zur Welt um uns herum als auch zur inneren Welt unseres Geistes erforscht und die besten Möglichkeiten ausgelotet, die Menschen und unsere Umwelt zu verstehen und mit ihnen zu interagieren. All das hat einen breiten Kontext und eine solide Grundlage für Bliss geschaffen. Nun, nachdem dieses Fundament steht, werden wir uns in diesem Buchteil ausschließlich auf Bliss selbst und die es begleitenden Übungen konzentrieren.

KAPITEL 22

DAS WESEN VON BLISS

Es ist gut, einfach nur glücklich zu sein. Es ist ein wenig besser, zu wissen, dass man glücklich ist. Aber sein Glück zu verstehen, zu wissen, warum und wie man glücklich ist, und immer noch glücklich zu sein, glücklich im Sein und im Wissen – nun, das ist mehr als Glück. Das ist Bliss.

Henry Miller, amerikanischer Autor (1891–1980)

Bliss ist schwer zu beschreiben. Wie die meisten tief greifenden Erfahrungen übertrifft sie alle Worte. Sie hat eine unbeschreibliche Qualität, die einen buchstäblich sprachlos macht. Das heißt nicht etwa, dass Bliss selbst eine vage oder verschwommene Erfahrung wäre. Ganz im Gegenteil. Sie ist der Gipfel der verfügbaren Klarheit. Wir gelangen wahrlich zu einer kosmischen Betrachtungsweise unserer selbst, unserer Umwelt und jedes Atoms der Schöpfung. Aber wie fasst man ein solches Erlebnis in Worte?

Das ist nicht leicht. Sprache ist von ihrem Wesen her einschränkend, vorgeschrieben, wortgetreu und definiert. Alle Worte haben eine Definition. *Definieren* bedeutet, das Wesen, den Geltungsbereich oder die Bedeutung von etwas *exakt* zu beschreiben. Es bedeutet auch, Grenzen abzustecken oder Einschränkungen vorzunehmen. Doch Bliss ist eine wesenhaft unendliche Erfahrung. Es ist die absolute Antithese von »definiert«. Nicht weil sie unfertig, unscharf, träumerisch, verschwommen oder mehrdeutig wäre, sondern weil sie so gewaltig, grenzenlos und unermesslich ist, dass sie jedes mögliche Wort oder jede Definition, die jemals erfunden wurde, umfasst – und noch einiges mehr. Deshalb betonen wir immer wieder, dass Bliss persönlich erlebt werden muss und es nicht genügt, darüber zu reden.

Mit diesem Vorbehalt und vor dem Hintergrund dessen, was wir bis jetzt verstanden haben, wollen wir nun das Wesen von Bliss selbst etwas genauer unter die Lupe nehmen.

DIE GESCHICHTE

Katie wuchs in einem Vorort von San Diego auf. Als sie ein Teenager war, saß sie eines Tages in der Dämmerung auf einer Klippe über dem Meer. Sie schaute auf das scheinbar endlose Wasser und ertappte sich dabei, wie sie sich fragte: »Warum ist dies alles hier? Warum bin ich hier?« Plötzlich fühlte sie sich gewichtslos, frei und unbeschwert. Sie hatte ein Gefühl, als hebe sich ein Schleier von der Schöpfung. Sie spürte ein freudvolles Einssein, als habe sie (aber nicht »sie« als Ego, sondern eher die Welt, von der sie ein Teil war) Antworten auf alles, als seien alle Rätsel des Lebens gelöst, als wisse sie, dass alles eine göttliche Bedeutung hat.

Katie wusste nicht, wie lange dieses Gefühl anhielt, weil sie jedes Zeitgefühl verloren hatte. Aber es war klar, wann es zu Ende war: Ihr ganzes Gewicht, ihre mentale und körperliche Anspannung stürzten wieder auf sie ein. Der Schleier senkte sich wieder. Sie fühlte sich friedvoll, aber auch ein wenig begrenzt, als sei diese Erfahrung ihre wahre Wirklichkeit und als sei der größte Teil ihres Lebens nicht wirklich.

Sie wollte unbedingt zu diesem Gefühl zurückkehren, hatte aber keine Idee, wie sie dorthin kommen sollte. Monatelang kehrte sie immer wieder zu dieser Klippe zurück und versuchte, die Gedanken zurückzuholen, die sie in diesem Moment gehabt hatte, aber das Gefühl kam nie. Sie war verwirrt, sogar ein wenig niedergeschlagen, aber sie gab nicht auf. Weil die junge Frau eine starke Verbindung zum Meer spürte, fing sie mit Surfen und Sporttauchen an. Das Tauchen machte ihr besonders viel Spaß. Auch wenn es ihr nicht annähernd so etwas wie jenes ursprüngliche Erlebnis auf der Klippe bescherte, liebte sie den Frieden, die Schönheit und die Harmonie des Schwebens in der Tiefe. Katie bereiste die ganze Welt und probierte die besten Orte zum Tauchen aus.

Beim Tauchen in Belize lernte sie auf dem Boot, mit dem sie hinausfuhren, einen Mann kennen. Er war erheblich älter als sie, und ihre Beziehung war nicht von romantischer Natur, nur freundschaftlich. Auch für ihn war das Tauchen ein fast mystisches Erlebnis. Er erzählte Katie, dass er in einem Ashram in Indien meditieren gelernt hatte und dass ihm dies half, die Erlebnisse zu schätzen, die er beim Tauchen hatte. Er brachte ihr die Meditationstechnik bei, die er gelernt hatte, aber auf dieser Reise hatte sie nicht wirklich die Zeit und den Raum, sie oft zu machen. Nach ihrer Rückkehr aus Belize begann sie jedoch ganz bewusst, regelmäßig zu meditieren.

Etwa eine Woche später saß Katie in ihrem Zimmer und meditierte mit dieser einfachen Technik, als sie plötzlich spürte, wie ihr Körper gewichtslos wurde, genau wie damals auf der Klippe. Dieses Mal war es jedoch nicht so sehr ein Gefühl des Einsseins, sondern eher ein intensives, fast lustvolles Gefühl (obwohl sie sagte, dies sei nicht ganz das richtige Wort). Ihr ganzer Körper wurde von Energiewellen ergriffen, die sich von unter der Gürtellinie bis zum Scheitelpunkt des Kopfes bewegten. Es war so kraftvoll, dass sie sich fragte, ob sie jetzt gleich zerspringen würde und ihr Nervensystem das überhaupt bewältigen könne. Doch plötzlich – genau in dem Moment, in dem ihr Verstand darüber nachdachte, dass dies zu viel des Guten sein könnte – verschwand die Empfindung genauso schnell, wie sie gekommen war.

Katie blieb mit einem tiefen Gefühl der inneren Ruhe und Freude zurück. Das Erlebnis war zwar fast zu intensiv gewesen, aber es war eine gute Art von Intensität. Sie fühlte sich glücklicher und vollständiger als jemals zuvor. Obwohl ihr damals die Worte dafür fehlten, hatte Katie in der Tat den ersten flüchtigen Eindruck von reinem Bliss bekommen. In diesen wenigen Momenten hatte sich ihr Leben für immer verändert.

DIE WISSENSCHAFT

Bliss ist ein echter Bewusstseinszustand, der sich sowohl von dem »normalen, alltäglichen« Bewusstsein unterscheidet, als auch von Geisteskrankheit. Es ist nur natürlich, dass man sich fragt, ob diese zutiefst positiven Erlebnisse in Wirklichkeit vielleicht nur eine Form von Psychose oder Wahnsinn sind. Glücklicherweise beweist die Forschung, dass nichts weiter von der Wahrheit entfernt sein könnte. Mindestens ein halbes Dutzend Studien weisen dies mit einer Vielzahl von Ansätzen nach.

Die Zeitschrift *Psychological Reports* veröffentlichte eine Studie, in der 118 Menschen evaluiert wurden, die irgendeine Art von mystischer oder exaltierter Erfahrung gemacht hatten. Nachdem sie sie einer Reihe von Test unterzogen hatten, kamen die Forscher zu dem Schluss, dass alle Zielpersonen eine stabile Persönlichkeit hatten und dass keinerlei Anzeichen von Geisteskrankheit bei ihnen festzustellen war. Sie zeigten sogar eine sehr hohe Funktionstüchtigkeit.

In einer anderen Studie, durchgeführt von Forschern des Southern Virginia Mental Health Institute, wurden drei Gruppen miteinander verglichen: (1) »mystische Kontemplative« (von den Forschern so genannt), (2) »normale«, gesunde Menschen und (3) Psychotiker. Sie fanden heraus, dass es *sehr leicht* war, zwischen diesen drei Gruppen zu unterscheiden. Es gab nur wenige Überschneidungen in ihrem Verhalten und bei den Persönlichkeitsmerkmalen.

Ähnliche Studien, darunter eine im *Schizophrenia Bulletin* veröffentlichte, haben ergeben, dass die Personen, die von mysti-

schen Erlebnissen berichteten, keinerlei Anzeichen für neuroti-
sches oder psychotisches Verhalten zeigten, und, mehr noch,
dass es keine Verbindung zwischen Schizophrenie und mystischen Erfahrungen gibt, dass sie keine signifikanten Charakteris-
tika gemeinsam haben und dass jeder Fachmann für psychische
Erkrankungen sie leicht voneinander unterscheiden kann. Er-
staunlicherweise ließen diese etablierten Forscher durchblicken,
»die menschliche Fähigkeit, mystische Erlebnisse zu haben,
könnte in der Tat weitverbreitet sein«, während extreme Geisteskrankheiten relativ ungewöhnlich sind.

Nun, wo wir sicher sein können, dass diejenigen, die mystische
Erlebnisse haben, nicht verrückt sind – und noch nicht einmal
neurotisch –, stellt sich die Frage, was genau im Gehirn eines
Mystikers vor sich geht.

Diese Frage und das entsprechende Forschungsgebiet sind
zwar nicht neu, aber ein paar sehr faszinierende Studien liefern
so manche neue Erkenntnis. Die Neurowissenschaftler Mario
Beauregard und Vincent Paquette von der Universität Montreal
veröffentlichten ihre bahnbrechende Studie in der Zeitschrift
Neuroscience Letters. Sie bekamen die Erlaubnis, die Gehirn-
funktionen von Karmeliterinnen (Nonnen eines katholischen
Ordens) zu untersuchen, *während* diese mystische Erlebnisse
hatten – auch wenn sie nach eigenen Angaben in einem Zustand
des »Einsseins in Gott« waren. Die Nonnen wurden an funktio-
nelle Magnetresonanztomografie-Geräte angeschlossen. Aus
dieser Studie zog Dr. Beauregard ein paar wichtige Schlüsse:

➤ Mystische Erfahrungen kommen nicht nur aus einer Gehirn-
   region. Es gibt keinen einzelnen »Gottespunkt«. Diese Erfahrungen, so schreibt er, »sind komplex und multidimensional
   und werden von einigen Gehirnregionen vermittelt, die normalerweise eine Rolle für Wahrnehmung, Kognition, Emotionen, Körperbild und Selbstbewusstsein spielen. Diese
   Schlussfolgerung entspricht den eigenen Beschreibungen der

Zielpersonen, die [ihre Erfahrungen] als komplex und multidimensional bezeichnen.«

➤ Es gab einen deutlichen Anstieg der Thetawellen im Gehirn, als die Nonnen in diesem mystischen Zustand waren, der anders ist als unser normaler, alltäglicher Bewusstseinszustand. Thetawellen werden normalerweise mit REM-Schlaf, Hypnose und luzidem Träumen in Verbindung gebracht. Wenn im wachbewussten Zustand auf sie zugegriffen wird, verbessern sie unsere Lernfähigkeit, beschleunigen die Heilung und fördern das spirituelle Wachstum.

➤ Die starke Thetaaktivität während der mystischen Erlebnisse war ein deutliches Zeichen für eine Veränderung im Bewusstsein der Nonnen.

➤ Dieser gleiche Thetazustand wurde auch in Studien mit Zen-Buddhisten beobachtet und bei Zielpersonen, die eine Art Kriya-Yoga-Meditation machten, bei denen sie sich eigenen Angaben zufolge in einem »Zustand von Bliss« befanden.

Richard Davidson, Direktor des *Laboratory for Affective Neuroscience* an der Universität Wisconsin, hat sich vor allem auf das Studium der Zustände im Gehirn von Menschen verlegt, die eine spirituelle Praxis ausüben. In Zusammenarbeit mit dem Dalai-Lama konnte Dr. Davidson eine Reihe von langjährigen tibetischen Mönchen dazu bewegen, nach Amerika zu kommen, um an einer Studie teilzunehmen.

Diese fortgeschrittenen Meditierenden erreichten höhere Bewusstseinszustände, während ihre Gehirntätigkeit aufgezeichnet wurde. Die Forscher kamen zu dem Schluss, dass langjährige spirituelle Adepten beim Meditieren vollkommen andere Gehirnwellenmuster hatten. Die Scans offenbarten nicht nur eine gesteigerte Thetaaktivität, sondern auch deutliche Ausbrüche von Gammawellen – viel mehr Aktivität, als bei einem »normalen« Menschen jemals gesehen wurde. Gammagehirnwellen gehen einher mit dem Zustand der übermäßigen Wachsamkeit, Auffassungsgabe, Integration von Sinneseindrücken, und zusammen mit Thetawellen stehen sie in enger Verbindung mit spirituellen Erfahrungen und spirituellem Wachstum. Außerdem zeigten die Gehirne der Mönche hohe Ebenen der Synchronizität oder Koordination, auf denen die Nervenzellen in einer ungewöhnlich rhythmischen, kohärenten Weise feuern, die auf tiefe Harmonie hinweist. Je länger die Mönche schon Meditation praktizierten, desto höher waren die Ebenen dieser positiven Gammawellen in ihrem Gehirn. Dies weist darauf hin, dass das Gehirn derart positiv trainiert und körperlich modifiziert werden kann, wie es die meisten Experten niemals für möglich gehalten hätten.

Diese Bewusstseinszustände sind nicht nur *anders* als die von Psychotikern und »normalen« Menschen, sie sind auch objektiv *besser*. Studien haben gezeigt, dass Menschen, die Zugang zu diesen Bewusstseinsebenen haben,

➤ wahrscheinlicher einen höheren moralischen Entwicklungsstand haben und positive Werte vertreten;
➤ eher ihren Frieden mit dem Tod und dem Sterben machen;
➤ weniger wahrscheinlich Selbstmord begehen;
➤ weniger suchtgefährdet sind;
➤ weniger angespannt und gestresst sind;
➤ erfolgreicher sind und diejenigen bei der Bewältigung von ganz alltäglichen Aufgaben in der echten Welt leistungsmäßig übertreffen, die keine solchen Erfahrungen gemacht haben. Sie sind außerdem
➤ glücklicher, besser angepasst und haben ein stärkeres Gefühl für den Sinn des Lebens und ihre persönliche Lebensaufgabe.

DER GEIST

Wenn wir die ganze Zeit von Bliss umgeben sind, warum sehen, fühlen und erleben sie dann nur so wenige von uns? Wie so viele Aspekte des Lebens ist auch Bliss unseren Sinnen nicht so einfach zugänglich. Weil Bliss kein Objekt oder Ding ist, sind unsere Fähigkeiten des Sehens Hörens, Berührens, Schmeckens und Riechens nicht darauf ausgerichtet, sie aufzuspüren. Unsere Sinne, so wunderbar sie auch sein mögen, sind nur dafür gemacht, bestimmte Arten von Erfahrungen zu verarbeiten, vor allem die äußere Welt der Dinge. Das macht sie völlig ineffektiv für das Entdecken von Bliss.

Die Auffassung, dass unsere Sinne ohne Hilfsmittel in ihren Fähigkeiten eingeschränkt sind, ist nicht sonderlich revolutionär. Für so gut wie *jede* wissenschaftliche und technologische Entdeckung der letzten 400 Jahre war eine Ergänzung oder Modifikation unserer grundlegenden Fähigkeiten erforderlich. Ohne Hilfsmittel können unsere Sinne nur einen ganz kleinen Teil der Welt wahrnehmen. Astronomen brauchen Teleskope, Biologen schauen durch Mikroskope, und Physiker verlassen sich auf Berechnungen, um ihre Arbeit zu machen. Wir haben *Millionen* von Hilfsmitteln erschaffen müssen, um unsere angeborenen Fähigkeiten zu erweitern.

Manchmal ist etwas auch derart beherrschend, dass es schwer zu begreifen ist. Die Schwerkraft existierte für uns nicht, bis der englische Physiker und Mathematiker Isaac Newton sie 1686 entdeckte. Sie war seit Beginn des Universums da, aber wir haben nicht verstanden, was wir da erlebten, bis Newton es uns erklärt hat. Das ist es, was die großen spirituellen Adepten aller Weltreligionen mit Bliss machen: Sie »entdecken« es, und dann berichten sie uns anderen, was sie herausgefunden haben, damit wir es selbst verstehen können.

Um die Schwerkraft zu entdecken – zu beweisen, dass es sie gibt, und nicht nur Theorien darüber aufzustellen –, war viel mehr erforderlich, als einen Apfel dabei zu beobachten, wie er vom Baum fällt. Newton musste eine Vielzahl von mathematischen Hilfsmitteln einsetzen, und manche davon musste er in Form von Berechnungen selbst erschaffen. Ohne die Unterstützung von Mathematikern und anderen Berechnungen wären wir nicht in der Lage, die Schwerkraft zu erkennen, zu begreifen und zu verstehen, obwohl wir seit Anbeginn der Welt davon umgeben sind.

Auch Bliss braucht gewisse Hilfsmittel. Anders als wissenschaftliche Hilfsmittel – die hauptsächlich als Methoden zur Erweiterung unserer Sinne verstanden werden können –, steigern spirituelle Hilfsmittel einen anderen Satz von Fähigkeiten. Einige dieser Hilfsmittel haben wir bereits vorgestellt. Mit den kraftvollsten werden wir in den folgenden Kapiteln noch Bekanntschaft machen, etwa mit den besonderen Techniken, die unter anderen von den Karmeliterinnen und den tibetischen Mönchen eingesetzt werden.

Die Illusion der Dualität

Um die alles durchdringende Glückseligkeit (Bliss) zu entdecken, müssen wir zuerst die Dualität bezwingen. Dualität ist die konstante Schwingung des Universums, welche die Illusion der Getrenntheit erzeugt. Denken Sie an einen Stuhl. Er trägt unser Gewicht, wenn wir darauf sitzen. Er scheint insofern relativ hart und dauerhaft, als er nicht von einer Minute auf die andere oder von einem Tag auf den anderen verschwindet. Auf einer anderen Ebene der Wirklichkeit sind Stühle jedoch keineswegs fest, geschweige denn dauerhaft. Wenn wir uns einen Stuhl aus Holz nur genau genug anschauen, werden wir herausfinden, dass er nichts als eine Ansammlung von Atomen ist – die wiederum eine Sammlung von subatomaren Teilchen sind – die sich *sehr* schnell in einem bestimmten Muster bewegen. Ob Sie es glauben oder nicht, 99,99 Prozent eines jeden Atoms ist leerer Raum! Und doch fallen wir nicht durch den Stuhl, wenn wir darauf sitzen. Das ändert allerdings nichts an der Tatsache, dass die Festigkeit des Stuhls auf der mikroskopischen Ebene *nicht existiert.* »Härte« ist eine Eigenschaft, die aus einer bestimmten Perspektive auftaucht, aber überhaupt nicht existiert, wenn man die Dinge aus einem anderen Blickwinkel betrachtet.

Schwingungsmuster manifestieren mehr als nur physische Objekte. Im alltäglichen Prozess des Abgrenzens und Unterscheidens erzeugt unser Geist eine mentale Dualität. Sie äußert sich darin, dass wir vergleichen, relativieren und differenzieren. Heiß oder kalt. Lust oder Schmerz. Oben oder unten. Richtig oder falsch. Innen oder außen. Positiv oder negativ. Schwarz oder weiß. Erfolg oder Misserfolg. Sogar gut oder schlecht. Diese Gegensatzpaare schwingen gemeinsam, um die Illusion aufrechtzuerhalten, dass sie voneinander getrennt sind. Jede Person, jeder Gedanke, jedes Gefühl und jedes Objekt schwingt in einem anderen Muster und in einer anderen Geschwindigkeit.

Dualität wird erschaffen von unserer Wahrnehmung eines Egos, einer »Ichheit« und dem Fluss unseres denkenden Geistes – jener Stimme in unserem Innern, die wir als »zu mir gehörig« empfinden. Unser Ego ist ständig damit beschäftigt, zu etikettieren, zu urteilen, zu kommentieren, zu vergleichen und Unterscheidungen zu treffen. Dadurch wird unser Gefühl, dass dieser in mir ablaufende Dialog ist, »wer ich bin«, permanent verstärkt. Und doch ist das nur auf einer bestimmten Bewusstseinsebene real, genau wie ein Stuhl nur aus einer Perspektive fest erscheint. Unser Ego ist in gewissem Sinne real, aber unwirklich im höchsten Sinne, genau wie unsere Träume durchaus real sind, solange wir im Schlafbewusstsein sind, sich aber verflüchtigen, wenn wir aufwachen. Das Auflösen der Dualität weckt uns aus dem Schlummer unseres Alltagslebens. Und wenn das passiert, verschwindet unser Ego einfach, genau wie unsere Träume.

Bliss macht es erforderlich, dass wir den Fluss unseres denkenden Geistes eindämmen oder zumindest sein illusorisches, traumähnliches Wesen durchdringen. Wir können nicht in unser egoistisches Geistfluss-Selbst *investiert sein* und gleichzeitig Bliss erleben. Uns an unser Ego zu klammern bedeutet, auf Differenzierung, Urteil und Trennung zu bestehen. Unser Alltagsbewusstsein – selbst ein glückliches – *erschafft* Trennung. Es ist, als würde man die Welt mit der Laubsäge sorgfältig in Millionen von Puzzleteilen zerschneiden. Indem wir den Wahn der

Dualität auflösen, setzen wir das Puzzle wieder zusammen. Wir bekommen ein nahtloses und vollständiges Bild. Das ist Bliss-Bewusstsein.

DIE ERFAHRUNG VON BLISS

Bliss ist das, was bleibt, wenn sich die Welt der Dinge auflöst. Im Bliss-Bewusstsein spüren wir, wie unsere enge Individualität verwandelt wird. Die Wellenmuster, welche die Illusion der Dualität erzeugen, lösen sich in Einheit auf. Wir werden überwältigt von einem Gefühl der Ausdehnung und der bedingungslosen Liebe. Es ist ein Gefühl ohne Zentrum. In diesem Zustand gibt es kein »ich, mir oder mein« – kein Ego. Es ist eine Erfahrung ohne Erfahrenden, eine unendliche Kontinuität der Ganzheit. Bliss *ist* einfach.

Wie Paramahansa Yogananda schrieb: »Es ist ein transzendentaler Zustand der außergewöhnlichen Ruhe, der das Bewusstsein einer großen Ausdehnung und von ›alles im Einen und das Eine in allem‹ in sich birgt.« Buddhisten beschreiben diesen Zustand als Nichts. Was sie meinen – zumindest die verwirklichten Adepten –, ist nicht etwa Leere, sondern *no-thingness*, »der Zustand ohne Dinge«. »Dinge« kommen ins Sein, wenn wir differenzieren und zwischen diesem und jenem unterscheiden. In einem Zustand der ungebrochenen Ganzheit kann es keine getrennten Dinge geben.

Weil sich alle Grenzen aufgelöst haben, können wir in Bliss Dinge sehen, fühlen und wissen, die nicht menschenmöglich zu sehen, zu fühlen und zu wissen scheinen. Wir können die Welt nicht nur durch uns selbst erleben, sondern auch durch andere. Einmal, als ich in meinem verdunkelten Zimmer im Bett lag und mich vor Schmerzen krümmte – das war in meiner dunkelsten Zeit –, hörte ich die Kinder meines Nachbarn draußen spielen, obwohl ich sie nicht sehen konnte. Es waren zwei Schwestern, vielleicht sechs und zehn Jahre alt. Ich hörte, wie sie vor Vergnügen kreischten, hörte ihr Lachen. Ich schob meinen eigenen Schmerz einen Moment beiseite und konzentrierte mich ganz intensiv auf *ihre Freude*. Plötzlich spürte ich das Lachen, die Freude und die unschuldige Freiheit, die sie erlebten, in mir selbst. Mein Schmerz verebbte. Ich wurde von gewichtslosem, verbundenem, überbewusstem Bliss überflutet.

Wir können das in jedem Moment, in jeder Situation und durch jeden Kanal erleben, weil wir in einem Meer des reinen bewussten Gewahrseins leben. Bliss fließt um uns herum, durch uns hindurch, in jedem Atom des Universums.

Bliss ist nicht etwas, das wir erschaffen, erfinden oder produzieren. Es ist etwas, worauf wir uns einstimmen. Das macht nur Sinn, wenn wir das richtige Bewusstseinsmodell haben. Manche Menschen *glauben* (einen Beweis gibt es nicht), dass Bewusstsein *in* unserem Gehirn erschaffen wird, als ob unser denkender Geist eine Absonderung, ja sogar ein Nebeneffekt, der etwa drei Pfund Gehirnmasse sei, die in unserem Kopf angesiedelt ist. Ein nützlicheres Modell ist vielleicht, sich unser Gehirn als Radio und das Bewusstsein als Radiowellen vorzustellen.

Radios *machen* das Programm, das wir hören, nicht. Sie fangen es vielmehr aus der Luft und verstärken es. Die unterschiedlichen Ebenen des Bewusstseins, die wir jeweils verkörpern, gleichen den verschiedenen Sendern, die wir auf unserem Radio wählen. Manche Sender spielen schwere, deprimierende Musik, andere leichte und erhebende. Wir können die Schwingung dessen, was durch uns hindurchfließt, verändern, indem wir lernen, die Kanäle unseres Bewusstseins zu wechseln. Im Innern unseres Gehirns nach Bliss-Bewusstsein zu suchen ist etwa so, als würden wir versuchen, unser Autoradio zu öffnen, um nachzuschauen, ob die Rolling Stones oder Howard Stern oder Terry Gross in unserem Armaturenbrett wohnen. Sie sind nicht da, und wir werden sie nicht finden, wie sehr wir auch nach ihnen suchen.

Um uns auf Bliss einzustimmen, brauchen wir ganz spezielle Werkzeuge plus Gebrauchsanweisung und die entsprechende praktische Erfahrung damit. Wenn wir die erst erworben haben, finden wir heraus, dass sich diese alles durchdringende Freude von Bliss durch unsere ganze Existenz zieht und in aller Ruhe darauf wartet, dass wir sie entdecken.

DAS EXPERIMENT: EINE ERFAHRUNG DES KOSMISCHEN BEWUSSTSEINS

Im Jahr 1929 schrieb Paramahansa Yogananda ein Gedicht mit dem Titel »Samadhi«, in dem er die Erfahrung der reinen Glückseligkeit (Bliss) schildert. Dieses Gedicht ist so besonders, weil Yogananda es geschrieben hat, *als er im Bliss-Zustand war*. Es ist kein »Bericht von danach« oder die Wiedergabe einer entfernten Erinnerung. Es ist der Versuch, Glückseligkeit zu kommunizieren, während sie sich entfaltet.

Samadhi ist ein Sanskrit-Wort, das »Einheit des menschlichen Bewusstseins mit dem kosmischen Bewusstsein« bedeutet. So wie eine Welle eins mit dem Meer wird, wird die menschliche Seele eins mit dem kosmischen Geist.

Das heutige Experiment besteht darin, das Gedicht zu lesen und zu visualisieren. Nehmen Sie sich Zeit. Versuchen Sie, es zu spüren, zu sehen und in sich aufzunehmen. Das wird Ihnen helfen, besser zu verstehen, was Bliss oder Seligkeit ist, und Sie inspirieren, es selbst zu erleben.

Samadhi
Gelüftet sind die Schleier von Licht und Schatten,
Aufgehellt die dunklen Wolken der Sorge,
Vergangen die Morgenröte der flüchtigen Freude,
Ausgelöscht der trüben Sinne Täuschung.
Liebe, Hass, Gesundheit, Krankheit, Leben, Tod,
Verschwunden die trügerischen Schatten auf der Leinwand
    der Gegensätze.
Des Lachens Wogen, die Ungeheuer des Spotts, die Fluten
    der Melancholie,

Aufgelöst im gewaltigen Meer der Seligkeit.
Der Sturm der Maya zum Schweigen gebracht
Vom Zauberstab der tiefen Ahnung.
Das Universum, ein vergessener Traum, lauert im
    Unterbewussten,
Um in mein neu erwachtes göttliches Erinnern einzudringen.
Ich lebe ohne den Schatten des Kosmos,
Doch ohne mich ist er nicht.
Wie das Meer auch ohne Wogen existiert,
Doch sie nicht ohne Meer.
Traum, Wachen, tiefer Schlaf des Turiya,
Gegenwart, Vergangenheit, Zukunft, nicht mehr für mich,
Doch immer gegenwärtiges, alles durchfließendes Selbst,
    ich überall.
Planeten, Sterne, Sternenstaub, Ende,
Vulkanausbrüche endzeitlicher Katastrophen,
Der Schöpfung formendes Schmelzen,
Gletscher aus stillen Röntgenstrahlen, Fluten aus brennenden
    Elektronen,
Gedanken aller Menschen, frühere, gegenwärtige, kommende,
Jeder Grashalm, ich, die Menschheit,
Jedes Teilchen Weltenstaub,
Wut, Gier, gut, schlecht, Erlösung, Lust,
Ich habe sie alle geschluckt und verwandelt
In einen riesigen Ozean aus dem Blut meines eigenen Seins!
Glühende Freude, neu entfacht durch Meditation,
Blendet meine Augen, die voll Tränen sind,
Bricht in unsterbliche Flammen der Seligkeit aus,
Verzehrt meine Tränen, meine Form, mein ganzes Sein.
Du bist ich, ich bin du,
Eins ist das Wissen, der Wissende, das Gewusste!
Ruhiges, ungebrochenes Erschauern, ewiges Leben, immer
    neuer Friede!
Entzücken jenseits alles Erwarteten, Samadhi, Seligkeit!
Kein mentales Chloroform,

Kein unbewusster Zustand, aus dem es keine willentliche
    Rückkehr gibt,
Samadhi erweitert mein Bewusstsein
Über die Grenzen des Sterblichen hinaus
Bis in die fernste Ewigkeit,
Wo mein Selbst, das kosmische Meer,
Das kleine Ich, das in mir schwebt, betrachtet.
Kein Sperling, kein Sandkorn fällt von mir unbemerkt.
Wie ein Eisberg schwimmt der Raum durch das Meer meines
    Geistes.
Ich trage alles in mir, was geschaffen wurde.
Durch immer tiefere, längere, durstige, vom Guru gegebene
    Meditation
Kommt dieses himmlische Samadhi.
Bewegtes Murmeln der Atome ist zu hören.

Seht, die dunkle Erde, die Berge, die Täler! Geschmolzene
    Flüssigkeit!
Meere verwandeln sich in Nebeldunst!
AUM bläht die Nebel auf, zerreißt auf wunderbare Weise
    ihre Schleier,
Meere offenbaren sich, glänzende Elektronen,
Bis beim tiefen Klang der kosmischen Trommel
Alles grobe Licht den Strahlen der Ewigkeit weicht,
Der allumfassenden Glückseligkeit.
Aus Freude komme ich, für Freude lebe ich, in heiliger Freude
    versinke ich.
Meer des Bewusstseins, ich trinke die Wogen der Schöpfung.
Das Feste, das Flüssige, der Dunst, das Licht,
Vier Schleier heben sich.
Mein Ich in allem geht ein in das große Selbst.
Fort sind die launisch, flatterhaften Schatten des sterblichen
    Erinnerns.
Makellos der Himmel meines Geistes unter, vor und über mir.
Ein einziger Strahl sind wir, die Ewigkeit und ich.

Ein winziges Bläschen Lachen.
Zum Meer der Seligkeit bin ich geworden.

Online
Weitere Videos und Quellen für dieses Kapitel stehen auf der
Internetseite www.theblissexperiment.com zur Verfügung.

KAPITEL 23

BLISS IM EIGENEN INNERN ENTDECKEN

Das Wesen der Seele ist Bliss – ein dauerhafter, innerer Zustand immer neuer, sich immer verändernder Freude, die uns auf ewig erfüllt, selbst wenn wir den Weg des Leides gehen.

Paramahansa Yogananda

In diesem Kapitel und im nächsten werden wir tief in die Praxis der Meditation eintauchen, die wichtigste Bliss-Praxis von allen. Sie ist sogar die wichtigste Praxis überhaupt. Von allem, was die Menschheit je erfunden hat, kommt sie der Patentlösung am nächsten. Lassen Sie es mich so kurz wie möglich ausdrücken: Wenn Sie in Ihrem ganzen Leben nur eine Praxis ausüben wollen, sollten Sie meditieren.

Meditation hilft Körper, Geist und Seele. Sie funktioniert auf jeder Ebene unseres Seins. Wenn Sie bei Ihren Geschäften erfolgreicher sein wollen, sollten Sie meditieren. Wenn Sie länger und mit weniger Stress leben wollen, sollten Sie meditieren. Wenn Sie sich Kreativität oder Intuition erschließen wollen, sollten Sie meditieren. Wenn Sie den Sinn des Lebens finden wollen, sollten Sie meditieren. Wenn Sie glücklich sein wollen, sollten Sie meditieren. Wenn Sie Ihr spirituelles Selbst aufblühen lassen wollen, sollten Sie meditieren. Es gibt nichts, was Meditation nicht noch besser machen könnte. Neben ihr verblasst jede andere Aktivität, jeder gute Rat und jede Praxis.

Und was das Beste ist, Meditation kann von fast jedem ausgeübt werden. Ihr Alter, Ihre Rasse, Ihre geistigen Fähigkeiten,

Ihre religiösen Überzeugungen, Ihre körperliche Fitness oder was auch immer spielt keine Rolle.

DIE GESCHICHTE

Judy war Cheerleader, als sie noch zur Highschool ging. Sie war eine von Natur aus fröhliche, quirlige, peppige Persönlichkeit und als geborener Optimist nicht anfällig für Depressionen. Sie heiratete einen Mann, den sie in der Abschlussklasse am College kennengelernt hatte. Sie hatten zwei Kinder, lebten am Stadtrand und schienen einigermaßen glücklich zu sein. Ihr Mann war leitender Angestellter in der mittleren Führungsebene eines großen Unternehmens. Nachdem sie viele Jahre lang nicht gearbeitet hatte, um die Kinder zu erziehen, nahm Judy eine Teilzeitstelle als Assistentin der Geschäftsleitung in einer Nahrungsmittelfirma an.

Eines Tages machte sie zur Mittagszeit einen Überraschungsbesuch im Büro ihres Mannes. Sie sah, wie er mit einer Kollegin in seinem Auto saß. Sie küssten sich und waren in ein eindeutig intimes Gespräch vertieft. In diesem Moment wusste Judy, dass ihre Ehe zu Ende war, obwohl es noch viele Monate dauerte, bis ihr Mann auszog und sie die Scheidung einreichte.

Als Judy ihr Leben neu aufzubauen begann, war sie traurig und hoffnungsvoll zugleich. Weil sie eine von Natur aus positive Person war, verbrachte sie nicht viel Zeit mit Trübsalblasen. Auf der Habenseite sah sie das Ganze als Chance auf ein neues Leben und neue Abenteuer. Ihr Mann hatte ihr ein sicheres, aber – wie sie zugeben musste – auch ziemlich langweiliges Leben geboten. Zum ersten Mal seit fast 20 Jahren konnte sie tun, was sie wollte, ihren eigenen Interessen nachgehen und der Mensch werden, der sie schon immer hatte sein wollen.

Ein paar Jahre vor ihrer Scheidung hatte Judy in ihrem örtlichen Fitnessstudio mit Yogaübungen begonnen. Jetzt machte sie immer öfter Yoga, denn sie hatte herausgefunden, dass die

Übungen ihr wirklich halfen, sowohl geistig als auch körperlich. Sie wechselte in ein Yogastudio, das ihr eine intensivere Praxis ermöglichte. Einer ihrer neuen Lehrer gab Judy den Rat, meditieren zu lernen. Bald darauf nahm sie an einem meiner Vier-Wochen-Kurse teil. Im zweiten Teil des Kurses brachte ich ihr die Meditationstechnik bei, die wir uns im nächsten Kapitel näher anschauen werden.

Zu Beginn der dritten Kurswoche hatten die Teilnehmer Gelegenheit, von ihren Meditationserlebnissen der vergangenen Woche zu berichten, in der sie jeden Tag hatten üben sollen. Judy berichtete von einem erstaunlichen Erlebnis, das sie erst zwei Tage zuvor gehabt hatte. Mit geschlossenen Augen hatte sie ein helles weißes Licht hinter ihrer Stirn gesehen, mit einem strahlenden Stern in der Mitte. Das tiefste Gefühl des Friedens, das sie je gehabt hatte, überschwemmte sie. Judys Geist wurde ganz still, als sie ein paar Minuten lang in einem tiefen, freudvollen Frieden schwebte. Als es zu Ende war, liefen Tränen des Glücks über ihre Wangen. Sie sagte, sie habe sich noch nie so lebendig, dankbar, ruhig und rundum ganz gefühlt. In ihrer fröhlichen Art rief sie: »Ich kann gar nicht glauben, dass ich so lange gebraucht habe, um meditieren zu lernen!«

Seitdem hat Judy ihre Meditationspraxis nicht nur ständig weiterentwickelt, sondern leitet selbst eine kleine Meditationsgruppe in ihrer Ortsgemeinschaft. Das ist ein wichtiger Teil ihres Lebens. Meditation hat ihr Leben völlig verändert. Wenn sie zufällig Freunde aus ihrem »alten« Leben mit ihrem Ehemann trifft, erkennen die sie kaum wieder. Eine enge Freundin fragte sie sogar, ob sie sich einer Schönheitsoperation unterzogen habe, weil sie plötzlich so anders aussehe! (Hatte sie nicht.) Judy fügte hinzu: »Zum ersten Mal habe ich das Gefühl, dass jeder Teil meines Lebens funktioniert. Körperlich, geistig und spirituell ist mein Leben nie besser gewesen!«

DIE WISSENSCHAFT

Meditation ist die am besten erforschte Praxis, die in diesem Buch vorgestellt wird. Es gibt Tausende von veröffentlichten Studien über die Wirksamkeit der verschiedenen Aspekte und Anwendungen dieser Praxis. In diesem Kapitel werfen wir einen Blick auf das, was die Wissenschaft über die Wirkung der Meditation auf das Gehirn herausgefunden hat. In Kapitel 24 nehmen wir einige der praktischen Ergebnisse unter die Lupe, die wir von einer regelmäßigen Meditationspraxis erwarten können.

Eine der spannendsten Erkenntnisse ist, dass Meditation das Gehirn buchstäblich neu strukturieren kann. Jahrzehntelang glaubten Wissenschaftler, dass das Gehirn des erwachsenen Menschen dauerhaft verdrahtet und unveränderbar ist – dass die Gehirnstruktur des jungen Erwachsenen also etwas sei, womit dieser Mensch ein Leben lang arbeiten muss. Jetzt wissen wir, dass dem nicht so ist und dass sich das einmal ausgereifte Gehirn im Laufe unseres Lebens sehr wohl auf ganz unterschiedliche Weise verändert. Besonders interessant für uns ist, dass sich Meditation als eine der effektivsten und direktesten Möglichkeiten, unsere eigenen plastischen Gehirne absichtlich neu zu formen, erwiesen hat. Indem wir bestimmte Konzentrationsmuster praktizieren, können wir tatsächlich unsere Gehirnstruktur verändern. Das hat enorme Auswirkungen auf unsere Gesundheit, unsere Vorstellung davon, wer wir sein können, und daher auch auf die Veränderungen, die wir vornehmen, um unsere Zukunft zu gestalten.

Meditation wirkt sich auf viele Arten positiv auf unser Gehirn aus. Auf einer grundlegenden Ebene verändert sie das Verhältnis zwischen rechter und linker Gehirnaktivität. Es gibt Hinweise darauf, dass die rechte Gehirnhälfte eher mit negativen Emotionen in Verbindung steht, während die linke Glück verarbeitet. Forschungen, die unter der Leitung von Dr. Richard Davidson durchgeführt und im letzten Kapitel vorgestellt wurden, weisen darauf hin, dass Langzeitmeditierende sehr viel höhere Ebenen der Aktivität in der linken Gehirnhälfte haben als Nicht-Meditierende.

Abgesehen von diesem einfachen Unterschied, verändert Meditation auch das elektrische Wellenmuster in unserem Kopf. Die Billionen von Neuronen in unserem Gehirn senden ständig elektrische Ladungen aus, die von EEG-Geräten aufgezeichnet werden. Alles in allem schaffen unsere Neuronen breit angelegte Kategorien von elektrischen Frequenzen, die mit unseren subjektiv empfundenen Gefühlszuständen korrespondieren. Eine durchschnittliche, gesunde Person wird, wenn sie sich mit geschlossenen Augen ausruht, eine andere Gehirnwellenfrequenz haben, als wenn sie beispielsweise tief und fest schläft. Ein Epileptiker, der gerade einen Anfall hat, zeigt bei jeder Zuckung eine enorme, das Diagramm fast sprengende Aufwallung der Aktivität.

Zahlreiche Studien zeigen, dass Meditation Delta- und Gammawellen im Gehirn in die Höhe treibt. Dies erzeugt Gefühle der Beschaulichkeit, des Glücks und der Herzlichkeit; stabilisiert die Wahrnehmung und vergrößert unser Gefühl der Weiträumigkeit; steigert unsere Fähigkeit, ungewollte oder überwältigende Sinneseindrücke aus unserer Umwelt – die tendenziell Angst, Nervosität und Anspannung hervorrufen – auszublenden, und schärft unsere Aufmerksamkeit und unsere Konzentration.

Meditation verändert nicht nur Gehirnwellen. Sie bewirkt auch eine dauerhafte Veränderung der Gehirndichte. (Das ist eine gute Sache!) Die Dichte des Gehirns neigt dazu, mit zunehmendem Alter immer dünner zu werden, was zu einer Vielzahl von Problemen führt. Ein Team vom Massachusetts General Hospital unter der Leitung von Sarah Lazar entdeckte, dass Meditierende in nur acht Wochen eine messbare Steigerung der kortikalen Dichte entwickelten (die äußere Schicht des zerebralen Kortex, bestehend aus zusammengefalteter grauer Materie, die eine wichtige Rolle für das Bewusstsein spielt). Besonders deutlich war die Steigerung erkennbar in den präfrontalen Regionen, die man mit Aufmerksamkeit, mit Interozeption (Empfänglichkeit für Reize, die im Innern des Körpers entstehen) und mit sensorischer Verarbeitung (wichtig für das Lernen und die Erinnerung) assoziiert, sowie in Strukturen, die mit Eigenwahrnehmung, Mitgefühl und Innenschau gleichgesetzt werden. Es macht Mut, dass dieser Effekt bei älteren Meditierenden besonders ausgeprägt war, weil er vermuten lässt, dass Meditation den Alterungsprozess verlangsamen oder gar umkehren könnte. Andere Studien haben ergeben, dass Meditation die Aktivität im präfrontalen Kortex erhöht, was sowohl die kognitiven und emotionalen Verarbeitungsfähigkeiten unterstützt.

Etliche Studien weisen auch darauf hin, dass Meditation den Blutfluss zum Gehirn erhöht. Von allen Organen des Körpers verbraucht unser Gehirn am meisten Sauerstoff, der in den roten Blutkörperchen durch das Kreislaufsystem transportiert wird. Obwohl das Gehirn nur etwa zwei Prozent der gesamten Körpermasse ausmacht, ist es für mehr als 25 Prozent des Blutflusses zuständig. Erhöhte Sauerstoffzufuhr zum Gehirn verbessert Kognition und Konzentration und verzögert den Ausbruch von Demenz und Gehirndegeneration.

Meditation hat auch Einfluss auf die Neurotransmitter im Gehirn. Eine in der Zeitschrift *Cognitive Brain Research* veröffentlichte Studie kam zu dem Ergebnis, dass Meditation die Ausschüttung von Dopamin erhöht. Die Steuerung dieser Gehirnchemikalie spielt eine wichtige Rolle für unsere geistige und körperliche Gesundheit. Sie beeinflusst Gehirnprozesse, die Bewegung, emotionale Reaktionen und die Fähigkeit, Freude und Schmerz zu erleben, kontrollieren. Einer anderen, im *Journal of Neural Transmission* veröffentlichten Studie zufolge erhöht Meditation auch den Serotonin-Spiegel. Serotonin ist der wichtigste Neurotransmitter, auf den selektive Serotonin-Wiederaufnahmehemmer (SSRI), die neueste Generation von Antidepressiva, einwirken. Es ist wichtig für das Aufrechterhalten eines Glücksgefühls, hilft uns, unsere Stimmungen unter

Kontrolle zu halten, lässt uns besser schlafen, beruhigt Ängste und mildert Depressionen.

Zum Schluss (obwohl wir noch mehr aufzählen könnten) wollen wir noch darauf hinweisen, dass Meditation für die Stabilität der neuronalen Netze im Gehirn hilfreich ist, vermutlich indem es die allgemeine Kohärenz und die Verbindungen stärkt. Aufmerksamkeitsdefizite und emotionale Instabilität sind Kennzeichen vieler Formen von Geisteskrankheit. Meditation kann helfen, Funktionsweisen des Gehirns »zusammenzunähen« und die Kohäsion zu steigern. Sie trägt auch dazu bei, neue Verbindungen zwischen Neuronen und eigenständigen Gehirnarealen herzustellen. Außerdem kann sie Nervenbahnen reparieren, die in Zusammenhang mit dem Alterungsprozess untergegangen sind oder zerstört wurden.

DER GEIST

Im Grunde ist Meditation eine Transformationspraxis. Sie transformiert unseren Körper, unseren denkenden Geist und vor allem unsere Seele. Weil sie allumfassend ist, gibt es viele Möglichkeiten, sie zu verstehen und zu definieren. Hier sind ein paar Definitionen, die ich selbst sehr nützlich finde:

➤ der Zustand, in dem Geist und Körper still sind und das Herz offen ist;
➤ aufsteigende Entspannung (nicht einfach »Entspannung« – sondern zu einem erweiterten, erhobenen Überbewusstsein *aufsteigende* Entspannung);
➤ der Zustand, in dem man sich erinnert, *wer man* wirklich *ist*; und
➤ Ferien für den Geist.

In mancher Hinsicht bevorzuge ich die letzte Definition. Wer möchte nicht Ferien machen? Das ist positiv und machbar. Und

was das Beste ist, es ist die einzige Art von Ferien, die wir jederzeit und überall machen können, ohne Kosten, ohne Planung,
ohne Probleme. Ist das nicht wunderbar?

Es kann auch hilfreich sein, Meditation über das zu definieren, was sie *nicht* ist: schlafen, tagträumen, abdriften oder passiv
sein. Es ist eine *aktive* Praxis. Eine entschlossene, ausgerichtete
Aufmerksamkeit, die den Geist erhebt, und zwar gegen die Träg-
heit seines ständig abwärtsjagenden Gedankenflusses. Meditation, wie wir sie hier verstehen, ist eine äußerlich stille Praxis. Obwohl die Technik mentale Aktivität beinhaltet, arbeiten wir nicht
mit Musik, geführten Visualisierungen oder anderen äußerlich
hörbaren Erfahrungen. Meditation ist auch nicht dasselbe wie
Gebet im Sinne von Fürbitte. Eine nützliche Unterscheidung: Im
Gebet *bitten* wir um Führung, in der Meditation *hören* wir auf
die Antwort.

Meditation und Bliss

Indem wir den Geist in der Meditation erheben und beruhigen,
kann Glückseligkeit bis in das normalerweise abgelenkte und
defensive Selbst vordringen.

Kehren wir zu unserer Analogie vom Geist als Fluss zurück.
Die meisten Methoden, die wir bisher kennengelernt haben,
können als Arbeiten an der Qualität des »Wassers« verstanden
werden, das durch unseren Geist fließt. Übungen wie Dankbarkeit und Optimismus nehmen einen schlammigen Geist und
durchtränken ihn mit frischem, klarem Wasser. Meditation ist
vollkommen anders. Sie reinigt den Fluss unseres Geistes nicht
nur, sondern trägt dazu bei, ihn ganz zum Verschwinden zu
bringen. Es ist, als bauten wir einen Damm, der die normalerweise endlose Parade aus Gedanken, Gefühlen und Bildern zunächst stark verlangsamt und schließlich, mit viel Übung, völlig
zum Stillstand bringt. Denken wir auch an das, was wir im letzten Kapitel behandelt haben: Es ist dieser Fluss des Geistes, der
unsere Wahrnehmung eines von anderen getrennten Egos und
der Individuation hervorruft, jene falsche Vorstellung von »ich,

mir, mein«, die unser innerstes und höchstes Selbst verschleiert. Indem wir den Fluss des Geistes verlangsamen, erlauben wir der darunterliegenden Glückseligkeit (Bliss), zum Vorschein zu kommen.

Wenn der denkende Geist wie ein Fluss ist, illustriert das folgende Diagramm die Wirkung der Meditation. Stellen Sie sich die durchgängige Linie als den üblichen Strom unserer Gedanken, Emotionen und Bilder vor.

Alltagsgeist ohne Meditation:

_____

Meditation sorgt für Lücken, indem sie den Fluss des Geistes eindämmt:

___ ____ _____ ____ _ __ ____

Je mehr wir meditieren, desto mehr Raum entsteht zwischen unseren Gedanken:

___ _____ ___ __ __ _ ___ _ _

Schließlich sieht der Geist eines fortgeschrittenen Meditierenden so aus:

— — — — — —

Ohne Meditation ist selbst ein positiver Geist wie ein ununterbrochener Fluss der trennenden Ego-Gedanken. Meditation beruhigt den Geist und macht es Bliss möglich, gelegentlich für einen Moment durch die Lücken zwischen den Gedanken nach oben zu kommen. Je mehr wir meditieren, desto stiller wird unser Geist und desto mehr Bliss strahlt hindurch.

Wenn wir in den Geist eines spirituellen Meisters schauen könnten, würden wir erkennen, dass er nur denkt, wenn es wirklich nötig ist. Den Rest der Zeit verbringt er still in Bliss vertieft.

Bliss ist einspitzig. Sie ist nicht entweder/oder, an/aus, ja/nein. Wir können kleine Bliss-Erlebnisse haben – wie sie viele Menschen in Momenten haben, in denen ihr bewusster Verstand aus von ihnen nicht kontrollierbaren Gründen schweigt –, und diese Erlebnisse können an Häufigkeit und Intensität zunehmen. Nur die vollkommen verwirklichten spirituellen Genies leben die ganze Zeit in reinem Bliss. Und Meditationsübungen bringen selbst in geringen Dosen signifikante Bliss-Erlebnisse hervor.

Unterschiedliche Techniken und Stile

Meditation ist Bestandteil jeder Religion, mit der ich Bekanntschaft gemacht habe. Es gibt christliche, jüdische, muslimische, hinduistische, buddhistische, indianische, schamanische, jainistische, taoistische, konfuzianistische, zoroastrische und Wicca-Varianten, um nur einige zu nennen. Andererseits braucht Meditation keine spezifischen religiösen Überzeugungen. Dass Meditation in jeder der großen Weltreligionen zu finden ist, ist nur ein weiterer Beweis für ihre einzigartige Bedeutung. Spirituelle Sucher und Adepten jeder Tradition haben die Leistungsfähigkeit dieser Praxis unabhängig voneinander entdeckt.

Es gibt Hunderte von spezifischen Meditationstechniken, von denen die meisten wiederum wenigen größeren Gruppen zugeordnet werden können. Die vier Hauptkategorien sind: Mantra, Achtsamkeit/Hören, Bewegung und Atemmanipulation.

Mantratechniken arbeiten mit der stillen Wiederholung eines Wortes oder Satzes im Geist, oft (aber nicht immer) synchronisiert mit dem Ein- und Ausatmen. Achtsamkeits- und Hörtechniken verlangen, dass wir unsere Aufmerksamkeit auf etwas richten: den vorbeidriftenden Fluss unserer Gedanken, Geräusche in unserem äußeren Umfeld oder ein inneres Erleben in den Tiefen unseres Geistes. Bewegungsmeditation bedient sich der Bewegungen des Körpers, oft synchronisiert mit der Atmung, um unser Bewusstsein zu erhöhen. Atemtechniken manipulieren unseren Atem ganz bewusst auf bestimmten Weisen.

Ich persönlich habe schon Techniken aus jeder Kategorie und allen religiösen Traditionen eingesetzt. In meiner eigenen täglichen Praxis verwende ich mindestens eine von drei der vier Hauptkategorien.

Wie in jeder Religion haben wir es auch in Meditationsgruppen manchmal mit dogmatischen Partisanen einer bestimmten Schule oder Technik zu tun, die behaupten, dass ihre Technik die »beste« sei. Ich höre nicht mehr auf diese Meditationsdogmatiker als auf irgendwelche religiösen Fanatiker. Sowohl wissenschaftlich als auch spirituell ist eindeutig bewiesen, dass die Haupttechniken alle gleich effektiv sind. Wie bei der Religion entdecken wir vielleicht, dass wir eine Meditationstechnik einer anderen gegenüber bevorzugen, aber es ist wichtig, zu erkennen, dass dies eine persönliche Entscheidung ist.

Im nächsten Kapitel werden wir eine gute, grundlegende Meditationstechnik für Anfänger kennenlernen, die in mehr als 700 wissenschaftlichen Studien erforscht wurde. Ich habe sie ausgewählt, weil ich weiß, dass sie wirksam, leicht zu erlernen und relativ einfach ist. Wenn Sie sich zu einer anderen Technik hingezogen fühlen, die zu den Leitlinien dieses Kapitels passt, können Sie diese stattdessen einsetzen.

DAS EXPERIMENT: ATMEN LERNEN

Meditation wird effektiver, wenn man übergangsweise mit Atemübungen beginnt. Diese Übungen sind noch keine Meditationstechniken an sich. Vielmehr tragen sie dazu bei, uns auf die Meditation vorzubereiten. Sie bilden einen Puffer zwischen dem, was unmittelbar vor Beginn der Meditation passiert ist, und der Praxis selbst. Und was noch wichtiger ist, diese Techniken leiten den Prozess ein, in dessen Verlauf der Geist beruhigt wird, und bringen ein Gefühl des inneren Friedens und der Empfänglichkeit, welche die Effektivität der Meditation steigern.

Die folgenden beiden Übungen werden unmittelbar vor Beginn der Meditation gemacht. Sie können auch einzeln eingesetzt werden, wann immer wir im Laufe des Tages schnell einen Zustand der Entspannung herbeiführen müssen.

Atemtechnik 1: Doppelte Atmung
Diese Technik ist *sehr* schnell und einfach. Wenn Sie diese Übung als Übergang zur Meditation verstehen, sollten Sie sie im Sitzen machen. Wenn Sie sie unabhängig von der Meditation machen, können Sie alternatv auch stehen oder liegen.

1. Beginnen Sie, indem Sie ein paar tiefe Atemzüge nehmen und sich dabei Ihrer Lungen und Ihres Atemrhythmus bewusst werden.
2. Als Nächstes atmen Sie in zwei Phasen durch die Nase ein, während Sie alle Muskeln Ihres Körpers ganz bewusst anspannen. Die erste Einatemphase ist kurz und scharf, unmittelbar gefolgt von einer langen, starken Phase, welche die Lunge vollständig füllt.
3. Dann atmen Sie ohne Pause durch den Mund aus, wieder zuerst in einer kurzen und dann in einer langen Ausatmungsphase. Lassen Sie mit dem Atem alle Anspannung in Ihrem Körper los.

Beim Einatmen durch die Nase klingt das Atemgeräusch so: »*Sniff, sniefffff.*« Ja, das klingt ein bisschen, wie wenn wir schniefen oder die Nase hochziehen. Das Ausatmen durch den Mund klingt so: »*Huh, huuuhhhh.*« Mit dem Ausatmen stoßen wir den Atem aus uns hinaus, und zwar in zwei deutlich voneinander getrennten Phasen. Beide Geräusche sollten hörbar sein.

Diese Atmung geht damit einher, dass wir beim Einatmen den ganzen Körper vom Kopf bis zu den Zehen anspannen und beim Ausatmen die gesamte Körperspannung schnell wieder loslassen. Das Anspannen der Muskeln und die darauffolgende Entspannung macht es dem Körper möglich, körperliche Steifheit oder Angst schnell loszulassen.

Spannen und entspannen Sie den Körper in Verbindung mit der doppelten Atmung drei- bis sechsmal. Jede Runde dauert nur fünf bis zehn Sekunden, also nehmen selbst sechs Runden nicht viel Zeit in Anspruch.

Atemtechnik 2: Gleichmäßiges Zählen beim Atmen

Bei dieser Übung, die auch »gemessenes Atmen« genannt wird, atmen wir ein, halten den Atem an und atmen wieder aus, wobei jeder dieser Schritte genau gleich lange dauert. Machen Sie diese Übung im Sitzen.

1. Schließen Sie die Augen. Schauen Sie hinter den geschlossenen Augenlidern sanft nach oben.
2. Nun atmen Sie sechs Sekunden durch die Nase ein.
3. Halten Sie den Atem sechs Sekunden an.
4. Atmen Sie sechs Sekunden lang aus.
5. Fangen Sie sofort wieder an einzuatmen. Halten Sie die Atemluft nicht aus den Lungen heraus.
6. Machen Sie sechs Runden von dieser Übung. Wenn Sie damit fertig sind, können Sie die Augen langsam wieder öffnen.

Stellen Sie sicher, dass Sie sofort nach dem Ausatmen wieder mit dem Einatmen beginnen. An dieser Stelle halten wir den Atem *nicht* sechs Sekunden lang an. Die sechs Sekunden können Sie still im Geist abzählen oder Sie klopfen zum Zählen sechsmal sanft auf Ihr Bein.

Spüren Sie, wenn Sie einatmen, zunächst, wie die Atemluft Ihren Bauch und die Zwerchfellgegend füllt. Stellen Sie sicher, dass Ihr Bauch nicht von der Kleidung eingeschnürt ist. Wenn die eingeatmete Luft vom Zwerchfell aus nach oben fließt, dehnt sich der Brustkorb zu den Seiten und ein wenig zum Rücken hin aus. Schließlich können Sie mit der Luft, wenn nötig, den Brustbereich dehnen.

Alle drei Phasen sollten weich zusammenfließen. Es sollte nie ein Gefühl der Überbelastung aufkommen. Atmen Sie in umgekehrter Reihenfolge aus.

Versuchen Sie, beim Einatmen zu spüren, wie die Atemluft im Körper nach oben fließt. Beim Ausatmen spüren Sie, wie die nach unten und außen fließende Atemluft Sie tief in den inneren Frieden trägt.

Sie können die Zählung auch verkürzen oder verlängern. Manche Menschen können bei dieser Übung nur bis vier zählen, während andere es bis acht, zehn oder zwölf schaffen. Ich kenne einen, bei dem jeder Schritt 24 Sekunden dauert! Finden Sie heraus, welche Dauer für Sie richtig ist. Das ist abhängig von Ihrem Lungenvolumen, Ihrer Atemkontrolle und davon, womit Sie sich wohlfühlen. Es ist extrem wichtig, dass Sie sich nicht anstrengen, während Sie diese Übung machen. Es geht darum, Stille herbeizuführen und nicht, in Wettbewerb mit jemandem zu treten oder blau anzulaufen! Die meisten Menschen zählen bis irgendwo zwischen sechs und zehn.

KAPITEL 24

DIE MACHT VON BLISS

Meditation ist die Antwort, die einzige Antwort.
Sri Chinmoy, spiritueller Lehrer aus Indien (1931–2007)

In diesem Kapitel lernen wir eine kraftvolle, wissenschaftlich und spirituell erprobte Technik namens *Hong-Sau* kennen. Ich habe schon viele verschiedene Meditationstechniken auf einer täglichen Basis eingesetzt – und tue das noch immer. *Hong-Sau* ist am einfachsten zu erlernen, verwurzelt uns in den Grundlagen der Meditation und ist von Anfang an enorm effektiv. Man braucht nur sehr wenig Praxis und eine minimale Lernphase, um damit auf Hochtouren zu kommen. Selbst heute, mehr als 20 Jahre, nachdem ich zu meditieren begonnen habe, und wo ich ein ganzes Arsenal an interessanten und fortgeschrittenen Techniken zur Verfügung habe, praktiziere ich *Hong-Sau* immer noch jeden Tag. Diese Meditation ist etwas, das Sie für den Rest Ihres Lebens jeden Tag machen können, und Sie werden immer weiter lernen, wachsen und die enorme Tiefe einer wunderbaren Erfahrung gewinnen.

DIE GESCHICHTE

André hat eine weißen Mutter und einen schwarzen Vater. Er wuchs in einem konventionellen baptistischen Elternhaus auf. Seine Familie ging zwar regelmäßig zur Kirche, aber André bedeutete dies nie sehr viel. Die Bibel war für ihn ein manchmal inspirierendes, oft verwirrendes und bisweilen unerträgliches Buch. Er machte sich besonders viele Gedanken darüber, dass sie so häufig benutzt wurde, um Intoleranz, Bigotterie und sektiererische Haarspalterei zu rechtfertigen. Er hatte eine natürliche Abneigung gegen das, was er als »pharisäische« Haltung so vieler Gläubiger bezeichnete.

Vor mehr als 30 Jahren hatten Andrés Eltern eine Firma für Gourmet-Nahrungsmittel gegründet, die auf den Import von ungewöhnlichen Artikeln aus Europa, Asien und Afrika spezialisiert war. Heute sind seine Eltern im Ruhestand, und André leitet die Firma.

Als er es übernahm, war das Familienunternehmen ein einziges Chaos. Seit Kurzem waren viel größere Mitbewerber auf dem Markt und verdrängten die meisten der kleineren Firmen. Hinzu kam, dass der Zusammenschluss von Einzelhändlern – fast jeder größere Laden gehörte mittlerweile zu einer Kette – es manchmal schwierig machte, überhaupt die Aufmerksamkeit des für den Einkauf der ganzen Kette zuständigen Personals zu bekommen. In seinen ersten beiden Jahren als Geschäftsführer war sich André nicht sicher, ob er die Dinge zum Besseren oder zum Schlechteren veränderte. Die Firma war nicht gut organisiert, und die Umsätze gingen leicht zurück. André fürchtete, der Situation nicht mehr gewachsen zu sein.

Der Stress machte ihm zu schaffen. Ein Freund empfahl ihm, eine nicht konfessionell gebundene Form von Meditation zu erlernen.

Jetzt, drei Jahre später, floriert seine Firma. André hat beschlossen, sich auf den Import von fair gehandelten Produkten zu konzentrieren. Das hat die Aufmerksamkeit von Lebensmittelhändlern und Gourmetmärkten in ganz Nordamerika erregt. André hat eine wichtige Position in der Branche. Er gehört zu einer Gruppe, die Richtlinien für den fairen Handel mit Bauern und Kunsthandwerkern auf der ganzen Welt entwickelt. Seine Firma investiert in lokale Gemeinschaften auf drei Kontinenten und spendet an wohltätige und gemeinnützige Organisationen zu Hause und auf der ganzen Welt. Das Unternehmen unterstützt und beschäftigt heute nicht nur den größten Teil seiner Familie, sondern auch über 100 Angestellte und Vertragsarbeiter, wie Vertreter, Büroangestellte, Lagerarbeiter und Produkteinkäufer. Ein Wirtschaftsmagazin bezeichnete es kürzlich als eines der am schnellsten wachsenden Kleinunternehmen in Amerika.

André macht vor allen anderen Dingen vor allem eines für diese bemerkenswerte Wende verantwortlich: Meditation.

Er meditiert jeden Tag zu Hause, bevor er ins Büro geht, und macht, wenn möglich, eine kurze Meditationspause vor dem Mittagessen. Er meditiert auch vor wichtigen Meetings oder bevor er bedeutende Entscheidungen trifft. Verglichen damit, wie er sich gefühlt hat, bevor er meditieren lernte, weiß André heute, dass diese Praxis ihn geerdet, ihm geistige Klarheit beschert, seine Intuition geschärft und ihn geholfen hat, seine Chancen zu sehen. Dass sie ihn also ganz allgemein angeleitet hat, als es darum ging, seine Firma in die richtige Richtung zu lenken.

André nutzt Meditation nicht nur als Hilfsmittel für seine Geschäfte. Zuerst und vor allem hat ihm Meditation gegeben, weswegen er sie ursprünglich erlernt hat: Er fühlt sich weniger gestresst und deutlich ausgeglichener. Er hat sich sogar Sorgen gemacht, dass er vielleicht verrückt werden könne. Davon kann keine Rede mehr sein. Er ist gelassen, zuversichtlich und gleichmütig.

Und was das Wichtigste ist, Meditation hat auch sein spirituelles Leben revolutioniert. Als er zu meditieren begann, erlebte André eine sein Leben verändernde Tiefe des inneren Friedens und der Freude. Er sagt: »Meditation verankert alles: mein Unternehmen, meine Beziehung zu meiner Familie und meine Beziehung zu Gott. Sie ist das einzig Wahre.«

DIE WISSENSCHAFT

André hat absolut recht. Wir haben bereits gelernt, wie Meditation auf das Gehirn wirkt und höhere Bewusstseinszustände hervorbringt. Schauen wir uns nun ihre Vorteile in vielen anderen Bereichen an. Werfen wir einen Blick auf den Nutzen der Meditation in einem breiten Spektrum von Kategorien.

Nutzen für die körperliche Gesundheit
Es gibt zwei Arten von Studien über Meditation: breit angelegte Meta-Analysen, die jede bekannte Studie begutachten und versuchen, allgemeine Schlussfolgerungen zu ziehen; und gezielte Studien, die ein ganz spezifisches Interessensgebiet untersuchen. Einige Meta-Analysen zur Meditation wurden in Zeitschriften wie dem *Journal of Psychosomatic Research* und dem *Journal of Alternative and Complementary Medicine* veröffentlicht. In beiden Zeitschriften wurde festgestellt, dass Meditation eine deutlich wohltuende Wirkung auf eine große Vielzahl körperlicher Erkrankungen hat. Abgesehen von diesen Berichten, demonstrieren zahlreiche Einzelstudien die wohltuende Wirkung bei ganz bestimmten Krankheiten. Es ist erwiesen, dass Meditation

➤ das Risiko eines Schlaganfalls oder einer Herzkrankheit vermindert;
➤ bei einer Vielzahl von Erkrankungen wirksamer ist als viele Medikamente;
➤ Linderung bei chronischen Schmerzen bringt;
➤ die Genesung nach einer Herzoperation beschleunigt;
➤ die Symptome des prämenstruellen Syndroms (PMS) reduziert oder ganz zum Verschwinden bringt;
➤ den Blutdruck senkt;
➤ Schlaflosigkeit vermindert oder eliminiert;
➤ die Häufigkeit epileptischer Anfälle vermindert;
➤ die Symptome der Menopause lindert;

➤ die Zellabbaurate verlangsamt, was einen starken Anti-Aging-Effekt impliziert, einschließlich der Verbesserung unserer Lebensqualität und der Verlängerung unseres Lebens;

➤ Krebspatienten hilft, ihre Krankheit emotional besser zu bewältigen.

Psychologischer und stressbezogener Nutzen

Frühe Studien zur Meditation beziehen sich auf ihre Effektivität als allgemeines Hilfsmittel zur Stressreduzierung. Es gibt mittlerweile so viele Studien, die den Nutzen der durch Meditation hervorgerufenen sogenannten Entspannungsantwort demonstrieren, dass dieser nicht im Geringsten umstritten ist oder angezweifelt wird. Mindestens zwei Dutzend Studien, die in einem Zeitraum von 30 Jahren durchgeführt wurden und an denen Zielpersonen aller Altersgruppen und jeder Herkunft teilgenommen hatten, beweisen ihr kraftvolles, stressreduzierendes Potenzial eindeutig. Weniger bekannt ist, dass Meditation, zusätzlich zu ihrer stresslindernden Wirkung, die folgenden psychologischen Vorteile hat:

➤ lindert Depressionen (gleich gut oder besser als Antidepressiva), Angst und Panikattacken;

➤ verbessert die Kognition und die Mentalfunktionen bei älteren Menschen;

➤ mildert Sozialphobie;

➤ verbessert das Befinden von Patienten mit manisch-depressiven Störungen;

➤ mildert Ess-Brechsucht *(Bulimia nervosa)*;

➤ verringert Suchtverhalten und fördert die Genesung.

Meditation hat viele wichtige Vorteile für die unmittelbare Steigerung unseres Glücks. Eine wichtige Studie, auf die ich hinweisen möchte, wurde im *Journal of Clinical Psychology* veröffentlicht. Diesem Bericht zufolge unterstützt Meditation die Effektivität »umfassender, mehrstufiger Glückssteigerungsprogramme«. Mit anderen Worten, wenn sie in Verbindung mit Methoden wie Dankbarkeit, Vergebung, Leben im Jetzt, Pflegen einer optimistischen Einstellung und so weiter ausgeführt wird, *steigert Meditation deren Effektivität.*

Aus Gründen, die, wie ich finde, mittlerweile offensichtlich sein sollten, kann ich die Bedeutung dieser Erkenntnis gar nicht genug betonen. Das an sich sollte schon Grund genug sein, mit dem Meditieren anzufangen. Außerdem stärkt Meditation das Selbstwertgefühl, das Wohlbefinden, den Optimismus und ein allgemeines Glücksgefühl, während sie gleichzeitig hilft, schädliche, negative Emotionen unter Kontrolle zu halten.

Arbeit und Produktivität

André hat ebenfalls recht, wenn er sagt, dass Meditation ein effektives Werkzeug für den Arbeitsplatz ist. Studien zeigen, dass sie Produktivität, Effizienz, Enthusiasmus, Entscheidungsfindung und Arbeitsmoral der Mitarbeiter verbessern kann; dass sie die Anzahl der Krankentage und Arbeitsausfälle reduziert und die Harmonie in der Gruppe ebenso fördert wie die sozialen Bindungen. Interessanterweise setzen auch viele erfolgreiche Sportler mittlerweile Mentaltechniken ein, um ihren Geist zu klären und ihre Konzentration zu steigern, so zum Beispiel Alex Rodriguez, der Schläger der New York Yankees. Sie glauben fest daran, dass dies ihnen zu mehr Erfolg verhilft, als wenn sie nur körperliches Training machen würden.

Spiritueller Nutzen

Meditation ist vor allem ein Werkzeug für Selbstverwirklichung und Transzendenz. Aus einleuchtenden Gründen sind spirituelle Erlebnisse unter Laborbedingungen sehr schwer zu messen und zu quantifizieren, ganz abgesehen davon, dass nur relativ wenige Wissenschaftler daran interessiert sind, sie zu erforschen. Dennoch gibt es bereits eindeutige wissenschaftliche Beweise für ihre spirituelle Effektivität. Es konnte gezeigt werden, dass Meditation unsere Empathie erhöht; dass sie geistige Zustände hervorruft, die vollkommen anders sind als Schlaf, Geisteskrankheit oder das normale Wachbewusstsein, und dass sie das wichtigste Werkzeug ist, das unter Laborbedingungen zum Einsatz kommt, wenn beispielsweise Karmeliternonnen oder buddhistische Mönche von ekstatischen Erlebnissen – einschließlich überwältigendem Bliss – berichten.

DER GEIST

Dies ist eine Einführung in die Grundlagen der Meditationspraxis. Auf meiner Website finden Sie eine Reihe von Fotos, Videos, Antworten auf häufig gestellte Fragen, Erfolgstipps und alle Arten von Zusatzmaterial, das Ihnen helfen kann, sich auf alle Aspekte unserer Praxis einzustimmen.

Eine Absicht formulieren und die richtige Einstellung entwickeln
Für den Erfolg entscheidend ist, dass wir mit der richtigen inneren Einstellung meditieren. Bevor wir mit unserer Praxis beginnen, sollten wir uns an die Gründe erinnern, aus denen wir meditieren. Geloben Sie, gewissenhaft und regelmäßig zu meditieren. Es ist wichtig, dass wir uns auch wirklich an die Zeiten halten, die wir für unsere Praxis eingeplant haben. Nehmen Sie sich fest vor, alle Gedanken an die Vergangenheit oder Zukunft, alle Ängste, Sorgen und Grübeleien loszulassen. Seien Sie ganz präsent.

Ich stelle mir manchmal vor, dass ich alle meine Gedanken, Sorgen, Probleme und Pläne auf ein Regalbrett stelle, bevor ich mit dem Meditieren anfange. Ich weiß, dass sie später immer noch dort stehen. Wenn ich also will, kann ich sie, wenn ich fertig bin, wieder dort abholen. Natürlich beschließe ich nach dem Meditieren oft, dass sie überhaupt nicht mehr interessant oder notwendig sind.

Was ganz wichtig ist, denken Sie daran, dass es beim Meditieren vor allem darum geht, Bliss zu spüren. Meditation macht

Spaß und ist eine freudvolle Angelegenheit. Es ist ein positiver, entspannender, erhebend erbaulicher Urlaub für unseren Geist. Ein aufregendes Abenteuer der höchsten Ordnung, das immer besser und leichter wird, je öfter wir es erleben.

Ein Überblick

Zur Orientierung werfen wir hier einen Blick auf den Ablauf einer beispielhaften Meditationspraxis. Ich werde jeden der unten aufgeführten Schritte anschließend detailliert behandeln:

➤ eine bequeme und effektive Körperhaltung finden;

➤ zur Praxis überleiten (womit man anfängt, dazu gehören auch die Atemtechniken aus dem letzten Kapitel);

➤ den Atem beobachten;

➤ mit dem Mantra arbeiten;

➤ in Stille sitzen mit Zusatzübungen;

➤ die Sitzung beenden mit optionalen Ideen und Techniken;

➤ weitere Tipps, Vorschläge und Quellen.

Die Körperhaltung

Meditation beginnt damit, dass wir eine bequeme Sitzhaltung finden. Es ist sehr wichtig, dass wir mit nach oben aufgerichteter Wirbelsäule meditieren. Im Liegen zu meditieren ist grundsätzlich nicht gut. Es gibt nur wenige Situationen, in denen es die körperliche Verfassung rechtfertigt, dass man sich zum Meditieren hinlegt. Wenn wir in liegender Haltung meditieren, ist die Wahrscheinlichkeit höher, dass unser Geist wandert, abdriftet oder – und das ist am wahrscheinlichsten – dass wir einschlafen.

Meditation ist eine aktive, dynamische Praxis. Zu meditieren, während man sich zurücklehnt, ist das Gegenteil von dynamisch. Obwohl ich 24 Stunden am Tag chronische Schmerzen habe, die im Sitzen noch schlimmer werden, setze ich mich zum Meditieren aufrecht hin. Wie immer es um Ihre körperliche Kondition auch bestellt sein mag und welche Herausforderungen Sie auch meistern müssen, Sie können immer eine bequeme, aufrechte Haltung finden.

Es gibt eine große Bandbreite an akzeptablen Positionen. Die drei üblichsten sind (1) auf einem Stuhl sitzen, (2) auf einem Meditationsbänkchen knien und (3) auf dem Boden sitzen, normalerweise mit einem Kissen.

Wenn Sie auf einem Stuhl sitzen, sollten Ihre Fußsohlen flach auf dem Boden stehen. Die Knie sollten entweder auf gleicher Höhe mit dem Becken sein oder etwas niedriger, aber nie höher. Das heißt, dass Ihre Oberschenkel entweder parallel zum Boden sind oder leicht nach unten geneigt. Dazu braucht es den richtigen Stuhl für Ihre Größe und Ihre Körperproportionen, am besten einen, den man verstellen kann. Kissen können eingesetzt werden, um die genau richtige Position zu erreichen.

Viele Menschen sitzen gern auf eigens dafür bestimmten Meditationsbänkchen, die den Körper bequem unterstützen. Vor ihrem Gebrauch wird allerdings abgeraten, wenn Sie Knieprobleme haben, weil beim Knien auf diesen Bänkchen viel Druck auf die entsprechende Region ausgeübt wird. Die traditionelle Meditationshaltung ist das Sitzen auf dem Boden mit vor dem Körper gekreuzten Beinen. Es gibt mehrere Variationen für das Platzieren der Beine. Finden Sie die für Sie bequemste und natürlichste. Normalerweise ist es hilfreich, sich ein Kissen unterzulegen, sowohl zum Abpolstern als auch, um eine leichte Neigung zu erzeugen – der Po liegt etwas höher als die Beckenfront und die Beine.

In allen drei Positionen sollte das Kinn parallel zum Boden sein und weder nach unten noch nach oben zeigen.

Die Augen sollten geschlossen sein. Die richtige Augenposition hinter geschlossenen Augenlidern ist ein sanftes Nach-oben-Schauen auf den Punkt zwischen den Augenbrauen. Sie richten Ihren Blick ganz sanft nach oben, ohne Anstrengung oder Anspannung, als schauten Sie auf einen weit entfernten Berggipfel. Zunächst mag es sich schwierig anfühlen, diesen nach oben gerichteten Blick längere Zeit beizubehalten, besonders wenn Ihre Augen nicht daran gewöhnt sind. Doch wie alle Muskeln werden sich auch Ihre Augenmuskeln allmählich daran gewöhnen, wenn Sie sie entsprechend trainieren. Wenn es Ihnen schwerfällt, den Blick lange nach oben gerichtet zu halten – besonders, wenn sich ein Gefühl der Anstrengung breitmacht – ist es in Ordnung, die Augen wieder in eine neutrale Position zu senken: geradeaus schauen hinter geschlossenen Augenlidern. Wann immer Sie sich bereit dafür fühlen, können Sie die Augen wieder sanft nach oben richten und diese Blickrichtung beibehalten, solange es für Sie bequem ist. Schließlich werden Sie sie beliebig lange und ohne jede Anstrengung beibehalten können. Das kann ein allmählicher Prozess sein. Seien Sie geduldig mit sich.

Ihre Hände sollten offen sein, die Handflächen nach oben gerichtet. Ausgefallene Handhaltungen sind nicht nötig.

Die Überleitung zur Praxis

Viele Menschen beginnen mit einem Gebet, einem Gesang, einer Visualisierung oder einem Ritual. Das ist freigestellt. Wofür man sich entscheidet, hat etwas mit den persönlichen Interessen, dem jeweiligen Weg und den eigenen Bedürfnissen zu tun.

Um uns zu zentrieren und in eine meditative Stimmung zu bringen, wenden wir die beiden Atemtechniken an, die im vorhergehenden Kapitel erklärt wurden: die doppelte Atmung und das gleichmäßige Zählen beim Atmen. Das hilft uns, Geist und Körper zur Ruhe zu bringen, und bereitet uns auf den Kern unserer Meditationspraxis vor.

Wir beginnen damit, dass wir unseren Atem »beobachten«, während wir mit geschlossenen Augenlidern sanft nach oben schauen. Lassen Sie alle Anspannung in Ihrem Körper los und praktizieren Sie die Zwerchfellatmung, was bedeutet, dass Sie eher in den Bauch als in die Brust atmen. Versuchen Sie, dabei alle Anspannung loszulassen, indem Sie Ihrem Körper erlauben, so natürlich und spannungsfrei wie möglich zu atmen. Manchmal sind wir so daran gewöhnt, unseren Bauch einzuziehen, dass es sich fremd anfühlen kann, wenn wir statt unserer Brust unserem Bauch erlauben, locker zu werden und sich auszudehnen.

Atmen Sie durch die Nase, nicht durch den Mund. Achten Sie darauf, wie die Atemluft herein- und wieder hinausfließt, und machen Sie *keinen* Versuch, Ihre Atmung zu kontrollieren oder zu manipulieren. Erlauben Sie Ihrem Körper zu atmen, wie immer er möchte, in welcher Geschwindigkeit und in welchem Rhythmus auch immer. Ich stelle mir meinen Atem manchmal wie Wellen am Strand vor, die abwechselnd ins Meer gezogen und wieder an den Strand gespült werden. Spüren Sie, wie die Atemluft in Ihre Nasenlöcher fließt und wieder aus ihnen heraus. Wenn Sie einatmen, ist die Atemluft kühl. Wenn Sie ausatmen, ist sie warm. Vielleicht spüren Sie die Luft beim Einatmen an der Nasenspitze oder vielleicht eher an der Nasenbasis, näher am Gehirn. Stellen Sie es nur fest. Und wenn Sie Ihren Atem überhaupt nicht spüren, ist auch das in Ordnung. Nehmen Sie einfach wahr, wie sich Ihr Bauch oder Ihre Lungen sanft nach innen und außen bewegen – und denken Sie dabei immer daran, sich auf den Punkt zwischen den Augen zu konzentrieren.

Die eigentliche Meditationstechnik

Nach ein paar Runden, in denen Sie nur Ihren Atem beobachtet haben, ist es nun Zeit, das Mantra ins Spiel zu bringen.

Hong-Sau ist eine auf einem Mantra basierende Meditationstechnik. Das heißt, dass wir beim Meditieren im Stillen Worte vor uns hinsagen, die wir mit unserer Atmung synchronisieren. Ich habe herausgefunden, dass auf Mantras basierende Techniken für Anfänger (und auch für Experten) fabelhaft sind. Nicht nur werden sie von den umfangreichsten wissenschaftlichen Forschungen gestützt, nach meinen Erfahrungen als Lehrer sind sie auch am einfachsten zu verstehen und zu erlernen und führen am schnellsten zu Resultaten.

Um zu verstehen, warum ich für den Einsatz von Techniken aus der Mantrafamilie plädiere, müssen Sie nur an einen Elefanten denken. Wie jeder Elefantentrainer Ihnen bestätigen wird, ist der Rüssel des Elefanten ziemlich spitzbübisch. Wenn ein Elefant an einem öffentlichen Ort unterwegs ist – stellen Sie sich einen Markt oder Basar vor –, schwingt der Rüssel von einer Seite zur anderen und versucht ständig, irgendwelche Dinge von den Tischen aufzuheben, mit den Haaren der Passanten zu spielen, ihre Kleider zu verdrehen und den Elefanten in so viele Schwierigkeiten wie möglich zu bringen.

Elefantentrainer haben gelernt, dass sie dem Elefanten nur einen Stock vor den Rüssel halten müssen. Dann rollt sich der Rüssel um den Stock, hält diesen ganz ruhig fest und hängt vor dem Körper nach unten. Und schwingt und erforscht überhaupt nicht mehr.

Unser Geist ist wie der Rüssel des Elefanten, und das *Hong-Sau*-Mantra ist wie der Stock für diesen Rüssel. Es ersetzt unsere eigensinnigen Gedanken, unser Geist hört auf, immerzu umherzuwandern, und allmählich treten zuerst innerer Frieden und dann Bliss hervor. Wenn unsere Gedanken abklingen, kommt die Glückseligkeit des Überbewussten zum Vorschein, die sich hinter jenen geschäftigen Ablenkungen versteckt, aus denen unser Alltagsbewusstsein besteht.

Ich habe Ihnen *Hong-Sau* als Mantra empfohlen. Das ist ein Sanskrit-Satz, der sich ungefähr mit »Ich bin Geist« übersetzen lässt. Beim Einatmen sagen Sie im Stillen »*Hong*« und beim Ausatmen »*Sau*«.

Sie müssen nicht unbedingt diese spezielle Phrase benutzen. Sie können auch »A-men« oder »Frie-den« sagen. Sie können sogar ein Wort oder eine Phrase aus einer Religion oder Weisheitstradition wählen, die Sie inspiriert. Wenn es beispielsweise etwas explizit Christliches sein soll, könnten Sie »Je-sus« sagen. Wenn Sie das Bedürfnis haben, jede mögliche spirituelle Konnotation wegzulassen, könnten Sie sogar »eins« beim Einatmen und »zwei« beim Ausatmen sagen.

Tatsache ist, was immer Sie sagen, ist nicht so wichtig, solange es positiv formuliert ist. Den Hauptnutzen ziehen Sie aus der

Praxis selbst, nicht aus der Bedeutung der Worte. Der Schlüssel zu Ihrem eigenen maßgeschneiderten Mantra besteht darin, kurze Silben zu finden, vorzugsweise eine Silbe zum Einatmen und eine zum Ausatmen und nie mehr als zwei Silben pro Ein- und Ausatmung. Ich persönlich bevorzuge *Hong-Sau*, genau wie die meisten Menschen, die ich unterrichtet habe. Dieses Mantra ist seit Tausenden von Jahren ununterbrochen in Gebrauch. Es wurde so entworfen, dass es perfekt zum Rhythmus des Atems passt, und ist relativ neutral, was Inhalt und Bedeutung angeht.

Wenn Sie das Mantra eine Zeit lang benutzt haben (mehr über die Dauer finden Sie weiter unten), besteht die nächste Phase darin, das Mantra nicht mehr zu benutzen, aber weiter zu meditieren. Wir sitzen ganz ruhig in der Stille, entspannen und fühlen. Konzentrieren Sie sich ganz auf das spirituelle Auge und halten Sie Ihren Geist so ruhig wie möglich. Versuchen Sie zu entspannen und den ruhigen Zustand des friedvollen Bliss zu spüren, den die Mantrapraxis hervorgerufen hat. Uns diese Zeit nach der Mantraübung zu nehmen hilft uns, ganz bewusst von einem Zustand des »Tuns« zu einem »Sein«-Zustand des Bewusstseins überzuwechseln. Ein erfahrener Lehrer hat es so ausgedrückt: Sich Zeit zu nehmen, um in der Stille dazusitzen, ist wie sich die Zeit zu nehmen, eine Mahlzeit zu essen, nachdem man sie gekocht hat. Man würde eine Mahlzeit nicht kochen, nur um sie anschließend wegzuwerfen. Der Punkt ist, sie auch zu essen. So ist es auch mit dem Sitzen in der Stille, nachdem man die *Hong-Sau*-Übung gemacht hat. Die Technik bringt uns in einen höheren Bewusstseinszustand. Und wenn wir einmal dort sind, geht es darum, so lange wie möglich dort zu bleiben.

Diese Zeitspanne sollte mindestens 25 Prozent unserer Meditation ausmachen. Mit anderen Worten, wenn wir zehn Minuten meditieren, arbeiten wir siebeneinhalb Minuten mit dem Mantra und sitzen anschließend zweieinhalb Minuten in der Stille. Die 25 Prozent sind ein *Minimum*. Je länger wir diese

Phase ausdehnen können, desto besser. Wenn Sie sie auf ein Drittel oder sogar die Hälfte Ihrer Meditationszeit verlängern können, umso besser. Auf der anderen Seite wollen wir unseren Geist nicht abdriften und außer Kontrolle geraten lassen. Manche Menschen stellen fest, dass das Mantra ihnen nur eine bestimmte Menge Zeit gibt, bevor ihr Geist wieder hyperaktiv wird. Wenn Sie versuchen würden, 50 Prozent Ihrer Meditation ohne Mantra in der Stille zu verbringen, wäre am Ende keine Spur von Frieden und Bliss mehr übrig. Es ist besser, das Mantra länger zu benutzen, als *vorzugeben*, in der »Stille« zu sitzen, wenn der Geist in Wirklichkeit rast. Probieren Sie aus, was sich für Sie am besten anfühlt.

Dauer der Meditation

Wenn Meditation etwas Neues für Sie ist, fangen Sie mit fünf bis zehn Minuten einmal am Tag an. Wenn Sie sich schon etwas mehr eingerichtet haben, können Sie Ihre Meditationen allmählich verlängern. Ein schönes Zwischenziel ist, einmal am Tag 20 bis 30 Minuten zu meditieren.

Eine etwas dynamischere Herangehensweise wäre, entweder einmal am Tag eine Stunde lang zu meditieren oder vielleicht in zwei Sitzungen von jeweils 30 Minuten. Sie können auch beschließen, sich an einem Tag in der Woche oder im Monat Zeit für eine längere Meditation zu nehmen.

An sich selbst arbeiten

Der wichtigste Teil unserer Praxis – außer dass wir sie auch wirklich machen – besteht darin, dass wir unseren Geist ertappen, sobald er anfängt zu wandern. Jedes Mal, wenn Sie merken, dass Sie aufgehört haben, das Mantra zu sagen und Ihnen andere Gedanken durch den Kopf gehen, bringen Sie das Mantra sanft wieder ins Spiel. Jeder Gedanke und jedes Bild außer dem Mantra und dem Schauen in die Stille bedeutet, dass wir abgelenkt wurden. Wenn wir über unseren Tag nachdenken, eine Liste unserer häuslichen Pflichten machen, eine Unterhaltung wiederholen, ein Problem zu lösen versuchen oder selbst wenn wir einen positiven oder inspirierenden Gedanken haben, sind wir abgeschweift.

Das passiert jedem. Wenn es Ihnen nicht passieren würde, wären Sie bereits ein spiritueller Meister. Verstehen Sie, dass das Arbeiten mit dem wandernden Geist *die eigentliche Übung ist.* Der Trick ist, den eigenen Geist sanft – ohne sich Vorwürfe zu machen, schuldig zu fühlen oder wegen des eigenen »Versagens« zu verachten – zum Atem und zum Mantra zurückzubringen. Immer und immer wieder – und noch einmal! Je öfter Sie sich daran erinnern, dies zu tun, desto mehr konzentrierte Aufmerksamkeit entwickeln Sie, desto tiefer gehen Sie und desto glückseliger wird Ihre Erfahrung sein.

Bei dieser Übung ist es unser Ziel, unsere Konzentration auf den Punkt zwischen den Augen nach und nach so weit zu vertiefen, dass wir an nichts anderes mehr denken als an den Fluss unseres Atems. Wenn der Geist immer ruhiger wird, werden Sie feststellen, dass sich Ihre Atmung verlangsamt. Irgendwann entstehen ganz natürliche Räume zwischen den Atemzügen. Das ist nichts, worüber man sich Sorgen machen müsste. Im Gegenteil, es ist erfreulich.

Allerdings sollte es nie forciert werden. Es ist sehr wichtig, den Atem in keiner Weise zu kontrollieren. Erlauben Sie ihm, ganz natürlich und organisch zu tun, was immer er will.

In sehr tiefen Zuständen der entspannten Konzentration können erstaunliche Dinge passieren. Der endlose Strom der Gedanken, Emotionen und Bilder kann sich zu einem Rinnsal verlangsamen und sogar ganz verschwinden. Oder die üblichen Gedanken werden von etwas Außergewöhnlichem abgelöst. Wenn unser Geist und unser Atem langsam werden, beginnen wir, die Lücken zwischen unseren Gedanken wahrzunehmen. Es gibt keine bessere Möglichkeit, sich unmissverständlich klarzumachen, dass *wir nicht unser denkender Geist sind.* Sie können vollständige Erlebnisse des inneren Friedens und der Glückseligkeit haben. Manche Menschen sehen Lichter oder Farben am spirituellen Auge. Sie hören sogar wunderbare Klänge, die nicht aus ihrer physischen Umgebung kommen. Alle Arten von positiven und wunderbaren Dingen *können* passieren. Lassen Sie sie einfach kommen und gehen. In dem Moment werden Sie wissen und verstehen. Glauben Sie mir.

DAS EXPERIMENT: EINE VOLLSTÄNDIGE ÜBUNG

Hier ist ein Ablauf, den Sie einhalten können, wenn Sie sich zum Meditieren hinsetzen.

1. Nehmen Sie mit aufrechter Wirbelsäule eine bequeme Sitzhaltung ein.
2. Optional: Sprechen Sie, wenn Sie das Bedürfnis danach haben, ein Eröffnungsgebet. Es kann auf Ihrer besonderen Religion oder Ihrem spirituellen Weg basieren und sich an Gott, einen Heiligen oder einen spirituellen Meister richten, der Sie inspiriert, oder sogar an Ihr höchstes Selbst. Sie können auch ein kurzes Andachtslied singen.
3. Beginnen Sie mit den überleitenden Atemtechniken »Doppelte Atmung« und »Gemessenes Atmen«. Machen Sie mindestens drei bis sechs Runden von jeder.
4. Beobachten Sie Ihre Atmung, ohne sie zu kontrollieren. Achten Sie auf die Einatmung und die Ausatmung, während Sie hinter den geschlossenen Lidern die Augen nach oben richten. Vielleicht spüren Sie den kühlen Strom der Atemluft beim Einatmen und den warmen beim Ausatmen.
5. Nach ein paar Runden, in denen Sie Ihren Atem beobachtet haben, bringen Sie das *Hong-Sau*-Mantra ins Spiel. Sagen Sie still zu sich selbst »*Hong*«, während Sie einatmen, und »*Sau*«, während Sie ausatmen.
6. Meditieren Sie, solange Sie möchten. Mindestens fünf bis zehn Minuten pro Tag werden für den Anfang empfohlen.

7. Lassen Sie das Mantra weg und verwenden Sie zwischen 25 und 50 Prozent Ihrer gesamten Meditationszeit darauf, einfach in der Stille zu sitzen. Richten Sie Ihren Blick intensiv auf das spirituelle Auge, während Sie sich entspannen und die Vorzüge Ihrer Meditationspraxis genießen.

8. Optional: Beenden Sie Ihre Meditation mit einem stillen Gebet oder einer Visualisierung für das Wohlergehen anderer – geliebte Menschen, diejenigen, die Hilfe oder Heilung brauchen – oder für die Welt im Allgemeinen. Visualisieren Sie sich selbst als glückseligen Sendboten des Lichts.

9. Beenden Sie die Übung, indem Sie sanft die Augen öffnen.

Tipp: Messen Sie Ihre Meditationszeit mit einer Armbanduhr oder einer anderen Uhr, auf die Sie bei Bedarf einen Blick werfen können. Alternativ können Sie sich einen Wecker stellen, der – nicht zu laut und schrill – klingelt, wenn Ihre Sitzung zu Ende ist. Viele Handys und Armbanduhren haben eine Weckfunktion mit einer großen Auswahl an angenehmen Klingeltönen.

KAPİTEL 25

DIE ANWESENHEIT VON BLISS

Eine Möglichkeit, den Geist zur Zeit des Gebets leicht zu sammeln und mehr Gelassenheit aufrechtzuerhalten, ist, ihn zu anderen Zeiten nicht zu weit wandern zu lassen. Sie sollten ihn strikt in der Gegenwart Gottes halten. Und wenn Sie sich daran gewöhnt haben, oft an ihn zu denken, wird es Ihnen leicht fallen, Ihren Geist zur Zeit des Gebets ruhig zu halten oder ihn zumindest von seinen Wanderungen zurückzurufen.

Bruder Lawrence, Karmelitermönch (ca. 1614–1691)

Formale Meditation ist zwar die allerwichtigste Bliss-Praxis, aber sie ist nicht genug. Es ist offensichtlich, dass dies wahr sein muss, denn immerhin haben wir 20 verschiedene Übungen erforscht, bevor wir Meditation gelernt haben. In einem anderen Sinne jedoch *genügt* Meditation allein, um Bliss zu verwirklichen, *wenn und nur wenn* wir ihre tiefere Bedeutung verstehen und sie entsprechend einsetzen.

Meditation ist nichts, was wir nur ein paar Minuten oder Stunden am Tag machen. Unser Ziel ist, jeden Moment zu einer gelebten Meditation zu machen. Wir sollten *nie aufhören* zu meditieren. Damit meine ich nicht, dass wir 24 Stunden am Tag still in einem Raum sitzen und *Hong-Sau* praktizieren. Ich meine, dass wir danach streben sollten, die Praxis und die Erfahrung der Meditation in *alles* einzubringen, was wir tun. Bliss tritt an der Stelle zu Tage, wo sich Meditation und das Leben im ewigen Jetzt überschneiden.

Es gibt eine spezielle Familie von Techniken, die uns hilft, dies zu erreichen, ohne dass wir unsere Aufmerksamkeit und unsere funktionalen Kapazitäten aus unserem Alltagsleben abziehen oder sie dort vermindern müssen. Eigentlich verbessern und beleben sie sogar jeden Moment unserer Existenz. Jede spirituelle Tradition befürwortet ihre eigene Variante dessen, was man »Präsenz praktizieren« nennen könnte. Eine besondere Variante, die ich anwende, heißt *Japa*. Das Wort ist abgeleitet von der Sanskrit-Wurzel *jap*, was »mit leiser Stimme äußern, innerlich wiederholen, murmeln« bedeutet.

Japa ist eine ganz einfache Übung, die darin besteht, ein Wort oder eine Phrase so oft wie möglich still für sich zu wiederholen. Es ist fast wie die Endlosschleife eines Liedes, das man im Kopf hat.

Japa hat viel mit der *Hong-Sau*-Meditationstechnik gemeinsam, kann aber immer praktiziert werden, auch während wir mit ganz alltäglichen Dingen beschäftigt sind: vom Einkaufen der Lebensmittel über das Erledigen unserer beruflichen Pflichten bis zum Interagieren mit unseren Freunden und Familienmitgliedern.

DIE GESCHICHTE

Ich lernte David kennen, als er 20 war. Er kam mit spürbarer Intensität und dem tief empfundenen Wunsch, meditieren zu lernen. Sein Grund dafür war klar, fokussiert und unterschied sich zweifelsohne von den Gründen vieler anderer, die ich unterrichtet habe. Er sagte: »Ich möchte Gott kennenlernen.« David brannte vor Sehnsucht nach der Wahrheit und nach der Erfahrung reiner Glückseligkeit.

Was seinen Hintergrund und seine Vergangenheit anging, war er eher verschlossen. Er wollte nicht darüber reden. So weit ich in Erfahrung bringen konnte, ließen sich seine Eltern scheiden, als er noch klein war, und er wuchs bei seinem Vater auf. Er war nicht auf dem College, ist nicht intellektuell und auch nicht an Bücherwissen interessiert. David hatte auch kein Interesse an einer traditionellen Karriere. Obwohl er ein weißer Amerikaner ist, war es sein Ideal, so etwas wie eine moderne westliche Version eines in einer Höhle lebenden Yogis oder wandernden Bettelmönchs zu werden. Er war an nichts anderem interessiert als an einer intensiven spirituellen Praxis.

Er mietete sich ein einfaches Studioapartment. Ich brachte ihm das Meditieren bei, und er begann sofort, acht, manchmal sogar zwölf Stunden am Tag zu meditieren. Nach etwa einem Monat kam David ziemlich verstört zu mir. Er hatte ein paar wunderbare Erfahrungen beim Meditieren gemacht, aber sein Vater, der Davids Wohnung und seinen Unterhalt zahlte, machte (was nicht verwunderlich war) Druck und wollte, dass David sich einen Job suchen und auf eigenen Füßen stehen sollte. David fand das unverschämt, sogar niederschmetternd. Er sagte nach wie vor: »Ich möchte einfach nur meditieren!«

Zwar bewunderte ich seine leidenschaftliche Hingabe, konnte aber nicht anders, als Partei für seinen Vater zu ergreifen. Wenn David den ganzen Tag meditieren wollte, und zwar jeden Tag und auf die traditionelle östliche Weise, würde er vielleicht in einen kontemplativen Orden eintreten oder nach Indien beziehungsweise in eine andere Kultur auswandern müssen, wo Menschen, die sich ganz der spirituellen Suche verschrieben haben, entsprechend unterstützt werden. Ich fand es mehr als unfair, dass David von seinem Vater erwartete, dass er ihn auf unbestimmte Zeit unterstützte, besonders mitten in einer kalifornischen Großstadt, die für horrende Mieten und hohe Lebenshaltungskosten bekannt ist. Wenn man davon ausgeht, dass sein Vater kein Verständnis für die Entscheidungen hatte, die David für sein Leben getroffen hatte, und sie auch nicht gutheißen konnte, fand ich, dass er bereits mehr als großzügig gewesen war.

Die gute Nachricht ist, dass ich David eine Lösung anbieten konnte. Es gibt effektive Möglichkeiten, wie man die Meditati-

onspraxis zu einem Teil des täglichen Lebens machen kann –
und sollte. In der Tat beging David einen üblichen Fehler: zu
glauben, dass seine Meditationspraxis vom Rest seines Lebens
getrennt sei. Er würde all seine spirituellen Ziele erreichen können, egal, was er im Außen tat. Wenn er das nicht glaubte, verstand er das wahre Wesen dessen, was er verfolgte, falsch.

Ich brachte ihm *Japa* bei. Zugegeben, David war zunächst
skeptisch. Es schien wie ein harter Kompromiss, einer, von dem
er nicht sicher war, dass er funktionieren würde. Aber weil er
kaum eine Wahl hatte, beschloss er, es zu versuchen. Er hatte
zwei wenig arbeitsintensive Teilzeitjobs, als Hilfskellner in einem Restaurant und als Angestellter in einem Biomarkt. Mit
diesen Jobs verdiente er genug, um das Lebensnotwenige zu be-
zahlen, aber sie beanspruchten nicht seine ganze Zeit und Aufmerksamkeit, weder in der Arbeitszeit noch danach.

Einen Monat später traf ich mich mit David in dem Markt,
wo er arbeitete, zum Mittagessen. Er schien entspannt und über-
sprudelnd. Glücklich erzählte er mir von seinen positiven Erfahrungen mit *Japa* und gab zu, dass es bei ihm bestens funktioniert
hatte. Er meditierte immer noch so viel wie möglich, vor allem
morgens und abends vor und nach der Arbeit. Doch nun ging er
auch aus, traf interessante Menschen, bestritt seinen Lebensun-
terhalt selbst und fühlte sich generell mehr am Leben beteiligt.
Und ganz wichtig: Er spürte, dass sich seine spirituellen Erfahrungen vertieften. Er fühlte sich integriert, ausgeglichener und
glücklicher.

Nach etwa einem Jahr beschloss David, noch einmal zur
Schule zu gehen und Grafikdesign zu studieren. Er arbeitet jetzt
als freischaffender Designer und ist für verschiedene Projekte
verantwortlich, einschließlich der Werbekampagnen für eine
große nationale Marke. Er hat eine wunderbare, spirituell inter-
essierte Frau kennengelernt und sie geheiratet. Sie sind dabei,
eine Familie zu gründen.

Bis auf den heutigen Tag meditiert David täglich. Aber er
verbringt sehr viel *mehr* Zeit damit, *Japa* zu praktizieren. Das

gibt ihm die Freiheit, in der Welt zu leben, aber nicht in ihr aufzugehen. Und vor allem hat es ihm geholfen, ständig zunehmen-
de Bliss-Erlebnisse in seinem täglichen Leben zu empfinden,
egal, was um ihn herum passiert und was er tun muss.

DIE WISSENSCHAFT

Weil *Präsenz praktizieren* eine Variante und Erweiterung von
auf Mantras basierenden Meditationstechniken ist, trifft das
meiste, was in Zusammenhang damit erforscht wurde, auch
hier zu. In der Tat ist *Japa* so eng mit Meditation verwandt,
dass manche der bereits erwähnten Meditationsstudien *Japa*
eingeschlossen haben, möglicherweise ohne dass die Forscher
den Unterschied bemerkten. Bis heute hat die westliche Wissenschaft dazu tendiert, *Japa*-ähnliche Praktiken nicht von den
bekannteren Formen der Meditation zu unterscheiden. Die
meisten wissenschaftlichen Untersuchungen, die sich speziell
mit *Japa* beschäftigen, kommen aus Indien, wo diese Techniken besser verstanden werden.

Die in einem *Japa*-spezifischen Kontext wichtigste Studie
wurde in der Zeitschrift *Nuclear Medicine Communication* veröffentlicht. Forscher unter der Leitung von Dr. Dharma Singh
Khalsa studierten die Wirkung der *Japa*-Praxis – hier als »Chan-
ting-Meditation« bezeichnet – auf das Gehirn und verglichen sie
mit der von traditioneller Meditation. Sie kamen zu dem Schluss,
dass *Japa* genau die gleiche Wirkung hatte wie Meditation. Das
ist entscheidend, weil es bestätigt, dass die meisten, wenn nicht
all die Tausende positiven Meditationsstudien hier zutreffen.
Eine im *Indian Journal of Physiology and Pharmacology* veröffentlichte Studie bestätigte diesen Befund.

Eine äußerst wichtige Studie beschäftigte sich mit der Wirkung von *Japa* auf unsere Gesundheit. Wissenschaftler schulten
480 allgemein gesunde Probanden zwischen 20 und 40 in dieser Technik und beobachteten sie einen Monat lang. Die Ergeb-

nisse waren außergewöhnlich – und das in derart kurzer Zeit! Diejenigen, die in *Japa* ausgebildet worden waren, zeigten niedrigere Pulszahlen, einen niedrigeren Blutdruck und ein niedrigeres Stressniveau; deutlich weniger Angst, Depression, Erschöpfung, Schuldgefühle, mehr positive Gehirnaktivität und das subjektive Gefühl, »lebendiger« und »vitaler« zu sein. Andere Studien haben gezeigt, dass *Japa*-ähnliche Übungen die Angst von Patienten vor größeren operativen Eingriffen vermindern kann. Tröstlicherweise spielte es keine Rolle, ob die Patienten »Religionsanhänger« oder Atheisten waren. Das Ergebnis war dasselbe.

Das Thema zwar berührend, aber *Japa* nicht direkt erforschend, erbrachten andere Studien viele Hinweise darauf, dass Menschen, vor allem Kinder, besser lernen, wenn ihnen der Lehrstoff in Form eines sich monoton wiederholenden Sprechgesangs beigebracht wird, als wenn man ihn ihnen einfach nur vorträgt. Diese Studien weisen darauf hin, dass rhythmische Wiederholung einzigartig durchdringend und kraftvoll ist und die Effektivität anderer Methoden weit übertrifft.

DER GEIST

Japa-Meditation ist die direkte Umkehrung eines unkontrollierten inneren Gedankenmonologs. Während unser üblicher Gedankenmonolog assoziativ, hektisch und oft verzerrt ist, ist *Japa* spezifisch, absichtsvoll und wegen seiner positiven, selbstbestätigenden Eigenschaften ausgewählt.

Japa funktioniert auf allen drei Ebenen unseres Bewusstseins: Unterbewusstsein, Wachbewusstsein und Überbewusstsein. Indem wir das übliche Strandgut durch die heilige Wortformel ersetzen, erreichen wir zwei Dinge. Zunächst hilft uns *Japa*, Meisterschaft über unseren Gedankenfluss zu erlangen. Wir sind den unwillkommenen Gedanken und Gefühlen nicht länger ausgeliefert. Stattdessen entdecken wir, dass der Fluss unseres Geistes nur ein Hilfsmittel ist, das wir kontrollieren und zu unserem positiven Nutzen einsetzen können.

Und was noch wichtiger ist: Wie formale Meditation verlangsamt und beruhigt auch *Japa* unseren Geist. Das hilft uns, unseren Gedankenfluss einzudämmen, und lässt die Lücken entstehen, die nötig sind, damit Bliss in unser Bewusstsein aufsteigen kann. Um unsere Diamant-Analogie zu verwenden: *Japa* wäscht den Dreck ab, löst die Schmutzschichten und poliert unseren Geist, damit Bliss in seinem ganzen strahlenden Überfluss zum Vorschein kommen kann.

Je öfter wir daran denken, unsere heilige Wortformel im Laufe eines Tages bei jeder Gelegenheit zu wiederholen, desto schneller kommen wir in jenem Zustand an, den Yogis *Ajapajapam* nennen. Hier löst sich unser Ego auf, und das Mantra »wiederholt sich im Grunde selbst« im Geist. Es gibt keinen Unterschied mehr zwischen dem Ich, welches das Mantra wiederholt, dem Mantra selbst und der äußeren Welt. Es ist ein Zustand der Gnade, der Einheit mit dem reinen Bewusstsein, dem Göttlichen, des völligen Aufgehens in der Einheit.

Überall und jederzeit

Wie David herausgefunden hat, muss die Suche nach Bliss in jeden Moment eingebracht werden. Es mag zwar so aussehen, als erfordere Bliss eine Menge Zeit und Aufwand, doch das ist größtenteils eine Illusion. Das Ausführen dieser Übungen befreit uns letztendlich davon, Aufmerksamkeit und Lebenszeit mit unbefriedigenden Gedanken und Beschäftigungen zu vertun. Vielleicht besser als alle anderen Methoden hilft uns *Japa*, unser Streben nach Bliss mit den Rhythmen des normalen Lebens in Einklang zu bringen.

Das heißt unter anderem, dass *Japa* überall und jederzeit praktiziert werden sollte. Es ist eine zutiefst flexible und gut zugängliche Art der Observanz. Ziel ist es dabei, mit dem Mantra weiterzumachen, sooft es eben geht und wann immer sich Ihr Geist auf nichts anderes konzentrieren muss. Wir können diese Übung sogar machen, wenn wir gerade im Gespräch sind – vor allem wenn uns dieses nicht unsere volle Aufmerksamkeit abverlangt. Außer in Momenten, in denen absolute Aufmerksamkeit erforderlich ist (beispielsweise für das Schreiben dieser Sätze), kann ein Teil von uns permanent damit beschäftigt sein, das Mantra zu wiederholen. In jenen Momenten, in denen nicht viel passiert und unser Geist potenziell träge ist, können wir das *Japa*-Mantra »lauter drehen« und es zum alleinigen Schwerpunkt unseres inneren Dialogs machen. Das Mantra webt sich ständig durch unseren Geist, ein und aus, laut und leise, an- und absteigend, aber fast immer präsent – außer wir vergessen es. Wenn das passiert, greifen wir es wieder auf, sobald wir uns daran erinnern.

Es ist eine besonders wunderbare Praxis, wenn wir in negativen Gedanken und Gefühlen versinken. *Japa* verringert beinahe unverzüglich die Frequenz und Intensität der negativen Gedanken und trägt oft dazu bei, sie ganz zu eliminieren.

Wie erwähnt, sollten Sie *Japa* nur dann nicht machen, wenn Sie ganz von einer anderen Aktivität, einer Meditation, einem kreativen Projekt, Studien, einem sportlichen Wettkampf, einem wichtigen oder intensiven Gespräch und dergleichen absorbiert sind. In diesen Momenten sollten wir voll und ganz in das eintauchen, was wir gerade tun. Dann besteht kein Bedarf an *Japa*. Unser Geist ist bereits absolut konzentriert und positiv besetzt.

Japa erzeugt Flow und völlige Versunkenheit – jene kurze, wunderbare, schöne Zeitspanne –, und zwar die ganze Zeit, einschließlich der Momente in unserem Leben, die uns wie »Stillstand« vorkommen, wenn nichts Interessantes passiert. Es ist geradezu schockierend, zu erkennen, wie viel Zeit wir mit nutzlosen Gedanken, Tagträumereien und unproduktiver Negativität vertun. *Japa*-Praxis bedeutet, dass wir nicht länger darauf warten müssen, dass uns jene allzu seltenen Gipfelmomente oder -erlebnisse begegnen. *Jeder Moment* wird ein Gipfelerlebnis. *Japa* verwandelt leere, verschwendete Zeit in Chancen auf Bliss.

Japa und Meditation im Vergleich

Japa ist genauso gerichtet und achtsam wie *Hong-Sau*, aber erheblich weniger formal, sowohl was die Zeit als auch, was den Raum angeht.

Anders als formale Meditation können wir *Japa* machen, wann immer uns danach ist, kürzer oder länger, was immer wir wollen. Wir machen *Japa*, wenn wir spazieren gehen, wenn wir sprechen, in der Schlange stehen, uns hinlegen, duschen – wann auch immer. Es gibt keine festgelegte Tageszeit dafür. Wir können dabei jede Körperhaltung einnehmen, unsere Augen können offen oder geschlossen sein. Wir können diese Übung machen, wenn wir sorglos am Pool sitzen oder wenn wir von Angst und Anspannung erfüllt sind. Anders als bei der *Hong-Sau*-Meditation wird hier kein Versuch gemacht, das Mantra mit der Atmung zu synchronisieren. Wir atmen, sprechen und handeln genau so, wie wir es normalerweise auch tun. Es ist eine Praxis mit wenigen Regeln.

Wie *Hong-Sau* ist auch *Japa* eine stille Übung. Wenn wir merken, dass unser Geist abdriftet, nehmen wir das Mantra sanft wieder auf, ohne Scham, ohne Schuldgefühle, ohne das Gefühl, versagt zu haben, und ohne Schuldzuweisung. Es ist eine sanfte Übung, die dafür gedacht ist, immer dann eingesetzt zu werden, wenn wir uns daran erinnern.

Präsenz praktizieren in den Weltreligionen

Indem wir ein passendes Mantra auswählen, identifizieren wir, was persönlich bedeutsam für uns ist. Wirksame Formulierungen können aus jeder spirituellen Tradition der Welt stammen oder aus privaten Quellen der Inspiration.

Obwohl ich hier Sanskrit-Begriffe wie *Japa* und *Mantra* verwendet habe, ist es wichtig, zu verstehen, dass diese Praxis in jeder religiösen Tradition der Welt zu finden ist. Sie ist keinesfalls spezifisch für nur eine Religion. Ich verwende die Sanskrit-Terminologie nur deshalb, weil es der Kontext ist, in dem ich diese Praxis kennengelernt habe.

Bei den Katholiken beispielsweise ist der Rosenkranz in Gebrauch, der fast identisch mit einer hinduistischen *Mala* ist. Viele Katholiken, vor allem die meisten der Heiligen, machen oder machten ausgiebig Gebrauch von dieser Praxis. In der katholischen Tradition gilt sie als eine Form des kontemplativen Gebets, die als »unaufhörliches Gebet« bekannt ist. Dabei basiert das »Mantra« häufig auf dem Jesusgebet, dem *Ave-Maria* oder einem anderen bekannten Gebet der christlichen Literatur. Im Islam heißt die Praxis *Dhikr,* und die »Mantras« stammen in der Regel aus den Hadith-Texten oder basieren auf Versen aus dem Koran. Im Mahayana-Buddhismus ist die Übung als *Nianfo* (chinesisch) oder *Nembutsu* (japanisch) bekannt und schließt das ständige Wiederholen eines Buddha-Namens ein. Die Anhänger des Judentums wiederholen oft »*Shema Yisrael*« beziehungsweise Sätze, die aus dem Talmud oder Sohar (dem wichtigsten Buch der Kabbalah) stammen. Praktisch jede Weisheitstradition der Welt empfiehlt eine Variante dieser Praxis.

Ihre heilige Formel finden

Ich benutze seit mehr als 20 Jahren dasselbe Sanskrit-Mantra. Sie müssen Ihre eigene Formel finden, die etwas in Ihnen zum Klingen bringt. Und es muss nicht nur eine einzige Formel sein. Fühlen Sie sich frei, sie zu verändern, sooft Sie möchten. Der Vorteil daran, einen einzigen Satz auszusuchen und dann dabei zu bleiben, ist, dass er zur Gewohnheit wird. Es ist leichter für den denkenden Geist, sich automatisch zu erinnern und das so Erinnerte zu wiederholen. Auf der anderen Seite haben verschiedene Sprüche unterschiedliche Bedeutungen und Schwingungen mit entsprechenden Auswirkungen. Manchmal verändern sich unsere Bedürfnisse oder die Umstände.

Es gibt viele Quellen, in denen wir heilige Wortformeln finden können. Ich werde gleich ein paar nennen, doch das sind längst nicht alle. Es gibt Hunderte, wenn nicht Tausende. Und natürlich können Sie Ihre eigenen entwickeln. Dieser Ansatz hat Vor- und Nachteile. Ich zum Beispiel verwende ein traditionelles

Mantra, das seit Jahrtausenden im Einsatz ist. Es ist nicht besonders bedeutungsvoll für mich, aber es verbindet mich mit einer großen, tiefen und kontinuierlichen Tradition. Auf der anderen Seite könnten Sie ganz bewusst beschließen, dass Sie sich nicht mit irgendeiner Religion, einem Pfad, einer Tradition oder einer Gemeinschaft verbunden fühlen wollen. Den einen »richtigen« Spruch, der allgemein für jeden funktioniert, gibt es nicht.

Sie können auch die Sprache Ihrer heiligen Wortformel wählen. Der Vorteil des Gebrauchs von Worten in der eigenen Muttersprache liegt auf der Hand: Wir verstehen, was wir sagen, und sprechen es mit größerer Wahrscheinlichkeit korrekt aus. Auf der anderen Seite erfüllen kraftvolle liturgische Sprachen wie Hebräisch, Latein und Sanskrit (unter anderen) die Worte mit heiligen Schwingungen. Doch wieder gibt es keine »richtige« Sprache. Wählen Sie die, zu der Sie sich hingezogen fühlen.

Wenn Sie Ihre eigenen Anpassungen an den unten gemachten Vorschlägen vornehmen, empfehle ich, den entstehenden Spruch relativ kurz zu halten. Es ist wichtig, dass Sie ihn ohne Anstrengung rezitieren und wiederholen können. Es folgen einige Beispiele, deren Reihenfolge rein willkürlich ist:

Judentum
Shema Yisrael Adonai Eloheinu Adonai Ehad: »Höre, o Israel: Der Herr ist unser Gott, ist der Eine und Einzige.«

Ein Keloheinu: »Niemand ist wie unser Gott.«

Ich bin, der ich bin: Übersetzung von Gottes Antwort auf die Frage des Moses nach seinem Namen. Steht in der Thora und in der Bibel (Exodus 3,14) und wird von Juden wie von Christen verwendet.

Christentum
Jesusgebet: »Herr Jesus Christus, Sohn Gottes, erbarme dich meiner.«

Sie können auch einen Auszug aus dem *Vaterunser* oder dem *Ave-Maria* wählen. (Beide könnten zu lang sein, um sie als Ganzes zu benutzen.)

Vaterunser: »Vater, geheiligt werde dein Name. Dein Reich komme. Unser tägliches Brot gib uns heute und vergib uns unser Schuld, wie auch wir vergeben unseren Schuldigern. Und führe uns nicht in Versuchung.«

Ave-Maria: »Gegrüßet seist du, Maria, voll der Gnade, der Herr ist mit dir, du bist gebenedeit unter den Frauen, und gebenedeit ist die Frucht deines Leibes, Jesus. Heilige Maria, Mutter Gottes, bitte für uns Sünder jetzt und in der Stunde unseres Todes. Amen.«

Hinduismus
Aum Namo Bhagavate Vasudevaya: »O mein Herr, Du alles durchdringende Persönlichkeit des göttlichen Wesens, respektvoll verneige ich mich vor Dir.«
Sri Ram, Jai Ram, JaiJai Ram, Aum: »Rama, o Herr! Sieg für Rama! Sieg, Sieg für Rama! Om.«

Buddhismus
Aum Mani Padme Hum: »Om, Juwel im Lotos.«
Sabbe Satta Sukhi Hontu: »Mögen alle Wesen wohl [oder glücklich] sein.«

Islam
Allahu Akbar: »Gott ist groß.«
Alhamdulillah: »Gott sei gepriesen.«
Subhan'Allah: »Gott ist herrlich.«
Bismillah Ar-Rahman Ar-Rahiem: »Im Namen Gottes, des gnädigen, des Barmherzigen.«

Indianisch
Hey a-Na-na: »Ich vereine die Erde und den Himmel in mir.«
Chanun ho-ya: »Wunderbarer Weidenbaum, an dir nehme ich mir ein Beispiel.«

Nicht religiös oder nicht konfessionsgebunden
»Ich bin Frieden«, »Ich bin Geist« oder »Ich bin Bliss.«
»Offenbare dich selbst!«
»Friede, Weisheit, Liebe, Bliss.«

Es gibt zahllose andere. Wenn Sie sich von keiner der oben aufgeführten Formulierungen angesprochen fühlen, forschen Sie ein bisschen weiter oder verfassen Ihre eigene.

DAS EXPERIMENT: *JAPA* PRAKTIZIEREN

1. Wählen Sie unter den oben aufgeführten heiligen Worten oder Formulierungen eine(s) aus. (Wenn Sie bereits etwas anderes verwenden, können Sie das auch weiterhin tun.) Sie können Ihre Wahl später noch ändern oder entsprechend anpassen.
2. Sagen Sie das Wort oder den Satz genau jetzt, in diesem Moment leise zu sich selbst, und zwar so oft hintereinander, wie Sie möchten. Stellen Sie sicher, dass Sie sich mit der Betonung wohlfühlen, und prägen Sie sich die Formulierung ein.
3. Im Laufe der nächsten 24 Stunden geben Sie sich besondere Mühe, das Mantra *immer dann, wenn Sie sich daran erinnern*, still für sich zu wiederholen, und zwar *so oft wie möglich*. Wenn Sie sich dabei ertappen, dass Sie es vergessen oder abdriften, fangen Sie in dem Moment wieder an, in dem Sie sich beim Abschweifen ertappt haben. Ob auf diese Weise fünf Minuten oder 24 Stunden Praxis zusammenkommen, ist nicht so wichtig, solange Sie es mit ganzer Hingabe und Intensität versuchen.

4. Denken Sie darüber nach, welche Wirkung diese Übung auf Ihren Geist und Ihr Bewusstsein hatte. Hat sie Sie von negativen Gedanken oder Emotionen abgelenkt? Hat sie dazu beigetragen, Ihren Geist zu beruhigen, Sie friedfertiger zu machen, oder hat sie freudvolle Gefühle freigelegt?

Tipp: Viele benutzen, wenn sie *Japa* üben, eine Perlenschnur namens *Mala* oder einen Rosenkranz zum Abzählen der Wiederholungen. Dies bringt ein kinetisches Element ins Spiel, das von vielen Menschen als hilfreich empfunden wird. Sie können Ihre *Mala*/Ihren Rosenkranz um den Hals oder ums Handgelenk tragen. Dann ist sie/er immer verfügbar, wenn Sie die Übung machen wollen. Die *Mala*/der Rosenkranz dient auch als Gedächtnisstütze.

Online
Weitere Videos und Quellen für dieses Kapitel stehen auf der Internetseite www.theblissexperiment.com zur Verfügung.

KAPITEL 26

FREIHEIT IN BLISS

Ich habe mir viele, viele Dinge gewünscht, aber jetzt habe ich
nur noch einen Wunsch, nämlich alles loszuwerden, was ich so
unbedingt haben wollte.
John Cleese, britischer Komödiendarsteller (geb. 1939)

Wir haben unsere Reise damit begonnen, dass wir uns einige der
üblichen Fehler angeschaut haben, die wir alle in unterschiedlichem Ausmaß machen. Wir streben nach Reichtum, Sex, Romantik, Macht, Ruhm und/oder Schönheit. Wir wissen, dass
das eine, was sie gemeinsam haben, ihre äußere Natur ist. Das
andere ist sogar noch grundlegender. Sie sind mächtige Formen
der Sehnsucht.

Sehnsucht (desire) definiert das *Oxford English Dictionary* als
»Gefühl oder Emotion, das oder die sich auf die Erlangung eines
Objekts richtet, von dem Genuss oder Befriedigung erwartet
wird«. Es ist der Wunsch nach etwas oder danach, dass etwas
passiert, der durch ein heftiges Verlangen charakterisiert ist. Wenn
wir uns nach etwas sehnen, wird unser Verlangen von Gedanken
an den potenziellen Genuss angestachelt, den wir glauben erleben
zu können, wenn unsere Sehnsucht in Erfüllung geht. So gesehen,
bringt uns unsere Sehnsucht dazu, in einer wie auch immer gear-
teten Weise aktiv zu werden, um unser Ziel zu erreichen.

Das mag harmlos klingen, sogar gut. In der Tat scheint es so
normal, ja sogar regelrecht ins Gewebe des Menschseins eingewebt, dass viele von uns gar kein Problem darin sehen. Wir

glauben, dass uns unsere Sehnsüchte lebendig, einzigartig, ja sogar interessant machen und uns höchste Erfüllung bringen. In Wirklichkeit hält uns jede Sehnsucht, wie banal sie auch sein mag, davon ab, wahres Glück, Lebenssinn und Wahrheit zu empfinden, sprich: Bliss, die verborgene Glückseligkeit in unserem Innern, zu entdecken.

Ich habe absichtlich 25 andere Kapitel behandelt, bevor ich mich nun auf dieses weite Feld begebe. Diese Auffassung ist so umstritten und wird so häufig missverstanden, besonders im Westen, dass wir zunächst eine Menge Grundlagenarbeit leisten müssen. Meine Hoffnung ist, dass wir mittlerweile vor dem Hintergrund all dessen, was wir gemeinsam erforscht und erlebt haben, besser verstehen können, warum Wünsche und Sehnsüchte aller Art die Feinde von Bliss sind.

DIE GESCHICHTE

Gemma war der Verzweiflung nahe. Sie war Ende 30, noch nie verheiratet gewesen und hatte das Gefühl, dass ihre biologische Uhr immer schneller tickte. Sie versuchte krampfhaft, einen Mann kennenzulernen, in den Hafen der Ehe einzulaufen, Kinder zu bekommen und sich im »Glücklich bis ans Lebensende« einzurichten. Seit ihrer Kindheit hatte sie sich in Träumen von Romantik und Familie verzehrt. Doch aus Gründen, die sie nicht ganz verstand, war keine ihrer Beziehungen von Dauer. Sie war mehr als heikel, wenn es darum ging, was einen »richtigen Mann« auszeichnete. Sie hatte sogar eine Liste mit Eigenschaften, die er haben musste: gutaussehend, reich, witzig, groß, romantisch, gebildet und erfolgreich. Obwohl nur wenige sämtliche Kriterien erfüllten, fand sie gelegentlich einen passenden Kandidaten. Doch selbst dann standen die Beziehungen auf tönernen Füßen. Es endete immer damit, dass die Männer sie verließen, betrogen oder zappeln ließen und nicht die Absicht hatten, ihr einen Heiratsantrag zu machen.

Gemma hatte kaum eine Vorstellung, warum ihr das passierte. Ich fand, aber das behielt ich für mich, dass es einige sehr offensichtliche Erklärungen dafür gab. Ich will nicht unfreundlich sein, aber Gemma war weit davon entfernt, die weiblichen Äquivalente der Eigenschaften zu verkörpern, die sie von ihren potenziellen Partnern verlangte. Körperlich war sie Durchschnitt, vielleicht ein wenig darüber. Sie war weder reich noch erfolgreich, noch hatte sie eine höhere Bildung genossen. Sie hatte keinen besonderen Sinn für Humor und wirkte auch nicht sonderlich lustig und unbeschwert. Sie hatte keine großen Talente, Leidenschaften oder Interessen. Sie war nicht zutiefst spirituell oder in irgendeiner für mich erkennbaren Weise vollkommen. Sie hatte nichts Schlechtes oder Falsches an sich, aber auch nichts Spektakuläres. Das Schlimmste war, dass sie die Art von klammernder Verzweiflung ausstrahlte, die Männer tendenziell meiden. Sie erstickte und forcierte ihre Beziehungen und ging zu schnell zu weit.

Eines Tages verkündete Gemma – ich weiß nicht genau, was sie dazu veranlasst hatte –, dass sie nach vielen Versuchen, ihren Seelenpartner zu finden, beschlossen habe, künftig zölibatär zu leben. Sie hatte allmählich mehr Interesse an dem spirituellen Weg gewonnen und beschlossen, die Jagd nach einem Mann sowie die Familiengründungspläne aufzugeben und sich stattdessen ganz auf ihr spirituelles Wachstum zu konzentrieren. Gemma stellte die Partnersuche ein und machte sich noch nicht einmal mehr Gedanken um ihre äußere Erscheinung. Auch betrachtete sie nicht mehr jede Unterhaltung mit einem Mann als eine Art Vorstellungsgespräch für eine spätere Ehe. Sie verzichtete ganz bewusst auf Sex, Romantik, Kinder, Schönheit und darauf, vom Wohlstand eines anderen profitieren zu können. Es ging sogar noch weiter: Sie beschloss, sich generell jeder Art von weltlicher Befriedigung zu enthalten, nach der sie früher gestrebt hatte. Sie kam zu dem Schluss, dass sie mit alldem ihre Zeit und Energie verschwendet hatte und dass nichts davon ihr jemals würde geben können, was sie wirklich wollte.

Zwei Monate später kam Gemma mit einem Problem zu mir. Sie hatte kürzlich einen Mann namens Daryl kennengelernt, der sofort Gefallen an ihr gefunden hatte. Sie lebte immer noch zölibatär und hatte kein Interesse an einer Beziehung, aber Daryl machte ihr dennoch den Hof. Sie hatte seine Einladung zum Abendessen schon zweimal abgelehnt. Dies fand ich unter anderem deshalb interessant, weil ich Daryl kenne. Er hat viele der Eigenschaften, die Gemma ursprünglich an einem Mann wollte, nur reich und besonders groß ist er nicht (er hat eine durchschnittliche Körpergröße). Doch obwohl er nicht reich ist, hat er kürzlich sein eigenes Unternehmen gegründet, und seine Chancen auf Erfolg stehen nicht schlecht.

Schließlich, nach zwei weiteren Versuchen, gab Gemma nach und ging mit Daryl aus. Drei Monate später waren sie verlobt.

Wie sich bald herausstellte, hatte Daryl (mindestens) einen Makel, der ihr Sorgen machte. Er war ziemlich materialistisch und statusbewusst und schaffte sich definitiv gern irgendwelche Dinge an. Beispielsweise einen Porsche, für den er monatlich mehr Unterhalt und Leasingraten zahlen musste als manche Leute Miete, was er sich eigentlich nicht leisten konnte. Auch legte er immer Wert auf schöne Sachen zum Anziehen und die neuesten Technikspielzeuge. Obwohl seine finanziellen Aussichten für die Zukunft durchaus rosig waren, lebte er im Moment ganz klar über seine Verhältnisse.

Gemma beschloss, Daryl auf seine zu hohen Ausgaben anzusprechen, selbst wenn sie damit ihre Beziehung in Gefahr brachte. Gemma begann damit, dass sie ganz offen über ihre eigenen, noch nicht lange zurückliegenden Beziehungsprobleme sprach, vor allem darüber, wie ihre früheren Versuche immer fehlgeschlagen waren und sie sich dann schlecht gefühlt hatte, und wie viel besser die Dinge liefen, seit sie losgelassen hatte. Daryl gab zu, dass ihm durchaus bewusst war, wie sehr er über seine Verhältnisse lebte. Er zog in Erwägung, den Porsche abzustoßen und auch noch an anderen Stellen zu sparen, befürchtete jedoch, dies könnte seinem Image schaden und, was noch schlimmer war, Gemma wäre vielleicht enttäuscht. Als Gemma ihm versicherte, dass sie überhaupt kein Interesse an dem Auto hatte, war Daryl erleichtert.

Dieses Gespräch machte ihre Beziehung stärker. Es brachte sie näher zusammen und bestätigte, dass jeder von ihnen nur das Beste für den anderen wollte.

Gemma wusste immer noch nicht, ob sie, wenn sie erst einmal verheiratet waren, überhaupt versuchen sollten, Kinder zu haben. Aber jetzt war es ihr egal. Sie war sicher, es würde sich schon eine Lösung finden. Wenn sich herausstellen sollte, dass sie biologisch nicht mehr dazu in der Lage war, bestand immer noch die Möglichkeit zur Adoption. Und wie ihr jetzt klar wurde, spielte auch das weder so noch so wirklich eine Rolle. Sie erkannte ganz deutlich, dass Kinder zu haben oder nicht kein bestimmender Faktor mehr dafür war, ob sie ihr Leben lebenswert fand.

DIE WISSENSCHAFT

Die meisten Forschungen, die wir in den früheren Kapiteln untersucht haben, erkunden die Konsequenzen des Strebens nach der Erfüllung bestimmter Sehnsüchte: Geld, Sex, Romantik, Schönheit und Macht. In allen Fällen hat sich herausgestellt, dass sie uns nicht glücklich machen können. Insgesamt bilden sie eine mehrbändige Anklageschrift gegen die Sehnsucht. Auch wenn sie überzeugen, sind dies dennoch indirekte Wege zur Erforschung des Themas. Was wir als direkte Wissenschaft der Sehnsucht bezeichnen könnten, und zwar in dem Sinne, dass sie sich mit der umfassenden und allem zugrunde liegenden Natur des Verlangens selbst beschäftigt, ist ein relativ neues Forschungsgebiet. Und doch gibt es schon einige schlüssige, ja sogar schockierende Befunde, die sehr bemerkenswert sind

Eine grundlegende Studie, »The Neural Correlates of Desire«, bediente sich der funktionellen Magnetresonanztomografie, um die Gehirne von Probanden zu beobachten. Den Freiwilligen wurden Bilder von Ereignissen, Objekten und Personen gezeigt – die drei Arten von Dingen, die Menschen ersehnen können –, um festzustellen, welche Gehirnteile bei Sehnsucht aktiviert werden, und ob verschiedene Dinge (sagen wir, der Wunsch nach einem Objekt im Gegensatz zur Sehnsucht nach einer Person) jeweils andere Gehirnteile ansprechen.

Den Ergebnissen zufolge aktivieren *alle* drei Formen von Sehnsucht – auch wenn sie ganz verschieden zu sein scheinen – *dieselben* drei Bereiche im Gehirn. Das heißt, es scheint nur ein vereinigtes Wunsch-/Sehnsuchtssystem zu geben. Desgleichen ergab eine ähnliche Studie, die in *Cognition and Emotion* veröffentlicht wurde, dass scheinbar sehr verschiedene Gelüste, wie die nach Essen, Alkohol, Zigaretten und übermäßigem Sport, ähnliche biologische Mechanismen auslösen.

Diese Studien sind von entscheidender Bedeutung. Sie weisen stark darauf hin, dass alles und jedes, was unser Wunsch-/Sehnsuchtssystem »aufleuchten« lässt, wahrscheinlich die gleiche Art von positiven und negativen Belohnungen hervorbringt. Zweitens ist es bei keiner Art von Wunscherfüllung wahrscheinlich, dass sie uns langfristig befriedigt. Wenn wir wissen, dass die Erfüllung eines oder einiger Wünsche/Sehnsüchte (etwa nach Sex, Macht, Reichtum, Schönheit und so weiter) uns enttäuscht, ist es wahrscheinlich, dass *alle Arten von realisierten Sehnsüchten uns enttäuschen werden,* weil sie alle dieselbe neurologische Reaktion auslösen.

Unterstützt wird diese Schlussfolgerung von einer Studie, die in der Zeitschrift *Nature Neuroscience* veröffentlicht wurde. Die Forscher fanden heraus, dass dieselben Gehirnstrukturen, die Lust und Sehnsucht übermitteln, auch an Angstgefühlen beteiligt sind. Die Neuronen schnellen vor und zurück und erzeugen dabei entweder einen starken Wunsch (ein Verlangen, eine Sehnsucht etc.) oder eine intensive Furcht, immer abhängig von der vorherrschenden Stimmung zu der Zeit, in der die Neuronen abgefeuert werden. Die Menge an Stress, der die Probanden ausgesetzt sind, bestimmt darüber, ob die Neuronen die Empfindung als »positiven Wunsch« oder »negative Furcht« lesen. Mit anderen Worten, nämlich denen des Koautors der Studie, Kent Berridge: »Wir erleben Wunsch und Furcht als psychologische Gegensätze. Aber aus Sicht des Gehirns scheinen sie einen gemeinsamen Kern zu haben, der flexibel für das eine oder das andere genutzt werden kann.« Das bedeutet, dass positive Sehnsucht und negative Emotionen *zwei Seiten ein und derselben Medaille* sind, dass sie dieselben Chemikalien und Nervenbahnen gemeinsam nutzen. Es gibt vielleicht überhaupt keine Möglichkeit, unsere Wünsche und Sehnsüchte konsequent zu verfolgen, ohne häufig negative Konsequenzen auszulösen.

In der Zeitschrift *Psychological Review* veröffentlichte Forschungen darüber, wie Wünsche/Sehnsüchte entstehen und im Gehirn verarbeitet werden, führen zu einigen entscheidenden Entdeckungen. Wünsche/Sehnsüchte werden *nicht* vorrangig von unkontrollierbaren, unbewussten biologischen Reaktionen angetrieben. Vielmehr werden sie von unserem denkenden Geist produziert, *wenn sie von äußeren oder physiologischen Reizen ausgelöst werden.* Im Prinzip gibt uns »die Welt da draußen« ein Bild, das in unser Bewusstsein eindringt und die bewusste Erschaffung dieses Wunsches oder dieser Sehnsucht zündet. Wir können dieses Bild speichern und – wie jede Erinnerung – wieder abrufen, wenn wir darüber nachsinnen und es wiederbeleben wollen, auch wenn der ursprüngliche Reiz gar nicht mehr vorhanden ist.

Ganz wichtig aber ist: Wissenschaftler sind zu dem Schluss gekommen, dass *alle Wünsche/Sehnsüchte gleichzeitig bereichernd und schmerzlich* sind. Im selben Moment, in dem wir Gefallen an unseren Hoffnungen auf künftige Erfüllung finden, werden wir uns auch akut darüber bewusst, dass gegenwärtig genau diese Sache in unserem Leben fehlt. Das erzeugt, was die Forscher als Zustand der »erlesenen Folter« bezeichnet haben. Anders ausgedrückt: Indem sie ein grelles Licht auf einen Mangel oder eine Leere in unserem Innern werfen, erzeugen alle

Wünsche und Sehnsüchte wesenhaft und erbarmungslos physischen oder emotionalen Schmerz. So etwas wie schmerzfreie Sehnsucht gibt es nicht.

DER GEİST

Es ist Zeit, die destruktive Natur aller Formen von Sehnsucht hervorzuheben und auf Wunschlosigkeit als förderliche Alternative hinzuweisen. Was bedeutet es, auf unsere Wünsche und Sehnsüchte zu verzichten? Wer will das überhaupt? Sind Wünsche und Sehnsüchte nicht das, was uns bedeutungsvoll an die Welt und andere Menschen bindet? Warum sollten wir keine starken Gefühle für etwas oder jemanden haben? Dieses Thema ist mit starken Ansichten und Missverständnissen überfrachtet.

In meiner Abschlussklasse in Stanford geriet ich einmal unbeabsichtigt in eine wütend-emotionale Konfrontation mit meinem Professor und engsten Ratgeber. Als wir eines Tages nach dem Unterricht bei einem Bier zusammensaßen und plauderten, fragte mich mein Professor, was ich im Moment lese (außer seinem Kursmaterial). Ganz unbefangen erzählte ich, dass ich gerade eine Biografie von Gandhi gelesen hatte, die ich spannend und inspirierend fand. Schockierenderweise reagierte er darauf völlig aufgebracht. Zunächst rasten seine Gedanken und überschlugen sich regelrecht, dass das, was er sagte, kaum einen Sinn ergab. Nach einer längeren Befragung trat eine klare These zutage: Gandhi hatte ein Verbrechen an der Menschheit begangen, weil er versucht hatte, seine weltlichen Wünsche und Sehnsüchte zu überwinden. Mein Professor hielt dies für gewissenlos, weil Gandhi seiner Ansicht nach versucht hatte, alles abzulehnen, was das Leben gut und lohnenswert macht.

Das war das erste, aber keineswegs das letzte Mal in meinem Leben, dass ich mit heftigen Reaktionen auf das Thema Beschränkung, Kontrolle oder Eliminieren der eigenen Wünsche und Sehnsüchte konfrontiert wurde. In fast allen Fällen entsteht das Problem aus einem Missverständnis darüber, was dies bedeutet – und was nicht.

Die Anatomie der Sehnsucht

Wir bringen ständig neue Wünsche und Sehnsüchte hervor, kleine und große. Einige der gängigsten »großen Sehnsüchte«, wie die nach Reichtum, Ruhm, Macht, Schönheit, Drogen und Sex, haben wir bereits erforscht. Aber es gibt noch eine praktisch unendliche Anzahl von kleineren Wünschen und Sehnsüchten: den Wunsch nach einem bestimmten Essen, an einen bestimmten Ort zu reisen, Schuhe zu kaufen, eine ganz besondere Person zu treffen. Täglich erzeugen wir Hunderte, wenn nicht sogar Tausende von Wünschen und Sehnsüchten. Manche sind flüchtig und unbedeutend, wie etwa der Wunsch, es noch bei Gelb über die Ampel zu schaffen oder einen guten Parkplatz zu finden. Andere bleiben auf unbestimmte Zeit in unserem Bewusstsein.

Alle Wünsche und Sehnsüchte, seien sie nun groß oder klein, langfristig oder flüchtig, sind eine Kombination aus drei Dingen.

1. Wir empfinden eine Art Mangel, eine Unvollständigkeit oder ein Defizit.
2. Wir kommen in der äußeren Welt in Kontakt mit einem Objekt, einer Person oder einem Ereignis, die/das den Glauben in uns auslöst, dies sei die Lösung für unseren gefühlten Mangel oder unser Defizit.
3. Wir entwickeln eine emotionale Bindung an diese Sache oder diese Person – wir wollen sie. In der Tat überzeugen wir uns oft selbst, dass dies kein bloßes »Wollen« ist, sondern vielmehr ein *Bedürfnis*.

Sehnsüchte können selbst dann weiterbestehen, wenn ihr Auslöser aus unserer unmittelbaren Umgebung entfernt wird, denn wir speichern ihn als Erinnerung. Und wie jede Erinnerung können wir auch diese willentlich abrufen und dann darüber nachgrübeln, sie in unserem Geist hin und her bewegen, wie wir es auch mit negativen Ereignissen, Emotionen und Traumata aus unserer Vergangenheit tun.

Dieser Prozess hat durchaus etwas Plausibles und Logisches an sich. Wir kommen in Kontakt mit einem Objekt, einer Person oder einem Ereignis, die/das uns dazu auffordert, unseren Mangel zu erkennen. Es ist nur natürlich, anzunehmen, dass dieses Objekt, diese Person oder dieses Ereignis selbst die Lösung für unsere Leere sein muss. Also versuchen wir, sie/es zu erwerben, an uns zu binden oder zu erfahren. Wenn uns das nicht gelingt, schmachten wir weiterhin danach und konzentrieren uns vielleicht immer intensiver darauf, zu erreichen, was wir erreichen wollen – vielleicht sogar, bis wir eine Obsession oder andere negative Gefühle entwickeln. Wenn es uns gelingt, erkennen wir letztendlich – manchmal sofort, manchmal mit Verzögerung –, dass das Objekt, die Person oder das Ereignis unsere innere Leere doch nicht vollständig ausfüllen konnte.

Daraus schließen wir dann, dass wir entweder völlig falschlagen (es war überhaupt nicht dieses Objekt, diese Person oder dieses Ereignis) oder uns teilweise geirrt haben (diese Person, dieses Objekt oder dieses Ereignis war eine nützliche Ergänzung, aber an sich nicht wirklich genug; es gibt wohl noch etwas anderes, was damit verbunden werden muss). So oder so, das Resultat ist, dass wir unsere Aufmerksamkeit auf das nächste Objekt, die nächste Person oder das nächste Ereignis richten, die/das in unser Bewusstseinsfeld eintritt. Dieser Prozess geht immer so weiter, kreist kontinuierlich und ohne Ende um alles, was Wünsche, Sehnsüchte und Begierden anregt, und wir hoffen verzweifelt darauf, irgendwann über etwas zu stolpern, das endlich ein dauerhaftes Gefühl der Ganzheit und Erfüllung geben wird.

Dieser Prozess bringt enorme Probleme hervor. Wünsche und Sehnsüchte sind, um noch einmal diesen eleganten Ausdruck zu bemühen, »erlesene Folter«. Der Zustand der Sehnsucht und des Verlangens ist ein schmerzlicher Zustand. Je mehr Wünsche und Sehnsüchte wir haben, desto mehr Schmerz spüren wir.

Doch beim Schmerz geht es um noch mehr, als was im Moment der Wunscherzeugung passiert. Sollte es uns nicht gelingen, uns das Objekt unserer Begierde zu beschaffen, haben wir uns jetzt für eine Kombination aus Traurigkeit, Wut, Angst, Frustration, Neid, Eifersucht, Groll, Enttäuschung, Entmutigung und Niedergeschlagenheit entschieden. Wenn sich auf der anderen Seite erfüllt, wonach wir uns gesehnt haben, werden wir letztendlich erkennen, dass sich die Dinge vielleicht nicht ganz so entwickeln, wie wir es erhofft haben. Dies erzeugt Verwirrung, Zweifel, Hoffnungslosigkeit und/oder Verzweiflung.

Weil Wünsche und Sehnsüchte von Äußerlichkeiten ausgelöst werden, bedeutet, sie zu haben, dass wir von unserer Umgebung abhängig sind. Wir lassen unsere Selbstbeherrschung und Selbstkontrolle vor den Launen unserer Umgebung und irgendwelcher flüchtigen Empfindungen kapitulieren. Das hat etwas Sklavisches. Deswegen sind diejenigen, die radikale Freiheit für sich in Anspruch nehmen, weil sie sich jeden Wunsch erfüllen und jedem Verlangen nachgeben – ohne Rücksicht auf Verluste für sie selbst, andere oder die Gesellschaft –, in Wirklichkeit alles andere als frei. Sie leben in einem Zustand der absoluten Knechtschaft: als Gefangene von Wünschen und Sehnsüchten, die sie nicht mehr unter Kontrolle haben. In einem Akt der Verzweiflung versuchen sie, sich (und andere) davon zu überzeugen, dass sie diese lebenslange Freiheitsstrafe selbst gewählt haben.

Und das Allerschlimmste ist, der Prozess der Wunscherzeugung hört nie auf. Weil keine noch so umfangreiche Befriedigung von Wünschen und Sehnsüchten unsere innere Leere jemals ganz ausfüllen kann, sind wir in einer grenzenlosen Folterkammer gefangen.

Die Bedeutung der Sehnsucht

Wir müssen nicht für immer gefangen sein. Es gibt *einen* Weg, der aus der Folterkammer führt: Bliss-Bewusstsein.

An irgendeinem Punkt erkennen die meisten von uns, wie immer vage oder zögernd, dass die äußere Welt nicht wirklich hält, was sie verspricht. Statt permanent von einer Sehnsucht zur nächsten zu springen, fragen wir uns, ob es nicht noch eine völlig andere Lösung geben könnte. Vielleicht ist das, was wirklich fehlt, nicht etwas »da draußen«, sondern etwas in uns. Dieses Etwas nennen wir Bliss.

Diese Erkenntnis verwandelt unser Verständnis und unsere Beziehung zur äußeren Welt. Jeder Wunsch, jede Sehnsucht erinnert uns daran, dass wir die Fülle von Bliss in unserem Innern noch nicht entdeckt haben. Von diesem Moment an werden die Nachrichten immer besser.

Es stellt sich nämlich heraus, dass wir, genau wie uns nicht wirklich etwas »fehlt«, auch nicht so leer oder unzulänglich sind, wie wir dachten. Wir verfügen alle über einen unbegrenzten Bliss-Speicher. Er ist bereits hier, in unserem Innern, in genau diesem Moment. Er ist nur noch nicht aktiviert. Wir sind noch nicht damit in Kontakt.

Dies lässt uns auch erkennen, warum wir Wünsche und Sehnsüchte so oft als vergänglich, übertragbar und veränderlich erleben. Es ist nicht das Objekt, die Person oder das Ereignis, nach dem/der wir uns sehnen, es ist Bliss in unserem eigenen Innern. Diese äußeren Dinge sind nur Hinweise. Es ist kein Wunder, dass wir scheinbar so viele Dinge begehren. Die Welt versucht, uns eine Botschaft zu schicken. Wunsch nach Wunsch, Verlangen nach Verlangen tauchen auf, und sie alle erinnern uns daran, dass wir die ganze Fülle unseres inneren Potenzials noch nicht erreicht haben.

Von Sehnsucht zu Bliss

Keine Sehnsucht, nicht einmal die kleinste oder gutwilligste, kann uns erfolgreich Erfüllung bieten oder auch nur auf befriedigende Weise mit der Welt verbinden. Wünsche und Sehnsüchte sind wesenhaft von Bliss getrennt. Ein riesiger Abgrund tut sich zwischen ihnen auf. Es gibt keine direkte Möglichkeit, von der Sehnsucht zu Bliss zu springen. Sie sind zu weit auseinander, zu radikal verschieden im Wesen.

Es gibt jedoch eine Ausnahme, die in das Wesen unseres Bewusstseins integriert ist, *eine einzige* Möglichkeit, den Abgrund zwischen Sehnsucht und Bliss zu überbrücken: der Sehnsucht nach Selbstverwirklichung Priorität zu geben und sie öffentlich zu machen.

Paramahansa Yogananda nennt dies »wunschlose Sehnsucht«. Es ist die Sehnsucht nach spiritueller Erleuchtung und Befreiung. Sie unterscheidet sich grundlegend von allen anderen, weil sie innengelenkt und transzendent ist. Die Sehnsucht nach dauerhaftem Glück, Lebenssinn und Wahrheit belebt unsere Existenz.

Die wunschlose Sehnsucht nach Bliss zu verfolgen bedeutet, sich in Richtung Bliss umzuorientieren, und nur in Richtung Bliss. Es ist die Weigerung, sich mit den geringeren Sehnsüchten der äußeren Welt zufriedenzugeben oder so zu tun, als wäre man damit zufrieden. Das sind nur Schichten, die abgeschält werden müssen. Es bedeutet, dass wir unser Projekt zum Entfernen der äußeren Schichten aus Schmutz und unförmigem Gestein, die uns von dem reinen Bliss-Diamanten im Zentrum unseres Seins trennen, unbeirrt verfolgen.

Wunschlose Sehnsucht heißt nicht so sehr, dass wir der Welt und ihrer Dinge direkt entsagen müssen, als vielmehr, dass wir sie geschickt als Erinnerung an und Hilfsmittel für unsere höchste Verwirklichung nutzen können. Die Sehnsucht selbst kann ein Werkzeug zum Erlangen unserer Freiheit werden. Jedes Mal, wenn wir merken, dass ein Objekt, eine Person oder ein Ereignis einen Wunsch oder eine Sehnsucht ausgelöst hat, können wir sie geschickt nach innen lenken als Erinnerung daran, dass wir unser höchstes Streben nach Bliss-Bewusstsein noch nicht ganz verwirklicht haben. So gelangen wir auf unserer inneren Reise ein Stück weiter nach vorn.

Außerdem hilft uns der bloße Akt des bewussten Navigierens durch die Welt der Sehnsüchte, die Fertigkeiten zu erwerben und zu praktizieren, die für Bliss notwendig sind. Jedes Objekt, jede Person oder jedes Ereignis – die Bausteine des Verlangens – ist eine Gelegenheit, unsere Achtsamkeit zu entwickeln, die Vergangenheit loszulassen, anderen zu vergeben, Negatives in einem neuen Licht zu sehen, optimistisch zu sein, Dankbarkeit zu empfinden, die den Dingen zugrunde liegende Schwingung zu sehen statt nur ihre Oberfläche, Mitgefühl zu entwickeln, anderen selbstlos zu dienen und absichtslos zu lieben.

Das ganze Leben, jeder Moment wird zum effizienten Mittel für die Erlangung von Bliss. Wir müssen uns keine separate Zeit für unsere Bliss-Reise freischaufeln. Das tägliche Leben selbst, ist, wenn es mit Achtsamkeit, Verständnis und den entsprechenden Werkzeugen angegangen wird, der Prozess, in dessen Verlauf wir Bliss erlangen.

Verschwendung und Ineffizienz schleichen sich nur in den Momenten ein, in denen wir unsere Hingabe zeitweilig aufgeben, unser Ziel aus den Augen verlieren und wieder in die alte Gewohnheit des unbewussten Gefangenseins in unseren Wünschen und Sehnsüchten abdriften

Die Fülle der Wunschlosigkeit

Mein Professor, den Gandhis Experimente mit der Wahrheit derart in Wut versetzt hatten, hatte eine tödliche Angst davor, dass das Leben abgestumpft und langweilig werden könnte, wenn er seine Wünsche und Sehnsüchte aufgäbe.

Wir sehen jetzt, dass dies nicht der Fall ist. Es ist genau andersherum. *Mein Professor* litt und war lebensmüde. Sein unbeständiges Temperament und seine kämpferische Persönlichkeit waren Zeichen von Unzufriedenheit. Mit seiner wütenden Verteidigung eines von Wünsche und Begierden erfüllten Lebens übersah er eine simple Wahrheit: Ihm ging es schlecht, während Gandhi voller Freude gewesen war.

Keine Wünsche, Sehnsüchte und Begierden zu haben bedeutet, dem Leben voll und ganz verpflichtet zu sein. Jeder Moment wird entweder zur Gelegenheit, Bliss im eigenen Innern direkt zu erleben, oder bringt uns diesem Erlebnis einen Schritt näher. Das erfüllt uns in jedem Moment mit Lebensfreude und Enthusiasmus. Gandhi selbst ist ein hervorragendes Beispiel dafür. Er war dem Leben *sehr* viel mehr verpflichtet als mein Professor, der isoliert und voller Wut und Eifersucht im Elfenbeinturm saß und ein Leben der dürftigen Leistungen führte – im Außen und, was noch wichtiger war, im Innern. Während mein Professor von Alkohol befeuerte Wutausbrüche hatte, führte Gandhi eine gewaltlose Revolution an, die fast eine Billion Menschen befreite und die ganze Welt inspirierte. Gandhis Wunschlosigkeit hat nichts Abgestumpftes und Losgelöstes an sich.

Das zusätzliche Paradox am Loslassen von Wünschen und Begierden ist, dass wir dadurch alles gewinnen, wovon wir immer geträumt haben – und noch viel mehr. Nach außen gerichtete Sehnsüchte sind zwar im Überfluss vorhanden und bieten uns scheinbar entsprechend viele Möglichkeiten, schränken uns aber letztendlich nur ein. Unser Geist ist zu fehlerhaft, zu begrenzt, zu sehr mit abträglichen Gedanken und Emotionen erfüllt, als dass wir das ganze Spektrum unserer Möglichkeiten sehen könnten. Sehnsucht verursacht Spannungen und Schmerz. Schmerz erzeugt einen Tunnelblick, schließt uns ein, presst uns aus wie eine Zitrone, nimmt unsere ganze Aufmerksamkeit in Anspruch. Das Leben beschränkt sich auf den reinen Kampf ums Überleben. Wir können das große Bild nicht deutlich sehen. Uns bleibt wenig Zeit zum Aufblühen.

Letztendlich sind unsere äußeren Wünsche und Sehnsüchte viel zu spezifisch – ein billiger Ersatz für das, was wir wirklich wollen: Bliss. Wenn wir loslassen lernen, öffnen wir uns für die ganze Fülle des Augenblicks. Statt dieses eine spezielle Ding zu brauchen, um glücklich zu sein oder uns ganz zu fühlen, sind wir die ganze Zeit auf natürliche Weise glücklich – völlig unabhängig von der Außenwelt. Wir sind immer ganz. Alles und jedes, was wir in jedem Moment erleben, ist eine Quelle der absoluten Erfüllung.

Die andere Ironie ist, wie Gemma herausgefunden hat: Indem wir ein spezifisches Bedürfnis oder einen Wunsch mitsamt der Sorgen, dem Forcieren und dem unnatürlichen Druck, die damit einhergehen, loslassen, erlauben wir den Dingen *jetzt*, sich auf ganz natürliche Weise zu entfalten. Wir befinden uns in einem Zustand der Gnade und des Flow. Plötzlich erkennen wir, dass wir in dieser Fülle alles und noch viel mehr bekommen, als wir jemals bewusst wollten.

DAS EXPERIMENT: EIN KLEINER VERSUCH, WÜNSCHE UND BEGIERDEN LOSZULASSEN

Zusätzlich zu all den anderen Übungen, die wir gelernt haben und die uns indirekt helfen, unsere Begierden loszuwerden, ist es hilfreich, ein unmittelbares Gewahrsein unserer Wünsche und Begierden zu kultivieren: zu lernen, sie zu bemerken und zu verstehen, wenn sie ans Licht kommen, Distanz zu ihnen zu gewinnen und sie schließlich nicht nur durch indirekte Übungen zu verwandeln, sondern auch dadurch, dass wir uns ganz direkt und bewusst aus ihrem Griff lösen. Hier ist eine Übung in zwei Varianten, die unmittelbar auf unsere Wünsche und Begierden abzielt.

Variante A: Anschauen und abwarten

Suchen Sie sich eine kleine Begierde aus, sagen wir, einen Hungeranfall, wenn Sie ganz genau wissen, dass Ihr Körper die Kalorien im Moment nicht braucht, oder einen Gegenstand, den Sie kaufen wollen, obwohl Sie im Grunde wissen, dass Sie ihn nicht wirklich brauchen. Es kann auch das Verlangen nach Sex mit jemandem sein oder irgendein Verlangen Ihrer Wahl.

Und jetzt tun Sie nichts. Handeln Sie einfach nicht. Geloben Sie, so lange wie möglich zu warten und einfach nur zu beobachten, was passiert. Achten Sie darauf, ob es verschiedene Stadien der Steigerung und Zerstreuung Ihres Verlangens nach dieser Sache gibt. Und wenn Sie später zurückschauen, haben Sie es wirklich dringend gebraucht? Vermissen Sie es? Sind Sie eine schlechtere Person oder fühlen Sie sich schlechter, weil Sie es gelassen haben? Wie schnell haben Sie vergessen, dass Sie sich je danach gesehnt haben? Wie schwer war es, das Verlangen zurückzuweisen? Hat es sich von selbst in Luft aufgelöst? Wenn ja, was könnte das bedeuten? Waren Sie erstaunt, dass es Ihnen gelungen ist, dieses Verlangen zu überwinden? Was ist Ihnen sonst noch aufgefallen?

Variante B: Geschickte Umwandlung
Wenn wir möchten, können wir aktiv in die Entstehung unserer Begierden eingreifen und sie vermindern oder umdirigieren. Und so geht es:

1. Nehmen Sie sich einen Moment Zeit, um sich all der Wünsche und Begierden bewusst zu werden, die Ihnen genau jetzt im Kopf herumschwirren. Es können einige oder nur ganz wenige sein. Suchen Sie sich einen kleinen Wunsch aus.
2. Untersuchen Sie die Emotionen, die sich um diesen Wunsch gebildet haben. Was empfinden Sie, wenn Sie daran denken? Warum möchten Sie es haben? Welche Erfüllung wird es Ihnen bringen? Können Sie es nicht nur als eine Sache sehen, die zu haben sich lohnt, sondern auch als ein Signal, Ihre Reise in Richtung Bliss fortzusetzen?
3. Fallen Ihnen Möglichkeiten ein, dieses Verlangen loszulassen, zu nutzen oder zu verwandeln? Sehen Sie es als Gelegenheit, eine oder mehrere der Fähigkeiten einzusetzen, die Sie bereits praktizieren: vielleicht Achtsamkeit zu entwickeln, die Vergangenheit loszulassen, anderen zu vergeben, eine gute Gewohnheit zu etablieren, Negatives in einem neuen Licht zu sehen, optimistisch zu sein, Dankbarkeit zu empfinden, die den Dingen zugrunde liegende Schwingung zu sehen statt nur ihre Oberfläche, Mitgefühl zu entwickeln, anderen selbstlos zu dienen, bedingungslose Liebe zu praktizieren oder über ihr Wesen zu meditieren. Steht ein positiverer Ersatz zur Verfügung? Was würde passieren, wenn Sie diesen Wunsch einfach

ignorierten? Untersuchen Sie alle Aspekte seiner möglichen Bedeutung oder der Antworten, die Sie bei der Durchführung eines Bliss-Experiments bekommen würden.

4. Wenn Ihnen keine Möglichkeit einfällt, wie Sie den Wunsch direkt für Bliss nutzen oder umwandeln können, tun Sie stattdessen dies: Erlauben Sie sich, ihn zu erfüllen und zu erleben, wie das ist. Doch während Sie dies tun, visualisieren Sie, dass Sie diese Erfüllung Ihres Wunsches nicht mit Ihren Sinnen, Ihren Organen oder Ihrem Körper erleben, sondern das Erlebnis in Ihr spirituelles Auge emporheben, den Punkt zwischen den Augenbrauen. Visualisieren Sie, dass Sie dies nur durch das dritte Auge erleben und nicht mir irgendeinem anderen Teil Ihres Körpers. Verändert das die Qualität Ihrer Erfahrung?

5. Üben Sie, Ihre Wünsche und Begierden ganz bewusst auf diese Weise loszulassen, und zwar sooft Sie daran denken oder Ihnen danach ist, wobei Sie sich stufenweise zu größeren und stärkeren Wünschen vorarbeiten.

Online

Weitere Videos und Quellen für dieses Kapitel stehen auf der Internetseite www.theblissexperiment.com zur Verfügung.

TEIL 6
DIE REISE VOLLENDEN

Nun, nachdem wir Bliss verstanden und zumindest ein wenig in direkten Kontakt damit gekommen sind, ist es hilfreich, einige der umfassenderen Auswirkungen unserer Praxis zu erforschen. Hat Bliss eine breitere Bedeutung oder einen entsprechenden Einfluss? Wie steht ein Mensch, der Bliss gefunden hat, in der Gesellschaft da? Und außerdem, wie können wir mit unserer Erforschung und Praxis auf die bestmögliche Weise fortfahren und sicherstellen, dass unsere eigene Reise erfolgreich verläuft, während wir Sendboten für Bliss und positive Vorbilder für andere sind?

KAPİTEL 27

KONSEQUENZEN FÜR DEN PLANETEN

Alles Unheil dieser Welt geht davon aus, dass der Mensch nicht still für sich in seiner Kammer sitzen kann.
Blaise Pascal, französischer Mathematiker, Erfinder, Physiker, Schriftsteller und Philosoph (1623–1662)

Bliss hat positive Auswirkungen, die weit über persönliche Erfüllung hinausgehen. Stellen Sie sich vor, diese Welt sei voller Bliss-Sucher: Menschen, die sich Glück, Lebenssinn und Wahrheit für die ganze Menschheit auf die Fahnen geschrieben haben. Das wäre ohne jeden Zweifel besser in jeder nur vorstellbaren Hinsicht.

Das Streben nach Bliss ist nicht nur keineswegs schwelgerisch, es ist sogar die effektivste, umfassendste und dauerhafteste Lösung für unsere globalen Herausforderungen. Wie Albert Einstein erklärte: »Probleme kann man niemals mit derselben Denkweise lösen, durch die sie entstanden sind.« Bliss ist die äußerste Erweiterung unseres Bewusstseins.

Ein Mensch im Bliss-Zustand hat kein Interesse an *irgendetwas*, das Böses, Zwietracht, Disharmonie und Unfrieden hervorbringt. So jemand sieht keinen Vorteil darin, die Umwelt oder unsere Mitmenschen zu verletzen, zu bestehlen, zu kontrollieren, zu beleidigen oder herabzuwürdigen. Bliss erschafft von Natur aus selbst eine anständigere, harmonischere, tolerantere und friedlichere Gesellschaft. Der Bliss-Sucher verbraucht weniger Ressourcen, ist der Humanität verpflichtet und verbreitet Güte, Mitgefühl und bedingungslose Liebe, wo immer es möglich ist.

Vor allem aber trägt der Bliss-Sucher dazu bei, inneren Frieden und dauerhafte Freude mit möglichst vielen Menschen zu teilen und sie zu verbreiten, indem er tut, was immer er kann, um die Menschheit zu erbauen. Wie wir noch sehen werden, verbreiten sich sowohl positive als auch negative Emotionen wie ansteckende Krankheiten durch Netzwerke von Menschen. Eines der *besten* Gegenmittel gegen das Elend, das wir um uns herum sehen, ist, dass jeder von uns zum Bliss-Botschafter wird und Bliss mit anderen teilt. Eines der *schlimmsten* Dinge, die wir tun können, ist, andere kleinzuhalten, indem wir sie mit unserer Unzufriedenheit bombardieren. Wenn wir uns überhaupt um das Leid unserer Mitmenschen Sorgen machen, haben wir die moralische Pflicht, Bliss in uns selbst zu entdecken und es dann so breit und umfassend wie möglich weiterzugeben.

Die beste Nachricht von allen ist, dass keineswegs alle, ja noch nicht einmal die Mehrheit unserer Mitmenschen Bliss-Sucher werden müssen, um eine merkliche Verbesserung herbeizuführen. Wegen der Art, wie sich Bliss und seine begleitenden Eigenschaften über das Netzwerk der Menschheit verbreiten, können große Vorteile für alle selbst dann erzielt werden, wenn sich nur eine Minderheit verpflichtet, Bliss im eigenen Innern zu entdecken.

DIE GESCHICHTE

Nathan, mittlerweile Ende 50, wuchs in einer wohlhabenden Familie in der reichen Stadt Chevy Chase, Maryland, auf. Er studierte in Yale und machte seinen Master in Betriebswirtschaft an der Wharton School of Business. Anschließend arbeitete er für eine Investmentfirma an der Wall Street und dann für ein Fortune-500-Unternehmen. Sein Ziel war es, eines Tages Vorstandsvorsitzender einer wichtigen Aktiengesellschaft zu werden – und um seinen 50. Geburtstag herum hatte er dieses Ziel endlich erreicht.

Die Firma, die er leitete, war ein internationales Konglomerat mit Geschäftsbereichen von medizinischen Artikeln, über Aufträge für das Militär bis hin zu Finanzprodukten für Verbraucher. Sie hatten Fabriken in einigen Entwicklungsländern unter Vertrag. Wie die meisten Vorstandsvorsitzenden betrachtete auch Nathan es als seine erste Pflicht vor allem anderen, die Profite des Unternehmens zu maximieren. Obwohl seine persönlichen Ansichten eher links waren, ließ er sich bei seinen geschäftlichen Entscheidungen überhaupt nicht von solchen Überlegungen leiten. Er gab offen zu, dass es sein Job sei, jede legale Möglichkeit zu nutzen, um Kosten zu sparen und Profite zu maximieren. Außer seinen Aktionären fühlte er sich absolut niemandem verantwortlich. Er argumentierte leidenschaftlich, dies genau sei es, was den Kapitalismus so großartig mache.

Nathan hatte geheiratet, als er noch dabei war, die Karriereleiter zu erklimmen. Er hatte drei Kinder. Er saß im Aufsichtsrat einiger großer Firmen und gemeinnütziger Organisationen. Es spendete riesige Geldmengen an eine Vielzahl von Wohlfahrtsorganisationen.

Den größten Teil seines Erwachsenenlebens hatte Nathan sich nicht viel mit Religion oder Spiritualität beschäftigt. Er stammte aus einer säkularen jüdischen Familie, in der viel Wert auf die gesellschaftlichen Aspekte des Judentums gelegt wurde, aber so gut wie keiner auf die religiösen. Auch er spürte wenig Motivation, dies zu ändern, denn er hatte eine nette Familie, war reich, wohltätig und genoss einiges Ansehen in seiner Gemeinde.

Langsam begann sich sein persönliches Leben aufzulösen. Nach fast 15 gemeinsamen Jahren wurde Nathans Ehe geschieden. Er heiratete schnell wieder, eine Frau, die er über seine Arbeit kennengelernt hatte, aber diese Ehe hielt nur zwei Jahre. Er entfremdete sich von seinen Kindern, teilweise deshalb, weil sie ihm die Schuld an der Scheidung gaben. Er hatte nur wenige Freunde und keine soziale Kompetenz. Er war ein von Natur aus misstrauischer Mensch, ein Charakterzug, der durch seinen Reichtum und seine Bekanntheit in der Gemeinde noch verstärkt wurde. Er behandelte Menschen schlecht und benahm sich, als seien andere dazu da, ihm zu Diensten zu sein. Er war nicht nett. Nathan wusste, dass er nicht glücklich war, obwohl er kaum verstand, warum – oder ob es überhaupt eine Rolle spielte.

In dieser schwierigen Zeit gab ihm einer seiner Freunde ein Buch, das ein buddhistischer Mönch geschrieben hatte. Es brachte eine Saite in ihm zum Klingen, obwohl Nathan nichts mit Buddhismus zu tun hatte. Allerdings brachte es ihn dazu, seine örtliche Synagoge zu besuchen. Er hörte sich Predigten an und nahm an Veranstaltungen teil. Einer der Gastredner hatte großen Einfluss in der Jewish-Renewal-Bewegung, die meditative und mystische Übungen stark einbindet. Nathan begann zu meditieren. Er hatte intensive und positive spirituelle Erlebnisse. Eines Nachts ertappte er sich dabei, wie er unkontrollierbar schluchzte und Tränen der Trauer und der Freude gleichzeitig weinte. Die Trauer kam daher, dass er das Gefühl hatte, so viel von seinem Leben verschwendet, zu viele Fehler gemacht und seine Seele verkauft zu haben. Freude empfand er, weil er sich jetzt wieder verbunden fühlte, weil er wusste, dass es noch nicht zu spät war, um radikale Veränderungen vorzunehmen und ein Agent des Wandels für diese Welt zu werden. Während er früher ein Teil des Problems gewesen war, konnte er von nun an ein Teil der Lösung sein.

Nachdem er einen langen, strengen Blick auf sein Leben geworfen hatte, beschloss Nathan, drastische Veränderungen vorzunehmen. Er hängte seinen Job im Konzern an den Nagel und begann sein Leben zu vereinfachen. Er verkaufte seine Villa (die für eine Person ohnehin lächerlich groß war), kündigte seinen beiden persönlichen Assistenten, verlängerte seine Mitgliedschaft bei einer Jet-Sharing-Firma und tauschte seinen Bentley gegen einen Prius ein. Für Nathan war es eine besonders wichtige Entscheidung, seine persönlichen Assistenten zu entlassen, denn er hatte sie benutzt, um eine Barriere zwischen sich und der Welt aufzubauen. Selbst seine Kinder hatten mehr mit den Assistenten (die sich um alle Arten von persönlichen Familiengeschäften kümmerten) zu tun als mit ihrem eigenen Vater.

Er begann, freiwillig für zwei verschiedene gemeinnützige Organisationen zu arbeiten. Zum ersten Mal unterschrieb Nathan nicht nur Schecks, sondern nahm wirklich am Leben teil. Als er für eine Umweltorganisation arbeitete, nahm er sogar an einer Sit-in-Kampagne teil, mit der Demonstranten gewaltlos gegen die Zerstörung eines lokalen Ökosystems protestierten.

Am wichtigsten aber war, dass sich das Verhältnis zu seinen Kindern verbesserte und er so viel Zeit mit ihnen verbrachte, wie sie wollten. Außerdem versöhnte er sich völlig unerwartet mit seiner ersten Frau, die nie wieder geheiratet hatte. Wie Nathan selbst zugibt, ist er jetzt ein völlig anderer Mensch: wärmer und freundlicher, argloser und weniger misstrauisch. Seine Freundschaften sind natürlich und basieren auf gegenseitigem Interesse und seiner Persönlichkeit, nicht auf seinem Status oder seinen Reichtümern. Nathan ist aktiv damit beschäftigt, anderen zu helfen, kreist weniger um sich selbst und konsumiert sehr viel weniger materielle Güter. Er praktiziert täglich eine jüdische Form von Meditation und leitet eine der wöchentlich stattfindenden Meditationsgruppen in dem Zentrum, das er regelmäßig besucht. Auf einer persönlichen Ebene ist sein Leben jetzt viel einfacher, aber global gesehen ist es viel dynamischer und verbundener. Er ist glücklicher als je zuvor und fühlt sich zutiefst verpflichtet, ein wahrer Mensch zu sein: eine integre und ehrenhafte Person. Und in Nathans Fall kommt noch etwas hinzu: authentische Freude.

DIE WISSENSCHAFT

Im 17. Jahrhundert sagte der englische Dichter John Donne: »Niemand ist eine Insel.« Das ist keine rein poetische Empfindung, sondern eine objektive, wissenschaftlich verifizierbare

Tatsache. Eine große Menge an Forschungsmaterial zeigt, dass unsere Gefühle und Emotionen, sowohl die positiven als auch die negativen, hochgradig ansteckend sind. Was immer wir fühlen, geben wir an andere weiter – genau wie wir aufnehmen, was andere fühlen. Sowohl unser Elend als auch unser Glück hat Einfluss auf andere.

Eine Studie, durchgeführt von James Fowler von der Universität von Kalifornien, San Diego, und Nicholas Christakis von der Harvard Universität, demonstriert dies sehr schlüssig. Aus den Daten, die gesammelt wurden, indem man fast 5 000 Menschen 20 Jahre lang begleitete, schlossen sie: »Das Glück einzelner Menschen ist abhängig vom Glück anderer, mit denen sie in Verbindung stehen. Dies berechtigt ferner, Glück, genau wie Gesundheit, als kollektives Phänomen zu sehen.« Glück, so schrieben sie, *breitet sich auf bis zu drei Stufen über seine ursprüngliche Quelle hinaus aus.* Das heißt, wir übertragen unser Glück sowohl auf Menschen, mit denen wir es direkt zu tun haben, *als auch auf Menschen, die wir gar nicht kennen.* Wenn wir glücklich sind, stehen die Chancen gut, dass auch der Freund eines Freundes von uns glücklicher ist.

Die Ergebnisse dieser Studie sind kein Zufall. Einige voneinander unabhängige Studien haben gezeigt, dass emotionale Zustände, einschließlich negativer, mit Leichtigkeit von einer Person zur anderen weitergegeben werden. Beispielsweise wurden Studenten, denen man nach dem Zufallsprinzip einen depressiven Zimmergenossen zugeteilt hatte, zunehmend selbst depressiv. Und einer im *Journal of Nonverbal Behavior* veröffentlichtenStudie zufolge verbreiten sich sehr viele Emotionen – positive wie negative – in einem riesigen Netzwerk von Menschen geradezu epidemisch.

Noch interessanter ist, es gibt überzeugende Beweise dafür, dass wenige Menschen, die eine positive Wahl treffen, eine übergroße Wirkung auf ihre Umwelt haben und die Verhaltensdynamik größerer Bevölkerungsgruppen komplett verändern können. Für eine Studie, durchgeführt im Jahre 2011 am Rensselaer Polytechnic Institute, wurde mithilfe von Berechnungen und analytischen Methoden der Punkt bestimmt, an dem die Überzeugung einer Minderheit umkippt und zur Überzeugung einer Mehrheit wird: die Trendwende. Die Wissenschaftler sagen: *Wenn nur zehn Prozent der Bevölkerung einen unerschütterlichen Glauben haben, auf dessen Verbreitung sie sich festgelegt haben, wird ihre Überzeugung, wenn genügend Zeit vergangen ist, immer von der Mehrheit der Gesellschaft angenommen werden.*

In einer erstaunlichen Studie, die in der populären Zeitschrift *Social Indicators Research* veröffentlicht wurde, wurde die Wirkung gemessen, die eine kleine Gruppe von Meditierenden auf die Kriminalitätsrate des gesamten Stadtgebiets von Washington, D. C. hatte – eine Gegend mit einer der höchsten Gewaltverbrechensraten der USA. Im Sommer 1993 warben die Forscher 4 000 in Meditation erfahrene Freiwillige an und schickten sie für acht Wochen in den District of Columbia. In dieser Zeit meditierten die Teilnehmer so viel wie möglich und versuchten ganz bewusst, Gefühle des Friedens und der Ruhe auf die dortige Bevölkerung zu übertragen. Ein 27-köpfiger Projektuntersuchungsausschuss aus unabhängigen Wissenschaftlern und führenden Bürgern genehmigte den Forschungsplan und überwachte den Forschungsprozess. Die wöchentlichen Verbrechensdaten stammten aus Akten, die das District of Columbia Metropolitan Police Department zur Verfügung stellte und die auch für den jährlichen *Uniform Crime Report* des FBI verwendet wurden. Statistische Analysen berücksichtigten die Wirkung von Wettervariablen, Tageslicht, historische Verbrechenstrends und jährliche Muster im District of Columbia sowie die Trends in den benachbarten Städten.

Die Forscher haben nach Prüfung der bekannten Variablen herausgefunden, dass die Verbrechensraten im Verlauf der Studie um ganze 23 Prozent sanken. Mit anderen Worten: Es scheint, als habe eine kleine Gruppe von Meditierenden, indem sie nichts anderes tat, als zu meditieren – nicht aktiv in die Ge-

meinde eingriffen – eine Atmosphäre der Friedfertigkeit geschaffen, die genügte, um die Verbrechensraten abstürzen zu lassen.
Es brauchte die Konzentration von nur 4000 Menschen (plus
wie vielen Meditierenden auch immer, die bereits in D. C. lebten), um das Verhalten von mehr als 500000 Einwohnern positiv zu beeinflussen.

Dies ist *kein* einzigartiges Ergebnis, denn mindestens ein halbes Dutzend anderer Studien bestätigen es. Zwei Studien, die in
Großbritannien durchgeführt wurden, lohnen sich, hervorgeho-
ben zu werden. Die erste, veröffentlicht in der populären Zeitschrift *Psychology, Crime & Law*, wurde in einer ähnlichen Weise durchgeführt wie die D. C.-Studie, außer dass es hier um die
Bevölkerung von Merseyside County in England ging. Das gleiche Ausmaß an Verbrechensverminderung war zu beobachten,
sobald ein kleiner Teil der Bevölkerung meditierte.

Für eine größere Studie schrieben sich 26000 Menschen aus
ganz Großbritannien ein. Die Teilnehmer wurden gebeten, eine
Vielzahl von Glücksübungen zu machen, darunter dankbar
sein, mehr lächeln, gütig handeln und so weiter. Es muss nicht
eigens betont werden, dass diejenigen, die das praktizierten,
von einem deutlichen Anstieg ihres Glücksniveaus berichten
konnten. Interessanter ist, dass die Forscher, bevor und nachdem die Teilnehmer diese Übungen gemacht hatten, nach dem
Zufallsprinzip Tausende von Briten im ganzen Land befragten,
die diese Übungen *nicht* selbst machten. Sie wurden gebeten,
über ihr Wohlbefinden zu berichten. Diese Nicht-Teilnehmer
meldeten für die Zeit, in der die anderen ihre Übungen machten, eine siebenprozentige Steigerung ihres Glücksniveaus, obwohl sie nicht wussten, warum. Die Autoren der Studie postu-
lierten, dass die 26000 Bürger, die aktiv Glücksübungen
machten, in der Lage waren, das Glücksniveau der gesamten
Bevölkerung von Großbritannien allgemein anzuheben.

Es sollte auch beachtet werden, dass Bliss-Übungen wie Meditation – und auch das ist wissenschaftlich erwiesen – Aggressionen und gewalttätiges Verhalten bei verurteilten Kriminellen

vermindern, ihre Rückfallraten senken und ihnen helfen, ihr Leben nach dem Gefängnisaufenthalt zu verbessern.

Und das ist noch nicht alles. Studien haben auch ergeben, dass sich glückliche Menschen mehr sozial engagieren als unglückliche. Verglichen mit unglücklichen Menschen, sind glückliche:

➤ altruistischer und hilfsbereiter,
➤ weniger geneigt, ein Verbrechen zu begehen,
➤ anständiger,
➤ weniger rassistisch und rassenbewusst,
➤ aufgeschlossener,
➤ weniger geneigt, illegale Drogen zu nehmen,
➤ produktivere Arbeiter,
➤ kreativer und mit besseren Problemlösungsfähigkeiten begabt.

Schließlich sollte noch angemerkt werden, dass glücklichere Menschen in Krisenzeiten nüchterner und emotional belastbarer sind. Wenn die Dinge – in der jeweiligen Familie, in einer Gruppe oder in der Gesellschaft als Ganzes – sehr schlecht laufen, reagieren glückliche Menschen vermutlich besser auf die Katastrophe.

DER GEIST

In der Präambel der Verfassung der UNESCO (*United Nations Educational, Scientific and Cultural Organization*, zu Deutsch: Organisation der Vereinten Nationen für Erziehung, Wissenschaft und Kultur) heißt es: »Da Kriege im Geist der Menschen entstehen, muss auch der Frieden im Geist der Menschen verankert werden.«

Nicht nur Krieg beginnt in unserem Geist, sondern auch jede Form des Unwissens und des Bösen: Gier, Unmenschlichkeit,

Umweltzerstörung, Materialismus, religiöse Konflikte, Rassen-
diskriminierung und alle, wirklich alle Arten von Aggression
und Intoleranz.

Letztlich besteht die beste und dauerhafteste Lösung für die
Probleme dieser Welt nicht in äußeren Regeln, Verträgen, Gesetzen, Gefängnissen, Strafen und Gewalt. Zugegeben, dies sind
wichtige, kurzfristige Lösungen und notwendige Teilelemente,
um Ignoranz, Egoismus und pure Bösartigkeit einigermaßen im
Zaum zu halten. Aber es sind im Großen und Ganzen Maßnahmen, mit denen die *Symptome* des niederen Bewusstseins behandelt werden. Sie bieten an sich keine Heilung.

Schauen wir uns ein Beispiel an: Rassismus in den Vereinigten
Staaten von Amerika. Wir haben bereits über eine wissenschaftliche Studie gesprochen, die zeigt, dass glückliche Menschen weniger rassistisch sind als unglückliche. Nun stellen Sie sich die
Auffassung derer vor, die Sklaven hielten und die Sklaverei be-
fürworteten. Sie konnten nicht mit vernünftigen Argumenten
dazu gebracht werden, ihren Standpunkt aufzugeben. Viele kamen mit dem Gegenargument, die Sklaverei sei Teil einer natürlichen Ordnung der Dinge, ja sogar ihr gottgegebenes Recht.

Was passierte, als der Norden die Sklaverei abschaffen
wollte? Die Südstaatler stimmten nicht freiwillig zu. Vielmehr
trennten sie sich von der Union und fingen den brutalsten und
blutigsten Krieg in der Geschichte Amerikas an.

Und was änderte sich nach der Emanzipationserklärung,
dem Sieg der Nordstaaten und der Ergänzung der Verfassung
um einen Artikel, in dem die Sklaverei verboten wurde? In vieler
Hinsicht reichlich wenig. Die Besiegten ersetzten die Sklaverei
einfach durch die Jim-Crow-Gesetze (in denen die Rassentrennung festgeschrieben wurde) und behandelten die Afroamerikaner weiterhin als minderwertig. Gesetze allein – einschließlich
des höchsten Gesetzes, unserer Verfassung – haben weder die
Herzen der Menschen verändert noch viele ihrer Taten.

Jahrzehnte später wurden die Jim-Crow-Gesetze endlich ab-
geschafft, doch was passierte unmittelbar danach? Wieder än-

derte sich nur wenig. Große Teile des Südens weigerten sich, die Gesetze gegen die Rassentrennung zu befolgen. Schließlich wurden sie gegen ihren Willen und unter Einsatz von äußerem Druck dazu gezwungen. Aber das war nicht das Ende des Rassismus. Er hat einfach nur subtilere Formen angenommen. Das ist einer der Gründe, warum wir affirmative Aktionsprogramme einführen müssen. An keinem Punkt dieser traurigen und langsamen Entwicklung haben Gesetzesänderungen große Veränderungen in den Herzen und Köpfen der Rassisten bewirken können.

Sind diese schmerzlich langsamen Fortschritte besser als nichts? Auf jeden Fall. Aber sind sie die *bestmögliche* Lösung, die wir uns vorstellen können? Auf keinen Fall. Kein Mensch sollte sich guten Gewissens damit zufriedengeben, dass eine Reihe von Gesetzen erlassen werden, die Menschen, oft gegen ihren Willen, zwingt, sich auf eine bestimmte Weise zu verhalten. Es wäre so viel besser, wenn wir statt eines hinterhältigen, stillen und subversiven Hasses wahre Verbundenheit, echtes Mitgefühl und wirkliche Liebe füreinander empfinden würden. Wenn wir nicht das Bedürfnis hätten, andere herabzusetzen oder uns ihnen überlegen zu fühlen, nur um uns selbst besser zu fühlen. Auf diese Weise kann es *wirklich* gelingen, Rassismus dauerhaft zu bekämpfen, denn sie berührt jedes Detail, jede Interaktion und jeden Moment unserer Beziehung miteinander.

So ist es mit allem, woran die Menschheit krankt. Ist es in Ordnung, dass Gier, Sexismus, religiöse Sektiererei, Hass, Bigotterie, nackte Aggression, Sadismus, Materialismus, Narzissmus und Ähnliches in unseren Herzen und Köpfen wohnen, solange es Gesetze und Armeen gibt, die uns im Zaum halten? Ich glaube nicht. Ja, Gesetze, Strafanstalten und Soldaten zu haben ist sicher besser als nichts. Aber es ist nicht genug. Wir sollten uns nicht nur damit zufriedengeben. Viel besser wäre es für uns, wenn alle diese Einstellungen aus unserem Bewusstsein gelöscht würden.

Die einzigen wirklich heilsamen Lösungen – diejenigen, die gründlich, vollständig und dauerhaft sind – müssen das Bewusstsein der Menschheit verwandeln, damit wir uns nicht länger selbst verwirren, indem wir glauben, dass wir mit egoistischen oder gar bösen Aktionen uns selbst oder denen, die wir zu repräsentieren vorgeben, etwa Gutes tun.

Dies ist natürlich genau das, was Bliss ist und tut. Es ist die intensivste, die reichhaltigste und die alles umfassende Möglichkeit, unser Bewusstsein positiv zu verändern. Wir müssen den Bliss-Zustand noch nicht einmal vollständig erreichen. Der einfache Akt, mit dem wir uns Bliss verpflichten und anfangen, die entsprechenden Übungen zu machen, trägt schon sehr viel zur Lösung der meisten unserer globalen Probleme bei. Einfach ausgedrückt: Je höher die Prozentzahl des Bliss-Anteils in unserem Bewusstsein ist, desto weniger Negatives tun wir einander und der Welt an. Es ist eine klare und direkte Kausalkette. Wir können Krieg, Armut, Rassismus, Umweltzerstörung und Ähnliches nicht dauerhaft beenden, indem wir sie mit derselben Denkweise bekämpfen, mit der wir sie erschaffen haben. Wir müssen uns über sie hinaus auf eine transzendente Bewusstseinsebene entwickeln. In dem Moment, in dem uns dies gelingt, sind unsere Schwierigkeiten nicht mehr einfach nur überschaubar, sondern verschwinden ganz.

Die Heilung weitergeben

Anders als für viele Krankheiten haben wir das Heilmittel für das, woran die Menschheit krankt, bereits gefunden: Bliss-Bewusstsein. Allein das ist schon ein großer Vorteil. Was bleibt, ist jedoch die Frage, wie es umgesetzt und verbreitet werden kann. Wie jedes Heilverfahren braucht auch dieses Achtsamkeit, Zeit und entsprechende Ressourcen, um an jedem Ort auf dem Globus anzukommen. Kein Heilverfahren schlägt sofort an. Selbst Krankheiten wie Polio, Masern, Lepra und die Pest, für die es lange Zeit keine Heilmittel gab, sind immer noch nicht vollkommen ausgerottet. Aber das heißt nicht, dass wir es nicht versuchen – oder dass es keine guten Gründe gibt zu hoffen.

Allerdings hat Bliss einen entscheidenden Vorteil gegenüber den Heilverfahren für körperliche Krankheiten: Es ist eine sich selbst erhaltende und replizierende Idee. Es braucht keine enormen finanziellen Ressourcen, keine staatliche Genehmigung oder Aufsicht, keine Fertigung, keine Import/Export-Lizenzen, keine physische Übermittlung. Ideen können sich mit Lichtgeschwindigkeit durch riesige Netzwerke zu vielen Menschen bewegen, heute in unserer verbundenen und verstärkten Kultur mehr als jemals zuvor: von sozialen Netzwerken im Internet, wie Facebook und Twitter, bis zu Massenmedien, wie Fernsehen, Radio und Printmedien, bis zum mündlich Mitgeteilten. Einige wenige können ihre Ideen an Millionen weitergeben.

Wir brauchen nur die richtige Einstellung und Orientierung. Es ist normalerweise so, dass Pioniere und frühe Verfechter neuer Ideen – besonders diejenigen, die den Status quo infrage stellen – als Verrückte, Träumer oder Irre verspottet werden. Allein in vergleichsweise jüngerer Zeit – von früheren Zeiten ganz zu schweigen – wurden Automobile, Flugzeuge, geteerte Straßen, Raketen, Mondlandungen, Züge, Röntgenstrahlen, Radios, Dampfmaschinen, Atomkraft, Telegrafen, Wechselstrom, PCs, Telefone, Fernsehen, Ölförderung, Unterseeboote, die Theorie von den Bazillen, Gehirnchirurgie und zahlreiche andere Neuerungen für unmöglich, undurchführbar oder in der Praxis nicht verwertbar erklärt.

Wie einige der oben erwähnten Studien vermuten lassen – und der gesunde Menschenverstand bestätigt –, braucht Bliss nur eine starke Minderheit von Anhängern, um eine außergewöhnlich große Wirkung auf die Menschheit zu haben. Bliss verbreitet sich dynamisch, so wie Samenkörner vom Wind verteilt werden. Jeder Mensch, der auf der Suche nach Bliss ist, beeinflusst eine ganze Menge von Menschen, einschließlich zahlreicher Leute, die er nicht kennt und denen er noch nie begegnet ist. Es gibt immer wieder kleine Gruppen von Menschen, die eine signifikante Wirkung auf die Welt ausüben. Demokratie, mittlerweile eine auf der ganzen Welt verbreitete Staatsform, begann mit nur relativ wenigen Menschen im altgriechischen

Stadtstaat Athen. Die gesamte Renaissance der westlichen Kultur und Zivilisation begann mit nur einer Handvoll Menschen in Florenz. Die Stammeltern der wissenschaftlichen Revolution könnten auf einem einzigen Blatt Papier aufgelistet werden. Die amerikanische Revolution wurde von nur einem winzigen Teil der Bevölkerung begonnen und durchgeführt. Eine kleine Gruppe von Meditierenden mitten in einer gewaltbereiten Stadt senkte die Verbrechensrate in nur acht Wochen.

Und was das Wichtigste ist, Glück und Bliss sind sich selbst verstärkende Feedbackschleifen. Je mehr wir davon haben, desto mehr geben wir an andere weiter, desto glücklicher ist unsere unmittelbare Umgebung, desto mehr wird unser eigenes Glück verstärkt, desto mehr Menschen werden davon berührt. Bliss entwickelt sich nicht unbedingt linear. Es kann sich im Laufe der Zeit beschleunigen. Was langsam beginnt, wird allein durch die Natur des Bliss-Bewusstseins allmählich an Tempo gewinnen. Wenn wir Zugang zu höheren Ebenen des Bewusstseins bekommen, erlangen wir die Fähigkeit, die Saat des inneren Friedens, der Liebe und von Bliss weit über den begrenzten Bereich unseres physischen Körpers hinaus auszusäen. Wir projizieren die Schwingungen von Frieden, Liebe und Bliss buchstäblich in unsere Umgebung.

Das scheint nur deshalb schwer, fernab oder weit hergeholt, weil wir mit der Revolution des Bliss-Bewusstseins erst am Anfang stehen. Echte, spürbare Ergebnisse können in relativ kurzer Zeit erreicht werden. Während ein Tag nach dem anderen vergeht und immer mehr Menschen diese Ideen verstehen und umsetzen, steigen ihre Auswirkungen exponentiell an.

Glück, Bliss und Leid

Ein gängiger Einwand gegen Glück, geschweige denn Bliss, ist (zumindest in den philosophischen Kreisen, in denen ich zu verkehren pflegte), es sei »ungehörig«, angesichts von so viel Leid und Elend auf dieser Welt glücklich zu sein. Nach dieser Ansicht ist Glück egoistisch, ichbezogen und vielleicht sogar grausam.

Einige gehen sogar noch weiter und entscheiden sich heldenhaft dafür, ebenfalls zu leiden.

Dies könnte falscher nicht sein. Es ist nämlich genau diese Einstellung, die das menschliche Leid verewigt und sogar noch schlimmer macht. Wahres Glück und Bliss erfordern, dass man über sich selbst hinauswächst. Menschen im Bliss-Zustand sind das Gegenteil von ichbezogen. Sie sind engagiert, versöhnlich, erfüllt von Mitgefühl und Güte, von Natur aus daran interessiert, der Menschheit zu dienen, anständiger und weniger oberflächlich. Indem wir glauben, dass wir das Glück aufschieben können, bis die Welt gerechter, die Armut ausgerottet und das Leid eliminiert ist, verkünden wir genau die falsche Auffassung davon, was wahres Glück wirklich ist, weil wir es hauptsächlich als etwas Äußeres und Materielles definieren. Andere davon zu überzeugen, dass sie wegen ihrer materiellen Situation keinen Zugang zum Glück haben können, bedeutet, ihren Geist abzuwerten und sie zu unnötigem Leiden zu verdammen. Wir werden Übermittler genau des Leidens, das wir angeblich verabscheuen.

Wir haben eine moralische Verpflichtung, nach Bliss zu streben und anderen zu zeigen, dass Glück nicht in erster Linie materiell oder extern ist. Wir müssen mit gutem Beispiel vorangehen, indem wir zuerst an uns selbst arbeiten und dann anderen zeigen, was sie für sich tun können, und ihnen dabei helfen. Je mehr wir uns ins Elend hineinsteigern und anderen das Gleiche erlauben, desto mehr laden wir die Konsequenzen des Leidens in diese Welt ein: Hass, Intoleranz, Egoismus und Aggression.

Wenn wir anderen wirklich helfen wollen, ihr Leben zu verbessern, ist es unerlässlich, dass wir an uns selbst arbeiten. Wir können anderen nicht geben, was wir selbst nicht haben. Wenn wir unglücklich sind und uns elend fühlen, werden wir, ungeachtet unserer oberflächlich »guten Arbeit«, dieses Elend weitergeben und damit den Nutzen unserer oberflächlichen Taten zu einem großen Teil wieder zunichtemachen.

DAS EXPERİMENT:
ANSTECKENDES GLÜCK

1. Unternehmen Sie heute eine ganz bewusste Anstrengung, Glück an andere weiterzugeben.
2. Das setzt voraus, dass Sie das Glück selbst empfinden. Wenn Sie aus irgendeinem Grund nicht das Gefühl haben, dass Sie diese Empfindung genau jetzt herbeizaubern können, warten Sie mit dieser Übung, bis Sie sich an einen wirklich glücklichen Ort versetzen können, oder machen Sie mit Schritt 6 weiter.
3. Wenn Sie es mit Menschen zu tun haben, stellen Sie sich vor, wie Sie Glück auf sie übertragen. Denken Sie es sich wie die Verbreitung einer »Glückssaat«.
4. Versuchen Sie festzustellen, welche Wirkung dies auf andere hat. Helfen Sie ihnen, sich glücklich zu fühlen, indem Sie ihre Stimmung heben? Können Sie bestätigen, dass Glück tatsächlich ansteckend ist?
5. Achten Sie auch auf die Wirkung, die Ihre positive Stimmung auf Sie selbst hat. Sind Sie eher bereit, anderen zu helfen, ihnen Unterstützung anzubieten, ihnen einen Gefallen zu tun oder sich besonders für sie anzustrengen?
6. Alternative Übung: Weil negative Emotionen ebenfalls ansteckend sind, können Sie, wenn es Ihnen nicht gelingt, Glück heraufzubeschwören, ganz bewusst versuchen, die Wirkung zu bemerken, die Ihre *Unzufriedenheit* auf die Menschen in Ihrer Umgebung hat. Fühlen Sie sich außerdem weniger geneigt, anderen genau jetzt zu helfen?

Online
Weitere Videos und Quellen für dieses Kapitel stehen auf der Internetseite www.theblissexperiment.com zur Verfügung.

KAPİTEL 28

BLISS GEHÖRT IHNEN

Das Leben ist eine Pilgerreise. Der Weise ruht sich nicht in den Rasthäusern am Wegesrand aus. Er geht direkt auf das grenzenlose Reich der ewigen Glückseligkeit (Bliss) zu, sein endgültiges Ziel.

Swami Sivananda (1887–1963)

Bliss ist unsere Berufung und unser höchstes Potenzial. Wenn wir die falschen Schichten aus sinnlichen Freuden, weltlichen Errungenschaften und selbst gemachten Illusionen abkratzen, entdecken wir, dass Bliss ganz still in unserem Innern wohnt. Bliss war die ganze Zeit in uns, die Lösung für jedes Problem und die Antwort auf jede Frage.

Das, was wir immer in uns haben, selbst wenn wir unsere äußere Welt unaufhörlich und rastlos erforschen, ist eines der größten Paradoxe des Lebens. In der hinduistischen Mythologie wird das ganze Universum als Traum Gottes betrachtet, als ein Spiel, das sich selbst spielt, so etwas wie ein kosmisches Suchspiel. Gott in seiner unendlichen, transzendenten, unmanifestierten Form trennt einen Teil seiner selbst ab, um das physische Universum zu erschaffen. Das Universum selbst besteht lediglich aus Schwingungen des göttlichen Stoffs, der sich zur Materie kristallisiert hat. Er hat sozusagen seinen Aggregatzustand geändert, so ähnlich wie Wasser, das sich vom Dampf über das flüssige Wasser in Eis verwandeln kann.

Um das Spiel interessanter zu machen, erschafft Gott *Maya*, die Macht der kosmischen Illusion. *Maya* ist der Schleier, den wir tragen – oder der über uns fällt – und der verhindert, dass wir das Wesen des kosmischen Spiels sofort erkennen können. Es ist der göttliche Wille, dass die Schöpfung zeitweise vergisst, dass jedes Atom nichts als Gottesstoff ist. Ohne *Maya* kann es kein Spiel geben, weil wir alle sofort die Wahrheit unserer Existenz erkennen und zu einer glückseligen Einheit verschmelzen würden. *Maya* macht die Reise möglich und lässt das kosmische Spiel real erscheinen. Wir sind alle nichts anderes als Gottesstoff, aber zeitweise vergessen wir unser wahres Wesen, damit das Große Spiel gespielt werden kann.

Bei allen Spielen gibt es Gewinner- und Verliererstrategien. Im kosmischen Suchspiel besteht die einzige Gewinnerstrategie darin, nach innen zu schauen und die Tiefe von ewigem Bliss zu erkennen, die unser ganzes Wesen ausmacht. In dem Moment, in dem das passiert, verwirklichen wir Glück, Lebenssinn und Wahrheit. Das Spiel ist vorbei, und wir verschmelzen in Bliss mit der Quelle allen Seins.

Wie alle Mythen ist auch dieser eine Metapher, die uns helfen soll, unsere Existenz zu verstehen. Wir müssen ihn nicht wörtlich nehmen. Allem, was in Worten und Sprache ausgedrückt wird, mangelt es auf die eine oder andere Weise an etwas. Sprache ist einfach nur ein Werkzeug, genau wie der Geist ein Werkzeug ist. Sprache hat ihren Nutzen und ihre Anwendungsbereiche, aber es gibt auch Gebiete, für die sie nie gedacht war. Jede Sprache, auch die der Mythen, ist nur eine Orientierungshilfe. Sie kann uns die richtige Richtung weisen, kann uns auf unserer Reise immer wieder einen Schubs geben. Doch Worte, wie viele auch immer, können die unaussprechliche, überbewusste Glückseligkeit (Bliss), auf die sie hinweisen, nie adäquat erklären.

BLISS IM PRAKTISCHEN LEBEN

Weil Bliss die Gewinnerstrategie im Spiel des Lebens ist, ist sie der praktischste Kurs, den wir verfolgen können. Dies zu ignorieren wäre eine der unpraktischsten, am wenigsten geerdeten Entscheidungen, die wir treffen können. Bliss anzustreben ist das genaue Gegenteil von träumerisch zu sein oder Luftschlösser zu bauen. Ein von Bliss erfülltes Leben funktioniert besser als die meisten anderen. Diese Menschen haben bessere Chancen auf Erfolg bei allem, was sie anpacken. Sie können sich besser konzentrieren, sind offener für sich bietende Gelegenheiten, sie sehen klarer und sind nicht gelähmt oder blockiert von ihrer eigenen Negativität oder Angst, ihrem mangelnden Selbstwertgefühl oder ihrer Niedergeschlagenheit. Sie sind selbstbewusst und unwiderstehlich, anständig und zuverlässig.

Vor allem engagiert sich eine auf Bliss konzentrierte Person zutiefst für diese Welt. Wir müssen nicht aus der Gesellschaft ausbrechen, um nach Bliss zu streben. Es ist keine alternative Lebensform. Es ist ein Ziel und ein Bewusstseinszustand, den wir in unsere Welt tragen – an unseren Arbeitsplatz, in unsere Beziehungen und Familien und in das, was wir für andere tun. Bliss zu empfinden bedeutet, sich mit allen verbunden zu fühlen. Man ist nicht besessen von dem Gedanken an persönlichen Gewinn oder Verlust. Der Bliss-Sucher arbeitet zum Wohle anderer, manchmal auf eigene Kosten, manchmal zum eigenen Nutzen und zum Nutzen anderer, aber nie einzig und allein für den eigenen Gewinn. Wir nehmen unsere Pflichten und unsere Verantwortung an, weil wir sie als Chance sehen, über uns selbst hinauszuwachsen.

Ausgewogenheit finden, Scheinheiligkeit vermeiden

Doch so wichtig Bliss für unsere menschliche Essenz und Erfahrung auch ist, es ist ebenso wichtig, diesbezüglich jeden Fanatismus zu vermeiden. Das ist nie die richtige Herangehensweise, an was auch immer. Fanatisch zu sein heißt, jeden Anflug von Ausgewogenheit, Selbstvergebung und, nun ja, Realität zu verlieren. Das Leben ist selten entweder/oder, an/aus, ja/nein. Rufen Sie sich unsere Glücksskala ins Gedächtnis. Wenige von uns leben ausschließlich am Bliss-Ende der Glücksskala – und das ist auch gar nicht unser kurzfristiges Ziel. Zunächst müssen wir entdecken, dass es das Bliss-Ende der Skala überhaupt gibt. Als Nächstes kommt die Verpflichtung, das eigene Leben allmählich und so weit wie möglich in Richtung Bliss zu verschieben. Das braucht Zeit. Und wie auf jeder Reise erlebt man häufig Rückschläge, Herausforderungen und Enttäuschungen.

Jeder von uns ist auf seiner eigenen Reise mit eigenen Herausforderungen und unter jeweils anderen Umständen. Das alles beeinflusst die Einzelheiten und Konturen unseres Weges. Er mag nicht – wird nicht – aussehen wie der von irgendjemand anderem. Es ist von entscheidender Bedeutung, dass wir uns nicht mit anderen vergleichen. Vergleichen ist eine nach außen orientierte Lebensweise. Wir müssen im Verhältnis zu uns selbst vorankommen, basierend auf dem, was für uns als Individuen funktioniert. Was bei anderen funktioniert, ist vielleicht überhaupt nichts für uns.

Es ist generell hilfreich, Extreme zu vermeiden. Wie der Buddha lehrte, ist der mittlere Weg der Mäßigung in der Regel der sicherste und effektivste. Doch wie jeder Rat ist auch dieser relativ. Was für die eine Person extrem ist, ist für die andere der mittlere Weg. Fünf Stunden Training am Tag sind für einen jungen Profisportler Durchschnitt, vielleicht sogar zu wenig. Doch für einen übergewichtigen Sechzigjährigen könnten fünf Stunden Training am Tag das Todesurteil sein.

Wir müssen einen Schritt zurücktreten und uns die langen Rhythmen unserer Reise anschauen. Solange wir uns generell in Richtung Bliss bewegen und auf die Einstellungen und Übungen, die in diesem Buch vorgestellt wurden, zu, ist alles gut. Ein nach vorn gerichteter Prozess bedeutet, selbst wenn er langsam vonstatten geht, immer einen gewissen Sieg. Wir müssen stets realistisch, sanft und mitfühlend mit uns selbst sein. Erinnern Sie sich an all die Forschungsergebnisse zu den Themen Vergebung und Mitgefühl? Das gilt für uns ganz genauso wie für andere. Fanatismus ist die Abwesenheit von Empathie und Mitgefühl nicht nur für andere, sondern auch für uns selbst.

Auf der anderen Seite ist es wichtig, dass wir niemals zu Scheinheiligen werden. Bedauerlicherweise kenne ich nicht wenige Menschen dieser Sorte. Scheinheiligkeit bedeutet, von anderen etwas zu erwarten, was man sich selbst nicht abverlangt. Es ist ultimative Äußerlichkeit, wenn wir nur vorgeben, diese Dinge zu glauben oder zu praktizieren, während wir in Wirklichkeit nichts dergleichen tun und auch nicht die Absicht haben, es zu tun.

Scheinheiligkeit ist jedoch nicht dasselbe, wie hinter unseren wahren Zielen zurückzubleiben. Unvollkommenheit ist keine Scheinheiligkeit. Wir schaffen es fast alle nicht, Bliss in reiner, unverfälschter Form zu erlangen. Die meisten von uns sind immer noch irgendwo am Anfang oder in der Mitte der Reise. Wir haben unser endgültiges Ziel noch nicht erreicht. Auch Ehrlichkeit sich selbst gegenüber ist nicht dasselbe wie Scheinheiligkeit. Gewisse Dinge begreifen wir im Moment vielleicht noch nicht. Damit leben zu können, wo wir auf unserer Reise gerade sind, ist für eine menschliche Herangehensweise unerlässlich. Unsere innere Motivation ist wichtiger, als wie etwas für andere aussieht.

Am besten konzentrieren wir uns auf uns selbst und nicht darauf, was andere tun (oder nicht tun). Über andere zu urteilen ist ein schwerer Fehler. Genau wie anzunehmen, dass wir anders oder besser sind als andere. Und am schlimmsten von allen ist der Glaube, dass die Gesetze und Wahrheiten, welche die ganze Menschheit leiten, für uns keine Gültigkeit haben. Wir müssen bescheiden bleiben und stets darauf achten, nicht zu glauben, dass was für andere gilt, nicht auch auf uns zutrifft. Dass wir Dinge tun können, die sich andere nicht leisten dürfen, und damit durchkommen – dass wir irgendwie besonders oder anders sind. Das kann sehr wohl der schnellstmögliche Weg in die spirituelle Katastrophe sein.

Bliss gehört uns

Das Bewusstsein und die Erfahrung von Bliss haben unsere höchste Priorität. Es ist die einzige echte Lösung für persönliches Leid und das Leid des Planeten.

Letztendlich wird die äußere Welt für uns alle langweilig. Die endlosen Höhen und Tiefen ermüden uns. Die einzige wahre, dauerhafte und wirklich aufregende Grenze, die zu erforschen bleibt, ist die unseres inneren Reiches. Diese Reise zu machen ist unser Grund zu sein. Bliss ist immer da, gibt uns einen leisen Wink, das Geheimnis des nachhaltigen Glücks, des alles überdauernden Lebenssinns und der ewigen Wahrheit im eigenen Innern zu entdecken.

Die einzige echte Wahlmöglichkeit, die wir haben, ist zu entscheiden, wie lange wir das kosmische Suchspiel noch spielen wollen. Wie lange wollen wir den Teufelskreis unseres Leidens noch aufrechterhalten? Wie lange wollen wir noch herumtrödeln? Wie lange wollen wir noch in einer Illusion leben? Mit wie viel Leid wollen wir unsere Lieben, unsere Welt und uns selbst noch überschütten?

Je früher wir dorthin gelangen, desto besser. Wir zögern es nur aus einem einzigen Grund hinaus, nämlich weil wir denken, dass wir auf dem Weg dorthin etwas ähnlich Interessantes oder noch Interessanteres finden. Das ist die kosmische Illusion der *Maya*, die uns ins Ohr flüstert, auf falsche Fährten lockt und dazu bringt, an den falschen Orten nach Glück zu suchen.

Letztlich gibt es nur drei Hindernisse auf dem Weg zu Bliss. Das erste ist, nicht zu erkennen, dass Bliss existiert. Das zweite ist, nicht über die Mittel oder das Verständnis zu verfügen, um Bliss auszugraben. Das dritte ist die Weigerung, sich auf die Reise zu machen.

Wenn wir vorher nicht wussten, dass Bliss existiert, wissen wir es jetzt. Wenn wir zwar wussten oder vermutet haben, dass Bliss existiert, aber nicht so genau, wie wir dorthin gelangen sollen, sehen wir jetzt viel klarer. Wir haben das Verständnis, die

Einstellungen und die notwendigen Mittel, um uns auf die Reise zu machen. Die Landkarte ist in unserer Hand.

Es fehlt nur noch eins: unsere bewusste, willentliche Entscheidung, uns auf die Reise zu machen. Wir müssen uns rückhaltlos entscheiden, den Weg in Richtung Bliss zu gehen. Wir müssen uns selbst gegenüber das heiligste aller Gelöbnisse ablegen: den strahlenden, reinen Bliss-Diamanten in unserem Innern freizulegen.

Das Wunderbare an der Reise zu Bliss – und daran sollten wir uns immer erinnern – ist: Sie wird immer einfacher und leichter, macht immer mehr Spaß und ist von immer mehr Freude erfüllt, je länger wir unterwegs sind. Darin unterscheidet sie sich von den meisten Reisen. Normalerweise denken wir, dass eine Reise umso erschöpfender ist, je länger sie dauert. Denken Sie nur an die letzten Minuten eines Marathonlaufs oder auf dem Weg zum Gipfel des Mount Everest. Aber Bliss ist immer die Umkehrung dessen, was wir in der äußeren Welt erleben. Bliss lässt sich mit jedem Schritt, jeder Anpassung der Einstellung, jeder Übung und jeder bewussten Entscheidung, die wir treffen, leichter erlangen. Die Freude von Bliss liegt darin, dass die Reise autark wird und sich immer wieder selbst verstärkt. Der härteste Teil der Reise besteht also darin, die ursprüngliche Verpflichtung einzugehen und die *ersten* Schritte zu gehen. Wenn wir das tun, wird unser Leben jeden Tag besser.

Jetzt, in genau diesem Moment, ist es Zeit, diese Verpflichtung einzugehen. Die einzige Möglichkeit, den Wahrheitsgehalt dieses Buches unter Beweis zu stellen, ist, sich auf die Reise zu machen und das eigene Leben zu diesem Beweis zu machen.

Bliss ist jetzt hier bei uns, in genau diesem Moment. Es liegt direkt unter der Oberfläche, ruft uns ganz leise, möchte uns jede Erfüllung und jede Befriedigung geben, die wir uns nur vorstellen können. Bliss kann Ihnen gehören. Bliss *gehört* Ihnen. Sie müssen sich nur nach innen wenden und es umarmen.

DAS EXPERIMENT:
DIE AUSBREITUNG VON BLISS

Jedes Mal, wenn ein Gefühl von Bliss – wie klein und potenziell flüchtig es auch sein mag – in Ihrem Bewusstsein auftaucht, machen Sie es zu Ihrer wichtigsten Aufgabe, es festzuhalten und zu erweitern. Es spielt keine Rolle, was es hervorgerufen hat – etwas Inneres oder etwas Äußeres, etwas Triviales oder etwas Wichtiges. Was immer seine Quelle auch gewesen sein mag, nehmen Sie sich die Zeit, es zu bemerken und sich daran zu freuen.

Versuchen Sie, unter seine Oberfläche zu schauen, über seinen scheinbaren Verursacher hinaus und es stattdessen als Ding an sich zu begreifen, als etwas, das immer da ist und immer darauf wartet, von irgendetwas und allem ausgelöst zu werden. Spüren Sie, dass es aus einem ewigen Bliss-Reservoir hervorsprudelt, aus einem Reservoir, das unmittelbar unter der Oberfläche Ihres normalen Alltagsbewusstseins liegt.

Visualisieren Sie das von Ihnen empfundene Glück oder Bliss als Lichtblase, die Sie willentlich erweitern und ausdehnen können. Paramahansa Yogananda sagte, dass Bliss keine Grenzen hat. »Sein Zentrum ist überall, sein Umfang nirgendwo.« Verweilen Sie bei dieser essenziellen Freude in Ihrem eigenen Sein, die Ihr Bewusstsein kontinuierlich erweitert, bis Sie spüren, wie sich Bliss aus Ihnen ergießt und die ganze Welt durchdringt. Spüren Sie, wie Sie selbst Bliss werden. Sie sind Bliss – ewig!

DANK

Wie jeder, der jemals selbst ein Buch geschrieben hat, weiß, ist das ein zutiefst gemeinschaftlicher Prozess, selbst wenn nur der Name einer Person auf dem Umschlag steht. So viele Menschen haben dazu beigetragen, dieses Buch zu machen, dass der Platz hier gar nicht ausreicht, um sie alle zu nennen oder genau zu beschreiben, welchen Beitrag sie geleistet haben. Aber versuchen möchte ich es.

Lassen Sie mich mit all den engagierten Fachleuten – und mittlerweile Freunden – beginnen, die dies ermöglicht haben. Da sind zunächst meine Agentinnen, Priscilla Gilman und Tina Bennett, mit Sicherheit die besten in diesem Geschäft. Sie haben sich auf so viele Weisen als unschätzbar erwiesen, dass ich sie hier gar nicht alle aufzählen kann. Eine, die ich anführen möchte, führt mich zu Richard Prud'homme, der das Manuskript in einem sehr frühen Stadium gelesen und mir in jeder Hinsicht unschätzbares Feedback, im Großen wie im Kleinen, gegeben hat.

Im Atria-Verlag hat ein gewaltiges Team dazu beigetragen, diesem Buch seine jetzige Form zu geben. Allen voran meine Lektorin, Johanna Castillo, die an mich glaubte, ein großes Risiko einging und von Anfang an unermüdlich an dem Buch arbeitete. Seine Form, Struktur und Ausrichtung ist größtenteils ihr Werk. Ganz zu schweigen von ihrem enthusiastischen Eintreten für dieses Projekt, das sie in ihrer Abteilung bei Atria durchgesetzt hat. Amy Tannenbaum, ihre Assistentin, ist selbst eine hervorragende Lektorin – und hat sogar eine der wichtigen Studien gefunden, die hier präsentiert wurden. Auch bei Atria:

Pressesprecherin Lisa Sciambra, Chris Lloreda, die Marketing-abteilung, plus Anne Gardner, Lisa Keim und alle Atria-Mitarbeiter, vor allem die Verlegerin Judith Curr, die in jeder Hinsicht eine Visionärin ist.

Sandi Mendelson, mehr als eine Publicity-Managerin, war auch meine Mentorin und hat mir viel Anleitung gegeben – ebenso wie all die großartigen Menschen in ihrem Team, einschließlich ihrer Partnerin Judy Hilsinger sowie Iris Blasi und Deborah Jensen, denen ich meine besondere Anerkennung ausspreche. Pressesprecherin Jacqueline Clark hat auf diesem, ihr nicht geläufigen Fachgebiet aus der Körper/Geist/Seele-Welt Unverzichtbares geleistet. Die tollen Leute bei Joonam Productions, angeführt von Bayan und seinem Team, haben mit geringem Budget ungeheuer kreative Videos gedreht. Jen Marcum hat die Website zu diesem Buch gestaltet.

Es gibt so viele Menschen, die mir über die Jahre so viel bedeutet haben, dass ich ihnen gar nicht allen danken kann. Aber natürlich würde ich ernsthafte Schwierigkeiten bekommen, wenn ich hier nicht mit meiner Mutter anfangen würde: Judith Meshorer. Sie hätte dieses Projekt nicht noch mehr unterstützen können, und zwar in jeder Hinsicht. Aber am meisten danke ich ihr dafür, dass sie sich jahrelang mit meinen Lebensentscheidungen abgefunden hat, die für sie absolut keinen Sinn machten – aber sie hielt zu mir und setzte mich nie vor die Tür. Ich kann Ihnen versichern, dass bei dem, was ich ihr zugemutet habe, nicht alle Mütter das Gleiche getan hätten. Peter Linsey danke ich dafür, dass er meine Mutter davon abgehalten hat, verrückt zu werden, und vielleicht auch davon, mich schon vor langer Zeit abzulehnen.

Ich danke auch meinem verstorbenen Vater Marc, dem ursprünglichen Schriftsteller in der Familie, dem ich mich nie näher gefühlt habe, als während ich dies schrieb. Meiner Schwester Danielle (und ihrem Mann Gregg) für so viele Dinge, ich weiß gar nicht, wo ich anfangen soll. Marilyn und Marshall Bedol für Liebe und Unterstützung – und für Jahre der verrückten Briefe und Care-Pakete (Marshall, das nächste ist überfällig). Danke auch an Michael Friedman. Ich hätte es nie so weit gebracht, wenn ich nicht vor mehr als 20 Jahren zufällig seine Hilfe und Anleitung bekommen hätte. Irv und Beryl Moore haben eine entscheidende Rolle in einem Schlüsselmoment meines Lebens gespielt, in einem dieser kleinen Momente, die mir eine Menge bedeutet haben, obwohl es mich nicht wundern würde, wenn ihr euch nicht einmal daran erinnern könntet.

Und natürlich danke ich Brook, die in unglaublich dunklen und schlimmen Zeiten zu mir gehalten hat, in Zeiten, die viel zu schnell kamen, noch bevor die Verliebtheitsphase unserer Beziehung zu Ende war. Und doch ist sie immer noch da und hilft mir, so gut sie kann, leichtherzig und nicht zu sehr im Kopf zu sein. Sie war auch an jeder Etappe und an jedem Tag dieser Reise bei mir.

Und schließlich danke ich allen meinen Freunden, Familienmitgliedern, *Gurubhais*, Schülern und Gemeindemitgliedern, die viel zu viele sind, als dass sie alle aufgezählt werden könnten – ein Zeichen für ein sehr gesegnetes Leben. Jeder Einzelne von euch war auf ganz einzigartige Weise von immenser Bedeutung für mich. Gemeinsam habt ihr nicht nur einen Beitrag zu diesem Buch geleistet, sondern mir auch geholfen, der zu werden, der ich heute bin.

EINE ANMERKUNG ZUR LITERATUR

Aufgrund der außergewöhnlichen Länge der Literaturliste, in der Quellen für mehr als 500 wissenschaftliche Studien enthalten sind, ist es nicht möglich, sie an dieser Stelle abzudrucken.

Daher habe ich das vollständige Quellenverzeichnis und die Literaturliste auf der Website zu diesem Buch – www.theblissexperiment.com – veröffentlicht.

Das macht es mir nicht nur möglich, Ihnen sämtliche Quellen zugänglich zu machen, die für die Abschnitte »Die Wissenschaft« in diesem Buch verwendet wurden. Es hat auch den Vorteil, dass ich die Liste ständig aktualisieren und neue Studien hinzufügen kann, sobald sie veröffentlicht werden. Und natürlich können Sie, meine Leser, sich mit mir in Verbindung setzen, wenn Ihnen andere wichtige Studien bekannt sind, die hier noch fehlen. Ich freue mich, wenn ich sie noch hinzufügen kann.

SEAN MESHORER

Besuchen Sie Sean Meshorer auf seiner Website www.sean-meshorer.com bzw. in der interaktiven Community auf www.theblissexperiment.com. Lesen Sie den Bliss-Experiment-Blog, teilen Sie Ihre eigenen Bliss-Geschichten mit anderen, stellen Sie Fragen, beteiligen Sie sich an Diskussionen, treffen Sie Gleichgesinnte und machen Sie die Experimente.

Sean spricht das ganze Jahr über bei Veranstaltungen, Workshops und religiösen Organisationen, in Firmen, bei Konferenzen, auf Retreats und bei anderen Gelegenheiten.

Wenn Sie Ihre eigenen Erfahrungen mit Sean teilen oder ihn einladen möchten, erreichen Sie ihn über:

sean@seanmeshorer.com
Tel.: 001-310-876-2392

Sie finden ihn auch in folgenden sozialen Netzwerken:
Facebook.com/seanmeshorer
Twitter: @seanmeshorer
YouTube.com/seanmeshorer

REGISTER